Ich heiße Vianne!

Die Autorin

Nicole Stember, geboren 1971 im Sauerland, arbeitete nach ihrem Studium als Redakteurin und Sozialpädagogin. Aktuell ist sie am Westdeutschen Protonentherapiezentrum Essen (WPE) tätig und führt Kinder und Eltern durch die Protonentherapie. Sie lebt mit ihrer Familie in Iserlohn. „Ich heiße Vianne!“ ist ihr erstes Buchprojekt.

Ich heiße Vianne!

Nicole Stember

epubli

Impressum

Druck und Verlag: epubli GmbH, Berlin,
www.epubli.de

ISBN 978-3-7375-7735-9

Printed in Germany

Bibliografische Information der Deutschen Nationalbibliothek

Die Deutsche Nationalbibliothek verzeichnet diese Publikation in der Deutschen Nationalbibliografie; detaillierte bibliografische Daten sind im Internet über http://dnb.d-nb.de abrufbar.

Vorwort

Wir haben Zusammenhalt erfahren in den dunklen Momenten, Liebe und Hilfsbereitschaft haben uns getragen. Wir haben gelernt, dankbar zu sein, uns einfach daran zu erfreuen, zu sein, durch Pfützen zu hüpfen und Wolken zu betrachten. Wir regen uns nach wie vor auf, wenn das dritte Glas Apfelsaft am Frühstückstisch umfällt oder das Auto vor uns immer langsamer wird, während die Ampel grün zeigt. Und doch hat sich tief in uns eine Kleinigkeit verändert, fast unbemerkt. Anfangs dachten wir: „Hallo?! Können wir nicht gelassener sein, wo wir so viel gemeinsam durchgemacht haben? Haben wir nichts daraus gelernt?" Doch: haben wir! Wir leben im Hier und Jetzt – ganz intensiv – solange es geht. Vianne hat es uns vorgemacht. Tag für Tag für Tag...

Prolog – Oktober 2008

„Stimmt etwas nicht?" fragte ich meine Frauenärztin, denn es kam mir gefühlte Stunden vor, seit sie angefangen hatte, dieses glibberige Zeug auf meinem Bauch zu verteilen und mit dem Ultraschallkopf darüber zu gleiten. Gut, ich war schwanger, und nach zwei Kindern meinte ich, die Prozedur zu kennen. Aber warum guckte sie so? Ich verspürte eine leichte Unruhe. Die Ärztin schaute mich an, strahlte und sagte: „Sie können ruhig weinen: Es sind Zwillinge." Zwillinge??? Ich starrte sie an. Kein 3. Kind, sondern ein 3. und 4.? Hey, ich war 38 Jahre alt, hatte einen interessanten Job, zwei tolle Jungs und demnächst zwei Babys? Wohin damit? Das Haus war definitiv zu klein. Mein Job? Sicherlich futsch. Wie würden die Jungs reagieren? Wie mein Mann? Vier Kinder passen nicht in unsere Autos – es sei denn, wir würden in zehn Monaten nur noch getrennt fahren. Ganz zu schweigen, wie mein Bauch nach der Schwangerschaft aussehen würde. War so eine Zwillingsschwangerschaft nicht auch gefährlich?

Also nach sentimentalen Tränchen war mir gerade wirklich nicht zumute. Wie ich nach Hause gekommen bin, weiß ich im Nachhinein nicht mehr. Nur eines wusste ich: Zwei Babys waren nicht geplant. Aber das Leben macht halt seine eigenen Pläne. Kaum hatte ich die Haustür aufgeschlossen stürmte mir mein Mann, entgegen. „Und, wie war's? Erzähl mal? Konnte man schon was erkennen?" Dann sah er meinen Gesichtsausdruck. „Stimmt etwas nicht?", fragte er besorgt. „Ok, wir müssen reden", sagte ich knapp und rief den Jungs zu: „Jesse, Luke, ihr dürft fernsehen." Dann bugsierte ich meinen Mann ins Schlafzimmer. „Wir kriegen Zwillinge!“

Rückblick: Willkommen – April 2009

Da lagen sie, die beiden zarten „Püppchen", in ihren Wärmebettchen. Ada Sophie (die Ältere) und Emma Vianne (sieben Minuten jünger). Unglaublich klein und verletzlich sahen sie aus mit ihren knapp zwei Kilogramm und 40 Zentimetern. Die Schwangerschaft verlief erstaunlich komplikationslos. Obwohl sie etwas zu früh auf die Welt kamen, waren sie quicklebendig und kerngesund, die Zwerge. Und zwei Monate später sahen sie auch nicht mehr zart und zerbrechlich aus, sondern hatten sich zu speckbackigen, glucksenden, halslosen Wonneproppen entwickelt. Auch unser Zehnjähriger schien sich mittlerweile an den Familienzuwachs gewöhnt zu haben. Als wir ihm ein halbes Jahr zuvor eröffneten, dass er zugleich zwei Geschwister kriegen würde, wurde er erst knallrot, dann leichenblass und stammelte schließlich: „Wie sollen wir das bloß schaffen?" Ja, diese Frage stellten wir Erwachsenen uns insgeheim auch. Luke hingegen, der Vierjährige, rief damals hocherfreut. „Supi, gleich zwei, einen für mich und einen für dich, Jesse!" Natürlich hatte er an zwei weitere Jungs gedacht. Es wurden aber zwei Mädchen – eine ausgleichende Gerechtigkeit, wie ich finde, was das Geschlechterverhältnis in unserer Familie angeht.

Mit Ada Sophie und Emma Vianne hielt der ganz normale Wahnsinn Einzug in unser Leben. Laut war es schon immer zugegangen, aber jetzt war es noch lauter. Warum weinte Ada bloß schon wieder, sie hatte doch gerade erst getrunken. Jetzt war erst ´mal Vianne an der Reihe. Die trank gar nichts, nuckelte nur kurz, strahlte mich dann mit ihren großen blauen Augen an und machte ein fettes Bäuerchen. Jetzt wurde mir einiges klar: Aus Versehen hatte ich Vianne zweimal gestillt.

Die Nächte waren kurz, die Tage dafür umso länger. Wir gähnten viel, wir stritten und wir lachten. Mein Mann war zudem überglücklich über unser neues Auto: Dank der Zwillinge hatte er endlich einen Grund, einen „Bulli" kaufen zu können. Damit –

und den vier Kindern, dem Zwillingskinderwagen, den Unmengen an Schnullern, Fläschchen und Milchprodukten ging es erst einmal nach Holland ans Meer. Wir alle lieben das Meer, die Seeluft, die Farben. Wir schlichen eine Woche durch´s Dünengras, badeten und flanierten, und die Möwen klauten uns die Kekse aus der Hand.

Ich fühlte mich ziemlich sicher im Umgang mit den kleinen „Damen". Und da ich vom Reisen noch lange nicht genug hatte, beschloss ich kurzerhand, für ein paar Tage mit allen Kindern zu meiner Freundin nach Hamburg zu fahren und ihr die Neuankömmlinge zu präsentieren. Irgendwie hatte ich mein Organisationstalent wohl doch überschätzt. Denn kurz vor Bremen fiel mir auf, dass ich zwar alle Kinder an Bord, aber dafür meinen Koffer zu Hause vergessen hatte. Das sollte aber kein Hinderungsgrund für ein paar schöne Tage im „Norden" sein und ich hatte ein gutes Argument, mal wieder neue Kleidungsstücke für mich und die Mäuse zu kaufen.

An Weihnachten konnten die Mädels bereits zum Tannenbaum krabbeln und Ada ließ es sich nicht nehmen, erst einmal das Wasser aus dem Tannenbaumständer zu schlürfen. Fazit: Chaos pur – aber liebenswertes Chaos.

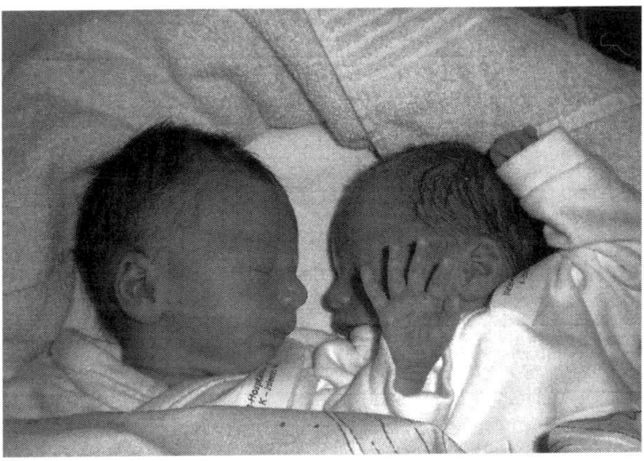

Rückblick: Doppelpack – ab April 2010

Im Laufe des Jahres hatte sich unser Wohnzimmer in einen übergroßen Laufstall verwandelt. Mit zwölf Monaten marschierten die beiden schließlich gemeinsam los, glucksten und kicherten und brachten die restlichen Familienmitglieder zum Verzweifeln oder zum Lachen. Motorisch waren sie wirklich begabt. Wie sie so zwischen den Gitterstäbchen hindurch lugten, sahen sie aus wie kleine Sträflinge und die großen Kulleraugen schienen zu sagen: „Lasst uns hier raus, wir wollen die Welt entdecken!" Gegenseitig schoben sich die beiden Racker im Holzpuppenwagen durchs Wohnzimmer oder lutschten abwechselnd genüsslich meine Flip-Flops ab. Im Sommer stellten wir das Planschbecken im Garten auf – und die „Damen" saßen den halben Tag mit ihrem nackten Popo im Wasser, quietschten, nahmen sich gegenseitig die bunte Plastikgießkanne ab, begossen sich damit bis einer heulte oder hauten sie sich um die Ohren. Wenn es aber darauf ankam, hielten sie zusammen wie Pech und Schwefel. So viele Türsicherungen wie nötig gewesen wären, konnten wir gar nicht anbringen, deshalb ließen wir es bis auf einige Ausnahmen auch bleiben. In der Küche hatten Ada und Vianne ihre „Plastikschublade", die sie mit unglaublicher Ausdauer mehrmals am

Tag aus-, aber nicht wieder einräumten. Nur ein Schrank war ihnen absolut verboten: der mit dem guten und hochwertigen Geschirr von meiner Oma, das sie mir vermacht hatte. Ich hänge wirklich daran! Jedenfalls ergriffen die Mädels die Gelegenheit, als ich eine „Schnelldusche" einlegte. Ich trat gerade aus der Duschkabine, als ich dieses verdächtige Geräusch aus der Küche hörte: „Da war etwas zerbrochen – bitte nicht Omas Geschirr!“ Nur mit einem Handtuch bekleidet stolperte ich in die Küche. Aber ich konnte keinen Scherbenhaufen entdecken, nur zwei unschuldig dreinschauende Kleinkinder, die auf dem Küchenboden saßen. Sollte ich mich so verhört haben? „Hey ihr beiden, ist irgendetwas kaputt gegangen?" Synchron wurden zwei blonde Wuschelköpfe geschüttelt. Zur Sicherheit schaute ich doch mal in Omas Fach. Ganz vorne stand die Zuckerdose – mit nur noch einem Henkel. „Ada, Vianne, wart ihr das?“, fragte ich eindringlich. Wieder ein synchrones Kopfschütteln. Aber irgendwie sah die „Große" schuldbewusster drein als ihre Schwester.

Also probierte ich es noch einmal: „Ada, warst du das?" Ada schürzte die Lippen, schaute mich an, schüttele den Kopf, zeigte auf Vianne und sagte: „Äh, äh, da Ada". Was soll man darauf antworten? Ich drehte mich schleunigst um, um mein breites Grinsen zu verbergen. Den Henkel der Zuckerdose hatten die „Püppis" übrigens dezent im Mülleimer verschwinden lassen. So was Gewieftes!

Rückblick: Urlaub – Sommer 2010

Wieder ging es im Sommer auf Tour, diesmal mit dem Flieger nach Valencia, schließlich mussten wir es ausnutzen, dass zwei der vier Kinder noch nicht viel zahlen brauchten. Unsere Sitznachbarn im Flieger haben uns sicherlich gehasst, aber irgendwann gehen auch zwei bis drei Stunden im Flugzeug mit jeweils einem Kleinkind auf dem Schoß rum. Wir hatten rund 80 km südlich von Valencia in einem kleinen Örtchen namens Denia ein Ferienhaus gemietet mit einem wunderbar verwunschenen Garten mit Zitronen- und Orangenbäumchen, prächtig bunten Blumen, einer erfrischenden Außendusche und einer äußerst bequemen Hollywoodschaukel. Und das Meer war auch nicht weit. In Denia nahmen die Zwillinge, gerade 15 Monate alt, das erste Mal in ihrem Leben an unserer berühmten Familien-Wasserschlacht teil. Dazu werden auf dem gesamten Grundstück mehrere Wasserauffüllstationen angelegt, jeder bekommt eine überdimensionale Wasserspritze und los geht´s mit der Wasserschlacht – jeder gegen jeden. Verstecken und Hinterhalte sind erlaubt. Doof nur, dass Ada und Vianne andauernd die Verstecke verraten haben, indem sie freudig glucksend mit ihren kleinen Wurstfingern in die entsprechende Richtung zeigten.

Überhaupt machten die beiden alles gemeinsam. Sie bekamen zeitgleich Zähnchen, lernten gleichzeitig robben, krabbeln, laufen, wurden gleichzeitig trocken. Bei zwei U-Untersuchungen waren sie auf den Zentimeter gleich groß und mit nur wenigen Gramm Unterschied gleich schwer, so dass die Sprechstundenhilfe Sorge hatte, der Arzt würde denken, sie hätte beide Male dasselbe Kind vermessen. Kriegte die eine Fieber, folgte die Zweite kurz darauf. Und sie lernten auch zeitgleich sprechen – zum Leidwesen aller übrigen Familienmitglieder. Seitdem verkünden sie jedem, ob er es hören will oder nicht: „Wir sind Zwiebelringe". Nachdem wir ein halbes Jahr korrigiert hatten, sind sie jetzt keine Zwiebelringe mehr, sondern „Zwingelinge". Wir haben aufgegeben. Übrigens: Besonders schön ist es, wenn zwei Kleinkinder im Auto sitzen und aus Leibeskräften unterschiedliche Lieder schreien.

Rückblick: Noch mehr Urlaub – Sommer 2011

Mit zwei Jahren machten unsere „Energiebolzen" ihre erste Zelterfahrung. Wir hatten in den Sommerferien eine mehrwöchige Frankreichtour geplant. In mehreren kleinen Etappen wollten wir bis an die Cote d´Azur fahren, wo wir gemeinsam mit Freunden ein Ferienhaus gemietet hatten. Erste Station war der Bodensee, der natürlich heillos überfüllt war. Aber mit unserem angeborenen Optimismus haben wir damit gerechnet, noch ein kleines schnuckeliges Zeltplätzchen für uns sechs zu finden. Nach fünfstündiger Fahrt kamen wir am See an und machten uns auf die Suche nach einem Campingplatz. Am ersten Platz begrüßte uns ein großes Schild mit dem Wort „voll". Ok, auf zum nächsten. Auf Nachfrage an der Rezeption hieß es nur: „Tut uns leid, unser Platz ist ausgebucht." Die Kinder wurden langsam quengelig. Bei der fünften Nachfrage, wir sahen wohl doch schon etwas mitgenommen aus, meinte der freundliche Besitzer: „Hier direkt am See werden Sie kein Glück haben, ist alles total dicht." Was?

Wieder ins Auto setzen und weg vom See? „Nein!“, ging es uns wohl allen durch den Kopf. „Nun ja“, bemerkte der freundliche Vermieter, ein Plätzchen hätte er noch, das wolle er aber eigentlich niemandem zumuten... „Egal, das nehmen wir“, sprudelte es zeitgleich aus meinem Mann und mir heraus. Es sollte sowieso nur für ein bis zwei Tage sein, und insgesamt machte der Campingplatz einen guten Eindruck und hatte einen tollen Seezugang. „Gut, wenn sie wirklich wollen...“ Der Vermieter führte uns ans hintere Ende des Campingplatzes. Das Toilettenhäuschen war nicht weit. Direkt hinter unserem Platz führte die Bahnlinie vorbei, dahinter befand sich die Straße. Die Züge würden wohl nicht die ganze Nacht hindurch fahren, und der Verkehr auf der Straße entspannte sich auch schon – dachten wir. Voller Eifer bauten wir das Zelt auf, wir wollten schließlich noch in der letzten Abendsonne in den See hüpfen. Wir planschten ausgiebig und freuten uns, wenn ein Boot Wellen erzeugte, die ans Ufer schwappten. Erschöpft und glücklich kehrten wir zum Zelt zurück und bereiteten uns unsere Mahlzeit auf dem kleinen Campingkocher zu. Puh, was stank auf einmal so schrecklich? Unser Blick schweifte zum Toilettenhäuschen. Direkt nebenan sahen wir einen Mann mit einem großen, vollen Plastikbottich links neben den Sanitäranlagen verschwinden. Wir hatten unser Zelt direkt neben der Fäkalienentsorgungsstation für die Wohnmobile aufgebaut. Der Gestank verflog schließlich, was allerdings auch flog war unser Zelt, während der erste Zug vorbeirauschte. Die Jungs waren beeindruckt, was für eine Sogwirkung entstehen kann. Wir Erwachsenen hatten eher das Gefühl, der Zug würde direkt durch unser Zelt rasen. Spätestens jede halbe Stunde schrieen die Jungs voller Begeisterung „huiiiii“, wenn die gesamte Zeltkuppel mitschwang. Ada und Vianne ließen sich davon zum Glück nicht beeindrucken. Es wurde für die beiden Racker sowieso höchste Zeit zum Schlafen. Also legten wir sie zusammen auf eine riesige Luftmatratze in eine der beiden Schlafkammern unseres Familien-Iglu-Zeltes. Es war genau fünf

Minuten ruhig im Zeltinneren. Dann fanden die „Damen" heraus, dass man hervorragend Trampolin springen kann auf der Luftmatratze. Sie kicherten und lachten. In einer Zeltausbuchtung erkannten wir ein Köpfchen, hier dehnte eine Hand die Zeltplane, dort ein kleiner Popo. Nach mehrmaligen Versuchen, die Mädels zum Schlafen zu bringen – angefangen von freundlichen Bitten bis hin zu Drohungen und Geschimpfe –gaben wir schließlich auf und machten uns über den Rotwein her. Irgendwann war auch der letzte „Hüpfer“ müde, und wider Erwarten schliefen wir alle tief und fest – zumindest bis um 5.30 Uhr am nächsten Morgen, als der erste Zug wieder durch unser Zelt bretterte. Wir brachen noch am selben Tag auf Richtung Frankreich, wo wir am Lac Annecy sowie am Lac de Saint Croix wunderbar ruhige, wohlriechende und schön gelegene Stellplätze erwischten.

Rückblick: Zwergenland – Herbst 2011

Nach dem Urlaub ging's für Ada und Vianne ins „Zwergenland", eine Kindergartengruppe für 2–3-Jährige. So konnte ich wieder mehrmals die Woche ins Büro fahren. Alles lief gut, abgesehen von dem üblichen Alltagsmist. Wir hatten unseren Rhythmus auch mit vier Kindern gefunden, obwohl es oftmals morgens und mittags sehr hektisch wurde. War letztendlich diese Hektik Auslöser? Oder Viannes Treppensturz, bei dem sie auf den Kopf gefallen war? Eine Antwort darauf gibt es nicht, das wissen wir, und trotzdem nagen manchmal diese Fragen an uns.

Im Zwergenland fühlten sich die „Flöhe" bald heimisch, sie bastelten und malten, was das Zeug hielt, so viele Bastelarbeiten hatten unsere Jungs in den ganzen drei Kindergartenjahren nicht nach Hause gebracht. Sie kletterten und hüpften, turnten und sprangen, schubsten und quengelten, sie wurden zu richtig kleinen Kindergartenkindern. Das Jahr ging wie im Flug vorüber. Was machen wir diese Sommerferien? Eine Tour nach Kroatien? Oder doch lieber erst in den Herbstferien in den Süden und den Sommer an der deutschen Küste verbringen? Freunde von uns hatten uns ihr Gehöft an der Ostsee, nahe bei Fehmarn, in den Ferien zur Verfügung gestellt. Also: Auf zur Ostsee!

Rückblick: Die letzten Tage davor – Sommer 2012

Am Samstag sollte es los gehen. Um etwas Luft zum Packen zu haben, hatten Oma und Opa angeboten, Ada und Vianne von Dienstag bis Donnerstag zu sich zu nehmen. Mittwoch bekam ich einen Anruf: „Nicole, Vianne hatte Fieber gestern, in der Nacht hat sie ganz viel geweint, ihr Bein tat ihr so weh“, sagte meine Mutter. „Soll ich besser kommen und sie abholen?“, fragte ich besorgt. „Nein, nein, das Fieber ist auch schon wieder weg“, beschwichtigte meine Mutter. „Allerdings sind wir schon etwas beunruhigt, denn Vianne läuft so komisch und benutzt ihre rechte Hand nicht mehr richtig.“ Ich horchte auf. „Heute Morgen hat sie allerdings ganz viele rote Pöckchen in den Handinnenflächen und an den Füßen bekommen.“ Die Anspannung wich der Erleichterung. Höchstwahrscheinlich hatte sie die Hand-Fuß-Mund-Krankheit, eine harmlos verlaufende Virusinfektion, die auch schon Jesse und Luke im Kleinkindalter durchgemacht hatten. Ich erinnerte mich, dass Tage zuvor einige Kindergartenkinder daran erkrankt waren. Das erklärte auch, warum Vianne so seltsam lief und die Hand weniger benutzte, denn die Pöckchen können sehr schmerzhaft sein. Aber ich wollte trotzdem auf Nummer sicher gehen. Also machte ich gleich für den folgenden Tag einen Termin bei unserem Kinderarzt, der die Hand-Fuß-Mund-Krankheit bestätigte und „grünes Licht" für unseren Urlaub gab. Angesprochen auf die rechtsseitig leicht eingeschränkte Motorik war er der Meinung, das käme von den schmerzhaften Pöckchen. „Dieser Virus löst keine toxische Reaktion im Hirn aus", beruhigte er uns. Allerdings sollte sich Vianne in ein paar Tagen wieder ganz normal bewegen können.

Wir freuten uns sehr auf die Zeit am Meer. Wir machten ausgedehnte Radtouren mit den Mädchen im Fahrradanhänger, bauten Sandburgen, sprangen Trampolin am Strand und veranstalteten wieder unsere berühmt-berüchtigten Wasserschlachten rund ums Ferienhaus. Vianne wirkte fit, aber sie benutzte noch immer nur die linke Hand zum Essen und Malen, das rechte Bein zog sie – mal mehr, mal weniger nach. Ich hatte ein komisches Gefühl. Auch nach mehreren Tagen gingen die Symptome nicht weg. Nun beobachtete ich meine Tochter mit Argusaugen. Fiel mir ihr unregelmäßiger Gang weniger auf, hatte ich ausgesprochen gute Laune. Ich war erleichtert und meinte, eine leichte Verbesserung zu bemerken.

Und doch blieb dieses seltsam diffuse Gefühl. Als ob irgendetwas passierte, was ich noch nicht zu fassen bekam. Ich konnte nicht anders. Anstatt gemeinsam mit Micha ein schönes Glas Rotwein in der Abenddämmerung zu trinken, schnappte ich mir meinen Laptop und googelte nach den Symptomen. Könnte es eine Hirnhautentzündung sein, konnte es in seltenen Fällen doch zu Komplikationen bei der Viruserkrankung kommen? Ich wühlte mich durch unzählige medizinische Fachseiten. Es war alles sehr diffus. Letztendlich wiesen ihre Symptome auf einen Hirntumor hin (der sehr, sehr selten im Kindesalter vorkommt). Ach Blödsinn, das hätte unser Kinderarzt, der sehr gründlich arbeitet und viel Erfahrung hat, sicher erkannt. Zudem war Vianne ansonsten wirklich fit. Ich wollte jetzt mal nicht den „Teufel an die Wand malen“, obwohl mir mancher Freund nachsagt, etwas hypochondrisch veranlagt zu sein. Und trotzdem: Weder Micha noch ich waren in diesem Urlaub richtig entspannt, und das kannten wir von uns gar nicht. Also beschlossen wir, eine Kinderärztin vor Ort aufzusuchen. Sie schaute sich Vianne an, meinte, dass sie einen aufgeweckten Eindruck macht und beruhigte uns erst einmal wieder. Sollten die Symptome nicht innerhalb der nächsten drei Tage verschwinden, wollte sie ein EEG bei einem Neurologen in Lübeck veranlassen. Dort fuhren wir dann auch hin. „Leichte Auffälligkeiten bei den Hirnströmen in der linken Hirnhälfte“, äußerte der Neurologe, „aber nichts, was derzeit etwas Schlimmeres vermuten lässt." Wir sollten ihr nochmals ein paar Tage geben und uns melden, wenn keine Besserung oder aber eine akute Verschlechterung eintritt. Nach einem an sich schönen Tag in Lübeck fuhren wir abermals etwas beruhigter zurück in unser Ferienhaus. Zwei Tage später. Wir saßen beim Essen. Ich überredete Vianne, den Löffel in die rechte Hand zu nehmen. Sie strengte sich an und versuchte, ihre Hand zum Mund zu führen, aber der ganze Arm wirkte kraftlos, wackelte nur unkontrolliert und fand nicht den Weg zum Mund. Nur mit Mühe konnte sie den Löffel überhaupt halten. Auch der Ausdruck in ihren ansonsten so klar guckenden Augen gefiel mir überhaupt nicht. Das Glitzern war irgendwie weg. Mir lief es eiskalt den Rücken hinunter, und wir riefen sofort beim Neurologen an. Ein paar Tage später hatten wir abends einen MRT-Termin in Kiel. Die Ärzte wollten Viannes natürlichen Schlaf ausnutzen, damit keine Vollnarkose vonnöten ist, denn beim MRT muss das Kind sehr ruhig liegen.

Rückblick: Minuten davor – Donnerstag, 16. August 2012

An den Nachmittag vor dem Termin haben wir noch gute Erinnerungen. Klar waren wir etwas nervös. Würde unser kleiner Quirl beim MRT mitmachen und ruhig liegen bleiben, bräuchte sie vielleicht doch eine Vollnarkose? Andererseits erhofften wir uns vom MRT auch endlich eine Antwort. Bevor wir starteten spielten wir mit den Jungs Federball im Garten, die Mädels fuhren Trampeltrecker und Vianne schaffte die Trampelbewegung gut – also konnte alles nicht so schlimm sein. Vielleicht eine leichte Nervenentzündung.

Da wir trotzdem keine Ruhe mehr hatten, machten wir uns sehr frühzeitig auf den Weg in das rund eine Autostunde entfernte Kiel. Alle kamen mit, denn niemand wollte allein bleiben. Abgesehen davon wäre es mir im MRT viel zu eng gewesen, diesen Part musste mein Mann übernehmen. Wir waren natürlich viel zu früh dran, suchten uns einen Parkplatz in der Nähe der Radiologie und gingen noch einmal „um den Block“. In der Radiologie angekommen, mussten wir noch eine Weile im Wartezimmer verbringen, bis wir schließlich an der Reihe waren.

Vianne und Micha brachten das MRT mit Bravour hinter sich: die Kleine lag auf dem Rücken, ihr Papa verbrachte die Zeit auf den Ellenbogen abgestützt über ihr, so dass sie ihn die gesamte Zeit anschauen konnte. Geschlafen hat sie natürlich nicht. Schließlich kamen beide zurück ins Wartezimmer, wo Vianne freudestrahlend erzählte: „Durfte den kleinen König hören – mit Kopfhörer. Micha schaute etwas gequält drein, schließlich hatte er die letzten 20 Minuten auf seinen Unterarmen abgestützt verbracht. Und wieder warteten wir, lasen unzählige Kinderbücher vor, malten oder saßen einfach nur da. Warum wurde bereits die Familie zum Gespräch aufgerufen, die nach uns im MRT war? Echt blöd, so etwas. Wir warteten und warteten und warteten. Wir wurden unruhig. Wir warteten. Wir gingen zum Wasserspender. Wir warteten. Schließlich kam die Radiologin auf uns zu.

Rückblick: Zerstört – Donnerstag, 16. August 2012, ca. 23 Uhr

Ich versuchte den Blick der Ärztin zu deuten. Sie guckte ernst. Zu ernst. Bereits auf dem Weg in das Arztzimmer fragte ich sie: „Ist es irgendetwas Schlimmes?“ Die Ärztin schritt schneller voran. „Es ist etwas Schlimmes, oder?“, fragte ich schon eine Spur lauter, angespannter. „Kommen Sie bitte mit“, sagte sie ruhig. Wir erreichten das Arztzimmer, setzten uns. Ich starrte sie an. „Ihr Kind hat einen Tumor“, sagte sie beherrscht, ohne die eigene Betroffenheit wirklich verstecken zu können. Ich sprang auf, irgendein Fluchtinstinkt setzte ein. Ich sah meinen Mann an, und er, der sonst immer alles im Griff zu haben scheint, schaute mich genauso an, wie ich mich fühlte. Zerstört. Ich sank zurück auf meinen Stuhl, krallte meine Hand in seinen Oberschenkel, meine Augen flehten ihn an. Er sollte sagen, dass das nicht wahr ist. „Ist es Krebs?“, schoss es aus mir heraus. Sie zeigte uns die MRT-Bilder. Sogar für Laien war der große weiße runde Knubbel klar erkennbar. „Es ist ein Tumor, er ist groß, in etwa so groß wie ein Apfel“, erklärte die Ärztin. Ich stellte mir einen roten runden Apfel vor, und daneben das kleine Köpfchen meiner Tochter. Das konnte nicht sein. Gleich würde ich aufwachen, gleich, gleich. Aber ich wachte nicht auf, ich war verstört. Micha ebenso. Ich stürmte aus dem Arztzimmer hinaus zu meiner Tochter, meiner kleinen Prinzessin. Ich nahm sie in die Arme, Verzweiflung pur. Ich wollte sie packen und ganz weit vor all dem hier flüchten. Eine Südseeinsel? Nur wir beide. Die Geschwister spürten unsere Verzweiflung. „Was ist los“, schrie Jesse. Luke klammerte sich an mich. Alle Kinder weinten, obwohl sie doch noch gar nichts wussten. „Vianne ist schwer krank, sie hat einen Tumor“, sagte ich zu den Kindern. Alle schrien, weinten und heulten durcheinander. Ich hatte keine Tränen. Noch nicht!

Ich musste die Kinder irgendwie führen. Die Ärztin stand vor mir. „Sie fahren jetzt gleich in die Neurochirurgie der Uniklinik. Es bringt nichts, wenn sie jetzt in ihr Ferienhaus zurückkehren und morgen zwei Stunden lang in der Sprechstunde warten. Der diensthabende Arzt weiß schon Bescheid, er schaut sich Vianne sofort an." Bis heute bin ich diese Frau so dankbar, dass sie uns nicht allein gelassen hat mit der ersten Diagnose. Jetzt wurde mir auch klar, warum wir so lange auf das Gespräch hatten warten müssen, außer uns war nämlich niemand mehr vor Ort. „Wo ist die Uniklinik?", fragte mein Mann beherrscht. Und wieder bekamen wir Hilfe. In unserem Zustand hätten wir die Klinik nie gefunden. „Meine Assistentin fährt vor Ihnen her und zeigt Ihnen den Weg", erklärte die Radiologin. Sie nahm mich zur Seite und schaute mich eindringlich an: „Ihre Tochter wird wieder gesund", sagte sie beschwörend. Ich weiß nicht, ob man so etwas als Ärztin überhaupt sagen darf, ist mir auch egal. Mir machte es in diesem Moment Hoffnung und half mir, zu funktionieren.

Schließlich standen wir dort mitten in der Nacht mit vier Kindern, die alle weinten, komplett gefangen in der Situation. Hätte die Ärztin diese Aussage auch gemacht, wenn sie gewusst hätte, was wirklich in Viannes Köpfchen wuchs? Diese Frage stelle ich mir im Nachhinein häufig. Ich weiß es nicht. Ist auch egal.

Rückblick: Uniklinik – Donnerstag, 16. August, 2012, kurz vor Mitternacht

Wir gingen zügig zu unserem Auto, wir alle waren kurz vor einer Hysterie. Am Auto angekommen, ging ein Fenster auf. „Was ist das für ein Krach dort unten?“, schrie eine Stimme auf uns herab. Es berührte mich nicht. Nur der eine Satz hielt mich über Wasser: „Ihre Tochter wird wieder gesund.“ Wir schafften es ohne Unfall zur Uniklinik. Luke und Jesse eilten mitten in der Nacht mit uns zwischen den Unigebäuden her. Sie weinten nicht mehr. Mein Mann hatte Ada auf dem Arm, ich Vianne. Sie wog nichts, ich wäre bis ans Ende der Welt mit ihr in meinen Armen gerannt. Wir probierten Ruhe in die Situation zu bringen. Ob uns das gelang weiß ich nicht. Aber die Klinik gab uns irgendwie Sicherheit. Schließlich fanden wir den richtigen Eingang. Wir wurden nett von den Nachtschwestern in Empfang genommen. Kurz darauf kam der Arzt. Vianne machte trotz der späten Stunde noch gut mit bei den neurologischen Tests und den kleinen Untersuchungen. Der Arzt schaute sich die MRT-Bilder an. Es war uns klar, dass wir hierbleiben mussten. Ich wollte auch nicht weg, obwohl ich, wie wohl so viele andere Menschen auch, eine natürliche Abneigung gegen Krankenhäuser habe. Auch Vianne schien sich endlich fallenlassen zu können, als ob sie angekommen wäre. Sie wirkte das erste Mal richtig erschöpft, ganz unabhängig von der Uhrzeit. Ihr Unterbewusstsein schien zu sagen. „Hier darf ich jetzt richtig krank sein." Weißt du, woran du merkst, dass deine Welt völlig aus den Fugen geraten ist? Ich bin mit meiner Familie und dem Arzt gemeinsam im Fahrstuhl auf die Station gefahren. Ich habe furchtbare Angst vorm Fahrstuhlfahren, Angst, stecken zu bleiben und mich nicht von allein fortbewegen zu können im engen Fahrstuhlschacht. Es war mir in diesem Moment egal. Nur Vianne zählte, dieser kleine Blondschopf mit diesem scheußlichen, riesigen Tumor in seinem Köpfchen.

Rückblick: Angekommen – 16./ 17. August 2012

Pfleger Michael brachte uns in unser Zimmer – ein schönes Zimmer, mit einem Kinderbett und einem Schlafsofa in der Nische am Fenster. „Ich mache Ihnen ihr Bett noch fertig“, sagte Michael. Er strahlte Ruhe aus, Ruhe, die wir so dringend brauchten. Micha und ich funktionierten. Wir sprachen ab, dass er mit den übrigen Kindern erst einmal zurück ins Ferienhaus fahren und morgen ganz früh mit unseren Sachen zurückkommen sollte. Micha wollte nicht fahren, ich konnte nicht fahren. Ich glaube, er war letztendlich der Stärkere von uns beiden, weil er Vianne loslassen und die übrigen Kinder versorgen konnte. Wir küssten uns, schauten uns eindringlich an. „Es wird alles gut, sie wird wieder gesund“, sprachen wir uns gegenseitig Mut zu. „Es wird gut, alles wird gut, es wird gut“, – wie eine Maschine im Akkord hämmerten die Worte durch meinen Kopf. Ich drückte Ada, Luke und Jesse an mich. „Will bei Vianne bleiben!“, brach es aus Ada heraus. Micha schnappte sie sich. Dann war ich mit Vianne allein.

„Bitte schlaf schnell ein, kleine Maus, bitte, ich breche gleich zusammen“, dachte ich nur. Sie tat mir den Gefallen. Als ob sie genau wusste, dass nichts mehr war wie vorher. Dass jetzt nicht der Zeitpunkt war, um „Theater“ vorm Schlafengehen zu machen. Sie war so lieb. Dann kamen die Tränen. Auch jetzt noch übermannt mich der Schmerz, wenn ich an diese Nacht zurückdenke, aber ich möchte, dass Vianne davon weiß, vom ersten Moment an, weil es jetzt ein Teil ihres Lebens ist.

Pfleger Michael kam noch einmal nach uns schauen: „Wollen Sie einen Kaffee?“ Ich hätte ihn knutschen können. Ja, ein heißes Getränk würde gut tun. „Kann ich sonst noch irgendetwas tun?“, fragte er einfühlsam. Ich saß da mit meinem Kaffee, ich schaute meine Tochter an. Ich betrachtete ihr feines Gesicht, ihren Kopf. Dort sollte ein apfelgroßer Tumor sitzen. Das konnte nicht sein. Wie lange war er wohl schon da? Ich versuchte, die letzten Monate Revue passieren zu lassen. In letzter Zeit hatte sie in der Nacht häufig wahnsinnig laut mit den Zähnen geknirscht. Warum war mir nicht eher etwas aufgefallen? ER konnte ja nicht erst die letzten drei Wochen gewachsen sein, seitdem sie angefangen hatte, sich seltsam zu bewegen. Auch die Kindergärtnerinnen hatten das ganze Jahr über keine Entwicklungsauffälligkeit entdeckt, keine gesteigerte Müdigkeit. Sie konnte bisher ebenso gut hüpfen, klettern, schneiden und malen wie Ada. „Ein Tumor!", kreischte es in mir. Sie ist doch erst drei Jahre alt! Im Nachhinein weiß ich nicht, wie ich es in diesem Moment geschafft habe, halbwegs klare Gedanken zu fassen. Vielleicht liegt es in meinem Naturell. Es hilft mir mehr, irgendetwas zu tun, als untätig in der Ecke zu sitzen. Zuerst musste ich Hilfe holen. Ich rief meine Schwester an, mitten in der Nacht. Ich wusste, dass Andi und Ralf am nächsten Morgen mit ihrem Wohnmobil in den Urlaub starten wollten. Ich brauchte beide jetzt hier, allein schon wegen der drei anderen Kinder. Ich nahm mein Handy zur Hand. Wie sollte ich so etwas Unfassbares in Worte fassen? Es klingelte. Einmal, zweimal, dreimal – Andi ging ran. „Hallo Kurze, alles in Ordnung bei euch?", fragte sie. Ich hörte mich selbst wie aus weiter Ferne sprechen, mechanisch, blechern. „Andi, setz dich bitte erst einmal. Sitzt du?" Der Kloß im Hals wurde immer größer. „Vianne ist sehr krank. Sie hat", stotterte ich, „sie hat einen Hirntumor." Ich weiß nicht mehr ob ich weinte. Aber Andi weinte, ganz leise. Meine Schwester und ihr Mann wollten sich noch in der Nacht ins Wohnmobil setzen und kommen. Ich hatte Angst, dass sie einen Unfall bauen würden und konnte sie überzeugen, erst am nächsten Morgen ganz früh aufzubrechen. Ich bat sie, unsere Eltern zu verständigen. Ich selbst hatte keine Kraft mehr. Ich legte mich in meinen Anziehsachen auf das Schlafsofa, schaute aus dem Fenster, mein Blick schweifte über das Klinikgelände. Mir war speiübel. Bloß nicht zusammenklappen, bloß nicht schlappmachen. Ich konnte körperlich spüren, wie innerlich etwas zerbrach. Ich lag einfach nur da, starrte und kämpfte gegen die Übelkeit. Waren wir hier in der Klinik überhaupt gut aufgehoben? Ich sprang vom Sofa auf, suchte Pfleger Michael. Er musste doch wissen, ob sich die Kieler mit Hirntumoren auskennen und gut operieren können. Wieder schossen mir die Tränen in die Augen. Ich ging zu ihm und stammelte: „Würdest du dein Kind hier operieren lassen? Ist es gut hier?“ „Ja!“, antwortete er ohne zu zögern. Ich schlich zurück ins Zimmer. Ich wollte nicht einschlafen, auch wenn mein Verstand mir sagte, dass ich bei Kräften bleiben musste. Ich wollte nicht einschlafen, weil das Aufwachen so schlimm ist. Aber irgendwann übermannte mich der Schlaf, während ich in meinen stinkenden, verschwitzten Klamotten lag und ins Leere starrte. Und starrte. Und starrte...

Rückblick: Wichtige Entscheidungen - Freitag, 17. August 2012, morgens

Der Morgen graute, und das Grauen traf mich – hinterhältig, mit voller Wucht. Ich schlug die Augen auf, und eine dunkle Welle überrollte mich. Ich schaute nach Vianne. Obwohl sie die ganze Nacht überwacht worden war, musste ich mich mit eigenen Augen davon überzeugen, dass es ihr gut ging. Sie schlief tief und fest und ruhig. Es war noch ganz früh am Morgen. Micha hatte noch in der Nacht mit mir telefoniert um mir zu sagen, dass er sicher im Ferienhaus angekommen war. Er hatte sich durch dichten Nebel gekämpft, als ob diese Nacht unser Innerstes widerspiegeln wollte. Im Ferienhaus angekommen, hatten sich die vier gemeinsam in ein Bett gekuschelt.

Das Frühstück kam – ich brachte kaum einen Bissen runter. In den Tagen in der Kieler Uniklinik entdeckte ich meine Liebe zu Kamillentee, den ich bisher immer verabscheut hatte, sogar wenn ich krank war. Ich weiß nicht mehr, wann genau ich mir die erste Tasse holte, ich weiß nur, dass mich der Teebeutel auf dem Wägelchen im Krankenhausflur plötzlich anlächelte und ich seither immer Kamillentee trinke, wenn mich diese innere Kälte überfällt.

Ich kann mich nur bruchstückhaft an diesen Tag im Krankenhaus erinnern. Ganz genau erinnern kann ich mich aber an das erste Zusammentreffen mit Prof. N. Er strahlte Ruhe und Sicherheit aus, als er in unser Zimmer kam. Auch Vianne mochte ihn auf Anhieb. Wir hatten Fragen, so viele Fragen surrten in unseren Köpfen. Es sei wichtig, dass der Tumor entfernt werde, sagte er. Es gebe drei Möglichkeiten, erklärte uns der Professor: er operiert unsere Tochter noch heute, am Freitag, wenn wir der Meinung seien, ihr Zustand habe sich seit gestern verschlechtert. Alternative Nummer Zwei wäre eine Operation am Montag, dann könne er sein „Dreamteam" zusammenstellen und sich in aller Ruhe vorbereiten. Unsere Tochter müsste dann das ganze Wochenende engmaschig überwacht werden, weil sie bereits eine Einblutung gehabt hätte, höchstwahrscheinlich als sie bei meinen Eltern übernachtet hatte. Das führte zu den schlagartigen motorischen Ausfälle, denn der Tumor saß in der linken Hirnhälfte, in dem Bereich, der die Motorik der rechten Körperhälfte steuert.

Nicht auszudenken was gewesen wäre, wenn diese Blutung nicht von allein zum Stillstand gekommen wäre. Dann wäre sie gestorben, bei meinen Eltern. Wenn es also am Wochenende zu einer erneuten Blutung im Hirn käme, müsste eine Notoperation gemacht werden. Die dritte Option wäre eine Verlegung in eine heimatnahe Klinik, davon würde er uns aber dringend wegen der Einblutungsgefahr abraten: „Ich würde Emma (ihr Rufname ist doch Vianne!) auf keinen Fall transportieren. Kommt es dabei zur Blutung, können wir auch im Krankenwagen nichts mehr für sie tun", erklärte er uns sachlich. Wir waren geschockt. Noch gestern schien unsere Tochter mehr oder weniger gesund, und heute war ihr Tod Thema. Sagte er das nur, weil er ihren Tumor operieren wollte? Standen Forschungen, Übungszwecke, Gelder im Vordergrund? Ich bin immer so schrecklich skeptisch.

Rückblick: Im richtigen Moment – Freitag, 17. August 2012, mittags

Aber Prof. N bedrängte uns in keiner Form. Er ließ Fakten und Erfahrung sprechen. Wir baten um Bedenkzeit. Es war schlimm, eine Entscheidung von solcher Tragweite in einem relativ kurzen Zeitraum treffen zu müssen, zumal wir diese Entscheidung nicht für uns selbst zu treffen hatten, sondern für unser dreijähriges Mädchen. Es sollten noch viele wichtige Entscheidungen hinzukommen in den nächsten Monaten. Wir mussten nachdenken, den Rücken freihaben, umringt von unseren vier Kindern war es so schwer, sich zu konzentrieren. Am liebsten hätte ich Vianne ununterbrochen im Arm gehalten. Aber da waren auch noch Jesse, Luke und Ada, die völlig verstört wirkten. Ich war so froh, dass Micha an meiner Seite war. Was machen Alleinerziehende in solch einer Situation? Wir konnten zumindest gemeinsam eine Entscheidung tragen, und diese Last war schon schwer genug. Was ich noch weiß ist, dass wir ganz viel Recherche betrieben haben. Wir haben im Internet nach der Neurochirurgie in Kiel gesucht, wir haben Ärzte aus unserem Bekanntenkreis angerufen und um Rat gefragt. Wir fanden heraus, dass die Uniklinik Kiel eines der größeren neurochirurgischen Zentren in Deutschland ist und auch insbesondere mit Kindern gute Erfahrungswerte hat. Welch Glück im Unglück. Unsere Entscheidung war gefallen. Wir würden mit Vianne hierbleiben. Wir informierten Prof. N. Aber erst musste er uns noch eine Frage beantworten: „Wo würden Sie ihr Kind operieren lassen, wenn es einen Hirntumor hätte? Im Nachhinein wirkt diese Frage vielleicht auf manch einen pietätlos, wir wollten aber eine ehrliche Antwort, nicht nur aus Ärztesicht, sondern aus der Sicht eines Vaters. „Ich könnte mein Kind nicht selbst operieren, ich würde zu Prof. S nach Essen gehen, ein hervorragender Neurochirurg.“ Diese Antwort machte uns nochmals deutlich, dass er uns nicht aus egoistischen Gründen dabehalten wollte, sondern als verantwortungsvoller Mensch. Ab diesem Moment vertraute ich ihm aus tiefstem Herzen – und das tue ich auch heute noch. Nach dem Mittag sollte das Planungsgespräch für die Operation stattfinden. Irgendwie beschäftigten wir die vier Kinder, wir wichen Vianne nicht von der Seite. Die Kinder waren viel zu ruhig, sie stritten noch nicht einmal. Abwechselnd verschwanden Micha und ich im Spielzimmer, das meistens ganz leer war, weil derzeit kein weiteres Kind auf der Station war. Dann weinten oder telefonierten wir oder wir weinten und telefonierten gleichzeitig, denn den Kindern wollten wir unsere tiefe Verzweiflung nicht zeigen. Wir wussten, dass Hilfe nahte, meine Schwester und mein Schwager waren schon auf dem Weg. Irgendwann kam die Krankenschwester ins Zimmer und benachrichtigte uns, dass das Aufklärungsgespräch zur OP beginnen könne. Fast im selben Moment stand Andi vor uns. „Ich bin hier, Ralf sucht noch einen Parkplatz“, sagte sie atemlos und drückte mich ganz fest – genau im richtigen Moment. Ich wollte die vier nicht in der Obhut einer fremden Krankenschwester lassen. Ich war hektisch, deshalb wechselten Andi und ich nur wenige Worte. Mehr war auch gar nicht nötig. Micha und ich gingen ins Besprechungszimmer.

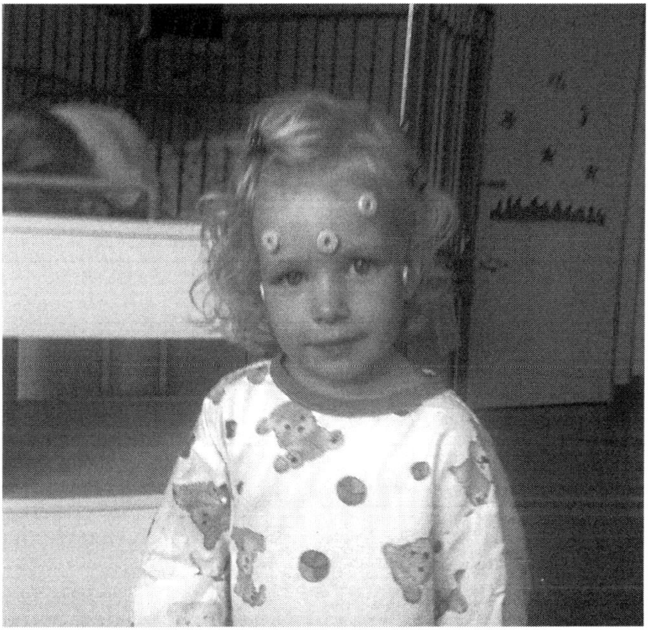

Rückblick: Gespräche – Freitag, 17. August, 2012, nachmittags

Prof. N. holte uns sofort mit ins Boot und wollte unsere Einschätzung über Viannes momentanen Zustand hören. Wir fanden, dass sie auf uns noch müder als am Vortag wirkte, ein Kriterium, was für eine sofortige Operation sprach, da sich ihr Zustand zu verschlechtern schien. Auch Prof. N schien die Entscheidung tragen zu können: „Hätten wir das Wochenende abgewartet, hätte ich keine ruhige Minute gehabt", sagte er. Welch ehrliche Worte. Die Gefahr einer weiteren Einblutung und eines gesteigerten Hirndrucks war einfach da. Ich wollte, dass dieses scheußliche Ding aus ihrem Kopf raus kam – je eher, desto besser. Der Arzt zeigte uns die MRT-Aufnahmen, meinte, der Tumor sei zwar groß, würde aber günstig liegen. Er müsste einen großen Teil des Schädelknochens öffnen. Würde der Tumor tiefer liegen, wäre die Öffnung kleiner. Wir sollten uns das so vorstellen, als würde man durch ein Schlüsselloch schauen. Man könne gut erkennen, was in der Ferne liegen würde, aber nicht den Bereich unmittelbar hinter dem Durchguck. Weil Viannes Tumor relativ nah an der Schädeloberfläche lag, wollte er deshalb einen größeren Bereich des Schädels öffnen, um einen besseren Blick zu haben. Noch wussten wir nicht, um welche Art von Tumor es sich handelt, ob gutartig oder bösartig. Aufgrund der gleichmäßigen Struktur und der Zystenbildung hatten die Radiologin wie auch Prof. N eine Verdachtsdiagnose: Pilozytisches Astrozytom, ein gutartiger Hirntumor. Der Neurochirurg würde den Tumor entfernen. Um aber möglichst wenig gesundes Hirngewebe zu zerstören, wolle er die Zystenränder stehen lassen. Sollte der Tumor gutartig sein, wäre das kein Problem. Sollte er allerdings doch bösartig sein, müsste nachoperiert werden. Ich versuchte mich auf das zu konzentrieren, was er sagte. Aber meine Aufmerksamkeit drohte vom Sog der Verzweiflung weggerissen zu werden. „Reiß dich verdammt noch mal zusammen, konzentriere dich", schrie es in mir. Ich zwang meinen Blick wieder auf die MRT-Bilder. Dann ging es um all die Dinge, die so unglaublich schief laufen können, mit all den schrecklichen Folgen. Worte wie Lähmungen, Krampfanfälle, Tod fielen. Wir unterschrieben und gaben unser Einverständnis – eine gemeinsame Entscheidung. Die OP sollte gegen 17 Uhr beginnen und circa sechs Stunden dauern. Meine größte Angst war nicht nur allein der Tod unseres Kindes. Ich hatte auch Angst, ein komplett anderes kleines Mädchen nach dem Eingriff vorzufinden. Wir gingen zurück zu unseren Kindern. Vianne strahlte: „Andi und Ralf sind da!" Ihre kindliche Welt war nicht dunkel und verschwommen, obwohl auch sie zu merken schien, dass irgendetwas nicht stimmte.

Rückblick: Operation – Freitag, 17. August, 2012, nachmittags

Vianne war traurig: Ihre Geschwister durften in das große Wohnmobil umziehen, sie musste mit uns in der Klinik bleiben. Ich bat die drei, sich noch einmal richtig mit Umarmung und Küsschen von Vianne zu verabschieden. „Wird es ein Abschied für immer?", schoss es mir durch den Kopf. Ich war kurz davor, wieder ins Spielzimmer zu rennen. Zum Glück gingen die übrigen Kinder ohne Probleme mit Andi und Ralf mit. Andi nahm Vianne fest in die Arme: „Du musst mir versprechen, nachher wieder aufzuwachen, dann…" Ich habe leider vergessen, was sie ihr versprochen hat, aber es war etwas, voran sich Vianne auch noch im tiefsten Schlaf erinnern sollte, auch wenn sie ganz weit weg ist. Sie sollte allen Grund haben, wieder aufzuwachen.

Der Abschied war schmerzlich, und doch waren wir froh, uns nun voll und ganz auf die „Motte" konzentrieren zu können. Wir bereiteten sie vor auf die anstehende Operation. Wir erklärten ihr, dass etwas in ihrem Kopf sei, was dort nichts zu suchen hätte, und dass der nette Arzt von vorhin diesen Knubbel raus machen müsste. Dafür würde sie einen Zaubersaft kriegen, der sie ins Reich der Träume mitnehmen würde. „Ich habe Durst", sagte Vianne fordernd. Aber sie durfte natürlich nichts mehr essen und trinken. Sie quengelte. Also lenkten wir sie ab, wir spielten voller Inbrunst mit ihr, alles was sie wollte und solange sie wollte. Es wurde 15 Uhr, 16 Uhr. Sollte die Operation etwa doch nicht stattfinden? Ich wollte dieses riesige Ding jetzt aus ihrem Kopf haben, bevor es sich weiter einnisten und zerstören konnte, auch wenn ich eine wahnsinnige Angst vor der Operation hatte. Aber wenn sie sowieso operiert werden musste, dann jetzt.

Irgendwann kam eine Schwester und brachte einen Mini-OP-Kittel für Vianne mit. „Ein Kleid mit Bärchen, Mama", rief Vianne erfreut. „Ja, ein Kleid mit Bärchen", sagte ich liebevoll, während sich mein Blick verschleierte. „Es ist gleich soweit", sagte die Schwester. Wir hatten vorher besprochen, dass Vianne bei uns auf dem Arm einschlafen darf. Wir fuhren mit dem Aufzug bis vor den Operationsbereich. Vianne lag in meinen Armen, Micha stand ganz dicht bei uns. Die Narkose wurde eingeleitet. Ich sprach ganz leise zu ihr, erzählte ihr noch etwas von einem See, ich summte und sang, sie wurde immer schlaffer in meinen Armen. Wir küssten sie auf die Stirn. Sie schlief. Sofort übernahm das Narkoseteam. Die Tür fiel hinter ihnen zu. Wir standen da. Leer. Und dann brachen alle angestauten Tränen mit einem Mal heraus.

Rückblick: Warten, bangen, hoffen – Freitag, 17. August 2012, früher Abend

Wir traten hinaus ins Sonnenlicht, wanderten ziellos über das Klinikgelände. Die Sonne lachte, und unserer kleinen Tochter wurde gerade die Schädeldecke aufgebohrt. Das einzig Gute am Sonnenschein war, dass Micha und ich Sonnenbrillen tragen konnten, denn wir wollten nicht ganz Kiel unsere verquollenen Augen und unsere Verzweiflung zeigen. Wir verließen das Klinikgelände, weil wir raus mussten, aber zugleich wollten wir uns auch nicht zu weit entfernen, falls irgendetwas sein sollte. Wir hatten dem Ärzteteam unsere Handynummern dagelassen und sie hatten versprochen, sich zu melden, wenn die Operation beendet sei. Wie wir diese circa fünf Stunden des Wartens, Bangens und Ausharrens herum bekommen haben, weiß ich nicht mehr im Detail. Wir wechselten nur wenige Worte, mehr war auch gar nicht nötig, denn wir wussten, wie es im jeweils anderen aussah. Wir kehrten in unser Krankenzimmer zurück, Micha spielte Sudoku, ich las ein Buch, an dessen Titel ich mich nicht einmal mehr erinnern kann. Ich wanderte im Zimmer auf und ab, kuschelte mich an Micha, wanderte wieder auf und ab. In unserem Krankenzimmer stand die Welt still, während sich vor unserem Fenster alles weiterdrehte. Ich beobachtete Leute, die fröhlich schwatzend oder in Fachgespräche vertieft über das Klinikgelände schlenderten. Wie konnte alles so normal wirken, während sich unsere Welt auf den Kopf stellte? Ich erwartete noch immer, jeden Moment aufzuwachen.

Als eines unserer Telefone klingelte, schafften wir es kaum, auf den richtigen Knopf zu drücken. Unser Neurochirurg war dran. Die Operation sei gut verlaufen, wir könnten jetzt zu ihr kommen. Wir rannten Richtung Aufwachraum. Da lag sie, unsere kleine Tochter. Auf den ersten Blick wirkte alles gut: sie wurde nicht mehr beatmet, und sie hatte einen relativ kleinen Verband um den Kopf. Ich hatte gedacht, der gesamte Kopf wäre mit einem riesigen weißen „Turban" umwickelt. Aber nein, nur ihre linke Kopfseite war bandagiert. Die vom Jod rot gefärbten Haare stachen scharf hervor. Sie sah friedlich aus, trotz der vielen piepsenden Geräte, mit denen sie verkabelt war. Als wir den Aufwachraum betraten, hatte Prof. N ihre Hand gehalten. Er sah in diesem Moment sehr alt aus, hatte tiefe Ringe unter den Augen. Irgendjemand erzählte mir im Nachhinein, er wäre erst gegangen, nachdem Vianne seinen Händedruck mit ihrer rechten Hand zart erwidert hatte. Es schien fast, als wäre er etwas betrübt, als hätte er mehr Funktion erwartet. „Sie hat ihr rechtes Bein schon ganz leicht bewegt", sagte er. Ich war erleichtert, sie schien also noch Gefühl in ihrer rechten Körperhälfte zu haben. Nach der Operation wären nämlich verschiedene Möglichkeiten denkbar gewesen, von Lähmungen bis hin zur kompletten Wiederherstellung ihrer Motorik, da durch die Tumorentfernung der Druck auf ihr Hirn genommen wurde. Prof. N. berichtete uns, dass er den Tumor samt Zysten und Zystenrändern komplett entfernen konnte. Die Zysten hätten sich nach der Entleerung quasi von selbst vom umliegenden Gewebe abgeschält. Dann verabschiedete er sich müde. Alles Weitere solle am folgenden Tag besprochen werden.

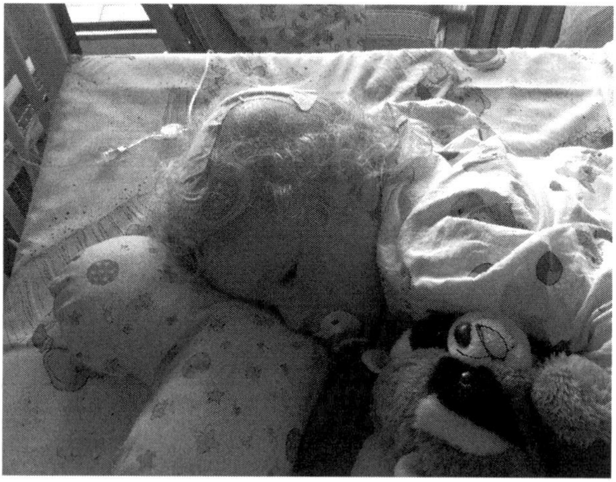

Vianne wurde zur weiteren Beobachtung auf die Kinderintensivstation gebracht. Wir wichen nicht von ihrer Seite. Irgendwann in der Nacht legte uns die Krankenschwester nahe, dass wir uns selbst etwas Schlaf gönnen sollten, sie würde gut auf Vianne Acht geben und wir bräuchten unsere Kraft, wenn sie aufwachen würde. Nur widerwillig trennten wir uns, auch wenn wir wussten, dass die Schwester Recht hatte. Sie versprach, uns auf der Stelle zu verständigen, wenn irgendetwas sein sollte oder wenn Vianne richtig zu sich kommen würde. Erschöpft von der mentalen Anspannung der letzten 24 Stunden fielen Micha und ich todmüde in unser Krankenhausbett.

Rückblick: Aufgewacht – Samstag, 18. August 2012

Ganz früh am nächsten Morgen rief die Schwester von der Intensivstation an: „Emma ist wach und ruft nach Ihnen." Alle Ärzte, Schwestern und Pfleger nannten Vianne „Emma“, da der Name vorangestellt ist. Wir fanden „Emma Vianne“ klingt besser als „Vianne Emma“, führt aber oftmals zu Verwirrung. Denn ihr Rufname ist Vianne, und nur darauf hört sie auch. Und da sie in den letzten Wochen viele fremde Ärzte kennengelernt hatte, wurde sie ganz oft mit Emma angesprochen. Wir hatten in diesem Moment aber keine Lust, die nette Schwester zu korrigieren. Wir rannten zu unserer Tochter. Sie war wach. Ich war so aufgeregt. Würde sie wie immer sein? Wir schlüpften in Windeseile in unsere grünen Kittel. Ich ging zu ihr, streichelte sie sanft. Ein Blick in ihre Augen und ich wusste: das ist meine Vianne. Sie sah mich an und sagte: „Andi hat mir doch ´was versprochen...“ Ein zentnerschwerer Brocken fiel von meiner Seele. Sie bekam noch Schmerzmittel. Die Nacht hatte unsere kleine Kämpferin gut überstanden, von Stunde zu Stunde reduzierte sich auch die Gefahr einer Komplikation. Sie sollte ruhig liegen bleiben, aber Vianne war unruhig, aufgewühlt, zornig. Sie bewegte den Kopf viel zu viel, das Beruhigungsmittel wurde wieder etwas erhöht. Die Melodie einer blau-gelb-roten Sonnen-Babyspieluhr schien sie (und mich) zu beruhigen. Sie bekam sie in ihr Bett und wir zogen sie immer wieder auf. Unglaublich, dass sie erst vor kurzem eine fünfstündige Hirn-OP hinter sich gebracht hatte. Sie wirkte zwar angeschlagen, aber auch so lebendig. Bereits am Mittag durften wir sie zurück auf unser Zimmer in der Neurochirurgie nehmen. Wir betteten sie zwischen uns auf unser Schlafsofa. Der Tumor war draußen! Eine unendliche Erleichterung senkte sich sanft herab.

Andi und Ralf hatten unterdessen einen Campingplatz direkt am Meer ganz in der Nähe von Kiel bezogen. Sie leisteten Unglaubliches: obwohl sie ebenso litten wie wir, schafften sie es, die übrigen Kinder abzulenken und die Zeit mit baden gehen und Eis essen zu überbrücken. Am Tag nach der OP kamen sie kurz zu Besuch. Alle waren erleichtert, dass Vianne den schweren Eingriff so gut überstanden hatte. Und doch war alles so befremdlich. Vianne selbst schien gar nicht so schnell zu verstehen, was mit ihr auf einmal passiert war. Kein Wunder, sie war schließlich noch nicht einmal dreieinhalb Jahre alt. Wir erklärten ihr alles in kindgerechter Sprache – immer nur so viel, wie sie wissen wollte. Später am Tag besprach Prof. N mit uns das weitere Vorgehen: spätestens 72 Stunden nach der OP müsse ein Kontroll-MRT gemacht werden, um zu überprüfen, ob der Tumor wirklich komplett entfernt werden konnte oder ob evtl. noch ein Tumorrest nachweisbar sei. Aufgrund seines Aussehens und seiner klaren Umrisse tippe er auf einen gutartigen Tumor, letztendlich müsse man aber die Gewebeuntersuchung abwarten. Mit Viannes Zustand nach der OP war er insgesamt zufrieden. Vianne konnte frei stehen, an der Hand lief sie sehr unsicher und staksig, noch schlechter als vor der OP. Sie aß und sie trank, sie ging auf die Toilette und wirkte aufmerksam und rege, das war für uns noch wichtiger. In der rechten Hand fehlte die Feinmotorik. Die Hand konnte zwar stützen, aber sie konnte kaum einen Stift halten oder eine Seite umblättern.

Und schon wieder hatten wir Angst. Angst vor dem postoperativen Kontroll-MRT bzw. vor dem Ergebnis.

Rückblick: postoperatives MRT – Samstag, 18. August 2012, nachmittags

Vianne musste für das postoperative MRT einen neuen Zugang auf dem Handrücken gelegt kriegen für die Kontrastmittelgabe – für uns nur ein Piks, für eine Dreijährige der blanke Horror. Die noch recht junge Ärztin hatte Probleme mit den feinen Venen. Ich musste Vianne richtig fest halten. Sie wehrte sich mit allen Kräften. Sie hatte so eine Angst. Dabei durfte sie sich doch nicht so aufregen wegen des Druckes im Kopf. Nach dem dritten vergeblichen Versuch schlug ich, den Tränen nahe, der Ärztin vor, es doch jemanden mit mehr Erfahrung versuchen zu lassen. Sie holte zwei ältere Pfleger, zwei richtige Nordlichter. Ich nannte sie in Gedanken gleich Hein und Piet. Schon als sie gut gelaunt in den Untersuchungsraum traten, änderte sich die Stimmung schlagartig. Natürlich weinte Vianne noch immer, aber die beiden setzten sich rechts und links neben sie auf die Pritsche und sagten freundlich: „Na, du Kleene, was is `n hier los? Magst du auch mal einen Arztkoffer haben und die Ärztin mit der Spritze piksen?“, und zwinkerten ihr zu. Und „ruckzuck" hatte nicht nur jeder eine Spritze von Vianne verpasst bekommen, auch der Zugang lag. Ich hätte die beiden „Nordlichter“ knutschen können mit ihrer geradlinigen, ausgeglichenen und humorigen Art.

Während Vianne wieder mit ihrem Papa im MRT lag, durfte ich mit in den Kontrollraum zu den jungen Ärzten. Es wirkte alles so surreal. Es war unterhaltsam, spannend, grotesk, die MRT-Aufnahmen vom Monitorraum aus zu verfolgen und den Gesprächen zu lauschen. Ich kam mir fast wie im Uni-Hörsaal vor. Sie waren so jung, so unbeschwert – die nächste Generation Ärzte. Sie unterhielten sich ungezwungen über die vielen „Fachidioten“, vom Techniker über Schwestern und Pfleger und Kollegen, die vergessen hatten, dass dieses Gerät mit starken Magneten arbeitet und sie ließen Revue passieren, was schon alles vom Gerät angezogen worden war – durch menschliches Versagen. Irgendwann sei sogar schon mal ein Metallstuhl im MRT gelandet - ein Millionenschaden. Auf der anderen Seite war ich völlig angespannt und starrte wie gebannt auf die Monitore, in der Hoffnung, keinen Schatten zu sehen, der dort nicht hingehörte. Kurze Zeit später die Entwarnung: Kein Resttumor vorhanden!

Rückblick: Kieler Voerde – Die nächsten drei Tage – August 2012

Bereits am nächsten Tag kam die Krankengymnastin und begann mit den ersten Übungen. Daniela eroberte Viannes Herz im Sturm. Sie brachte ein Steckspiel aus Holz mit, sie machte ein Lauf- und Treppentraining mit Vianne. Das Rollbrett, mit dem unser Wirbelwind den Krankenhausflur rauf und runter rollte, war das Highlight. Andi, Ralf und die

Kinder kamen täglich. Während unser Ältester kaum wusste, wie er sich Vianne nähern sollte, hatte Ada gar keine Berührungsängste. Sie ging ganz unbefangen mit ihrer Schwester um, welch ein Segen. Das hatte andererseits zur Folge, dass sie auch null Rücksicht nahm. Im Spielzimmer entbrannte irgendwann ein Streit zwischen den Zwillingen. Beide wollten den gelben Bauklotz haben. Ada konnte ihn erobern – und haute ihn Vianne mit voller Wucht auf den Kopf, genau auf die Naht. Mein Herz blieb für einen Moment stehen. Vianne schrie lauthals auf, ich brüllte Ada an und schließlich heulten wir alle gemeinsam.

Zum Glück war nichts passiert, Prof. N versicherte mir, dass die Stelle nicht so instabil sei wie man vielleicht meinen würde. Er hätte mal einen Patienten gehabt, der genau an der Stelle auf den Kopf gefallen sei, an der der Knochendeckel wieder eingesetzt worden war. Der Knochendeckel sei dann nicht an den Bruchstellen gebrochen, sondern mittig durch. Ich hatte Ada gegenüber ein schlechtes Gewissen und nahm sie erst einmal ganz fest in den Arm. Sie war doch auch noch so klein.

Die Schulferien neigten sich in NRW dem Ende entgegen. Wir beschlossen, dass Andi und Ralf mit Luke, Ada und Jesse zu uns nach Hause fahren sollten. Wir wollten nachkommen, sobald Vianne entlassen werden konnte. Der Abschied fiel schwer.

Die Sonne lachte weiterhin vom Himmel, wir wollten an die frische Luft. Die Ärzte hatten keine Einwände. Wir bekamen einen Rollstuhl für die Maus, weil sie noch nicht weit laufen konnte. Obwohl die Umstände so blöd waren, gefiel uns das Uniklinikgelände. Eine Eisbude lachte uns an, und in den aufgestellten Strandkörben genoss unsere Tochter unzählige Vanille-, Erdbeer- und Schokokugeln. Vianne durfte in diesen Tagen alles. Zudem lag die Klinik unweit der Kieler Voerde. Die Promenade war voller Menschen. Radfahrer und Jogger kamen uns entgegen, diverse Fischbuden lockten und zahlreiche Restaurants luden zum Verweilen ein. Segler und Ruderer waren unterwegs, und ab und an legte eine große Fähre oder ein Kreuzfahrtschiff an. Es hatte fast etwas von Urlaub – wäre nicht unsere Tochter mit dem verbundenen Köpfchen im Rollstuhl gewesen.

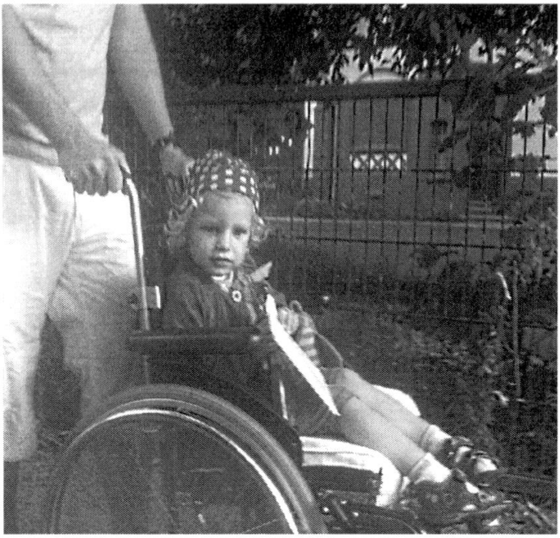

Interessant war, wie uns die Entgegenkommenden beäugten, teils mitleidig oder mitfühlend, teils neutral. Und dann gab es noch diejenigen, die krampfhaft versuchten, in eine andere Richtung zu schauen. Ich war nur froh, dass Vianne nicht für immer in diesem Rollstuhl sitzen musste. Aber ich konnte das Verhalten der Menschen gut nachvollziehen. Auch ich wusste früher nicht (und weiß es auch heute manchmal noch nicht), ob und wie und wohin ich schauen soll, wenn mir ein Mensch mit einer offensichtlichen Einschränkung entgegenkommt. Vianne selbst fand ihren rollenden Sessel super.

Rückblick: Fast normal – Immer noch die nächsten drei Tage – August 2012

Alles in allem tat die Lebendigkeit unserer Umgebung und vor allen Dingen das Meer in unmittelbarer Nähe unseren geschundenen Seelen unbeschreiblich gut. Schon immer war ich ein ausgesprochener „Atmosphären-Mensch" gewesen. Trost spendete ein wunderschöner alter botanischer Garten, angrenzend an das Klinikgelände. Dort verbrachte ich viel Zeit mit Nachdenken inmitten der grünen Sträucher, bunten Blumen und prächtigen Trauerweiden. Jeden Tag nahmen Micha und ich uns abwechselnd eine Auszeit, in der jeder dem Krankenhaus einen Moment entfliehen und für sich sein konnte, um Kraft zu tanken. Im Krankenhaus spielten und lasen wir viel mit Vianne. Die Schwestern, Pfleger und Ärzte waren alle so liebenswert. Ein Pfleger von der gegenüberliegenden Station zeigte Vianne ein Aquarium im Aufenthaltsraum, um das er sich kümmerte. Und Daniela brachte irgendwann ein knallrotes Bobby-Car vorbei, mit dem Vianne laut lachend über den Flur flitzte. Sie machte von Tag zu Tag Fortschritte.

Meine liebe Freundin Uli besuchte uns mit Loulou, ihrer Tochter. Es schien mir Ewigkeiten her, dass wir in ihrem Gehöft unseren Urlaub verbracht hatten. Vianne tat es gut, nach all den vielen Erwachsenen ihre „große" Freundin um sich zu haben. Loulou war bereits „Vorschulkind". Und mir tat Uli gut. Sie brachte einen selbstgebackenen Apfelkuchen mit, die Äpfel stammten aus dem eigenen Garten. Was für eine liebe Geste, es hatte so viel von Geborgenheit und Wohlfühlen, aber ich bekam keinen Bissen runter. Später erzählte mir meine Freundin, wie schlecht sie sich im Nachhinein gefühlt habe, dass sie uns diesen „Heile-Welt-Apfelkuchen“ mitgebracht hat. So ein Blödsinn, es war eine sehr, sehr liebe Geste. Sie gab und gibt uns so viel Halt. Sie hat das richtige Maß an Einfühlungsvermögen, sie strahlt Ruhe aus, hört genau hin und gibt gute, wohl überlegte Denkanstöße. Wir können gemeinsam weinen und lachen und verstehen uns auch ohne Worte. Als ich sie kurz nach Viannes Befund anrief, weinten wir beide leise. Und nun lachten wir gemeinsam, während unsere Mädels auf der Seeschlange an der Promenade ritten. Sie hatte Angst vor diesem Besuch gehabt, denn sie wusste nicht, was sie erwartete. Sie war erleichtert, als sie Vianne mit eigenen Augen sah, eben diesen kleinen „Wildfang“, den sie in Erinnerung hatte. Loulou hatte ihr Malstifte und Bücher mitgebracht und ihre Schmetterlingsaufkleber. Die haben uns seitdem bei jedem Krankenhausaufenthalt begleitet, denn die Schmetterlinge lassen sich problemlos aufkleben und wieder abziehen. Dieser Tag gaukelte uns ein wenig vertrauten, wohltuenden Alltag vor.

Rückblick: Erledigungen – 20. August 2012

Neben allen Sorgen und Nöten mussten wir auch praktisch denken: Unsere Arbeitgeber mussten informiert werden, ebenso Schule und Kindergarten, um unsere übrigen Kinder möglichst zu schützen. Wir brauchten frische Wäsche, denn unsere Urlaubsklamotten waren nur für einen zweiwöchigen Aufenthalt ausgerichtet gewesen. Also zog ich los und kaufte in Kiel Unterhosen und ein paar T-Shirts. Was für eine seltsame Situation. All die Menschen um mich herum, zu denen ich irgendwie nicht mehr zu gehören schien. In einem wunderbaren Laden entdeckte ich eine handgefertigte Eulen-Spieluhr, die eine frohe Melodie spielte. Die geliehene Sonnen-Spieluhr wurde nämlich demnächst wieder auf der Intensivstation benötigt. Ich kaufte noch eine Schmetterlingslampe aus Papier, die wir im Krankenhauszimmer aufhängten, und zwei Mutmacher-Karten – eine für Micha und eine für Vianne. „Tschaka, du schaffst das, kleine Powermaus“ stand darauf zu lesen.

Noch immer warteten wir auf das Ergebnis der Gewebeprobe-Analyse. Von unserem Zimmer aus konnte ich in das gegenüberliegende Gebäude schauen. Es handelte sich wohl um irgendein Labor, denn im Dunkeln konnte ich eine fluoreszierende Substanz in einem rechteckigen Glaskasten sehen. Ich stellte mir vor, wie sie gerade Viannes Probe untersuchten und einstuften. Ich schaute zu den Sternen und schickte meinen Wunsch zu ihnen. „Lass es keinen Krebs sein." Ich hatte ein Scheiß-Gefühl.

Rückblick: Bösartig – Mittwoch, 22. August 2012

Uli kam abermals mit Loulou vorbei, wir freuten uns schon sehr auf ihren Besuch. Es ging raus in die Sonne, wir schoben Vianne wieder die Kieler Voerde entlang und besuchten das nahe gelegene Meeres-Aquarium. Auch das obligatorische Eis durfte nicht fehlen. Es war ein rundum gelungener Tag und Vianne machte ständig Fortschritte. Wir kehrten zurück in die Klinik und Uli wollte sich gerade verabschieden, als plötzlich ein Arzt zu uns ins Zimmer kam und uns zum Gespräch bat.

Micha und ich setzten uns ihm gegenüber im Aufenthaltsraum an einen schlichten Holztisch. Er stellte sich als Onkologe vor und legte uns ein Protokoll hin, wie Vianne weiterbehandelt werden solle. Onkologe? „Ist das Ergebnis der Gewebeprobe da?", fragte ich ihn geradeheraus. „Ja", sagte er leicht irritiert, deswegen sei er hier, Vianne habe ein Anaplastisches Ependymom. Ein was? Was bedeutete das? Prof. N. wollte uns doch über das Ergebnis informieren, warum saß dieser fremde Arzt jetzt hier? Er wollte fortfahren mit der Erklärung des Behandlungsplans. Halt, fehlte da nicht ein Schritt? „Ist der Tumor bösartig", presste ich hervor. Ich fröstelte. Irgendwie ging er nicht so richtig auf meine Frage ein. „Ist er bösartig?", nagelte ich ihn fest. „Ja!", sagte er und wollte mit seiner Behandlungstabelle fortfahren. Ich nahm Vianne von meinem Schoß, setzte sie ab und schoss zur Tür raus. Uli war mit Loulou bereits im Treppenhaus. „Uli", schrie ich panisch, weil ich nicht wusste, ob sie schon gegangen war. „Uli, er ist bösartig!" rief ich außer mir, während mir die Tränen die

Wangen runter liefen. Ich wollte aber auch Loulou nicht zu sehr erschrecken, also riss ich mich zusammen. „Uli, kannst du noch kurz hier bleiben und Vianne nehmen?“, fragte ich sie. Ohne zu zögern stieg sie die Treppen wieder hoch, nahm Vianne an die Hand und ging mit den beiden Mädchen ins Krankenzimmer, wo sie ein Buch vorlas. Jetzt konnte ich mich meinem Schmerz hingeben, ohne Vianne zu verschrecken. Ich kehrte zurück zu Micha und dem Arzt.

Rückblick: Wut – Mittwoch, 22. August 2012, früher Abend

Ich war verzweifelt, aber das Gefühl, was noch mehr vorherrschte, war unbändige Wut. Wut auf diesen Arzt, der uns so ungeschickt mitteilt, dass unsere Tochter Krebs hat, während sie dabei sitzt. Der uns, ohne uns Zeit zu geben, das eben gehörte ansatzweise zu verdauen, mitteilt, dass ihr kleines Köpfchen bestrahlt werden muss, dass ihr kleiner Körper fast ein ganzes Jahr mit hochgiftigen Substanzen verseucht werden muss, dass sie auf Metastasen untersucht werden muss, dass ihr Hirnwasser aus dem Rückenmarkskanal gezogen werden muss, um nach versprengten Tumorzellen zu schauen. Wenn ich schon so eine schreckliche Botschaft habe, dann doch nicht im Beisein des kleinen Patienten! Wie soll das ohne Angstzustände für das Kind vonstatten gehen, wenn es hautnah mitbekommt, wie die Eltern voller Panik sind? Sinnvoller wäre es gewesen, uns erst einmal in Abwesenheit unserer Tochter zu informieren und später die weitere Vorgehensweise zu besprechen. Studien haben ergeben, dass Eltern in diesem ersten Moment sowieso nicht aufnahmefähig sind und nach Diagnosestellung nur 10 bis 20 Prozent an Informationen mitbekommen. Alle Kraft, die ich bis daher noch hatte, ergoss sich wie ein Schwall Wasser auf dem Boden. Wir wollten sofort mit Prof. N. sprechen. Sofort. Wir brachen das Gespräch an dieser Stelle ab. Uli saß blass mit Loulou und Vianne auf dem Schoß in einer Ecke und las aus einem Buch vor. Vianne wie auch Loulou spürten natürlich, dass irgendetwas Schlimmes vor sich ging. Nach dem ersten Schock ließen wir Uli und Loulou nach Hause fahren und kuschelten ganz viel mit unserer kleinen Maus. Micha gab mir die Freiheit, meinen Tränen freien Lauf zu lassen. Ausgestattet mit Musik und Sonnenbrille ging ich Joggen – zuerst durch „meinen“ Garten, dann am Wasser entlang. Ich lief immer weiter die Voerde Richtung offenes Meer, Pier B1, B2, C1, C2, D1, D2, ich lief und lief, während heiße Tränen meine Wangen hinab liefen, ich schluchzte, Passanten schauten mich im Vorbeirennen an, aber ich konnte nicht aufhören, ich wollte nur rennen, wegrennen, bis ans Ende der Welt, zum Meer. Irgendwann klingelte mein Telefon: Micha war dran: „Prof. N. will uns sprechen.“ „Ich bin in zehn, maximal 15 Minuten da“, sagte ich. Dann machte ich kehrt. Den Rückweg konnte ich nie und nimmer in dieser Zeit schaffen. Ich war so weit gelaufen. Also rannte ich, ich rannte, wie ich noch nie zuvor gerannt war. Der Schweiß rann mir heiß den Rücken hinab. Ich musste das Weinen einstellen, um genug Puste zu haben. Auf gar keinen Fall wollte ich das Gespräch verpassen. Völlig fertig kam ich irgendwann im Krankenhaus an. Er war noch da. „Es – tut – mir – leid – ich – komme - gerade – vom – Laufen“, japste ich. Ich hockte mich mit angezogenen Knien auf den Zimmerboden, den Rücken an die nackte Wand gelehnt. Ich war so leer. „Ich rieche nicht so gut.“, sagte ich leise zu Prof. N. „Das macht gar nichts“, sagte der Neurochirurg freundlich, während mir der Schweiß in die Augen lief, „da kenne ich als Mediziner ganz andere Gerüche.“ Dieser Mann war toll. Sofort stellte sich dic Ruhe ein, die ich immer in seiner Gegenwart hatte. Aber die tief sitzende Hoffnungslosigkeit, die mich in diesem Moment überfiel, konnte auch er mir im weiteren Verlauf des Gesprächs nicht nehmen. Erst nach zehn Jahren gelte ein Patient als geheilt, und auch danach kann es theoretisch zu einem erneuten Tumorwachstum kommen.

Die meisten Fachschriften sprechen gar nicht von Heilung, sondern von „progressionsfreiem Überleben". Nach drei Jahren sind noch zwei Drittel der Patienten tumorfrei, nach fünf Jahren lediglich die Hälfte. Bittere Statistiken, bittere Aussichten. Noch heute danke ich Prof. N. insgeheim für seine deutlichen Worte: „Sie werden ab jetzt für immer mit dieser Erkrankung leben müssen." Viel später, im Gespräch mit anderen betroffenen Familien, stellte sich heraus, dass wir die Chance bekommen hatten, uns relativ früh von unserem „alten Leben" zu verabschieden, andere hatten einen ganz langen Weg vor sich, um genau dort hinzukommen. Dadurch, dass wir so früh und nicht häppchenweise erfahren haben, was die Diagnose Hirntumor bedeutet, konnten wir uns leichter in unser neues Leben einfinden und auch für unsere Tochter ein wichtiger Stützpfeiler sein. Aus tiefstem Herzen: „Danke, Prof. N.!"

Rückblick: Weiterbehandlung – Donnerstag, 23. August 2012

Es stellte sich heraus, dass der Onkologe, der uns mit seinen Behandlungsplänen überfallen hatte, Prof. N. zuvorgekommen war. Und der konnte es noch immer nicht fassen, dass es sich um ein „Anaplastisches Ependymom“ handeln sollte. „Ich habe den Tumor, seine Struktur, doch mit eigenen Augen gesehen“, murmelte er nachdenklich vor sich hin. Auch die Tumorlage sprach eher für eine andere Tumorart. Dann erzählte er uns einiges über „Anaplastische Ependymome“. Wir sollten auf alle Fälle erst noch einmal den Referenzbefund aus Bonn abwarten. Es könne allerdings ein paar Tage dauern, bis das Ergebnis da sei. Wieder hieß es also warten. Die Schwestern und Pfleger fragten, ob wir mit einer Psychologin sprechen wollten, es gebe extra für diese Situation geschulte Fachkräfte. Gerne nahm ich das Angebot an, Micha wollte nicht. Ich allerdings brauchte Hilfe, um nicht durchzudrehen. Das erste Mal in meinem Leben hatte ich das Gefühl, nicht allein mit einer Situation zurechtzukommen. Kurze Zeit später kam eine sehr gepflegte, sympathische und einfühlsame Frau zu mir. Ich beschwerte mich unter Tränen über den Onkologen oder eher gesagt über seine unsensible Herangehensweise an das Thema. Ich bin ein Freund offener Worte, ich bevorzuge den geradlinigen Weg und klare Aussagen. Aber nicht auf so ungeschickte Art und Weise. Ich weigerte mich, auch nur noch ein einziges Mal mit diesem Mann zu reden. Die Psychologin schlug vor, vorab mit dem Arzt zu sprechen und danach in ihrem Beisein einen erneuten Gesprächsversuch zu starten, da er ein äußerst kompetenter und geschätzter Kollege und Fachmann auf dem Gebiet sei. Wir willigten ein. Und dieses Mal ging der Onkologe sensibler vor. Er entschuldigte sich zuerst. Dann klärte er uns über die Art des Tumors auf, erläuterte die Wichtigkeit einer Weiterbehandlung. Dazu habe er schon Kontakt zu dem Leiter der Kinderklinik Dortmund aufgenommen. Er erklärte uns, dass die Kinder deutschlandweit nach einheitlichen Studien behandelt würden. Die Behandlung richtet sich zum einen nach dem Alter des Kindes, ob der Tumor komplett entfernt werden konnte und ob Metastasen im Rückenmarkskanal vorhanden oder versprengte Tumorzellen im Hirnwasser nachzuweisen sind. Diese dazu erforderlichen Untersuchungen, eine Lumbalpunktion sowie ein MRT des Spinalkanals, würden in den nächsten Tagen anstehen, entweder in Kiel oder in der Klinik, in der Emma (sie heißt Vianne!) weiterbehandelt werden soll. Wir wollten die beste Klinik, die erfahrensten und sympathischsten Ärzte für unsere Tochter, deswegen wollten wir uns nicht gleich auf eine Klinik festlegen, sondern uns vor Ort einen eigenen Eindruck verschaffen. Gut, dass das Ruhrgebiet so gut bestückt ist mit Kliniken. Für uns kamen also mehrere Adressen in Frage. Wir hatten Dortmund und Essen im Fokus. Die Kieler stellten sogleich den Kontakt zu beiden Kliniken und den entsprechenden Ansprechpartnern her.

Rückblick: Anaplastisches Ependymom – Noch in Kiel/ August 2012

Ein Anaplastisches Ependymom WHO Grad III ist ein hirneigener Tumor, der aus den Ependymzellen, die die Hirnventrikekel auskleiden, entsteht. Es gibt mehrere Subtypen: Grad I ist ein langsam wachsender Tumor, der als gutartig eingestuft wird, Grad II ist ebenfalls noch gutartig, kann sich aber zu einem schnell wachsenden verändern. In diesen beiden Fällen folgen nach der Operation lediglich in zeitlichen Abständen MRT-Kontrollen. Grad III, die anaplastische Variante, ist bösartig, die Zellen sind entartet und teilen sich schnell, so dass auch das Tumorwachstum rasant ist. Bei Grad III muss auch nach einer erfolgreichen OP mit kompletter Tumorentfernung nachbehandelt werden, denn die Erfahrung aufgrund jahrzehntelang gesammelter Daten im Rahmen von Therapie-Optimierungsstudien hat gezeigt, dass der Tumor in vielen Fällen wieder wächst und die Überlebenschancen rapide sinken.

Ein wirklich gefährliches und hinterhältiges „A-loch“, dieses anaplastische Ependymom!

Die aktuelle Studie HIT (für Hirntumor) 2000 Ependymom war gerade Ende 2012 abgeschlossen worden. Sie sah für die Unter-Vierjährigen eine vorgeschobene Chemotherapie in fünf Blöcken (16 Gaben) vor und daran sich anschließend eine circa sechswöchige Bestrahlung. Für uns käme das Interimsprotokoll, ein sogenanntes Übergangsprotokoll, zum Tragen, das die gleiche Behandlung vorsieht. Denn bis eine neue Studie geöffnet wird, kann es noch eine gewisse Zeit dauern, da die Auswertung der Daten einige Zeit in Anspruch nimmt. Zudem müssen Ethikkommissionen die neue Studie erst genehmigen, das kann ebenfalls einige Zeit dauern. Diese Sorgfalt ist meiner Meinung nach auch ganz wichtig bei solch schwerwiegenden Krankheiten, denn niemand möchte zum Versuchskaninchen werden, sondern auf Basis versierter Daten behandelt werden. Die neue Studie soll voraussichtlich 2015 anlaufen. Wir aber waren in einer Zwickmühle. Es gab schon Erkenntnisse aus der HIT 2000 Studie, wir durften sie allerdings noch nicht nutzen, da die neue Studie noch nicht eröffnet war. Aber wir wollten natürlich nach neuesten Erkenntnissen behandelt werden. Also nahmen wir telefonisch Kontakt zur Studienleitung in Hamburg auf. Der zuständige Onkologe nahm sich gleich Zeit für uns und konnte uns beruhigen, dass keine gravierenden Veränderungen bevorstehen würden. Während man von der Bestrahlung wusste, dass sie zur Heilung führen kann, war der Nutzen der Chemotherapie umstritten. Bei Kindern unter vier Jahren sei die vorgeschobene Chemotherapie aber wichtig, um den Bestrahlungszeitpunkt so weit wie möglich nach hinten zu verschieben, am besten bis zum Alter von vier Jahren, da gerade das frühkindliche Gehirn extrem auf die Bestrahlung - mit all seinen schlimmen Nebenwirkungen und Langzeitfolgen - reagieren würde. Na super! Wieder mussten Micha und ich in kurzer Zeit eine wichtige Entscheidung für unsere Tochter treffen. Denn das Protokoll sah vor, dass wir spätestens drei Wochen nach OP mit der Chemotherapie beginnen sollen. Allein schon bei dem Wort Chemotherapie sah ich zerbrechliche, durchschimmernde, fahl-blasse Kinder ohne Haare vor mir, die sich andauernd übergeben müssen. Mir wurde übel. Ich schaute meine süße Tochter an, die gerade heimlich und genüsslich die Schokocreme aus den kleinen Frühstücks-Schächtelchen schleckte – natürlich ohne Brot dazu. Sie sah doch schon wieder so gesund aus. Sie sollte Krebs haben? Krebs hatten doch immer nur die anderen, der Sohn von entfernten Bekannten von Freunden. Aber doch nicht wir. Vianne erholte sich doch so gut. Als sie schlief, schauten wir im Internet nach Infos zum „Anaplastischen Ependymom“. Die Ärzte hatten uns zwei seriöse Seiten empfohlen und uns geraten, nicht irgendwelche Krebsforen im Internet zu besuchen. Ein weiser Rat, an den wir uns auch erst einmal hielten. Dass bestrahlt werden muss war für Micha und mich klar, wegen der Chemotherapie waren wir beide aber unsicher. Wir wollten später eine Entscheidung treffen und erst einmal mehr Informationen sammeln. Was wir aber schon jetzt intuitiv wussten: Uns allen stand eine sehr lange, schmerzhafte und entbehrungsreiche Zeit bevor. Wir brauchten so viel Hilfe, wie wir kriegen konnten.

Rückblick: Fäden ziehen – Samstag, 25. August 2012

Vianne machte weiterhin täglich Fortschritte. Jetzt mussten „nur noch" die Fäden gezogen werden. Jedes Pflasterwechseln war schon eine Tortur. Als der Zugang am Hals gezogen wurde – eine Sache von wenigen Sekunden – mussten wir unsere Tochter schon zu zweit festhalten. Wie, verdammt noch mal, sollte der Arzt die Fäden aus dem Kopf bekommen?! Schließlich musste Vianne dabei ruhig sitzen bleiben. Schon eine Stunde zuvor hatte ich Schweißausbrüche. Irgendwann holte uns ein junger Arzt ab. Er strahlte große Souveränität aus und nahm uns mit ins Behandlungszimmer. Vianne schien ihn auch zu mögen. Ich hob sie auf meinen Schoß und sie bekam ihren heißgeliebten Nucki. Seitdem wir hier im Krankenhaus waren, hatten wir die Schnullerfee, die vor einem halben Jahr bei uns vorbeigeflogen kam, kurzerhand wieder zurückbestellt – mit etlichen farbenfrohen Nuckel-Variationen im Gepäck. Bei jeder Behandlung, so kurz sie auch war, und zum Schlafen bekam Vianne ihren Nucki. Das Nuckeln schien sie ungemein zu beruhigen. Sie machte seitdem auch wieder einen ausgiebigen Mittagsschlaf, den sie eigentlich schon mit zweieinhalb Jahren gemeinsam mit ihrer Schwester eingestellt hatte. Wir hatten Vianne vorher erklärt, dass der Arzt die Fäden auf ihrem Köpfchen wegmachen und dass sie dabei ruhig sitzen bleiben müsse. Es würde nicht wehtun, aber könnte etwas ziepen wie beim Haare-Kämmen. Der Arzt hatte eine beruhigende Stimme und eine unglaublich ruhige Hand. Ohne sich abzustützen, entfernte er quasi aus der Luft die filigranen Fäden – und Vianne blieb wider Erwarten ebenso ruhig auf meinem Schoß. Es schien ihr wirklich nicht wehzutun. Ich hätte heulen können – diesmal vor Erleichterung. Was für ein guter Start in den Tag.

Rückblick: Nach Hause – Montag, 27. August 2012

Dann kam der Tag, an dem wir mit Vianne nach Hause fahren durften – nur zehn Tage nach der aufwendigen Hirn-OP. Einerseits freute ich mich sehr auf Zuhause, auf die übrigen Kinder, auf Andi und Ralf, Oma und Opa. Aber ich hatte auch Angst. Wir waren mit einem vermeintlich gesunden Kind in den Urlaub aufgebrochen (vor gerade einmal dreieinhalb Wochen), und nun kamen wir mit einem schwerkranken heim. Wie sollte ich rund um die Uhr auf Vianne Acht geben können und zeitgleich den anderen Kindern gerecht werden und dazu kochen, Informationen einholen, Hausaufgaben nachschauen, einkaufen? Konnte Vianne die Treppen bewältigen, ohne runter zu purzeln? Zudem fühlten wir uns in Kiel sicher und medizinisch gut betreut. Wir machten uns auch Gedanken, wie die Heimfahrt an sich verlaufen würde. Was wäre, wenn mit Vianne während der Fahrt irgendetwas passieren würde? Wie schnell könnten wir einen Rettungswagen holen oder die nächste Klinik erreichen, die sich mit Hirntumoren auskennt? Es gab so viele Ängste und Zweifel. Auch hier brachte Prof. N. wieder Ruhe hinein. Wir könnten sowieso nicht jede Sekunde auf unsere Tochter achten, auch wenn wir sie zehnmal auf der Treppe begleiten würden, beim 11. Mal würde sie fallen. Wir sollten uns nicht so unter Druck setzen, die Naht würde einiges aushalten. Wir sollten vertrauen in unsere Tochter haben – sie würde ihre Grenzen ganz klar erkennen.

Zuversichtlich trugen wir Vianne und unsere Koffer ins Auto. Aber wir fuhren nicht los, ohne noch einmal „unserer“ Daniela Tschüss zu sagen, die zum Abschied mit Vianne kräftig im Bällebad tobte (natürlich mit krankengymnastischem Hintergrund). Micha zeigte mir noch einmal einen wunderschönen

Ort im Alten Botanischen Garten. Wir stiegen zum höchsten Aussichtspunkt, von wo aus wir das Meer betrachten konnten. Dort entdeckte ich meinen Lieblingsplatz, eine alte Bank unter einer wunderschönen Trauerweide, deren tiefhängende Zweige uns wie ein schützender grüner Mantel umfingen. Adé Kiel! Wir kamen gut auf der Autobahn voran. Kein Stau vorm Elbtunnel, alles frei auf der A1. Vianne freute sich auf Zuhause, das merkten wir ihr an. Gutgelaunt erzählte sie Geschichten, schaute aufmerksam aus dem Fenster und schien mit sich und der Welt zufrieden. Je mehr Zeit ohne irgendwelche Vorkommnisse verging, desto ruhiger wurde auch ich. Tief in meinem Innern wusste ich irgendwann, dass ihr jetzt nichts passieren würde. Noch aus dem Auto rief ich unseren Hausarzt an und erklärte unsere Lage, ohne Umstände schrieb er meinen Mann und mich für die nächste Woche krank und gab uns zur schnellen Kontaktaufnahme seine private Mail-Adresse – er machte es uns wirklich einfach und nahm uns ganz viel von dem organisatorischen Druck, der auf uns lastete. Was gibt es Schlimmeres in so einer Situation, wenn man auch noch gegen bürokratische Hürden anrennen muss. Aber bisher hatten uns alle Beteiligten den Rücken freigehalten. Auch die Grundschule und der Kindergarten wussten Bescheid und kamen uns in jeder erdenklichen Form entgegen. Manchmal ist es wirklich ein Segen, in einem kleinen Örtchen zu leben.

Alle zwei Stunden machten wir Pause. Die gewohnte Eile, zu der ich ansonsten auf längeren Autofahrten neige, verspürte ich nicht mehr. Und irgendwann kamen wir zu Hause an. Ich war aufgeregt. Auf den letzten Metern explodierten tausend Gedanken in meinem Kopf. Die Kinder waren da, Andi war da, überall kleine Willkommensgrüße, Geschenke, bewegende Briefe von Freunden, und Blumen und Kuchen auf dem gedeckten Küchentisch. Welch ein wunderbar warmherziger Empfang. Ada und Vianne hatten sich schrecklich vermisst. Es war zwar lediglich ein paar Tage her, seit sie sich das letzte Mal gesehen hatten, aber sie waren bisher noch nie voneinander getrennt gewesen. Wir alle waren unglaublich erleichtert, wieder zusammen zu sein und hielten uns ganz lange in den Armen. Andi und Ralf machten sich schließlich ziemlich erschöpft auf den Weg nach Hause. Sie hatten hier tapfer die Stellung gehalten.

Rückblick: Unbekanntes Terrain – 27. und 28. August 2012

Es war schön und seltsam zugleich, wieder zu Hause zu sein. Obwohl unser Zuhause das übliche Vertrauen ausstrahlte, fehlte etwas. Der Alltag war fort. Wir befanden uns nach wie vor im Ausnahmezustand. Irgendwie hatte ich gehofft, alles Böse in Kiel zurücklassen zu können. Viel Zeit zum Durchatmen und somit auch zum Grübeln gab es zum Glück nicht. Bereits am nächsten Tag hatten wir einen Termin mit den Dortmunder Onkologen, einen Tag später mit dem Essener Team. Meine Eltern kamen zu uns, um auf die Kinder aufzupassen. Es tat so gut, sie wiederzusehen, aber es war auch schwer, ihren Schmerz in den Augen zu erkennen. Spät am Abend arbeitete ich noch eine Liste aus, mit Punkten, die ich abfragen wollte. Schließlich stand uns ein Dreivierteljahr Chemotherapie bevor (falls wir uns dafür entscheiden sollten), und in dieser Zeit wollten wir die fähigsten und nettesten Ärzte für unsere Tochter und für uns. Konnten wir für die stationären Zeiten ein Einzelzimmer bekommen? Wie viele Kinder mit Hirntumor hatten sie schon behandelt? Müssten wir uns auf ständig wechselnde Ärzte einstellen, oder hätte unsere Tochter vertraute Gesichter um sich? Um wie viele kleine Patienten kümmern sich die Schwestern und Pfleger? Ist eine Chemotherapie wirklich sinnvoll bei dieser Art von Tumor? Gibt es begleitende Maßnahmen wie Kunst- oder Musiktherapie, eine Spielecke, Psychologen? Dürfen wir mit unserer Tochter auch im Zelltief (wenn sie nur ganz wenig Abwehrkräfte hat) nach Hause? Ist auch nachts immer ein Onkologe auf Station? Wann sollen wir mit der Behandlung starten? Fragen über Fragen.

Am nächsten Morgen fuhren wir zur Dortmunder Kinderklinik. Bereits von Kiel aus hatte ich mit dem Onkologen telefoniert. Das Telefonat verlief sehr erfreulich, der Arzt war mir bereits am Telefon sympathisch. Aber irgendwie kam mir das Ganze ein wenig wie ein Werbegespräch für die Dortmunder Klinik vor. Egal, ist ja legitim und verständlich. Ich war sehr neugierig, was uns vor Ort erwarten würde. Von außen gefiel mir das Klinikum schon. Es war nicht zu groß, es gab Balkone, die zum Garten und zum Spielplatz lagen. Wir meldeten uns beim Empfang an und wurden in die 1. Etage geschickt. Eine Sekretärin geleitete uns den Gang hinunter in das Büro des Klinikleiters. Auf dem Weg dorthin hingen mehrere Fotografien eines kleinen, kahlköpfigen Mädchens an der Wand, wunderschön und erschreckend zugleich. Dieses Mädchen hatte Krebs – eindeutig. Und trotzdem waren die Fotos ansprechend, voller Leben, ästhetisch. Damals konnte ich das noch nicht erkennen, ich sah nur das kranke kahlköpfige Kind, meine Angst vor Viannes Zukunft versperrte mir den Blick auf die eigentliche Aussage: diese Lebensfreude, diese Kraft, dieses Vertrauen.

Rückblick: Dortmund versus Essen (die 1.) – 28. August 2012

Mein erster Eindruck vom Telefonat bestätigte sich, als Prof. S. auf uns zu kam und uns herzlich begrüßte. Ich fand ihn auch in natura auf Anhieb kompetent und sympathisch. Er informierte uns, dass sein Oberarzt gleich noch hinzu komme. „Wie geht es Emma Vianne?", knüpfte er dann an. Ich war beeindruckt von so viel Feingefühl. Vianne stand an erster Stelle, ihre Behandlung, ihr Befinden. Mit Anonymität hatte das hier nichts zu tun, wie beruhigend. Dann betrachtete er die MRT-Bilder, die wir mitgebracht hatten und schien sehr zufrieden. Er erklärte, dass der Tumor eine günstige Lage gehabt hätte. Bei der noch bevorstehenden Bestrahlung wären wahrscheinlich alle sensiblen Bereiche wie Sehnerv und Hirnanhangdrüse nicht in der Bestrahlungsregion bzw. in den Bestrahlungswegen. Er riet uns zur Chemotherapie, auch wenn deren Nutzen nicht eindeutig bewiesen ist. Die Chemo sei jedoch eine Möglichkeit, die Zeit bis zum Bestrahlungsbeginn im

Alter von vier Jahren zu überbrücken. Man könne damit eine gute Tumorkontrolle erlangen, ergänzte er. Jüngere Kinder werden ungern wegen der gravierenden Spätfolgen bestrahlt, deshalb versucht man, den Bestrahlungsbeginn so weit wie möglich nach hinten zu schieben. Der früheste Bestrahlungszeitpunkt liegt bei 18 Monaten, wenn möglich soll aber bis zum vierten Lebensjahr gewartet werden, da dann erst die Gehirnentwicklung abgeschlossen ist. Geduldig hörten sich beide Ärzte unsere Fragen an. Als ich wissen wollte, wie lange sie schon in Dortmund tätig sind und ob sie planen, in nächster Zeit in eine andere Klinik zu wechseln, sahen sie mich erst etwas verstört, dann aber scheinbar belustigt an. Ich glaube nicht, dass sie darüber jemals schon von einem Patienten oder einem Angehörigen befragt worden sind. Für mich war es aber eine wichtige Frage. Was hätte ich davon, wenn sie mitten in Viannes Therapie weggingen und unsere Tochter sich wieder an neue Gesichter gewöhnen müsste. Zudem hatte ich einen sehr guten ersten Eindruck hinsichtlich ihrer ärztlichen Fähigkeiten. Und ich mochte sie auf Anhieb. Mit diesen Ärzten konnte ich gut „zusammenarbeiten", und wenn ich sie schon nett fand, würde Vianne sie auch mögen, da war ich mir ganz sicher. Gerade solch eine schwere Behandlung hat für mich ganz viel mit gegenseitigem Vertrauen zu tun. Nachdem fürs Erste alle unsere Fragen geklärt waren – die beiden hatten sich wirklich viel Zeit für uns genommen und uns nie das Gefühl gegeben, lästig zu sein – bot man uns einen Rundgang durch die onkologische Station an. Angespannt folgten wir dem Arzt. Ich hatte Angst vor dem, was mich erwarten würde. Ich war noch nicht so weit, von Chemotherapie gezeichneten Kindern gegenüber zu treten. Die Glastür schwang auf. Als erstes nahm ich diesen Geruch wahr, der mir bis heute bei jedem Besuch auf der Station in die Nase sticht, ein leicht säuerlicher Geruch, unterlegt mit dem „Duft" von Desinfektionsmitteln. Ich hätte am liebsten gleich kehrtgemacht. Die Zimmer sahen nett aus, mit gemütlichen Relax-Sesseln ausgestattet. Hier war die Chance auf ein Zimmer für uns allein groß. Rechts gab es einen Aufenthaltsraum für die Jugendlichen, davor ein Spielzimmer für die Kleinen, und daneben die Elternküche. Ich hörte piepsende Alarmsignale, sah Infusionsständer, Schläuche, andere Eltern mit ihren Kindern, und an den Flurwänden Fotos und bewegende Dankesbriefe von ehemaligen Patienten. Ich musste hier weg, das war nicht unsere Welt, das durfte nicht zu unserer Welt werden. Ich sagte nur knapp, dass ich genug gesehen hätte, und ging eilig und schnurstracks auf den Ausgang zu. Erst im Treppenhaus konnte ich wieder durchatmen.

Rückblick: Dortmund versus Essen (die 2.) – 29./ 30. August 2012

Früh am nächsten Morgen brachen wir auf Richtung Essener Uniklinikum. Obwohl wir an diesem Tag zügig vorankamen, war der Weg dorthin eine Katastrophe, weil die A40 gerade ausgebaut wurde und ständig irgendein Teilstück entweder gesperrt oder nur einseitig befahrbar war. Staus waren vorprogrammiert. „Wie sollten wir im Notfall schnell das Klinikum erreichen?", fragte ich mich schon auf dem Hinweg. Ich war so nervös, versuchte aber, mich auf das anstehende Gespräch zu konzentrieren. An sich war es der gleiche Ablauf: ansprechendes Gelände, nette und kompetente Gesprächspartner. Aber die Zimmer waren viel kleiner und hoffnungslos überfüllt. Alles in mir schrie laut „Nein". Das schaffe ich hier nicht. Gleichzeitig quälte mich ein schlechtes Gewissen. Ein Uniklinikum bot so einige Vorteile: mehr Gelder, folglich auch bessere Personalschlüssel – und vielleicht auch bessere medizinische Geräte, eine bessere Vernetzung? Die Ärztin war maßgeblich an der Hirntumor-Studie für Rezidive beteiligt, also absolut vertraut mit Ependymomen. Würde ich meiner Tochter vielleicht die bessere medizinische Betreuung vorenthalten, nur weil ich es hier nicht aushalten kann? Hier würden wir nur im Ausnahmefall ein Einzelzimmer bekommen, soviel war klar. Für die Eltern standen in den kleinen Kammern lediglich Klappbetten bereit, die tagsüber abgebaut werden mussten, um überhaupt noch durch das Zimmer zu kommen. Die Privatsphäre ging gleich null. Müsste ich mit meiner Tochter wegen eines Beinbruchs hier zwei Wochen verbringen wäre das ja ok, aber nicht für eine knapp einjährige Behandlungsdauer unter solch großer emotionaler Belastung. Ich wollte für mich sein, wenn mir nach Weinen zumute war, ich wollte für mich sein, wenn ich mit meiner Tochter herumalbere, schmuse, Kitzelmonster spiele, wenn ich ihr schräge Lieder vorsinge oder blöde Reime erzähle. Innerlich hatte ich bereits eine Entscheidung getroffen, kam mir aber dabei so klein und schwach vor. Auf dem Weg zum Auto konnte ich nicht mehr an mich halten. Ich schluchzte laut und konnte nicht aufhören. Ich hatte so ein schlechtes Gewissen meiner Tochter gegenüber. Erst Micha konnte mich wieder beruhigen, indem er mir sage, ich solle mich auf mein Bauchgefühl verlassen. Langsam konnte ich wieder klar denken. Essen war insgesamt schon etwas anonymer und nüchterner.

Die Ärzte hatten sich im Gegensatz zu den Dortmundern nicht erkundigt, wie es Vianne gerade geht. Außerdem waren auf der Station so viele Ober- und Assistenzärzte tätig, dass wir sicher jeden Tag ein neues Gesicht sehen würden. Was hätten wir also von der Professorin, die im Thema ist, wenn sie nicht greifbar ist. Die Behandlung an sich läuft an allen Kliniken nach dem gleichen Protokoll. Zudem liegt Dortmund logistisch gesehen viel günstiger für uns, wir wären schnell dort und Micha arbeitet quasi um die Ecke, so dass wir uns schnell ablösen könnten mit Viannes Betreuung. Bis Donnerstag hatten wir uns Bedenkzeit erbeten. Aber unsere Entscheidung stand eigentlich schon am Dienstag fest. Donnerstagmorgen informierten wir beide Kliniken und waren sehr angetan von der Reaktion der Essener. Die Professorin sagte, sie hätte sich schon gedacht dass wir uns für die heimatnahe Klinik entscheiden, sicherte uns aber ihre Unterstützung zu, falls wir eine Zweitmeinung bräuchten oder falls Vianne nochmals operiert werden müsse. Die Zusammenarbeit der

Fachleute untereinander funktionierte gut, auch über die Kliniken hinaus, und das machte uns sehr zuversichtlich. Die Spezialisten kannten sich, regelmäßig fand ein guter Fachaustausch statt. Jetzt ging es also wirklich los.

Rückblick: Lumbalpunktion - 4. September 2012

Bereits am nächsten Dienstag fand die noch ausstehende Lumbalpunktion und das MRT des Spinalkanals statt. Bei der Lumbalpunktion wird Hirnwasser aus dem Rückenmarkskanal entnommen, um zu sehen, ob sich darin versprengte Tumorzellen befinden. Gleichzeitig wird beim MRT der Wirbelsäule geschaut, ob sich dort Metastasen angesiedelt haben. Für die beiden Untersuchungen sollte unsere Maus eine leichte Narkose bekommen. Sie bekam den „Schlafsaft" Dormicum. Aber irgendwie wirkte er nicht. Mit uns auf dem Zimmer lag ein kleiner Junge. Der Fernseher lief. Vianne wollte immer wieder zum Fernseher schauen, schläfrig oder beduselt wirkte sie nicht. Wir baten die Mutter des Kleinen, den Fernseher auszuschalten, es war so unruhig, und wir waren so aufgeregt. Wieder eine Untersuchung, wieder auf's Ergebnis warten müssen. Ich wollte nicht, dass sie Vianne weh tun. Gerade nach einer Lumbalpunktion soll man die erste Zeit ruhig liegen bleiben, ansonsten gibt es derbe Kopfschmerzen, aber unsere kleine „Zappelelse" konnte noch nicht einmal das Dormicum ausbremsen. Ich war so negativ eingestellt und rechnete bei den anstehenden Untersuchungen mit schlimmen Neuigkeiten. Schließlich waren die letzten Nachrichten alle ziemlich übel gewesen. Bösartig statt gutartig, rechtsseitige Bewegungseinschränkung statt Verbesserung der Motorik nach der OP. Ich war so verdammt nervös, dass ich nur noch genervt war: der Junge war zu laut, die Mutter zu unbeteiligt, ich wollte allein sein mit meiner Tochter und meinem Mann. Ich beschwerte mich bei den Schwestern (was mir im Nachhinein echt unangenehm ist) und der Junge wurde in ein anderes Zimmer verlegt. Erst bei weiteren Krankenhausaufenthalten habe ich erfahren, dass der Junge ebenfalls Krebs hat und gerade einen Rückfall erlitten hatte.

Eine Schwester holte uns ab und brachte uns zum MRT im Hauptgebäude. Die Kinderklinik ist durch einen unterirdischen engen und miefigen Tunnel mit dem Hauptgebäude verbunden. An manchen Passagen passt gerade mal ein Krankenhausbett durch – Gegenverkehr muss warten. Ich trug Vianne den ganzen Weg auf dem Arm, ich konnte sie nicht loslassen. Schließlich kamen wir beim MRT an und mussten unsere Tochter an der Tür abgeben. So etwas kannten wir aus Kiel nicht, dort durfte sie sogar vor der großen Hirn-Operation, bei der sie nicht wie jetzt lediglich sediert worden war (bei der Sedierung schläft man zwar, atmet aber eigenständig), sondern eine richtige Narkose bekommen hatte (bei der Narkose wird die Atmung ausgeschaltet und der Patient muss künstlich beatmet werden) auf unserem Arm einschlafen. Hier war so etwas anscheinend nicht möglich. Wir waren so perplex, dass wir nur schwach protestierten, allerdings ohne Erfolg. Wir setzten uns geschockt auf die Bänke vor dem MRT-Raum, während wir Vianne noch kurz weinen hörten. Knapp eine Stunde sollten beide Untersuchungen zusammen dauern. Wir hockten einfach nur auf unseren Stühlen. Ich fühlte mich wütend, hilflos, verzweifelt, hoffnungslos. Micha wirkte so stark, aber innerlich sah es beim ihm auch nicht anders aus. Auf einmal kam Dr. B. um die Ecke und setzte sich uns gegenüber. In diesem Moment fiel mir das erste Mal auf, wie beruhigend seine Anwesenheit auf mich wirkte. Er erklärte noch einmal genau, was gerade mit Vianne passiert und ging behutsam auf unsere Fragen und Ängste ein. Ich schüttete meinen Unmut über das Anästhesieteam über ihn aus. Noch ein weiterer Punkt störte mich: Während in Kiel geduldig versucht wird, die Kinder ohne Sedierung ins MRT zu schicken, stand dieses Vorgehen in Dortmund (noch) gar nicht zur Debatte. Darauf angesprochen schauten uns die Anästhesisten lediglich mit großen Augen an. Wie? Jüngere Kinder ohne

Ruhigstellung ins MRT? Diese Vorstellung schien für sie so abwegig wie ein zweitägiger Flug zur Sonne. (Anm. der Autorin: seit Ende 2015 gibt es in Dortmund ein in dieser Form weltweit einmaliges Kinder-MRT. Ziel ist es, möglichst vielen Kindern eine angstfreie Untersuchung ohne Sedierung zu ermöglichen.)

Dr. B. saß lange bei uns und half, die Zeit des Wartens und Bangens zu überbrücken. Was für eine nette, menschliche Geste. Mehrere Male öffnete und schloss sich die Tür zum MRT-Raum, und jedes Mal versuchten wir in den Gesichtern der Ärzte und Schwestern zu lesen. Die Tür öffnete sich abermals. Vianne lag in ihrem Gitterbettchen, und wir fuhren mit ihr zurück auf die Station. Alles habe gut geklappt, erklärte der Anästhesist, mehr erfuhren wir noch nicht. Wir waren zuerst einmal erleichtert, unsere Maus wieder bei uns zu haben. Vianne schlief tief und fest. Der Ärger über das Anästhesieteam war wie weggeblasen. Ich wollte nur noch meine Tochter berühren, streicheln, riechen, genießen.

Rückblick: Übler Start - September 2012

Unendliche Erleichterung! Vianne hatte keine Metastasen an der Wirbelsäule und es waren auch keine Tumorzellen im Hirnwasser nachzuweisen. Zudem konnte der Tumor aus ihrem Köpfchen komplett entfernt werden. Damit verbesserte sich ihre Prognose. Nach dem Eingriff mussten wir zwar noch ein paar Stunden zur Beobachtung im Krankenhaus bleiben, aber dann durften wir nach Hause fahren. Wir wollten so viele schöne Momente wie möglich mit den Kindern verbringen, bevor wir mit der anstrengenden Chemotherapie, zu der wir uns mittlerweile entschlossen hatten, begannen. Den nächsten Tag verbrachten wir bei strahlendem Sonnenschein auf dem Spielplatz. Ada und Vianne lagen gemütlich in der großen Nestschaukel und kicherten vor Vergnügen, wenn wir sie anschubsten.

Müde aber glücklich kehrten wir heim. Plötzlich fing Vianne an zu würgen, sie erbrach sich mehrmals hintereinander. Zum Glück waren Andi und Ralf da, sonst wären meine Panik und Sorge noch größer gewesen. Wieder schossen mir zahlreiche Gedanken durch den Kopf: handelte es sich lediglich um einen Magen-Darm-Infekt? Nein, das Würgen hörte sich irgendwie anders an. Baute sich gerade ein Hirndruck auf oder hatten die OP oder die Lumbalpunktion irgendetwas damit zu tun? Vianne lag ruhig auf unserem Sofa, ich hockte davor. Wir waren schon drauf und dran, in die Klinik zu fahren, als das Würgen aufhörte. Wir trugen sie vorsichtig in unser Bett und wachten die Nacht über sie, lauschten ihrem Atem. Ich war erschöpft. Die Nacht war ruhig, aber gleich am nächsten Morgen erbrach sie erneut. Bei mir gingen alle Alarmlampen an und wir fuhren sofort in die Klinik. Das Erbrechen auf nüchternen Magen kann ein Anzeichen für gesteigerten Hirndruck sein. Die ganze Fahrt über erbrach sie, ich betete, dass kein Stau auf der Autobahn ist. Wir sollten stationär bleiben, zur Beobachtung. Sie wurde untersucht und bekam Infusionen. Das Würgen hatte mittlerweile von allein aufgehört. Die Chemo hatte noch gar nicht begonnen, und wir lagen schon das erste Mal stationär hier. Aber egal! Vianne ging es besser, nur das zählte in diesem Moment, die Ärzte konnten uns beruhigen. Zwar konnte keiner genau erklären, was den Würgereiz ausgelöst hatte, aber es hatte keine schlimmere Ursache. Nur das zählte. So verbrachten wir außerplanmäßig unsere erste Nacht auf Station. Ich machte mir einen Kamillentee. Wir lasen unzählige Bücher, und Bücher waren die folgenden Monate unsere ständigen Begleiter. Vianne liebt es, vorgelesen zu bekommen, und ich lese gerne vor. In der Nacht schliefen wir beide tief und fest, sie in ihrem Kindergitterbettchen, ich daneben in einem großen Krankenhausbett. Ich habe selten Schlafprobleme, und auch seit Viannes Erkrankung schlief ich fast jede Nacht tief und fest, abgesehen von der Nacht, in der wir die Diagnose erhielten. Ich war meistens am Ende des Tages so unglaublich erschöpft, mental wie körperlich. Die Nächte waren neben dem Laufen meine Rückzugsorte, wo ich abschalten und verarbeiten konnte. Seltsamerweise hatte ich nie Alpträume. Am nächsten Tag durften wir die Klinik schon wieder verlassen und fuhren gut gelaunt nach Hause. Mittlerweile hatte sich ein dicker blauer Bluterguss an ihrem Rücken, dort wo die Nadel eingeführt worden war, gebildet. Also war anscheinend doch die Lumbalpunktion der Auslöser gewesen.

Rückblick: Kindergarten – September 2012

Das darauf folgende Wochenende gehörte uns, wir unternahmen nichts und genügten uns. Früher, vor Viannes Erkrankung, hatte ich immer diese Ruhelosigkeit, musste ständig etwas unternehmen, plante Ausflüge und Besuche. Jetzt plante ich nicht mehr, sondern nahm die Tage, wie sie kamen. Eine angenehme Ruhe legte sich über unsere Familie.

Der Kindergarten war so lieb gewesen, auf meinen Wunsch hin Ada zunächst im Zwergenland, in der Gruppe für die Zwei- bis Dreijährigen zu lassen, damit sie erst einmal in ihr vertrautes Umfeld zurückfand. Meine Schwester hatte sie gebracht, während wir noch mit Vianne in Kiel waren. Den Wechsel ohne Vianne in die große Kindergartengruppe wollte ich gerne mit Ada gemeinsam angehen. Jetzt schien mir der richtige Zeitpunkt gekommen. Eigentlich sollte Ada mit Vianne die gelbe Gruppe besuchen, nach Rücksprache mit der Kindergartenleitung hatten wir uns aber nun für die rote Gruppe entschieden, weil die meisten Kinder aus dem „Zwergenland“ dahin wechselten und dort zudem heilpädagogisch gearbeitet wird. Ada hatte somit zumindest einige vertraute Gesichter um sich, wenn ihre Zwillingsschwester schon nicht mitgehen konnte. Kindergarten war für sie tabu, weil sie während der Chemotherapie kaum Abwehrkräfte haben würde und somit extrem gefährdet wäre zwischen so vielen Kindern. Aber Ada wollte nicht ohne ihre Schwester in die Gruppe. An meiner Hand ging sie zögerlich in den Gruppenraum, schon im Flur klammerte sie sich an mich, als ob sie zum ersten

Mal dort wäre. Die Erzieherinnen in der Gruppe gingen liebevoll auf sie ein. Alle wussten um unsere Situation. Es war uns wichtig zum Schutz der anderen Kinder, dass die entsprechenden Institutionen wie Schule und Kindergarten informiert waren. Nur so konnten sich Lehrer und Erzieher mögliche Probleme oder Verhaltensänderungen unserer Kinder erklären und dementsprechend reagieren und Rückmeldung geben. Auch ich wich Ada nicht von der Seite. Sie wirkte so verlassen zwischen all den Kindern. Vianne fehlte uns beiden schrecklich. Am ersten Tag blieb ich gemeinsam mit ihr zwei Stunden im Kindergarten, am zweiten Tag verbrachte sie schon eine Stunde allein, und so erhöhten wir die Zeiträume immer mehr. Aber jedes Mal flossen Tränen. Tief in unserem Herzen wussten wir, dass der Kindergarten Ada langfristig gut tun würde. Wir wollten unseren Kindern möglichst viel Alltag und Normalität bieten. Wenn alles gut ging, sollte Vianne im nächsten Kindergartenjahr in die rote Gruppe folgen. Es war so seltsam, den Kindergarten mit nur einem Mädchen zu betreten. Ich hatte das Gefühl, dass uns alle Eltern anschauten, dass wir im Mittelpunkt standen.

Es war schwer, auch wenn die meisten unglaublich fürsorglich und hilfsbereit waren. Viele vertraute Gesichter erkundigten sich nach Vianne. Gemeinsam mit den Erzieherinnen weinte ich in einem unbeobachteten Moment. Meistens musste ich nach solchen Momenten laufen, wegrennen vor den schrecklichen Bildern, mir die Angst, die Wut und den Schmerz von der Seele laufen, damit ich wieder ganz für unsere Familie da sein konnte. Ich war noch nie eine gute Läuferin gewesen, aber nun schaffte ich locker 12 Kilometer, nachdem ich zuvor eine Stunde Zumba getanzt hatte.

Rückblick: Gerührt – September 2012

Wir hatten es schließlich geschafft. Ada gewöhnte sich im Laufe der Zeit daran, ohne ihre Zwillingsschwester in den Kindergarten zu gehen. Sie fand Freundinnen und Freunde. Vianne war die ganze Zeit über präsent: Bilder von ihr hingen im Eingangsbereich gemeinsam mit allen anderen Kindergartenkindern, im Gruppenraum war ein Bild an der Geburtstagswand, zu Nikolaus brachte ihr Ada einen gefüllten Strumpf mit aus dem Kindergarten. Alle Kindergartenkinder aus allen Gruppen hatten ihren Daumenabdruck mit ihrem Namen darunter auf einem DIN-A 3-Bild hinterlassen: „Wir drücken alle die Daumen", war darauf zu lesen. Ein wunderschönes Bilderbuch „Die unglaubliche Geschichte von der Riesenbirne" gab es dazu, gemeinsam von allen Eltern. Und wieder flossen Tränen – dieses Mal vor Rührung.

Nach dem Wochenende standen bereits die nächsten Gespräche und Untersuchungen im Klinikum an.

Am Mittwoch, 12. September, sollte der ständige Zugang implantiert und die Chemotherapie gestartet werden. Es ging alles so schnell. Am Montag waren wir zum OP-Gespräch, wir sollten uns entscheiden, ob Vianne einen Port oder einen Broviak-Katheter bekommen soll. Ein Port wird in Brusthöhe unter der Haut verpflanzt, ist nicht sichtbar, muss aber jedes Mal angestochen werden für jede Medikamentengabe oder Blutabnahme. Beim Broviak-Katheter führt ein Schlauch, der in zwei oder auch drei Schenkeln mündet, aus dem Körper heraus, ebenfalls in Brusthöhe. Er verwächst im Laufe der Zeit mit dem umgebenden Gewebe, zuvor wird er mit wenigen Nadelstichen an der Haut fixiert. Ein Anstechen ist hier nicht erforderlich, die Schenkel werden einfach angestöpselt. Es muss sehr penibel auf die Pflege des Broviak-Katheters geachtet werden, damit keine Infektionen entstehen. Auch das Duschen ist ein Problem, da kein Wasser an die Schlaucheintrittsstelle gelangen darf. Es ist nun einmal eine Öffnung an der Stelle, wo der Schlauch in den Körper tritt.

Der Katheter führt bis in den Herzvorhof. Die Ärzte hatten uns zum Broviak geraten, weil Vianne so Angst vor dem Piksen hat und die Chemotherapie langwierig ist. Wenn ich mir so etwas implantieren lassen müsste, würde ich mich ganz klar für den Port entscheiden. Der Broviak war mir zuwider, wie er da aus ihrem Körper baumeln sollte – ein Fremdkörper, der nicht zu unserer Tochter gehören würde. Die Ärzte merkten meinen Widerwillen. Nebenan im Spielzimmer saß ein etwa sechsjähriges Mädchen und spielte. Die Ärzte schlugen uns vor, den Broviak-Katheter einmal in Natura zu sehen. Sie fragten das Kind, ob es Lust hätte, Vianne ihren Zugang zu zeigen. Die Kleine stimmte auf Anhieb zu. Ich war erstaunt, wie unbefangen sie damit umging. Aber für sie schien der Schlauch ein Teil von ihr zu sein. „Die Kinder nehmen den Katheter viel schneller an als wir Erwachsenen", bestätigten die Ärzte. Auch Vianne schien dieser Schlauch, dessen Enden in einem hübschen Stoffbeutel verstaut waren, nicht zu schockieren. Schweren Herzens entschieden wir uns für den

Katheter, und haben diese Entscheidung auch nie bereut.

Nun sollte nur noch kurz der Blutdruck gemessen werden, ein Kinderspiel, dachte ich. Die Schwester kam mit dem Gerät und Vianne fing an zu weinen und zu schreien, obwohl zuvor auch schon mal der Blutdruck gemessen worden war. Die Schwester erklärte ihr den Vorgang, aber Vianne wollte partout nicht. Sogar Micha und ich machten es ihr vor. Vianne schrie noch immer. Mir brach der Schweiß aus. Wie sollte bloß die OP übermorgen ablaufen, wenn sie schon vor dem Blutdruckmessen Angst hatte. Wir redeten mit Engelszungen auf sie ein, wir versprachen ihr eine kleine Überraschung. Nichts half. Plötzlich stand Ada neben ihr, bisher hatte sie sich sehr im Hintergrund gehalten. „Ich will mal", sagte sie zur Schwester. Micha und ich schauten uns erstaunt an. Sie ließ sich die Manschette um den Oberarm legen, während sie Vianne die ganze Zeit über in die Augen sah. Das Gerät pumpte und surrte. „Siehst du, gar nicht schlimm", sagte Ada. Ich hätte sie knutschen können, meine kleine „Große". Dann ließ sich Vianne anstandslos die Manschette umlegen. Sie vertraute ihrer Zwillingsschwester. Ich war gerührt. Wir alle waren gerührt. Die beiden taten sich gegenseitig so gut.

Rückblick: Narkose und Broviak-Katheter – 11./12. September 2012

Am Dienstag fand das Narkosegespräch statt. Wieder wurden alle möglichen Risiken aufgeführt. Wir wussten aus erster Hand, dass bei diesem Eingriff schon einmal etwas dermaßen schief gelaufen war, weswegen wir noch nervöser waren. Ein kleiner Junge, der den gleichen Tumor wie Vianne hat, hatte allergisch auf das „Spülmittel" für den Broviak reagiert. Die Eltern hatten wir bereits von Kiel aus kontaktiert. Sie hatten uns angeboten, sie anzurufen, falls wir Fragen wegen der Erkrankung und der Behandlung hätten. Sehr lieb. Der Kontakt kam über Freunde von uns zustande, die wiederum mit Freunden dieser Familie in Verbindung stehen. Solche Tragödien sind umso schlimmer, wenn man ein Gesicht zu einem Namen hat. Aber wir wollten den „Teufel nicht an die Wand" malen und versuchten, den bevorstehenden Eingriff realistisch zu betrachten. Auch wollten wir Vianne nicht verunsichern, schließlich mussten wir sie vor jeder neuen Behandlung altersgemäß informieren und einbinden. Da noch viele MRT und Untersuchungen und eventuell auch Operationen anstanden, wollten wir sie sanft an alles heranführen und keinesfalls traumatisieren. Doch am nächsten Tag wurde uns gleich „ein Strich durch die

Rechnung" gemacht. Dabei fing alles gut an. Beim Anästhesiegespräch am Vortag betonten wir, dass unsere Tochter in unserem Beisein einschlafen soll. Wir berichteten von unseren guten Erfahrungen mit der Kieler Uniklinik. Geplant war, Vianne über eine Maske in den Schlaf zu versetzen, bevor der Zugang gelegt wird. Wir wollten so lange dabei sein, bis sie wirklich schlief und nicht nur leicht benommen war. Die Anästhesistin beim Vorgespräch war sehr verständnisvoll und vermerkte unseren Wunsch auf dem Patientenbogen. Wir bekamen ein Einzelzimmer, irgendwann gab's den Schlafsaft (Dormicum), dieses Mal in etwas höherer Dosis, weil er beim ersten Mal kaum Wirkung gezeigt hatte. Vianne kuschelte sich in unsere Arme, wir lasen leise Geschichten vor und überlegten gemeinsam, was sie sich nach der Operation aussuchen darf. Schließlich kamen die Schwestern ins Zimmer und sagten: „So, wir können los." Wieder eine Vollnarkose, wieder ein Eingriff. Ich hatte Angst, und die Ungewissheit bezüglich der Anästhesie trug nicht gerade zu unserer Beruhigung bei. Dieses Mal mussten wir mit ihr nicht durch den Tunnel (Vianne fand ihn zum Glück toll), sondern nur ins Erdgeschoss der Kinderklinik. Die Türen zum OP-Bereich öffneten sich nach dem Klingeln. Gemeinsam mit der Schwester betrat ich den dahinter liegenden Flur. Sofort stürzte sich ein „Grünhemd" auf mich: „Was machen Sie hier? Sie dürfen hier nicht rein! Das ist ein steriler Bereich." „Ach ja, und wo ist die Schleuse? Und warum lief hier gerade schon ein Mann rein, um irgendwelche Wäschesäcke wegzuschleppen? Und warum durfte die Stationsschwester, die Keime aus all den Patientenzimmern an sich trug, bis hierher?“, fragte ich mich insgeheim. Die Anästhesistin schaute mich herausfordernd an. Zum Glück hatte ich Schwester D., eine meiner Lieblingsschwestern, an meiner Seite. Tapfer sagte sie: „Das war so abgesprochen, dass die Mutter mit rein darf." Mittlerweile kamen weitere Menschen in grün auf mich zu. Es wurde unruhig. Natürlich spürte auch Vianne diese angespannte Stimmung – trotz Beruhigungssaft. „Ich habe gestern beim Vorgespräch deutlich gemacht, dass ich solange dabei sein möchte, bis meine Tochter eingeschlafen ist", sagte ich nach außen hin betont ruhig, obwohl ich innerlich gerade explodierte. „Das wurde auch so vermerkt", ergänzte ich. Worte wurden entgegengeschleudert. Eine wilde Diskussion drohte. So ginge das nicht, Emma (sie heißt Vianne!!! du dumme Pute) würde sowieso ganz schnell einschlafen, mit wem ich denn gesprochen hätte, und und und. Vianne fing an zu weinen. Am liebsten hätte ich sie mir geschnappt und wäre gegangen. Aber sie brauchte den Broviak, denn die Chemo sollte noch am selben Tag starten. „Ich diskutiere jetzt nicht hier mit Ihnen, während meine Tochter daneben liegt", beendete ich das Gespräch und schaute die Grünkittel kalt an. Ich gab meiner Maus einen Kuss auf die Stirn. „Gleich wirst du einschlafen, dann kannst du mit Yakari um die Wette reiten", sagte ich ganz sanft zur ihr und fuhr ihr durch die Haare. Wir hatten unserer Tochter nämlich gesagt, sie dürfe sich einen ganz bestimmten Traum aussuchen, den, den sie am allerliebsten mag.

Sie hatte sich für den kleinen Indianerjungen, der mit den Tieren sprechen kann, entschieden. Eigentlich wollte ich sie mit diesen Bildern in den Schlaf gleiten lassen. Daraus wurde jetzt nichts. Dann wurde ich äußerst bestimmt durch die Tür bugsiert. Mein Mann wartete davor. Dann hörten wir Vianne weinen, laut, und keinesfalls kurz. Es zerriss mir das Herz. Mein Gott, sie war doch gerade einmal drei Jahre alt. Wut und Mitleid schnürten mir gleichermaßen die Kehle zu. Auch Schwester D. wirkte fassungslos und betroffen. Dann wurde es ruhig. Vianne war eingeschlafen.

Rückblick: Wut und unendliche Erleichterung – 12. September 2012 – Minuten später

Ich musste an die Luft, Tränen drängten mit aller Macht nach draußen. Von all dem Diskutieren hatte ich für kurze Zeit gar nicht mehr an den eigentlichen Eingriff gedacht. Doch jetzt, vor dem Krankenhaus, wurde mir schlagartig wieder bewusst, dass der Chirurg gerade einen Schnitt in Viannes Haut macht und einen feinen Schlauch durch ihre Vene zieht. Bitte lass alles gut gehen! Wir tranken einen Latte Macchiato beim Italiener gegenüber. Es half nichts. Ruhe hatten wir aber keine. Also kehrten wir schon bald auf unser Zimmer auf der Station zurück. Wir warteten. Gefühlte Stunden später durfte einer von uns zu Vianne in den Aufwachraum. Micha kennt mich und weiß, dass ich unbedingt bei ihr sein muss, also ließ er mir den Vortritt. Ich bewundere immer, wie stark er ist. Ich hätte, glaube ich, nicht länger warten können, meine Tochter zu sehen, zu berühren, zu spüren. Wieder einmal flog ich durchs Treppenhaus. Ich klingelte an der Tür zum Aufwachraum, desinfizierte gründlich meine Hände, zog den Kittel über und ging zum Bett meiner Tochter. Ich sah viel Jod auf ihrem Hals und ihrem Oberkörper, und ich sah die steril verpackten Schenkel des Broviak-Katheters. Gerne hätte ich mir die Eintrittsstelle angeguckt, aber sie war unter einem sterilen Pflaster verborgen. Jetzt steckte ein Schlauch in ihrem Körper. Ich musste positiv denken, er würde ihr viele schmerzhafte Pikse ersparen. Außerdem war er nicht für immer.

Irgendwann kam der Chirurg zu uns und erklärte, dass der Eingriff gut verlaufen sei. Nachdem ich nun die Gewissheit hatte, dass es Vianne den Umständen entsprechend gut ging, flackerte wieder diese kaum zu bändigende Wut auf. „Ich möchte sofort mit der Chef-Anästhesistin sprechen“, teilte ich der Schwester unterkühlt mit. Irgendetwas in meiner Stimme ließ sie wohl meine Beharrlichkeit und Starrsinnigkeit spüren. Ich würde diesen Raum nicht eher verlassen, bis ich eine Stellungnahme zu dem Desaster bekommen hatte. Kurz darauf erschien die Chefärztin. Ich hatte beschlossen, beherrscht und sachlich meine Argumente dazulegen. Die Frau war mir zum Glück sympathisch, so hatte ich mich besser im Griff, ich kann nämlich sehr impulsiv und direkt sein, wenn ich jemanden partout nicht mag. Sie hörte sich meine Bedenken und Einwände ruhig an, versuchte erst, ihr Standard-Programm herunter zu leiern (erhöhtes

Sicherheitsrisiko, kein Raum vorhanden, hysterische Eltern…), hörte aber schnell damit auf, als sie merkte, dass meine Argumente nicht vom Tisch zu weisen waren, insbesondere in unserer Situation, da Vianne noch sehr viele Narkosen bekommen würde. Sie selbst würde Eltern bei der Narkoseeinleitung akzeptieren, einige Kollegen jedoch nicht, und denen könne man nicht vorschreiben, wie sie in diesem Fall vorzugehen hätten. Wir verständigten uns darauf, dass bei Vianne möglichst Anästhesisten zum Einsatz kommen, die Eltern zulassen.

Der Begriff „Anästhesie“ stammt aus dem Altgriechischen und bedeutet übersetzt „ohne Wahrnehmung/Empfindung“ – da frage ich mich, ob das manche Anästhesisten auf ihr Verhalten beziehen. Wie kann man denn den Eltern ein Kleinkind entreißen, wenn es sich um einen geplanten Eingriff handelt. Ich dafür vollstes Verständnis, dass das Leben und die Sicherheit des Kindes, nicht die Befindlichkeit der Eltern, an erster Stelle stehen. Aber keine Statistik noch irgendwelche Erfahrungswerte belegen, dass mehr schief geht, wenn die Eltern bei der Narkoseeinleitung dabei sind. Einige Eltern sind mit Sicherheit auch Störfaktoren oder potentielle Gefahrenquellen, aber ich neige definitiv nicht zur Hysterie und stehe nicht im Weg herum. Ich weiß, dass ich Vianne beruhigen und ihr ein sanftes Hinübergleiten in die Narkose ermöglichen kann.

Rückblick: Chemostart – 12. September 2012 – nachmittags

Auf Station angekommen, richteten wir unser Krankenhauszimmer erst einmal gemütlich ein. Loulous Schmetterlingsaufkleber klebten wir an Viannes Bett, die bunte Schmetterlingslampe aus Papier kam darüber. Die Powermaus-Postkarte hefteten wir an die Wand. Das „Schmücken“ wurde zu einem Ritual. Vianne sollte sich wohl fühlen, sobald sie wach wurde. Die unzähligen Stofftiere und die Eulen-Spieluhr lagen sowieso schon in ihren Armen. Unsere Lieblingsbücher platzierten wir auf dem kleinen Nachttisch. Schließlich schlug die Maus die Augen auf, nuckelte genüsslich an ihrem Schnuller, war ansonsten aber leicht irritiert, weil ihre rechte Brustseite mit einem sterilen Pflaster bedeckt war, worunter zwei Schläuche hinausführten. Wahrscheinlich tat die Stelle auch weh. „Du darfst nicht an den Schläuchen ziehen, mein Schatz", erklärte ich ihr. „Warum nicht?", wollte sie wissen. „Weil sie in deinen Körper hineingehen." „Unter die Haut?", wollte Vianne wissen. „Ja, unter die Haut." „Habe Hunger", sagte sie. Das hörte sich doch gut an! Appetit war immer ein gutes Zeichen. Vor dem Eingriff hatte sie sechs Stunden lang nichts essen dürfen, also gab es jetzt ihr Lieblingsfrühstück: Nutella-Toast.

Ich wusste gar nicht, wie ich Vianne hochheben sollte, ohne ihr wehzutun. Wo durfte ich sie packen, wo nicht? Zum Glück hatte uns der Chirurg noch im Aufwachraum kurze Instruktionen gegeben. Und trotzdem war es so befremdlich. Direkt hinter der Eintrittsstelle des Katheters lag eine Muffe, die im Laufe der Zeit unter der Haut einwachsen würde. Zur ersten Stabilisation war der Broviak-Katheter mit einem kleinen Flügel außen mit jeweils zwei bis drei Stichen vernäht. Diese Fäden würden später gezogen. Das Allerwichtigste aber war der sterile Umgang mit dem Zugang, damit sich keine Bakterien einnisten. Die Schwester kam ins Zimmer, um nach Vianne zu schauen. „Gleich wird die erste Chemo angehängt", verkündete sie. „Wie, was, gleich schon, so schnell nach der Operation? War das nicht zuviel für eine Dreijährige?" All das schoss mir in einer Millisekunde durchs Hirn. Ich war noch nicht so weit. Ich würde nie so weit sein! Ich musste mir immer wieder ins Gedächtnis rufen, dass die Chemo ihr helfen konnte, dass sie nicht ihr/unser Feind war.

Das musste ich auch meiner Tochter vermitteln. Das war meine Aufgabe – sie möglichst gut dadurch zu bringen. Ich riss mich zusammen. In den Infogesprächen ein paar Tage zuvor hatten wir die Einwilligung zur Behandlung unterschrieben. Wir wurden umfangreich auf alle Nebenwirkungen und Folgeschäden hingewiesen. Auf den Infoblättern stand es schwarz auf weiß: Haarausfall (das wussten wir), Übelkeit und Erbrechen (auch bekannt), Blasenentzündungen, Schädigung der peripheren Nerven (in den Händen und Füßen), Mundschleimhautentzündungen, Unfruchtbarkeit, in seltenen Fällen Entstehung von Zweittumoren, Hörminderung, Nierenschäden, Beeinträchtigung der Leberfunktion, gelegentlich zentralnervöse Erscheinungen, anaphylaktische Reaktionen (Schock), Thrombozytopenie (wenig Blutplättchen, zuständig für die Blutgerinnung), allergische Reaktionen, Hirnnervenausfälle, Verstopfung, Leukopenie (wenig Abwehrkräfte), schwere zerebrale Störungen. All diese Nebenwirkungen und Spätfolgen können, müssen aber nicht auftreten. Wir hielten uns vor Augen, dass auch auf jedem Beipackzettel für Kopfschmerztabletten geringe wie auch schwerwiegende Nebenwirkungen aufgeführt sind. Das beruhigte etwas. Wir bekamen noch mehr Blätter, auf denen stand, worauf mir achten müssen und was wir alles nicht tun dürfen, zum Beispiel keine frischen Erdbeeren essen, keine Tiere streicheln…

Rückblick: Zellgift – Mittwoch, 12. September 2012 – später

Jetzt also war der Moment gekommen: das erste Mal floss das Zellgift in ihren kleinen Körper. Ich sah wieder die kahlköpfigen, blassen, würgenden Kinder vor meinem inneren Auge. Kamillentee, wo bist du? Aber ab jetzt gehörten wir zu einem Kreis, zu dem wir nie gehören wollten. Wir hatten ein krebskrankes Kind. Hier der Behandlungsplan in der Übersicht: Insgesamt hat Vianne fünf verschiedene Chemotherapeutika bekommen, aufgeteilt in fünf Zyklen à vier Blöcken. Im 1. Block wurden Cyclophosphamid (an drei aufeinanderfolgenden Tagen, jeweils für eine Stunde) und Vincristin (Tag 1, als Spritze) verabreicht, nach zwei Wochen folgten im 2. Block Methotrexat (24-Std. Infusion, das Gegenmittel musste nach Stunde 42 verabreicht werden) und Vincristin (Tag 1), nochmals zwei Wochen später im 3. Block wieder Methotrexat und Vincristin und zwei Wochen später im 4. Block schließlich Carboplatin (Tag 1-3, ca. einstündige Infusion) und Etoposid (Tag 1-3, ca. halbstündige Infusion). Drei Wochen nach der letzten Gabe aus dem ersten Zyklus folgt der zweite und wiederum drei Wochen später der dritte Zyklus. Zyklus 4 und 5 sind anders aufgebaut. Dort fallen die beiden Methotrexat- und Vincristin-Gaben in der Mitte weg, so dass zwischen der Cyclophosphamid/ Vincristin-Gabe und der Carboplatin/Etoposid-Gabe drei Wochen Pause liegen. So die Theorie. Laut Plan dauert die gesamte Chemotherapie 39 Wochen. Laut Plan…

Das Cyclophosphamid wurde nun zum ersten Mal verabreicht, eine Stunde lief die Infusion über den

Broviak-Katheter. Dazu gab es am ersten Tag Vincristin, welches zeitverzögert gespritzt wurde, damit man im Notfall sehen kann, auf welches Medikament das Kind reagiert. Gruselig. Ich behielt Vianne die ganze Zeit über im Auge. Ich weiß nicht, was ich erwartet habe, aber nicht das: es tat sich nach außen hin gar nichts. Kein Weinen, keine Schweißausbrüche, keine Müdigkeit, keine Übelkeit! Vianne wirkte wie immer, abgesehen von der Broviak-Wunde. Mir war zwar klar, dass die Wirkung zeitverzögert eintreten würde, doch ich traute „dem Braten“ trotzdem nicht. Aber auch nach den nächsten Infusionen am nächsten und übernächsten Tag zeigte Vianne keinerlei Symptome. Durch die ständige Wässerung, an der sie angeschlossen war, musste sie nur häufiger auf's Töpfchen. Es war leichter das Töpfchen zu benutzen, als mit dem sperrigen und schlecht rollenden Infusionswägelchen die Toilette aufzusuchen. Und wenn Dreijährige müssen, dann müssen sie sofort. Na ja, wir haben es nicht immer rechtzeitig geschafft. Aber wir wurden immer besser. Auch in der Nacht stand ständiges Windelwechseln an, ansonsten gab's eine Überschwemmung. Seltsam: Irgendwann boten die Nachtschwestern an, das Windelwechseln zu übernehmen.

In unserem Einzelzimmer fühlten wir uns einigermaßen wohl. Zuvor hatte ich Schwester B. gefragt, ob wir ein Einzelzimmer haben. „Ja, sie sind mit Vianne allein, aber das können wir nicht immer garantieren." „Ich kann nicht in ein Mehrbettzimmer", brachte ich mit kehliger Stimme zustande, während ich merkte, wie mir die Tränen in die Augen schossen. In der Hinsicht bin ich echt eine Mimose, ich brauchte die Zeit für meine Tochter und mich allein.

Rückblick: Chemo-Block 1 geschafft! – 13./ 14. September 2012

Vianne machte jeden Tag – dank des wieder eingeführten Schnullers, ein ausgiebiges Mittagsschläfchen, und auch abends schlief sie spätestens um 20

Uhr. Ich hatte viel Zeit für mich. Ich las, organisierte, schlief, telefonierte. Trotzdem war alles so befremdlich. Während ich mit Vianne im Krankenhaus war, wechselten sich meine Eltern und meine Schwester mit der Kinderbetreuung zu Hause ab, so dass ich den Rücken frei hatte. Zudem hatte Micha für einen Tag in der Woche ein Home-Office genehmigt und eingerichtet bekommen – was für ein verständnisvoller Arbeitgeber.

Die Eintrittswunde des Broviak-Katheters war zwar gerötet, verheilte ansonsten jedoch gut. Nur der Pflasterwechsel war eine Tortur. Mit dem Pflasterlöser ging es dann aber doch ganz gut. Unser Arzt war klasse. Wir nennen ihn insgeheim den Vianne-Flüsterer (in Anlehnung an den Pferde-Flüsterer). Er setzte sich mit Vianne auf die Behandlungsliege – hinlegen wollte sie sich seit den Operationen nicht mehr - und ging ganz behutsam auf sie ein. Irgendwann flüsterte sie, und er flüsterte zurück. Es sah so behutsam und vertraut aus, dass mir vor Dankbarkeit die Tränen kamen. Dann ließ sie sich den Pflasterlöser aufsprühen. Das alte Pflaster löste sich problemlos, nach der Säuberung kam ein neues auf die Wunde. Vianne wollte nie hinschauen. Samstagmorgen durften wir nach Hause! Endlich! Nummer eins von 16 Durchgängen war geschafft. Es tat so gut, alle Kinder und Micha wieder um mich zu haben. Vianne und Ada fielen sich in die Arme. „Argh! Achtung, der Broviak!“, rief ich. Etwas Angst hatten wir davor, wie es mit dem Broviak klappen würde. Ada war schließlich auch erst drei Jahre alt. Wir erklärten ihr eindringlich, dass sie auf gar keinen Fall an dem Schlauch ziehen durfte, auch nicht im Streit. Vianne war schon immer ein sehr bewegungsfreudiges Kind gewesen. Auch jetzt ließ sie sich nicht beirren. Aus Angst, dass sie sich den Schlauch aus Versehen selbst herausreißt, bremsten wir sie andauernd und gerieten damit ständig unter Druck. „Vorsicht, geh langsam die Treppe runter“, oder „Nicht auf den Bauch legen, Schatz“, oder „Achtung, nicht so nah an Vianne, wenn ihr rangelt“. Ich konnte mich schon nach einer Woche nicht mehr hören, denn das war nicht ich. So wollte ich auch nie werden, so eine übervorsichtige, bemutternde Glucke, die immer gefüllte Tupperdosen parat hält und ständig um ihr Kind herum turtelt.

Rückblick: 2. Chemo-Block – Mitte September 2012

Am nächsten Tag setzte ich unsere beiden Mäuse in den Fahrradanhänger und wir drehten eine kleine Runde an der Ruhr entlang, machten am Wasser Pause und ließen uns von der Herbstsonne verwöhnen. Wir nutzten Stöcke als Angeln und versuchten, winzig kleine Fische aus der Ruhr zu fischen. Alltägliche Dinge wurden plötzlich zu etwas Besonderem. Schon in Kiel hatten wir gemeinsam mit Vianne eine Liste von Dingen erstellt, die sie gerne unternehmen und erleben will: durch Pfützen hüpfen, Schiff fahren, ein Plüschreh kaufen, reiten gehen, im Schwimmbad planschen, wieder den Kindergarten besuchen – was für kleine kindliche Wünsche. Wir versuchten so viel wie möglich in die Tat umzusetzen. Die nächsten Tage waren erst einmal mit Krankengymnastik und Kontrollterminen in der Kinderklinik ausgefüllt. Aber diese Termine gaben mir Sicherheit. Ich konnte etwas tun. Ich konnte dieses Scheißding in ihrem Kopf bekämpfen. Jeden Abend vorm Einschlafen legte ich meine Hand auf ihren Kopf und stellte mir vor, wie all meine Kraft in sie floss. Mit dem Zauberwirbel, ein Strudel aus allen Farben des Regenbogens, wollte ich jede kleinste entartete Zelle hinwegfegen. Wir hatten anderthalb Wochen, bevor wir mit Vianne wieder stationär ins Krankenhaus mussten. Welch kostbare Zeit! Dieses Mal sollten wir voraussichtlich fünf Tage bleiben, da beim Methotrexat (MTX) vorgewässert wird, um die Nieren möglichst zu schützen. Also erschienen wir nicht erst Mittwochmorgen in der Klinik, sondern bereits am Dienstagmittag. Zuvor machten Vianne und ich einen „Mädelsausflug“ in die Dortmunder City. Wir trieben uns Ewigkeiten im Spielzeugladen herum, tranken bei Star Bucks Karamell-Kaffee und heiße Schokolade und alberten und kicherten so laut, dass uns die Leute anschauten. „Hey, sie darf das, sie lebt", wollte ich ihnen am liebsten entgegenschleudern.

Danach schauten wir uns Kleidchen an, kauften süße Ski-Handschuhe, die noch zwei Nummern zu groß waren und dinierten mittags in einem schicken Restaurant. Auf das Krankenhausessen hatten wir beide keine Lust. Zum Glück konnten wir wieder auf meine Familie zurückgreifen. Micha und ich teilten uns die Krankenhausbetreuung auf. Am Freitagnachmittag wollte er mich ablösen, damit Vianne ihn zu Gesicht bekommt (und die übrigen Kinder mich). Zwischendurch kam Micha nach der Arbeit immer kurz zu Besuch und brachte jedes Mal eine kleine Überraschung mit. Unsere Zeit der Lillefee-Hefte begann. Auf der Station deckten wir uns mit Spielzeug aus der „Spiele-Oase“ des Krankenhauses ein. Vianne fand es gut. Es schien sie nicht groß zu stören, wieder mit mir ins Krankenhaus zu fahren. Was für ein Segen, dass sie noch so klein war und ihr das

Verständnis für diese lebensbedrohliche Erkrankung fehlte. Sie machte sich keine Sorgen um die Zukunft, denn den Begriff Zukunft gab es in ihrem kindlichen Denken noch nicht. Nur das Hier und Jetzt zählte – bewundernswert. Das Krankenhaus hatte auch etwas Abwechslung zu bieten. Am Dienstag kamen immer die Clowns auf Station, an anderen Tagen waren die Kunst- oder die Musiktherapeutin da und vormittags sorgte die Erzieherin für Unterhaltung. Ab und zu unterhielt ich mich in der Stationsküche mit anderen Eltern, aber es war niemand dabei, auf den ich mich näher einlassen mochte. Irgendwie gingen die Tage wieder schnell rum. Denn Vianne hielt uns gut auf Trab mit Vorlesen, spielen, kitzeln. Es ging ihr weiterhin gut. Das MTX ist dafür bekannt, dass es die Mundschleimhaut angreift. Die Ärzte hatten uns darauf vorbereitet. Aber Viannes Mundschleimhaut scheint äußerst zäh zu sein – sie hatte keine größeren Probleme und aß ohne Schmerzen, zwar nicht so gut wie Zuhause, aber sie aß. Sie brauchte alle Kräfte für die langwierige Therapie.

Rückblick: Haarausfall – Ende September 2012

Ein paar Tage später Zuhause. Meine Eltern kamen zu Besuch und gingen eine Runde mit den Kindern spazieren. Vianne saß in ihrem neuen Buggy, den wir auf der Rückfahrt von Kiel noch schnell besorgt hatten. Ada fand's doof, dass sie laufen musste. Verständlich. Vianne konnte zwar wieder gehen, aber noch nicht so weit und nicht so schnell. Ziemlich betroffen kamen meine Eltern eine Stunde später wieder zurück, obwohl sie versucht hatten, sich nichts anmerken zu lassen. Im Kinderwagen-Verdeck klebten massenweise Haare. Es ging los. Die Chemo zeigte das erste Mal ihr wahres Gesicht. Obwohl ich wusste, dass sie ihre Haare verlieren würde, war ich innerlich geschockt. Vor Vianne vertuschte ich es. Es juckte sie überall, da die Haare im Nacken kitzelten oder im Gesicht klebten. Ich schluckte kurz: „Was hältst du davon, wenn wir Frisör spielen", fragte ich meine kleine „Maus". Vianne fand den Vorschlag gut. Also holte ich schnell Kamm und Schere, legte ihr ein Handtuch über die

Schultern, setzte sie auf einen Drehstuhl und kürzte die verbliebenen blonden Löckchen. Es stand ihr gut. Sie verlor anfangs nicht alle Haare, auch wenn sie deutlich lichter wurden. Aber sie war meiner Vianne noch immer sehr ähnlich. Wir erklärten ihr, dass die Chemo-Ritter in der Hitze des Gefechts nicht nur die doofen Zellen kaputtmachen, sondern manchmal auch ein paar gute erwischen, so auch die Haarwurzeln. Meine Schwester hatte uns kindgerechte Märchenbücher über die Chemotherapie von der Deutschen Kinderkrebsstiftung mitgebracht. „Prinzessin Luzie und die Chemo-Ritter" und das Geschwisterbuch „Prinz Daniel und seine kranke Schwester Luzie" wurden zur bevorzugten Lektüre von Ada und Vianne. Toll, dass es auch ein Buch aus Sicht des Geschwisterkindes gab, da hatten sich die Autoren wirklich Gedanken gemacht. Nach außen hin wirkten Luke, Jesse und Ada stabil. Aber ab und zu blitzte ihre wirkliche Gefühlslage durch. Jesse weigerte sich beharrlich, Vianne im Krankenhaus zu besuchen. Er verdrängte. Luke schien in der Schule noch abwesender als sonst zu sein. Ada wollte Vianne nicht mehr allein lassen, wollte immer dabei sein, konnte sich nicht gut von uns trennen. Neben der Chemotherapie hatten wir noch weitere Untersuchungen im Krankenhaus: Es wurde ein Ultraschall und ein EKG vom Herzen gemacht, regelmäßige Augenuntersuchungen und Hörtests standen an, die Hirnströme wurden gemessen. Mit Mundschutz machten wir uns auf den Weg in die einzelnen Abteilungen. Dort war es immer rappelvoll. Viele Erwachsene betrachteten Vianne traurig. Vianne hatte zwar oftmals Angst, machte aber immer gut mit und verzauberte durch ihre Art. Wir mussten zum Glück meistens nicht lange warten, bevor es hieß: „Emma, kommst du mit?“ „Sie heißt Vianne“, hörte ich mich immer öfter sagen. Es war Zeit, dass alle ihren wahren Namen im Gedächtnis behielten.

Rückblick: Mein Geburtstag – 28. September 2012

Während des zweiten Krankenhaus-Aufenthaltes hatte ich Geburtstag. An solchen Tagen wird mir noch bewusster, wie sehr meine Welt aus den Angeln gehoben wurde. Micha löste mich am frühen Nachmittag im Krankenhaus ab, so dass ich meinen Tag zu Hause verbringen konnte. Ich machte mich auf den Heimweg, trennte mich nach einem Glas Sekt schweren Herzens von Micha und Vianne und setzte mich ins Auto. Ich fuhr und die Tränen liefen mir über das Gesicht. Es war mir so egal. Ich stand vor der Ampel, alles stand still und ich dachte, der Schmerz frisst mich innerlich auf, wenn ich mich nicht sofort vorwärts bewege. Ich fing an zu schreien, laut, bestialisch, außer Kontrolle, aus der Tiefe meiner Seele. Der Autofahrer auf der anderen Fahrbahnseite schaute irritiert. Danach ging es besser. Auf den Autofahrten, wenn ich für mich war, und während des Laufens vergoss ich häufiger Tränen und sammelte Kraft.

Ich hatte einen schönen Geburtstag, ruhig, anders, besinnlich. Andi war mit den Kindern da, sie hatten den Schokoküssen lustige Gesichter aus weißem Zuckerguss verpasst, eine gelb-grün-orangefarbene Girlande gebastelt, Napfkuchen gebacken. Micha hatte einen wunderschönen Gartentisch mit dazugehörigen Bänken gezimmert, weiß der Geier, woher er dafür die Zeit genommen hatte. Ich glaube, er erwähnte später einmal ein paar Nachtschichten. Auf dem neuen Tisch lagen nun alle Präsente und viele liebe Briefe. Ich war gerührt. Zwei Tage später kamen dann auch Micha und Vianne aus dem Krankenhaus nach Hause.

„Meine liebe Vianne. Ich muss mich beeilen, mein Schatz, meine Erinnerungen verschwimmen so schnell, verschwinden unaufhaltsam in die Tiefe, dabei möchte ich jedes Wort, jede Aktion von dir festhalten – mehr denn je. Ich will nicht vergessen, ich darf diese Zeit nicht verlieren, bis ich sie für dich, für Ada, Luke und Jesse aufgeschrieben habe – für euer Leben. Ich liebe das Leben mehr denn je –

unglaublich, aber wahr, und ich hoffe, du wirst es ebenso empfinden, mein kleiner Engel, trotz aller Widrigkeiten. Oftmals werde ich gefragt, was sich nach solch einer Erfahrung ändert. Was hat sich geändert in unserem Leben? Anfangs wusste ich keine Antwort darauf, oder meine Antwort hörte sich hölzern, blechern, konstruiert an. Aber es hat sich etwas geändert, ganz tief in mir. Ich spüre das Leben mit all seinen Schattierungen intensiver. Irgendwann wird der Tag kommen, an dem du unsere Entscheidungen anzweifeln wirst. Vielleicht wirst du aufgrund der schweren Chemotherapie nie Kinder bekommen können. Wir werden dir unsere Entscheidung erklären. Nimm dein Leben und lebe, mein tapferer Schatz!"

Die Chemotherapien wurden zu unserem Alltag, wir lebten in einer zweigeteilten Welt: in der realen Welt und in der Krankenhaus-Blase. Diese Blase wurde zu unserem zweiten Zuhause – und irgendwann real. Wir diskutierten mit den Schwestern, weil mal ein Medikament vergessen wurde, obwohl es gegeben werden musste, oder mal gegeben wurde, obwohl es nicht gegeben werden durfte. Einmal war das Zimmer nicht richtig desinfiziert, obwohl Vianne kaum Abwehrkräfte hatte. Besonders stark nahm sie das Carboplatin mit. Es zerstörte ihr Blut: ihre Blutgerinnung, ihre Abwehrkräfte, ihren Sauerstofftransport. Einen Tag hatte Vianne nur noch einen Hämoglobin-Wert von 4,8 (normal ist 12-15), in vielen Kliniken gibt es bereits bei einem Wert unter 6 eine Bluttransfusion. Aber unser Energiebolzen sprang zwar blass aber munter den Krankenhausflur herauf und hinunter. Ein Arzt kam an uns vorbei. „Dann schauen wir uns gleich ´mal deine Blutwerte an, aber ich glaube, der HB ist noch ganz gut“, meinte er. Kurze Zeit später fiel er aus allen Wolken, als er die Zahlen sah. Unsereins wäre bei diesem niedrigen Wert glatt aus den Socken gekippt.

Wieder mussten wir eine schwere Entscheidung treffen. Bereits vor Viannes Erkrankung hatten wir für die Herbstferien Flüge nach Mallorca gebucht – für uns sechs. Aber Vianne konnte mitten in der

Chemotherapie nicht mitkommen. Sollten wir stornieren? Brauchten die übrigen Kinder nicht dringend eine Auszeit, Abstand? Auch unser Akku war bereits ziemlich leer, und uns stand noch ein langer zäher Winter, bepackt mit Chemotherapie, Krankenhausaufenthalten, Erkältungskrankheiten, Fieberattacken bevor. Also spielten wir mehrere Szenarien durch.

Rückblick: Mallorca - Oktober 2012

Lange haben wir uns schwer getan, eine Entscheidung zu treffen. Aber nachdem wir sie getroffen hatten, ging es uns besser. Wir sind ohne Vianne nach Mallorca geflogen, allerdings in wechselnden Kombinationen. Die erste Woche flog ich gemeinsam mit Andi und den Kindern, während Micha bei Vianne blieb. Der nächste Krankenhausaufenthalt, der Chemo-Block mit MTX – stand an. Eine Woche später flog ich samstags allein zurück, Andi hielt gemeinsam mit Ralf, der in der Wochenmitte nachgekommen war, die Stellung. Micha flog ganz früh am Sonntagmorgen nach Mallorca, so konnten wir uns zumindest den Samstag austauschen. Ralf flog in der Mitte der zweiten Woche wieder nach Hause, Andi, Micha und die Kinder folgten am darauffolgenden Wochenende. Na, alles verstanden? So turbulent wie unsere wechselnden Kombinationen waren auch diese zwei Wochen. Und trotzdem: Es tat gut, unglaublich gut. Es fühlte sich so lebendig an – das Meer, das Licht, die Luft.

Wir hatten Vianne vorher erklärt, dass ein Teil der Familie wegfahren würde. Wir wollten sie nicht anlügen. Gleichzeitig gaben wir ihr das Versprechen, dass wir mit ihr ans Meer fliegen werden, sobald es möglich ist. Seltsamerweise beschwerte sie sich gar nicht und wirkte auch nicht traurig, dass sie nicht mitkommen konnte. Beim Abschied musste ich mich stark zusammenreißen. Ich hatte so ein schlechtes Gewissen! Micha machte mir Mut, verwies auf mein Bauchgefühl, das mir die ganze Zeit sagte, dass es die richtige Entscheidung sei.

Meine Eltern unterstützten die beiden zudem. Vianne war glücklich, dass sie Oma und Opa exklusiv für sich hatte. Aber wie sollte ich Urlaub machen, während meine kleine Tochter im Krankenhaus lag? Ich hielt mir vor Augen, dass ich im Notfall innerhalb weniger Stunden bei ihr sein konnte, falls nötig. Das beruhigte. Und den ersten MTX-Block hatte sie ja auch gut vertragen. Also ab ins Flugzeug. Trotz der Umstände packte mich das Reisefieber, dieses Kribbeln, das ich immer beim Aufbruch verspüre. In der Nacht ging es los, da wir ganz früh morgens ab Hannover flogen. Bereits gegen 7 Uhr landeten wir auf der Insel, holten unsere beiden Mietwagen und machten uns auf den Weg zu unserem Ferienhaus in Cala Llombards. Wir waren etwas geschafft, aber voller Vorfreude. Die Sonne lachte vom Himmel. Uns verging kurze Zeit später das Lachen, als wir unser Häuschen genauer unter die Lupe nahmen. Bei der Übergabe durch den Verwalter, Marco, einem netten Mann von den niederländischen Antillen, sah alles noch ganz passabel aus. Allerdings waren die

Fensterläden noch zu. Bei genauerem Hingucken bemerkten wir, in welchem Dreckloch wir gelandet waren.

Die Betten waren nicht frisch bezogen, lange schwarze Haare auf dem Klodeckel, verschimmelte Kopfkissen, fettige Töpfe. Irgendwie roch das gesamte Haus nach Schimmel. Wir hatten fast Angst, dass uns die Wollmäuse auffraßen. Tapfer schlug meine Schwester vor, schnell ein paar Putzutensilien zu kaufen und die Bude auf Vordermann zu bringen. Aber wer mich kennt, weiß meine Antwort: „Auf gar keinen Fall!“ Ich rief umgehend Marco an, der sich wiederum mit dem belgischen Vermieter in Verbindung setzte. Danach gab's ein ewiges Hin- und Her-Telefonieren. Scheiße, was heißt verschimmeltes Kopfkissen auf Englisch? Wenn's mal wirklich darauf ankommt, fehlt einem das Alltagsvokabular, da hilft es auch nicht weiter, wenn man Shakespeare interpretieren kann. Der Vermieter nahm sich keiner Sache an, wurde pampig, ich bekam mein Geld wieder und wir verließen das Haus – und standen auf der Straße. Und nun? Zum Glück hatten wir Marco auf unserer Seite, der sehr hilfsbereit war, einer von vielen Menschen, die mich beeindruckt haben. Er war so uneigennützig und strahlte dabei eine Lebensweisheit aus, die ich wohl nie erreichen werde. Den Kindern war mittlerweile heiß, sie hatten Hunger, quengelten. Marco schickte uns erst mal in ein nettes Restaurant – es war schon Mittag – nahm Kontakt zu einer weiteren Kundin auf und vermittelte uns zwei Ferienwohnungen in einer privaten Anlage in der Nähe. Eigentlich lagen die Wohnungen preislich über unserem Budget, Marco sorgte aber dafür, dass wir sie zum gleichen Preis wie unser Ferienhaus bekamen. Die Anlage war spitze!

Rückblick: Von einer Welt in die andere – im Oktober 2012

Danke Marco! Wir alle blühten sichtlich auf, die Kinder erlangten einen Teil ihrer Unbeschwertheit zurück. Jeden Tag schrieben wir Vianne eine Postkarte, täglich telefonierte ich mit Micha und der Maus. Ich vermisste beide schrecklich. Ich packte meine Laufschuhe, drehte die Musik auf, lief vor mir davon und wieder zu mir zurück. Dann ging es wieder besser. Nach langer Zeit genoss ich das erste Mal wieder ein Glas Wein, in den letzten Monaten hatte ich mich nicht getraut, aus Angst, im Notfall nicht richtig, nicht schnell genug reagieren zu können. Aber jetzt sorgten gerade Micha, meine Eltern und etliche Ärzte für Vianne. Ich konnte loslassen.

Zum Ende der Woche wurde meine innere Unruhe immer größer. Ich spürte: „Ich muss nach Hause, ich muss zu Vianne." Wieder hieß es Abschied nehmen, dieses Mal von den übrigen Kindern, Andi und Ralf. Am schlimmsten fand ich, dass ich nicht an Jesses Geburtstag dabei sein konnte. Ich ließ eine Karte für ihn zurück. Dann fuhr ich nach Palma zum Flughafen. Ich war so durch den Wind, dass ich fast meinen Koffer im Mietwagen vergessen hätte. Ich wollte gerade den Autoschlüssel abgeben, als ich meinen Fehler bemerkte. Der Flug verging so langsam, ich wollte nur noch zu meiner Tochter, die am Vormittag mit Micha aus dem Krankenhaus gekommen war. Ich flog vom Dortmunder Flughafen förmlich nach Hause. Da war sie, so blass, so unglaublich blass in krassem Gegensatz zu meiner Urlaubsbräune. Ich schloss sie in die Arme und ließ sie nicht mehr los. Ich sehe sie noch genau vor mir, wie sie ruhig am Küchentisch sitzt und Aufkleber auf ein Blatt Papier klebt. Sie hatte tiefe Augenringe und ihr Gesichtchen hob sich kaum von der weißen Wand ab, dafür umso mehr von ihrem knallgrünen Oberteil. So zerbrechlich, so zart, so verletzlich. Micha, Vianne und ich schliefen die Nacht zusammen in einem Bett. Ganz früh am nächsten Morgen holte das Taxi Micha ab und brachte ihn zum Flughafen. Auch ihm fiel es unglaublich schwer, uns zurückzulassen. Es war erst 6 Uhr, Vianne wirkte unruhig. Ich strich ihr über das Köpfchen. Oh nein, sie war so heiß, zu heiß. Und sie war so ruhig, zu ruhig. Panik krabbelte in mir hoch wie eine widerliche Spinne auf dem Weg zu ihrem Opfer. Ich rief in der Klinik an.

Da Vianne nur wenige Abwehrkräfte durch die Chemotherapie hat, müssen wir uns bereits ab einer Temperatur von 38 Grad Celsius im Krankenhaus melden, ab 38,5 Grad müssen wir sofort kommen. Vianne hatte weit über 39 Grad, und das am frühen Morgen.

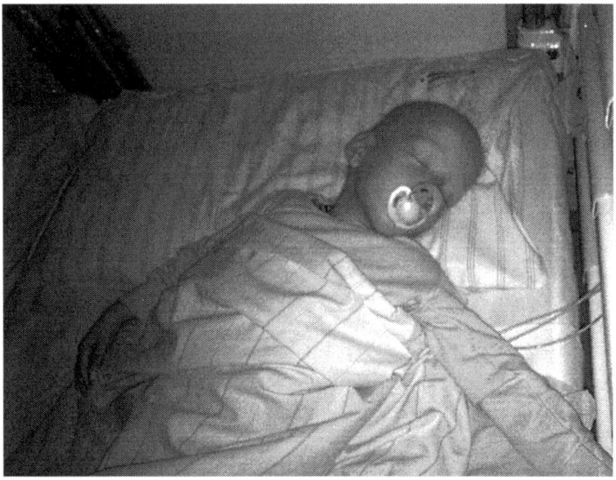

Bisher war Fieber für uns immer eine gesunde und natürliche Körperreaktion, nun hatten wir Angst vor dem Fieber, Angst davor, welche Keime, Bakterien, Viren sich in Viannes kleinem Körper ausbreiten könnten, ohne auf Gegenwehr zu stoßen. Die Ärzte hatten uns eindringlich darauf hingewiesen, dass einige Kinder nicht an ihrer Krankheit, sondern aufgrund der zerstörten Immunabwehr gestorben seien. Ich rief ein Taxi, schmiss das Nötigste in eine Tasche und fuhr mit meiner Tochter auf dem Arm zurück in die Klinik.

Rückblick: Überfahren – Ende Oktober 2012

Im Krankenhaus bekamen sie das Fieber schnell in den Griff. Bereits am zweiten Tag flitzte Vianne wieder über den Krankenhausflur. Es schien sie nicht zu stören, dass sie schon wieder hier sein musste. Vianne erhielt eine dreitägige Antibiose, denn ihr Immunsystem war geschwächt und sie hatte zudem einen Entzündungswert im Blut. Da wir in der Hektik kaum Spielzeug für das Krankenhaus eingepackt hatten, versorgten wir uns aus der „Spiele-Insel", den Krankenhaus eigenen Spielräumen. Das Lego-Duplo-Krankenhausset hatte es ihr besonders angetan. In unserem Zimmer (juchu, wieder ein Einzelzimmer) bauten wir alles auf. Seit ihrer Erkrankung spielte sie ganz oft Arzt, mal war sie der Patient, mal Ada. Einmal konnten wir beobachten, wie sie eine Playmobil-Krankenschwester in hohem Bogen aus ihrem Zimmer „pfefferte". Auch jetzt war sie ganz versunken in ihr Spiel. Ihr Püppchen (sie selbst) saß im Lego-Krankenwagen, unser Arzt, Dr. B., überquerte die Straße - und wurde von Viannes Krankenwagen äußerst rüde überfahren. Anschließend sprach sie mit verstellter Stimme: „Keine Angst, sön (schön) ruhig liegen bleiben, ich mache dich wieder gesund, alles gut." Dann wurde Dr. B. bzw. das entsprechende Püppchen in den Lego-Krankenwagen bugsiert und ins Lego-Krankenhaus gebracht. So, das interpretieren wir jetzt mal...

Nach den drei Tagen durften wir endlich wieder nach Hause, die Werte normalisierten sich langsam. Mittlerweile kannten die Ärzte und Schwestern meine Ungeduld und mein beharrliches Nachfragen und entließen uns frühzeitig am Morgen. Ich wollte so wenig Zeit wie möglich mit der kleinen „Maus" in der Klinik verbringen. Ein paar Tage später kamen auch schon Micha und die Kinder zurück aus Mallorca. Endlich wieder alle zusammen! Aber nicht für lange Zeit: Am 24.10. 2012 startete das letzte Therapieelement des ersten Zyklusses: Carboplatin und Etoposid. Zusammengefasst war Vianne im ersten Therapiezyklus an 21 Tagen, aufgeteilt auf fünf Intervalle, stationär im Krankenhaus. Dazu kamen die regelmäßigen ambulanten Blutkontrollen. So viel Zeit! Und dabei war das erst der Anfang, ohne schlimmere Vorkommnisse...

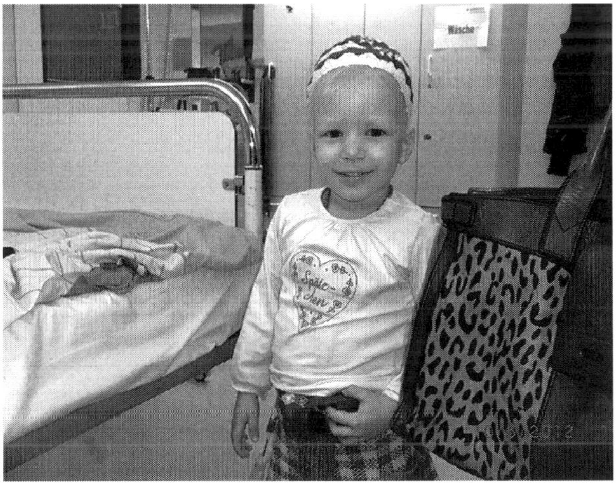

Rückblick: Kontroll-MRT – 30. Oktober 2012

Vor diesem Tag haben wir immer besonders Angst – die MRT-Kontrolle. Wieder eine Kurznarkose, wieder sechs Stunden kein Essen, wieder in die „Röhre", wie Vianne mittlerweile wie ein alter Profi zu sagen pflegt. Am Abend zuvor bekamen wir mitgeteilt, wann sie am nächsten Tag an der Reihe ist. Ja, wir verbrachten viel Zeit im Krankenhaus, wenn nicht stationär, dann ambulant zum „Fingerpiks", zur neurologischen Kontrolle, zum Spülen des Broviak-Katheters (damit er sich nicht zusetzt), zum EEG, zur augenärztlichen Untersuchung, zum Hörtest... Wir mussten uns also endlich mit dem Krankenhaus arrangieren. Wir lernten immer mehr Eltern und Kinder auf Station kennen. Da war der kleine D. aus der Ukraine, der mit seiner Oma die Therapie über sich ergehen ließ, da war die sechsjährige D. mit ihrer Mutter, die schon das 2. Mal wegen einer Leukämie behandelt wurde. Der kleine B. war so aufgeschwemmt vom Cortison, dass kaum Gesichtszüge zu erkennen waren. Mit A. und seiner Mama konnten wir uns nur mit Händen und Füßen verständigen, denn sie kamen aus Armenien und sprachen leider weder deutsch noch englisch – und wir kein armenisch. Und dann gab es da noch Lilli und ihre Mama, über die wir uns immer besonders freuten. Gemeinsam klebten Lilli und Vianne Sticker auf, und ich trank mit Lillis Mama etliche Krankenhaus-Kaffee, vom ersten Moment an fand ich sie super sympathisch. Es entwickelte sich ein Paralleluniversum zu der Welt dort draußen, und auch hier kehrte Alltag ein. Dienstags kamen immer die Clowns, zwischen 10 und 12 Uhr war jeden Tag Visite, freitags war der Chefarzt mit dabei. Ich habe es mir nie vorstellen können – aber das war jetzt unser Leben, und das war auch okay so, denn für Vianne schien es in Ordnung zu sein. An den MRT-Terminen – an diesem Tag machten wir den Anfang damit – bekam sie immer ein Lillifee-Heft und anschließend wurden im Kiosk gegenüber unzählige Süßigkeiten gekauft – aus Sicht einer Dreijährigen kein schlechter Deal.

Vianne sollte wieder das Dormicum, den Beruhigungssaft, nehmen. Eine kleine Tortur, denn das Zeug schmeckt sehr bitter, sogar mit Saft verdünnt. Mit Engelszungen überredete ich sie schließlich zur Einnahme. Eine halbe Stunde dauert es ungefähr, bis der Saft seine Wirkung entfaltet. Dann konnten wir los ins Hauptgebäude. Im Vorraum zum MRT stöpselten die Anästhesisten schließlich einen der beiden Broviakschenkel für das Narkosemittel an. Während die Ärzte auf Station äußerst penibel mit dem Zugang umgehen und alles immer steril verpacken, damit möglichst keine Keime eindringen, fassten die Anästhesisten die Verbindungsstelle mit bloßen Händen an. Na, super. Man habe einfach unterschiedliche Auffassungen, erklärte man uns. Mir war nicht wohl dabei, einen verunreinigten Katheter konnten wir nicht auch noch gebrauchen. Vianne schlief sanft in unserem Beisein ein. Ich erzählte ihr dabei von Lillifee und ihrem Einhorn Rosalie, wie sie am See wunderschöne leuchtende Lampions für das große Frühlingsfest aufhängen. Geschafft! Dann hieß es wieder warten, vor dem MRT-Raum, auf den Stühlen. Dort hielten wir es nicht lange aus. Micha war zum Glück bei mir. Er ging zwar morgens erst ins Büro, sobald aber der Beruhigungssaft verabreicht wurde, rief ich ihn an und er kam schnell vorbei. So musste er sich nicht immer einen Tag Urlaub nehmen, denn wir mussten gut mit diesen Tagen haushalten. Wir tigerten zum Kiosk und holten uns eine Latte Macchiato. Zurück in den Wartebereich. Ein Blick zur Uhr. Bereits 40 Minuten um, warum dauerte es – verdammt noch mal – so lange? Hatten sie was entdeckt? Schnell zum Wasserspender, etwas trinken, ich hatte keine Spucke mehr im Mund. Die Tür zum MRT-Raum ging auf. Wie guckten die Ärzte? Was sagte uns ihr Blick? Natürlich nichts – Ergebnisse gibt es erst morgen. Vianne schlief noch tief und fest. Durch den dunklen, engen Tunnel fuhren wir zurück auf die Kinderstation. Herz und Atmung wurden weiter überwacht. Vianne nennt das Messgerät an ihrem Finger immer den Leuchtfinger – sie mag ihn nicht. Micha und ich waren erst einmal froh, dass sie das MRT überstanden hatte. Wir ließen sie danach lange ausschlafen. Wird sie zu früh wach, ist sie sehr knatschig. Und dann aß sie.

Auszug aus dem Krankenhaus-Bericht: „Am 30.10.2012 erfolgte erstmals eine radiologische Verlaufskontrolle mittels MRT des Schädels. Dieses zeigte erfreulicherweise keinen Anhalt für ein Rezidiv der Grunderkrankung, sodass wir nach einer ausreichenden hämatologischen Rekonstitution mit dem zweiten Therapiezyklus beginnen werden." Kein neuer Tumor!

Rückblick: Auf dem Trockenen schwimmen – November 2012

Am schwersten fiel Vianne, dass sie mit ihrem Broviak-Katheter nicht baden gehen durfte. Das Duschen ging lediglich mit etlichen wasserdichten Pflastern, ein Schwimmbad-Besuch kam gar nicht in Frage. Dabei liebte sie es so sehr, ausgiebig zu planschen. Die Infektionsgefahr war einfach zu groß. Aber Kinder sind schließlich kreativ. Ada und Vianne verlegten den Hallenbad-Besuch kurzerhand in unsere Küche. Sie zogen sich ihre Badehosen an, ich musste die Schwimmflügel hervorholen und dann sprangen sie in den unsichtbaren Pool, ruderten mit ihren Armen und Beinen und quietschten laut. Neben den Arztspielen wurde dieser „Schwimmbadbesuch" zu ihrem neuen Lieblingsspiel. Manchmal schoben sie sich bis zu einer halben Stunde lang in Bauchlage oder auch in Rückenlage über unseren Granitboden. Doch irgendwann sollte das Spiel ein jähes Ende haben. Nachdem sie wieder einmal einen „Badbesuch" mit ausgiebigem Brustschwimmen hinter sich hatten, kam Vianne zu mir und erzählte, der Brovi-Schlauch sei „rausgerutscht". Wie? Beunruhigt schaute ich unter ihr Hemdchen. Das Pflaster, das über der Eintrittsstelle klebte, war zum Glück nicht blutig. Auch sonst sah alles normal aus. Ich wollte das Pflaster ablösen und mir den Zugang genauer ansehen, aber Vianne fing an zu weinen.

Den Pflasterwechsel – trotz Pflasterlöser – empfand sie immer noch als Tortur. Da sie mir versicherte, die Eintrittsstelle würde nicht wehtun, beließ ich es erst einmal dabei. Am nächsten Tag hatten wir sowieso einen ambulanten Termin in der Klinik zum Durchspülen des Katheters. Dann wollte ich die Ärzte nachschauen lassen. Nach viel Geschrei – ich war schon wieder nass geschwitzt – ließ sie sich am nächsten Tag das Broviak-Pflaster wechseln. Ich traute meinen Augen kaum: Obwohl der Schlauch über zwei Plastikflügelchen mit der Haut mit zwei Stichen vernäht gewesen war, schaute nun die Muffe hervor (der Teil, der an der Eintrittsstelle eigentlich unter der Haut liegen und dort mit dem umliegenden Gewebe verwachsen sollte). „Oh nein!" Sie hatte Recht gehabt. „Das muss doch weh getan haben", schoss es mir durch den Kopf. Ich streichelte sie. Tapfere kleine Maus. Wie hart im Nehmen sie doch war. Der Katheter funktionierte noch, es konnte noch Blut entnommen und die Kochsalzlösung zum Spülen hineingegeben werden. Unsere Onkologen schickten uns gleich zum Herz-Ultraschall, denn die Katheterspitze soll in der oberen Hohlvene, nahe dem Herzen, liegen. Das Ultraschallbild zeigte, dass sie nur ein klein wenig verschoben war. Wieder auf Station angekommen, holten die Onkologen einen Chirurgen zur Beurteilung hinzu. Er riet zu einem neuen Katheter. Die Muffe, die eigentlich kurz vor der Austrittsstelle des Katheters in das Körpergewebe einwachsen soll, verhindert, dass Bakterien von außen eindringen können. Die Infektionsgefahr war bei Vianne jetzt einfach zu groß, da die Muffe nun außen lag. Schließlich hatte sie noch rund neun Monate Therapie vor sich, wenn alles nach Plan verlief. Wieder eine Operation, wieder eine Narkose. Mir war so elend zu Mute. Ich wollte nicht mehr, dass sie ihr wehtun. Bereits am nächsten Tag sollte der Eingriff erfolgen. Ich rief Micha an. Ich rief meine Eltern an, die im Wechsel mit Andi immer zu uns kamen und zu Hause die Stellung hielten, während wir im Krankenhaus waren. Ohne die Hilfe meiner Eltern oder meiner Schwester und meines Schwagers wären wir schlichtweg durchgedreht. So wussten wir zumindest die übrigen Kinder gut betreut.

Der Chirurg (er war mir von Anfang an unsympathisch) blieb gleich da, um die Aufklärung für den Eingriff (die immer Pflicht ist) vorzunehmen. Ich machte mir Sorgen, deshalb fragte ich genau nach. Nach meiner zweiten Frage schaute er mich genervt an und sagte ziemlich provokant: „Sie sind aber nervig!" Ich bekam urplötzlich Schnappatmung. Im ersten Moment guckte ich ihn nur völlig perplex und sprachlos an. Ich konnte gar nicht glauben, was er gerade von sich gegeben hatte. Dann kam die Wut. Aber ich war so getroffen, dass ich kaum die richtigen Worte fand. Ich war einfach nur noch geschafft, hatte vor Wut und Verzweiflung nur noch Tränen in den Augen, die ich mühsam zu unterdrücken versuchte. Diesem Affen wollte ich auf gar keinen Fall meine Tränen zeigen. Unsere Onkologin spürte, dass ich innerlich kurz davor war, auszurasten, und versuchte zu beschwichtigen. Mühsam presste ich nur noch hervor, dass ich mich keinen Moment länger mit ihm unterhalten werde. Ich fühlte mich so klein. Dann forderte er mich auf, „für Emma" (SIE HEIßT VIANNE!!!) die Patientenaufklärung zu unterschreiben. Am liebsten hätte ich ihm das Papier um die Ohren gepfeffert, aber wenn ich nicht meine Zustimmung gab, konnte Vianne am nächsten Tag nicht operiert werden. Und ohne neuen Broviak konnte die Therapie nicht weitergehen. Ich zog Vianne an, hob sie auf meinen Arm und verließ die Klinik. Ich war außer mir. Aber wer mich kennt, weiß, dass die Sache damit nicht erledigt war. Todmüde setze ich mich abends an meinen Rechner und setzte einen offiziellen Beschwerdebrief auf, den ich an die Klinik faxte. Ein Exemplar an den Leiter der Kinderchirurgie, einen an den Klinikleiter und einen zur Kenntnisnahme an die Onkologie.

Vianne wurde am nächsten Tag vom Chef persönlich operiert, es folgte eine Entschuldigung des besagten Arztes. Ich war so müde... Sie hatte die zweite „Operative Einpflanzung eines zentralvenösen Katheters" gut überstanden.

Rückblick: Überall dabei – November 2012

Wir versuchten, Vianne soviel Normalität wie möglich zu bewahren. Am Anfang fand sie es noch gut, dass sie nicht in den Kindergarten musste und mich exklusiv für sich hatte. Nach und nach jedoch vermisste sie das Kindergartenleben, schließlich durfte Ada jeden Tag gehen. Ada hingegen wollte oftmals gar nicht, dann behielt ich beide Mäuse zu Hause, sofern es möglich war. Dann kam der St.-Martins-Tag. Die Kindergartengruppe veranstaltete immer einen Laternenzug mit echtem Pony vorneweg, später wurden die Mantelteilung in der Turnhalle nachgespielt und Kinderpunsch und Martinsbrezeln serviert. Vianne wollte gerne dabei sein – und es passte auch. Kein Krankenhausaufenthalt, kein Fieber. Allerdings sollten wir uns von Menschenmengen fernhalten, weil ihre Abwehrkräfte so geschwächt waren. Wir teilten den Erzieherinnen mit, dass wir mit Ada und Vianne an dem Laternenzug teilnehmen, uns danach aber direkt verabschieden, da Vianne nicht mit zu vielen Leuten in einem Raum sein darf. Daraufhin verlegten die Erzieherinnen das St.-Martin-Spiel mit der Mantelteilung kurzerhand nach draußen. Anschließend durfte Vianne noch eine Runde auf dem Pony reiten. Was für ein toller Kindergarten! Wir waren unglaublich gerührt von so viel Feingefühl und Hilfsbereitschaft. Anschließend sind wir dann doch noch mit rein in den Kindergarten, weil Vianne (und auch Ada) so gerne noch einen Kakao schlürfen wollten. Wir haben einfach wieder auf unser Bauchgefühl vertraut und Vianne den Mundschutz übergezogen. Wir wollten ihr nicht noch mehr versagen, auch wenn die reale Gefahr einer Infektion bestand. Natürlich zuckten wir bei jedem Husten um uns herum zusammen. Dann schauten wir einfach in Viannes lachende Augen und verdrängten den Gedanken an Keime und Erreger. Schließlich hat ein trauriges Kind noch weniger Abwehrkräfte. Als wir später zurück zu unserem Auto gingen, schaute Vianne uns an und sagte: „Das war ein ganz toller Tag!" Was wollen wir mehr?! Wieder einmal musste ich mir die Tränen verdrücken.

Alles in allem fanden wir es unglaublich, wie gut Vianne die schweren Medikamente bisher vertrug, wie viel Energie sie aufbrachte. Sie wollte unbedingt zum Mutter-Kind-Turnen, welches wir vor ihrer Erkrankung regelmäßig besucht hatten. Sobald es ihre Abwehrkräfte gerade eben zuließen, nahmen wir auch jetzt teil, denn Vianne wollte turnen, springen, hangeln und schaukeln. Ich war dabei nie entspannt, ich hatte immer Angst, dass sie mit ihrem Katheter irgendwo hängen bleibt oder bei niedriger Thrombozytenzahl (wichtig für die Blutgerinnung) unglücklich stürzt. Aber ihr Lachen und ihre Freude haben mich jedes Mal bestätigt. Anfangs war es schwer, die Blicke der anderen auszuhalten, obwohl sie es gar nicht böse meinten. Vianne war mittlerweile merklich von der Chemo gezeichnet: Sie bewegte sich anders als vor der Erkrankung, sie war blass, hatte nur noch wenige Haare und trug meistens einen Mundschutz. Auf dem Hof einer Freundin fuhr Vianne im Elektroauto, auch das Ponyreiten ließ sie sich nicht nehmen. Das Leben hatte uns ein Stück weit zurück – auch wenn ich dabei andauernd Schweißausbrüche hatte. Gut, dass unsere Klinikärzte von all den Aktionen nichts mitbekamen…

Rückblick: Kollateralschäden – Ende November bis Ende Dezember 2012

Zwei Wochen verspätet konnten wir am 28. November 2012 mit dem zweiten Zyklus beginnen. Die Ärzte durften nicht eher starten, da Viannes Blutwerte nicht mitspielten. Alle zwei bis drei Tage ging es dann zum Bluttest. Erst wenn die Werte wieder ein gewisses Niveau erreicht haben, darf die nächste Portion Zellgift verabreicht werden – das sich wieder mit voller Wucht auf alle sich schnell teilenden Zellen stürzt und in der Hitze des Gefechts einfach auch mal ein paar „gute" Zellen wie die blutbildenden, die schleimhautbildenden oder die Haarzellen umnietet. Abgesehen von den Kollateralschäden eine gute Sache, schließlich wollten wir auch die letzte kleine versprengte Tumorzelle vernichten. Dass es die gab, führten uns zahlreiche Studienergebnisse vor Augen. Auch Kinder, deren Tumor komplett entfernt werden konnte und die auch keinen Hinweis auf Tumorzellen im Hirnwasser hatten, bekamen in ganz vielen Fällen ein Rezidiv (Rückfall). Mit einer lokalen Bestrahlung und evtl. auch mit einer Chemo konnte die Rückfallquote verringert werden. Das progressionsfreie Überleben (ohne, dass etwas Neues nachwächst) lag nach fünf Jahren bei immerhin 60–70 Prozent, nach zehn Jahren bei 50 Prozent. Also auf zur nächsten Runde – die Chemo an sich war nicht unser Feind, sondern eine Möglichkeit auf dem Weg zur Heilung.

Wir verbrachten wieder vier Tage mit Vianne in der Klinik. Sie ging gerne auf die Station, freute sich schon auf die vielen Bücher, auf ihre Schnullerzeit (im Krankenhaus durfte sie zum Schlafen und während der Untersuchungen immer ihren heißgeliebten Schnuller haben). Sie freute sich auf ihre Freundin Lilli (falls sie zeitgleich da war), auf unsere Besucher (die immer zahlreiche Geschenke für sie mitbrachten), auf die exklusive Spielzeit mit Micha oder mir, auf die Kunst- oder Musiktherapeutin, die abwechselnd vorbei schauten.

Zu Hause angekommen sackten ihre Blutwerte gleich wieder ziemlich tief in den Keller. Dieses Mal verordneten die Ärzte ihr Spritzen, die ihre Leukozyten künstlich in die Höhe puschten, damit wir im Zeitplan blieben. Anfangs gaben ihr die Schwestern im Krankenhaus die Spritzen, dafür mussten wir aber jeden Tag vorbei kommen. Eine Tortur in jeder

Hinsicht. Die Spritze wurde direkt in den Muskel gegeben, für Vianne eine Qual, obwohl ein entsprechendes Pflaster die Stelle vorher betäubte. Später hatten wir einen ambulanten Pflegedienst. Doch eines Morgens musste der Pfleger kurzerhand absagen. Ich hatte die Wahl: entweder wieder in die Klinik oder die Spritze selber geben. Eigentlich ist das kein großer Akt, jeder Insulinkranke spritzt sich selbst. Theoretisch traute ich es mir zu, ich hatte oft genug zugeschaut. Aber konnte ich das bei meiner eigenen Tochter? Ich hatte noch nie auch nur irgendjemandem eine Spritze verabreicht. Wir fragten Vianne einfach, ob es für sie okay wäre, wenn Papa sie auf den Schoß nimmt und Mama ihr die Spritze gibt. Sie stimmte zu. Ich atmete tief durch, bereitete die Spritze vor – und fing an zu zittern. „Jetzt reiß dich zusammen, du Weichei", wies ich mich selbst zurecht. „Vianne vertraut dir, also vertraue dir verdammt noch mal selbst!" Noch einmal atmete ich tief durch. Micha hielt Vianne mit Schnulli im Mund fest, Ada streichelte ihren Rücken, ich kniff ihre

Haut am Oberschenkel mit Daumen und Zeigefinger zusammen, so dass eine Hautfalte entsteht und setzte die Spritze an. Meine Hand war auf einmal ganz ruhig. Ich war irgendwie erstaunt, wie leicht die Nadel in die Haut drang. Vianne weinte nur einen ganz kleinen Moment, kurz bevor die Nadel eindrang, dann war sie ruhig. Ich zog die Nadel wieder heraus. „Tat es doll weh?", fragte ich sie, während ich sie ganz fest in den Arm nahm. „Eh eh", nuschelte sie zwischen ihrem Schnuller hervor. „Du sollst das immer machen." Völlig ausgelaugt ging ich erst einmal nach unten. Aber ich war auch unglaublich stolz. Ab diesem Tag gab ich Vianne regelmäßig die Spritzen und irgendwann musste sie niemand mehr festhalten. Tapferes Mädchen!

Die beiden MTX-Elemente in der Mitte des 2. Therapiezyklusses vertrug Vianne wieder ganz gut – abgesehen von dieser quälenden Verstopfung. Was aber viel wichtiger war: ihre Schleimhäute litten nicht, sie konnte weiterhin ohne Schmerzen essen und trinken. Und was noch viel wichtiger war: Wir durften Weihnachten und Silvester gemeinsam zu Hause verbringen – ohne Therapie, ohne Fieber, einfach nur wir!

Rückblick: Lebenssaft – Januar 2013

Ein neues Jahr hatte begonnen – 2013 konnte einfach nur besser werden – irgendwie war ich mir da ganz sicher. Das letzte Therapieelement aus dem 2. Zyklus stand auf dem Plan: Etoposid und Carboplatin – ein Mittel, das dafür bekannt ist, die Blutwerte in den Keller fallen zu lassen! Vom 10. Januar bis 13. Januar waren wir für die Infusionen mit Vianne in der Kinderklinik. Wieder zu Hause angekommen, ging es ihr drei Tage lang richtig gut. Meine Schwester und ich fuhren mit Ada und Vianne Schlitten, wir schlürften alle heißen Kakao, futterten Plätzchen, fingen mit dem Mund Schneeflocken auf und hinterließen „Schnee-Engel" auf der verschneiten Wiese. Welch ein unbeschwerter Tag!

Am vierten Tag kam das Fieber. Vianne hatte kaum noch Abwehrkräfte, dafür aber einen hohen Entzündungswert im Blut. Eine gefährliche Kombination. Wieder musste sie Antibiotika-Infusionen bekommen, wieder mussten wir stationär ins Krankenhaus. Aber auch die Erythrozyten (verantwortlich für den Sauerstofftransport im Blut) und die Thrombozyten (Blutgerinnung) hatten einen kritischen Wert erreicht. Die Gefahr, innerlich zu verbluten, war groß, ebenso die Gefahr, dass ihr Körper nicht ausreichend mit Sauerstoff versorgt wird. Sie war so blass! Am 19. Januar 2013 erhielt Vianne ihre erste Bluttransfusion. Ich saß heulend im Zimmer der Stations-Psychologin. Alle gaben sich die größte Mühe, mir zu vermitteln, dass eine Bluttransfusion nichts Schlimmes sei, sondern ein Segen. Es werde ihr damit schnell besser gehen. Ich hingegen war voller Angst: vor allergischen Reaktionen, vor der falschen Blutgruppe, vor Aids und Hepatitis, die übertragen werden konnten... Für die Ärzte und Schwestern auf Station war es etwas ganz Alltägliches, etwas Gutes. In mir wehrte sich alles. „Was macht Ihnen denn wirklich so viel Angst?", fragte die Psychologin einfühlsam. Wenn man es logisch betrachtete, war die Gefahr einer Krankheitsübertragung überschaubar, allergischen Reaktionen konnte man sofort entgegenwirken. Was also machte mir so Angst? Tief im Inneren kannte ich die Antwort. Wenn jemand eine Bluttransfusion benötigte, war er definitiv und unwiderruflich krank – schwer krank. Bluttransfusionen waren für mich das Sinnbild eines schwerkranken Menschen. Während ihrer ersten Bluttransfusion ließ ich Vianne nicht aus den Augen, das Notfallset immer in Reichweite, die Schwestern-Ruftaste immer griffbereit. Vianne war wie immer. Sie freute sich darüber, dass die Flüssigkeit in ihrem Infusionsschlauch heute so schön rot war. Sie reagierte weder allergisch noch sonst irgendwie. Einen Tag später folgte die 2. Bluttransfusion, und danach durften wir endlich nach Hause und hatten zweieinhalb Wochen krankenhausfrei. Der zweite Therapiezyklus war geschafft. Wir verbrachten dieses Mal insgesamt 19 Tage stationär in der Klinik. Bis zum Ende der Chemotherapie sollten noch elf weitere Bluttransfusionen folgen. An dieser Stelle ein ganz großes Dankeschön an alle Blutspender! Mehr denn je wissen wir diesen „Lebenssaft" zu schätzen.

Auszug aus dem Krankenhausbericht: „Am 22.01.2013 wurde bei Vianne ein MRT des Schädels zur Verlaufskontrolle durchgeführt. Das MRT zeigte erfreulicherweise weiterhin keinen Hinweis auf ein Rezidiv der Grunderkrankung."

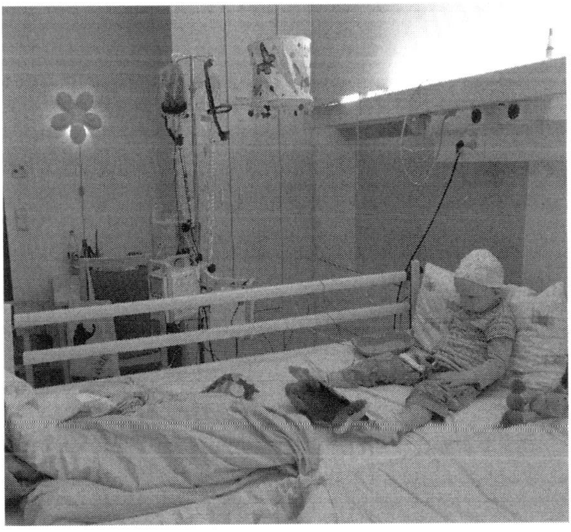

Rückblick: 3. Chemo-Zyklus – 30. Januar 2013 bis 30. März 2013

Wir konnten „Bergfest" feiern, die Hälfte der Chemotherapie war geschafft. Acht von insgesamt 16 Gaben hatte sie besser gepackt als erhofft. Die Zeit ging schneller rum als gedacht. Im dritten Zyklus verbrachten wir insgesamt 25 Tage im Krankenhaus. Vianne wurde schwächer, Zelltief und Fieber kamen häufiger und schneller, zweimal konnten wir nur zeitverzögert mit der Chemo starten, weil ihre Blutwerte zu schlecht waren. Die Spritzen, mit denen wir ihre Immunabwehr puschten, mussten jetzt regelmäßig gegeben werden. Vianne ging trotz allem noch immer gerne in die Klinik. Sie meckerte fast nie, wenn wir bepackt mit Koffern, Stofftieren, Unmengen an Spielzeug und Süßigkeiten losfuhren. Sie kannte mittlerweile alle Schwestern und Pfleger, jeder hatte ein nettes Wort für sie, wenn sie mit ihrem Infusionsständer über den Flur hopste. Lilli war Anfang des Jahres mit der Therapie durch und nicht mehr so häufig auf Station. Wenn sie aber Kontrolltermine in der onkologischen Ambulanz hatte, kam sie uns mit ihrer Mama kurz besuchen. Ich weiß nicht, wer sich mehr freute: Vianne oder ich. Wir saßen oftmals mit anderen Kindern und Müttern in der Stationsküche, futterten gemeinsam Fischstäbchen oder malten, puzzelten, erzählten. Am liebsten gingen wir in der Sonne auf dem umlaufenden Balkon spazieren. Der vierjährige Ben war absolut beeindruckt von Viannes Dinos (von ihrem Bruder). Nachdem die beiden „Platzhirsche" erst einmal ihre Grenzen abgesteckt hatten, sich geschubst und geknufft hatten, tauschten sie Dinos und Ritter aus und spielten einträchtig zusammen. Zum Ende des Tages kuschelten sich die beiden gemeinsam in ein Bett und schauten fern. Dann bestanden sie noch auf eine „Gute-Nacht-Geschichte". Anschließend verschwand Ben wieder in seinem eigenen Zimmer.

Es kamen „Neue", denen der Schock des ersten Moments in den Augen anzusehen war. Wir „alten Hasen" kannten all diese erdrückenden Gedanken und Gefühle. Und es kamen Kinder zurück, die ein

Rezidiv – einen Rückfall - hatten. Das war das Schlimmste. Dann brauchte ich einen Kamillentee.

Auszug aus dem Arztbrief: „Am 09.04.2013 wurde bei Vianne ein MRT des Schädels zur Verlaufskontrolle durchgeführt. Das MRT zeigte erfreulicher Weise unverändert keinen Hinweis auf ein Rezidiv der Grunderkrankung.“

Rückblick: Zusage – 8. April 2013

Es ist wie ein „Sechser" im Lotto. Wir haben heute die Zusage für die Protonentherapie am Paul-Scherrer-Institut in der Schweiz bekommen – die Top-Adresse in Europa. Sie werden Vianne mit Protonen bestrahlen. Nur wenige Patienten können dort behandelt werden, denn die Kapazitäten sind begrenzt. Vianne ist eine von ihnen. Neben der Operation ist die Bestrahlung eine weitere wichtige Säule in der Behandlung von Hirntumoren. Durch die Bestrahlung werden Tumorzellen so weit geschädigt, dass sie absterben, doch leider werden auch gesunde Hirnzellen getroffen. Im Vergleich zur herkömmlichen Bestrahlung mit Photonen (elektromagnetische Wellen), ermöglicht die Protonentherapie (Protonen = geladene Teilchen) eine besonders vorteilhafte Dosisverteilung, so dass das umliegende Hirngewebe besser geschont wird. Gerade das kindliche Hirn reagiert sehr sensibel auf Bestrahlung. Die Folgen sind oftmals gravierend. Bei der Protonenbestrah lung wird das Wasserstoffatom in Proton und Elektron gespalten. Die positiv geladenen Protonen werden auf 60 Prozent Lichtgeschwindigkeit beschleunigt, bevor sie in den Körper eindringen. Dabei geben sie die höchste Strahlendosis zielgenau im ehemaligen Tumorgebiet plus Sicherheitssaum ab, nur eine geringe Strahlendosis wird beim Eintritt abgegeben. Hinter dem Tumorgebiet fällt die Strahlung nahezu auf Null ab. Die Photonen hingegen durchdringen (wie ein Röntgenstrahl) den gesamten Kopf mit gleichbleibender Intensität und zerstören auf ihrem Weg kranke und gesunde Hirnzellen gleichermaßen. Da wir bei Vianne eine Heilung anstreben, möchten wir ihr ein Höchstmaß an Lebensqualität bewahren. Deswegen ist uns die schonende Protonenbestrahlung so enorm wichtig. Wir sind sehr dankbar für diese Chance. Am 15. Juli 2013 soll es losgehen. Die Kosten für die Protonentherapie belaufen sich auf rund 37.000 CHF. Unsere Krankenkasse hat uns eine Kostenübernahme zugesichert – wie toll! Ich will nie wieder jemanden über unser Gesundheitssystem meckern hören – zumindest nicht, wenn Kinder betroffen sind. Klar, manches ist im Argen, aber wir jammern auf hohem Niveau, und ich empfinde es mittlerweile als Privileg, in Deutschland zu leben. Die Behandlungsmöglichkeiten und Kostenzusagen in vielen anderen Ländern sind um einiges schlechter.

Rückblick: 4. Geburtstag – 25. April 2013

Der vierte Chemotherapie-Zyklus lief am 10. April an. Die mittleren MTX-Blöcke fielen in den letzten beiden Zyklen weg (hurra!), wir näherten uns dem Ende. Wenn alles nach Plan lief, sollten wir im Juni durch sein mit der Chemo. Zwischenzeitlich haben uns unsere Jungs auf Trab gehalten. Beide liefen kurzzeitig aus dem Ruder, was ich ihnen auch nicht verdenken kann. Bei dem einen sackten die Schulnoten ab, der andere meinte, er müsste zum „bad guy" mutieren. Kurzzeitig dachte ich, alles bricht über uns zusammen, aber irgendwie haben wir es geschafft, uns da wieder rauszuziehen. Gemeinsam. Schließlich hatten wir den Jungs versprochen, für sie da zu sein. Aber es brachte uns kurzzeitig an unser Limit. Unser vorrangigster Wunsch war, dass Luke, Ada und Vianne ihren Geburtstag gemeinsam mit allen zu Hause feiern konnten. Alle drei sind im April geboren. Es hat geklappt. An beiden Geburtstagen mussten wir nicht ins Krankenhaus. Da Viannes Abwehrkräfte nach den Cyclophosphamid- und Vincristin-Gaben relativ stabil waren, luden wir kurzerhand Adas und Viannes kleine Freunde zur „Yakari-Party" ein. Das Wetter war traumhaft, wir bastelten mit den Kindern entsprechenden Indianerschmuck und machten uns auf die Suche nach „Kleiner Donner". Morgens hatten wir zwar einen Kontrolltermin in der Ambulanz, das war aber nicht weiter schlimm, denn Lilli und ihre Mama waren zeitgleich da. Wir gingen zusammen ein Eis essen. So konnte Vianne auch Lilli an ihrem Geburtstag sehen – was für ein toller Tag. Leider scheint es in der Natur der Dinge zu liegen, dass nach hellen Tagen wieder dunkle folgen. Am 30. April ging es für die Carboplatin- und

Etoposid-Gaben zurück in die Klinik. Zum ersten Mal musste sich Vianne nach der Chemotherapie übergeben – das Gift zeigte sein wahres Gesicht. Vianne war verwirrt, hatte Angst. Sie kuschelte sich an mich. Im Laufe der lezten Monate hatten wir etliche Lillifee-Hefte durchgelesen. In einem veranstaltete die kleine Fee ein wunderschönes Fest am See, umringt von ihren Freunden. Vianne und ich hatten damals einen Geheimcode ausgemacht. Wenn sie einmal ganz doll Angst haben sollte, wollten wir an Lillifees See entfliehen. Vianne schaute mich mit traurigen Augen an: „Mama, können wir jetzt zu Lillifees Seefest?". Ein Kamillentee reichte an diesem Tag nicht, um mich innerlich zu wärmen. Wir wurden am 3. Mai entlassen. Am 8. Mai folgte das Fieber mit hohen Entzündungswerten. Die Klinik hatte uns wieder. Die Chemo wurde zäh zum Ende. Aber wir hatten schließlich ein Ziel: wir wollten jede kleinste Tumorzelle kaputt kriegen. Ein warmer Frühlingstag brachte uns das Lachen zurück. Vianne stand auf dem Balkon der Kinderklinik und betrachtete einen wunderschön blühenden Obstbaum, dessen Zweige an die Brüstung reichten: „Guck mal, Mama, der Baum blütet."

Rückblick: Pfingstwochenende – 18. bis 20. Mai 2013

Der Mai war wirklich ein Wonnemonat. Über Pfingsten besuchten wir liebe Freunde im hohen Norden. Weder Fieber noch anstehende Bluttransfusionen noch eine Therapieeinheit machten uns einen Strich durch die Rechnung. Alle waren infektfrei, so dass Vianne nicht übermäßig gefährdet war. Abgesehen davon hatten wir es sowieso nicht in der Hand. Zum einen sind diverse Krankheiten ansteckend, bevor sich sichtbare Symptome zeigen, zum anderen konnte Vianne überall und jederzeit auf jemanden treffen, der sie mit irgendeinem Keim, Virus oder Bakterium infizierte. Natürlich mieden wir Menschenansammlungen, aber ganz isolieren wollten wir die „Maus" auch nicht. Freunde von Luke und Jesse durften fast immer vorbeikommen, außer wenn Vianne im absoluten Zelltief war. Allerdings musste sich jeder gründlich die Hände desinfizieren, wenn er das Haus betrat. Unsere Ärzte gaben ebenfalls ihre Zustimmung. Auch in Hamburg gebe es im Notfall eine gute Klinik, sagte Dr. B. schmunzelnd. Ich liebe diese Einstellung! Es tat so gut, die Sechs zu treffen. Es ist jedes Mal von Anfang an so vertraut, auch wenn wir uns einmal länger nicht gesehen haben. Jeder mag jeden, unsere Kinder verschwanden gleich mit ihren Freunden in den jeweiligen Zimmern. Abends besuchten wir ein nahe gelegenes Steakhaus, die Jüngeren fuhren in einem Riesen-Go-Cart samt Anhänger, wir „Großen" spazierten nebenher. Es regnete in Strömen, aber es machte uns nichts aus. Im Restaurant angekommen, mussten wir Vianne die mittlerweile durchnässte Mütze absetzen. Ihr kahles Köpfchen und ihre blasse Haut bildeten so einen krassen Gegensatz zu den geröteten Wangen und zerzausten Haaren der übrigen Kinder. Zudem trug sie ihren Mundschutz. Wir fielen auf. Doch auch, wenn einige Gäste sicherlich geschockt waren, niemand ließ sich etwas anmerken. Das rechne ich den Leuten noch heute hoch an. Ich hätte es sogar verstanden. Wer möchte schon bei einem netten geselligen Essen mit Krankheit und Leid konfrontiert werden? Diese „Schattenseiten" verunsichern, zumindest uns Erwachsene. Kinder hingegen gehen weitaus natürlicher damit um. Loulou rührte mich zu Tränen. Sie saß zwischen Ada und Vianne auf einer Bank und hatte ihre Arme um sie gelegt. Plötzlich strich sie Vianne ganz zart über ihr kahles Köpfchen und sagte: „Das fühlt sich aber schön weich an." Wunderbare Loulou! Nachdem wir die Jüngeren zu Bett gebracht hatten, ließen wir Erwachsenen den Abend mit ein paar zünftigen Doppelkopf-Runden ausklingen. Nach einem ausgiebigen, fröhlichen Frühstück ging es am nächsten Morgen auf in den Schmetterlingspark. In bester Erinnerung haben wir auch noch ein spannendes Fußballspiel zum Ende unseres Besuchs.

„Liebe Uli, lieber Kilian, wir fühlen uns in eurer Gegenwart einfach nur wohl, eure liebenswerte, besonnene und ungezwungene Art sind Balsam für unsere Seele. Wir konnten an diesem Wochenende ganz viel Lebensenergie tanken. Danke für eure Freundschaft!"

Absolut gestärkt – und mit Abschiedstränen in den Augen – fuhren wir nach einem wunderschönen Wochenende wieder heim. Am 24. Mai startete der fünfte und letzte Chemotherapie-Zyklus.

Rückblick: Kunterbunt – Mai/ Juni 2013

Wir waren auf der Zielgeraden. Der letzte Zyklus konnte beginnen. Einmal mussten wir noch Cyclophosphamit und Vincristin, einmal noch Carboplatin und Etoposid bekommen: machte alles in allem noch einmal acht Tage Krankenhaus, plus einen sehr wahrscheinlichen „Fieberaufenthalt" nach der Platingabe. Vianne ging es noch immer relativ gut. Die Chemo hatte sie zwar ausgezehrt (Prof. S.: „Vianne ist dünn geworden"), aber nicht in die Knie gezwungen. Das Carboplatin hatte bisher keine Hörschädigung verursacht, das Vincristin keine Nervenschäden in den Extremitäten. Wir lagen im Zeitplan, denn die Bestrahlung sollte laut Protokoll zeitnah an die Chemo anknüpfen. Wir waren so voller Zuversicht. Das Fieber kam dieses Mal eher. Egal. Wir hatten die Schweiz vor Augen. Von der Bestrahlung versprachen wir uns eine Heilung. Also noch einmal alles geben, um dieses Etappenziel zu erreichen. Vianne malte bunte Bilder im Krankenhaus, knetete mit unserer Kunsttherapeutin eifrig Ton, sang mit der

Musiktherapeutin „Pippi-Langstrumpf-Lieder", verhedderte sich mit ihrem Infusionsschlauch in dem roten Drehsessel im Spielzimmer und lachte, während ich einen Befreiungsversuch startete.

Das Wetter spürte anscheinend unsere Zuversicht und legte sich mächtig ins Zeug. Wir bauten zu Hause die Wasserspritz-Blume auf, die Ada und Vianne von ihren kleinen Freunden zum Geburtstag geschenkt bekommen hatten. Wir verklebten den Broviak-Zugang und statteten Vianne noch zusätzlich mit einem Regenschirm aus, damit sie (etwas geschützter) unter der Wasserfontäne herlaufen konnte. Wir wurden mutiger und füllten den Pool. Sie rutschte vor Vergnügen jauchzend ins Wasser. Perfekt! Andi und ich machten mit den Mädels im Anhänger eine Fahrradtour zur Ruhr, schauten den Pferden zu und warfen Steine in den Fluss. Vianne hatte mittlerweile weder Augenbrauen noch Wimpern – es war befremdlich. Ihre Lebensenergie erstickte jedoch jeden Zweifel im Keim. Wie erwartet kam nach dem Carboplatin das Fieber: Wir telefonierten mit Dr. B. wegen der Blutergebnisse: „Vianne hat einen hohen CRP (Entzündungswert), sie müssen stationär kommen." Er hatte wohl erwartet, dass wir wieder Einwände hatten. So kannte er uns schließlich. Er wusste, dass wir uns mit jedem Extra-Aufenthalt schwer taten. „Wir kommen sehr gerne", hörte ich mich verschmitzt sagen (ich wusste schließlich, dass wir das letzte Mal wegen „Chemo-Fieber" in die Klinik fuhren). Kurze Pause am Telefon. Dann lachte er lauthals, wie ich ihn noch nie lachen gehört hatte. Oh ja, nach einem dreiviertel Jahr Chemotherapie war das Leben kunterbunt!

Nur noch ein (vorgezogenes) MRT stand uns im Weg, bevor wir zur Behandlungsvorbereitung in die Schweiz konnten. Am Dienstag, den 18. Juni, hatten wir mehr Angst (falls das überhaupt noch möglich war) vor dem Ergebnis als jemals zuvor.

Auszug aus dem Arztbrief: „Am 18.06.2013 wurde bei Vianne ein MRT des Schädels zur Verlaufskontrolle durchgeführt. Das MRT zeigte erfreulicherweise keinen Hinweis auf ein Rezidiv der Grunderkrankung... Bei Vianne ist nach Beendigung der intensiven Chemotherapie protokollgemäß eine lokale Schädelbestrahlung vorgesehen... Für die Therapieplanung wird sich Vianne mit ihren Eltern erstmals am 24.06.2013 am PSI (Paul-Scherrer-Institut) vorstellen. Ab dem 15.07.2013 ist dann die Durchführung der Therapie unter Narkose für voraussichtlich insgesamt 6 Wochen vorgesehen."

Schweiz, wir kommen! Nach 86 Tagen stationärem Krankenhausaufenthalt, nach unzähligen Granulozytenspritzen, nach 13 Bluttransfusionen, nach mehrmals wöchentlich stattfindenden ambulanten Kontrollterminen, nach 16 Chemotherapiedosen in fünf Zyklen, nach drei Operationen, nach sieben MRTs...

Rückblick: Grüezi miteinand – 23./ 24. Juni 2013

Andi (was würde ich bloß ohne sie machen) und ich fuhren mit Vianne am Sonntag nach Villigen in die

Schweiz. Micha hielt zu Hause die Stellung. Wir hatten ein schönes Hotel direkt im Ort gebucht, das wir bereits am Vormittag erreichten. Wir ruhten uns kurz aus und erkundeten anschließend zu Fuß die nähere Umgebung. Sehr idyllisch. Bäche, Hügel, Wiesen. Wir warfen mit Vianne Holzschiffchen in den Bach und beobachteten, wie das Wasser sie davon trieb. Am Ende eines verborgenen Trampelpfades lag ein kleines Gehöft mit einem Hühnerstall. Kinder kamen uns lachend entgegen und riefen uns ein fröhliches „Grüezi" entgegen. Vianne war begeistert. Die Hausherrin kam gerade heraus, um die Hühner zu füttern. Sie grüßte uns ebenso herzlich wie zuvor die Kinder. Dann schenkte sie Vianne ein frisch gelegtes Hühnerei. Wir fühlten uns wohl in Villigen. Das Paul-Scherrer-Institut (PSI), wo die Bestrahlung durchgeführt werden sollte, lag nur wenige Minuten entfernt von unserem Hotel. Am nächsten Morgen, am Montag, den 24. Juni, hatten wir bereits um 10 Uhr einen Gesprächstermin mit Dr. G. am PSI. Anschließend sollten die Behandlungsliege, ein speziell auf Viannes Maße angepasstes Vakuumbett, sowie der Helm zur Fixierung ihres Kopfes angepasst werden. Um die exakte Lage festzuhalten, anhand derer die Bestrahlung berechnet wird, musste noch ein Planungs-CT gemacht werden. Vianne musste für die Vorbereitungsmaßnahmen sediert werden. Wieder eine leichte Narkose! Aber anders wäre die Vorbereitung nicht möglich gewesen. Die Anfertigung des Helms muss man sich wie einen Gipsabdruck des gesamten Schädels vorstellen. Bei Vianne entschied sich die Ärztin letztendlich für einen sogenannten Beißblock, über den sie während der Bestrahlung fixiert werden sollte. Die gesamte Prozedur sollte rund zwei Stunden dauern.

Zwar kannte ich Luftaufnahmen vom Paul-Scherrer-Institut, das Gelände in natura zu sehen, war aber etwas ganz anderes: Es glich eher einem Industriegebiet als einem Krankenhauskomplex. Das Publikum war international, jung, gelehrt, überall wurde geforscht, experimentiert. Wir schnappten Fachgespräche in sämtlichen Sprachen auf. Es war spannend und ich fühlte mich gleich gut aufgehoben.

Der Eindruck verstärkte sich noch, als wir den Empfangsbereich des Protonentherapiezentrums betraten. Im Wartebereich saßen Patienten aus halb Europa, die Sekretärin sprach fließend mindestens drei Sprachen. Während sie eben noch Erklärungen auf Englisch abgab, wechselte sie wenig später ins Französische, bevor sie sich dem nächsten Patienten auf Deutsch bzw. „Switzertüütsch" zuwandte. Dann waren wir an der Reihe. „Ja grüezi miteinand, du musst die Emma Vianne sein", ging sie warmherzig auf uns zu. Im Vorfeld hatte ich mit Frau E. bereits einige Male telefoniert, der sympathische Eindruck bestätigte sich. Nach wenigen Formalitäten durften wir mit Vianne im Kinderwartezimmer Platz nehmen. Sie spielte. Kurze Zeit später kam Dr. G., eine etwas ältere Ärztin zu uns, um Vianne kennenzulernen, sie körperlich und neurologisch zu untersuchen und sich von ihr und ihrem Allgemeinbefinden ein erstes Bild zu machen. Sie war für Viannes Protonentherapie zuständig und unsere Ansprechpartnerin. Sie vermittelte Ruhe gepaart mit Professionalität. Mein erster Eindruck war, dass hier auf ganz hohem Niveau behandelt wird, gleichzeitig aber eine angenehme Gelassenheit im Raum schwebt, ohne die bekannte Hektik und zum Teil geladene Atmosphäre, die wir Deutschen uns so gerne zu Eigen machen. Die Stimmung hier war Balsam für meine geschundene Seele – ebenso für Viannes. Außerdem mag ich die Sprache: auch wenn es um etwas Schlimmes geht, hören sich die Lautverbindungen so an, als ob man sich liebevoll über Oma Ernas Geranien unterhält. Auf meine Frage, ob ich bei der Narkoseeinleitung dabei sein dürfte, schaute mich das Schweizer Team irritiert an. „Natürlich", bekam ich zur Antwort. Für sie war es anscheinend völlig normal, dass die Eltern ihre Kinder begleiteten. Endlich mal keine Diskussionen. Danke! Wir gingen in den Vorbereitungsraum. Das Anästhesieteam holte erst einmal ein paar Handpuppen hervor. Ja, so stellte ich mir eine vernünftige Narkoseeinleitung vor. Viannes Kuscheltiere wurden allesamt begrüßt. Sie stellte fest, dass sie eines im Wartezimmer vergessen hatte. „Dann müssen wir es wohl dazu holen", lautete die Antwort. „So viel Zeit muss sein." Ich starrte das Anästhesieteam mit großen Augen an. Ich war im „Kinder-Narkose-Paradies". Also gesagt, getan. Während Vianne auf meinem Schoß saß, wurde das Narkosemittel über den Broviak gegeben. Ganz sanft schlief sie auf meinem Arm ein. In diesem Moment hatte ich nur einen Gedanken: „Mir isch vögeliwool!" (Ich fühle mich äußerst wohl.). Ja, ich fühlte mich äußerst wohl bei der Protonenbestrahlung. Ja, die Behandlung in der Schweiz war Viannes große Chance auf Heilung ohne wahnsinnige Spätfolgen.

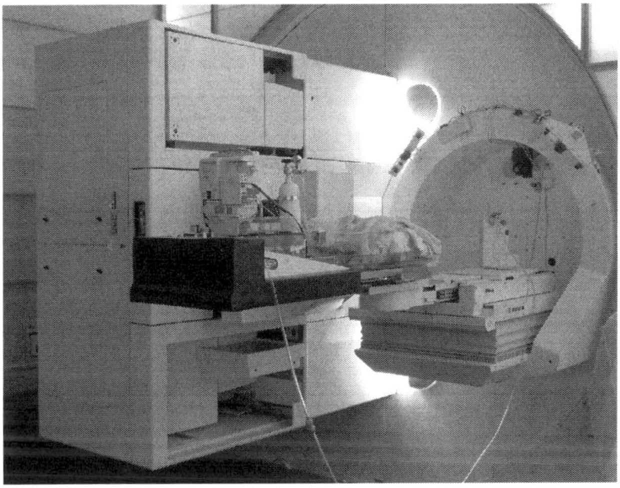

Rückblick Protonentherapie: Start – 14. bis 21. Juli 2013

Eine Woche vor Beginn der Sommerferien fuhren Andi und ich mit Vianne und Ada in die Schweiz. Die Bestrahlung war auf sechs bis sieben Wochen ausgerichtet – jeweils fünf Tage die Woche. Das Wochenende sollte frei sein. Micha blieb vorerst zu Hause, da die Jungs noch Schule hatten. Er arbeitete die Woche etwas weniger und übernahm an manchen Tagen ab dem Nachmittag die Kinderbetreuung, ansonsten sprangen meine Eltern und Freunde ein. Einen Tag arbeitete er von Zuhause aus. So waren die Jungs nie lange allein. Und Vianne, Ada und ich hatten Andi an unserer Seite.

Bereits am Sonntagvormittag brachen wir auf Richtung Waldshut. Wir hatten in Deutschland direkt an der Grenze zur Schweiz eine Ferienwohnung auf dem Martiburhof gebucht. Von dort aus dauerte die Fahrt rund 20 Minuten zum Paul-Scherrer-Institut (PSI) in Villingen/ Aargau. Die Ferienwohnungen sowie die Lebenshaltungskosten in der Schweiz waren für uns über solch einen langen Zeitraum einfach zu hoch. Wir hatten Glück mit der Wahl unserer Ferienwohnung: sie war schön hell, sauber, gut ausgestattet und geräumig, lag in einem Neubau, direkt neben dem eigentlichen Bauernhof, in dem die Vermieter wohnten. Es gab zwei drollige Ziegen, ein Trampolin im Garten, Schaukel und Rutsche, einen riesigen Kuhstall mit Kühen und niedlichen Kälbern, Blindschleichen, einen Sandkasten, in dem zwei Monster-Spinnen wohnten, zwei kleine Ponys (auf denen unsere Kinder reiten durften und die in den kommenden Wochen beinahe zu Tode gestreichelt wurden) und Frau T., eine überaus nette Vermieterin. Einmal die Woche veranstaltete sie für alle Gäste einen gemeinsamen Grillabend mit anschließendem Stockbrotbraten. Bei ihr – sie war übrigens Krankenschwester – waren schon einige Patienten untergekommen, die am PSI bestrahlt wurden. Zeitgleich mit uns wohnte eine Familie mit drei netten Kindern auf dem Hof. Der Jüngste war in Behandlung. Andi, Vianne und ich fühlten uns hier auf Anhieb wohl. Die Rahmenbedingungen waren somit schon mal gut, die Wetteraussichten versprachen strahlenden Sonnenschein und hochsommerliche Temperaturen für die kommende Woche. Abends saßen Andi und ich auf dem Balkon und genossen den Blick auf den

Rhein und die Schweizer Berge. Bei klarer Sicht konnten wir sogar die schneebedeckten Viertausender sehen. Nur eine „Kleinigkeit" trübte diesen tollen Ausblick. Hinter dem Hügel rechts stiegen regelmäßig Wasserdampfwolken auf, zwar etliche Kilometer entfernt, aber dennoch gut sichtbar. Die Schweizer hatten kurz hinter der Grenze zu Deutschland ein mittlerweile in die Jahre gekommenes Atomkraftwerk gebaut. Irgendwie pervers: rechts und links idyllische Landschaft, grasende Kühe, ein träge fließender Rhein, hinter uns das riesige Naturschutzgebiet Schwarzwald – und in unmittelbarer Nachbarschaft ein Atomkraftwerk. Wir mussten uns erst daran gewöhnen. Aber hey, was sollte es, ab morgen würde meine Tochter mehr als 30 Tage mit Strahlen bombardiert. Da empfindet man so ein Atomkraftwerk zwar noch als befremdlich, aber nicht mehr als bedrohlich. Ab dem ersten Tag hieß der Balkon bei uns nur noch „Atombalkon". Es gab auch noch einen zweiten Balkon.

Früh am nächsten Morgen überquerten wir Drei das erste Mal die Grenze zur Schweiz, den Rhein, und fuhren zum PSI. Es war ein fast schon vertrautes Wiedersehen mit den beiden Sekretärinnen. Wir spielten kurz im Spielzimmer, dann wurden wir auch schon in den Vorbereitungsraum geleitet. Vianne ging etwas zögerlich an meiner Hand mit. Als erstes bekam sie eine leere Perlenschnur überreicht. Die Anästhesistin holte ein wunderschönes Holzkästchen hervor, aus dem sie drei Perlen nahm, die Vianne auf ihre Kette auffädeln durfte. Diese Kette sollte Vianne täglich vor Augen halten, wie viel sie bereits geschafft hatte – eine Schweizer Mutperlenkette. Dann schlief Vianne wieder ganz sanft auf meinem Arm ein. Die Narkose wurde über ihren Broviak-Katheter eingeleitet. Dabei fragten die Ärzte sie, was später auf den steril umwickelten Broviak-Schenkel draufgeklebt werden solle: sie waren wirklich gut mit der Schere: mal zauberten sie auf Viannes Wunsch hin aus dem bunten Verbandsmaterial einen „Hello Kitty"- Aufkleber, mal ein Pony. Das Einhorn allerdings brachte sie kurzzeitig an ihre Grenzen. Vianne registrierte kaum, dass derweil Narkosemittel in sie floss. Ich verließ anschließend erstaunlich entspannt den Vorbereitungsraum. Eine gute Stunde sollte die Behandlung dauern. Die Bestrahlung an sich umfasst nur wenige Minuten. Zeitaufwendiger hingegen ist die Anbringung des „Beißblocks" für die millimetergenaue Lagerung. Da Vianne in leichter Seitenlage bestrahlt wurde, hatte sich Dr. G. anstelle der Helmtechnik für die Fixierung mittels Beißblock entschieden, der bereits vor zwei Wochen während der Vorbereitung angefertigt worden war. Dabei wurde – ähnlich wie beim Zahnarzt – ein Abdruck vom Gebiss genommen. Das daraus entstandene Mundstück wurde unter der Narkose eingesetzt und mit Unterdruck festgesaugt. Das Mundstück ist über einen Haltearm befestigt, so dass sich Viannes Kopf bei jeder Behandlung in exakt der gleichen Lage befindet. Zur weiteren Absicherung wird vor jeder Bestrahlung ein Lagerungs-CT durchgeführt. Stimmen die Daten mit den Daten aus der Planungsaufnahme überein, beginnt die vorsichtige Fahrt auf der ferngesteuerten Behandlungsliege hin zum Gantry (Protonenbestrahler). Angekommen im Gantry, wird die Behandlungsliege an das Bestrahlungsgerät angekoppelt. Dann müssen alle den Raum verlassen und der „Operator" übernimmt von außerhalb. Der Boden unter der angedockten Behandlungsliege wird automatisch abgesenkt. Anschließend fährt die mehrere Tonnen schwere Maschine um Vianne herum, bis die Öffnung, aus der der eigentliche Protonenstrahl kommt, in der richtigen Position ist. Das alles nimmt den Großteil der Zeit in Anspruch.

Andi und ich überbrückten die Zeit derweil mit einem Latte Macchiato und einem Frühstück im gegenüberliegenden Bistro. Noch vor Ablauf der Zeit kehrten wir ins Spielzimmer zurück. Schließlich holte uns die Anästhesistin in den Aufwachraum. Dort lag unsere Maus in ihrem Bett, wärmende Luft wurde unter ihre Decke gepustet. Vianne schlief sich jedes Mal richtig lange aus. Danach musste ich noch etliche Bücher vorlesen, bis sie sich bereit erklärte, aufzustehen. Andi hielt derweil Ada bei Laune. Das Schöne war, dass wir immer alle in den Aufwachraum durften, einschließlich Ada. Anschließend gingen wir mit den Kindern ins Bistro, wo Vianne tüchtig zulangte. Aufgrund der Narkose musste sie morgens immer nüchtern bleiben. Gegen 13 Uhr waren wir meistens wieder in der Ferienwohnung. Vianne war erstaunlich fit. Die Nachmittage hatten sogar etwas von Urlaub.

Rückblick: Zürich – Juli 2013

Bevor Andi nach einer Woche mit dem Zug die Heimreise antrat, hatten wir noch mit Vianne einen Termin im Kinderspital in Zürich. Das Klinikum arbeitet eng mit dem PSI zusammen und stellt unter anderem das Anästhesieteam. Alle zwei Wochen sollten wir mit Vianne zur (Blut-)Untersuchung kommen. Auch hier zeigte sich wieder einmal, wie tiefenentspannt die Schweizer sind. Wir sollten frühestens um 14 Uhr vorbeikommen, zuvor wäre Mittagspause (wenn es 15 Uhr werden würde, wäre es auch nicht schlimm, sollten wir noch später kommen, sollten wir kurz Bescheid geben). Wir drei machten uns am Freitag nach Viannes Bestrahlung auf den Weg in das rund 70 km entfernte Zürich. Es herrschten bereits 30 Grad Celsius. Es machte Spaß, mehr von der Schweizer Landschaft und den urigen Dörfli zu sehen. Die Schweizer hatten uns bereits vorgewarnt, dass es schwer werden würde, das Kinderspital zu finden. Ach, wir hatten doch ein Navi, was sollte also groß passieren. Wie naiv! Mein Navi führte uns natürlich genau durch die Züricher Altstadt. Eigentlich empfinde ich mich als sicheren Autofahrer, der auch in Großstädten überhaupt kein Problem hat. Zürich aber brachte mich an meine Grenzen. So oft wie dort bin ich noch nie aus Versehen in der Busspur/Tramspur gelandet. Mein Navi kam in dem engen Gassengewirr nicht mehr nach. Ich sollte links abbiegen, es ging aber nur geradeaus oder rechts. Ich fing an zu schwitzen. Andi holte den Stadtplan hervor. Nachdem wir gefühlte 30 Mal im

Kreis gefahren waren und jegliche Orientierung verloren hatten, erreichten wir irgendwann – einiges später als 14 Uhr – das Kinderspital. Die nächste Herausforderung war, einen entsprechenden Parkplatz zu finden. Ziemlich abgehetzt kamen wir auf der Station an. „Grüezi miteinand“, du musst Emma (nein! Vianne!) sein", wurden wir gewohnt herzlich empfangen. Wir entschuldigten unsere Verspätung. „Ach, das geht allen so, die zum ersten Mal zu uns kommen", sagte die Schwester lachend, Zürich sei verkehrstechnisch eine echte Herausforderung. Wie wahr! Wir wurden ins Wartezimmer geleitet. Was war das? Wo waren die anderen Patienten? Aus Dortmund kannten wir nur volle Wartebereiche. Bereits nach wenigen Minuten wurde Vianne gewogen und vermessen, dann kam auch schon der Arzt, horchte sie ab, schaute in ihre Pupillen, prüfte Reflexe. Wir bekamen noch einen Parkausweis ausgehändigt und eine Liste mit Notfallnummern. Dann teilten uns die Ärzte die Blutwerte mit. Hä? Wie konnte das sein? Wir hatten Viannes Blutproben vor gerade einmal 15 Minuten im Labor abgegeben. Das Blut war bereits morgens am PSI abgenommen worden, wir hatten es in einer entsprechenden Kühlbox nach Zürich gebracht. In Dortmund mussten wir mindestens drei Stunden auf das Ergebnis warten. Beeindruckend, wie gut hier alle Abteilungen Hand in Hand arbeiteten. Viannes Werte waren soweit in Ordnung. Wir konnten gehen. Wir fuhren mit der Tram zum Zürichsee und unternahmen eine schöne erfrischende Bootsrundfahrt. Bei mittlerweile 34 Grad Außentemperatur machten wir uns auf den Weg zurück nach Waldshut. Wir waren alle müde, die Kinder stritten und quengelten. Natürlich verfuhren wir uns wieder. Irgendwann schrie ich Ada und Vianne an – und übersah einen Blitzer. Scheiße! In der Schweiz geblitzt zu werden ist verdammt teuer. Dann stritt ich mich auch noch mit Andi. Es war alles zu viel: die Lautstärke, das ständige Verfahren, die nörgelnden Kinder, die Anspannung... Ich warf meiner Schwester ziemlich gemeine Sachen an den Kopf. Den Rest der Fahrt schwiegen alle. Taurig und ausgebrannt kamen wir in Waldshut an. Später am Abend entschuldigte ich mich bei meiner Schwester – es kam alles wieder ins Lot. Wir alle waren in dieser ersten Woche angespannter als wir uns eingestehen wollten. Dabei ging es Vianne wirklich gut – kein Vergleich zu der Zeit der intensiven Chemotherapie. Sie vertrug die ständigen Narkosen und war nachmittags unsagbar fit. Unser Streit hatte auch etwas Gutes. Er war befreiend und reinigend. Andi und ich haben ein sehr vertrautes Verhältnis, das auch mal einen handfesten Streit aushält. Zum Glück! Am Samstag brachten wir meine Schwester zum Zug. Wir waren traurig und vermissten sie sogleich. Aber am nächsten Tag sollte Micha mit den Jungs anreisen. Darauf freuten wir uns wahnsinnig! Endlich konnten wir gemeinsam Zeit verbringen. Die ständigen Trennungen während der Chemotherapiezeit waren so schwer gewesen.

Rückblick Schweiz: Fast wie Urlaub – Juli und August 2013

Es hört sich seltsam an, aber wir hatten eine gute Zeit in der Schweiz. Vianne fühlte sich nach wie vor fit. Micha und die Jungs blieben für insgesamt vier Wochen. So viel Zeit hatten wir schon lange nicht mehr gemeinsam verbracht – wertvolle, innige Familienzeit. Jesse war nicht so begeistert, einen Monat auf einem Bauernhof – ohne seine Freunde, dafür aber mit Eltern und jüngeren Geschwistern – verbringen zu müssen. Aber er ertrug es mit Fassung. Zum Glück gab es WLAN und den ein oder anderen Skatepark in der Nähe, auf dem er sich austoben konnte.

Luke hingegen freute sich auf das Bauernhofleben und verfolgte eifrig alles im Garten, was mindestens vier Beine hatte, kroch oder flog. Zudem spielte er manchmal mit den beiden Mädchen, deren kleiner Bruder ebenfalls am PSI behandelt wurde.

Morgens fuhren Micha oder ich mit Vianne zur Protonentherapie, am Nachmittag erkundeten wir die Gegend und unternahmen Ausflüge.

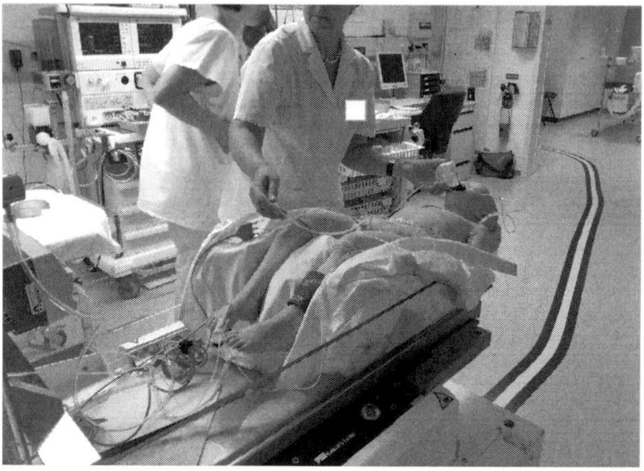

Die Sonne strahlte weiterhin vom Himmel. Es kam einem Sommerurlaub sehr nahe. Einziges Problem war, dass Vianne (und alle übrigen Kinder) bei über 30 Grad gerne baden gegangen wäre(n). Aber wir konnten schlecht mit allen Kindern an den See fahren, und eines durfte nicht ins Wasser. Schrecklich! Deswegen beschlossen wir, das Risiko einzugehen und Vianne ins Wasser zu lassen. Wir hatten zum

Glück einen riesigen Vorrat wasserfester Riesenpflaster aus Dortmund mitbekommen (ein Fünferpack kostet bereits 20 Euro, und fünf verbrauchten wir mindestens pro Badespaß). Dann fuhren wir entweder in ein Naturfreibad, das aus einem sauberen Bach gespeist wurde und eine wirklich gute Wasserqualität vorweisen konnte, oder wir besuchten den Schluch- oder auch Schlüchtsee, ebenfalls bekannt für gute Wasserqualität. Im Extremfall konnte sich eine Infektion an der Broviak-Eintrittstelle oder in den beiden Schenkeln bilden, falls sie nass wurden. Nach Abschluss der Bestrahlung sollte das Ding sowieso heraus. Trotzdem war ich beim Baden immer angespannt und überprüfte gefühlt alle fünf Minuten, ob es bereits einen „Wassereinbruch" gab. So musste es irgendwann auch kommen: Ein Pflaster hatte sich gelöst, die umwickelten Schenkel und die Eintrittsstelle waren pitschnass – natürlich an einem Freitagnachmittag, so dass wir so schnell keinen Arzt erreichen konnten. Wir desinfizierten die Stellen und verpackten alles trocken und möglichst steril. Zum

Glück hatte ich immer entsprechendes Material dabei. Am folgenden Montag berichtete ich den Ärzten reumütig. Doch auch in diesem Fall reagierten sie sehr entspannt und meinten, das Infektionsrisiko sei mittlerweile gering, da die Muffe (an der Eintrittstelle) gut eingewachsen sei und somit wenig Keime durchkämen. Anschließend spülten sie beide Broviak-Schenkel ausgiebig, und damit war die Sache erledigt.

Wir besuchten den Rheinfall in Schaffhausen und die Blumeninsel Mainau am Bodensee, wir stiegen auf

Burgen, ließen uns von der Strömung mit und ohne Boot im sauberen Rhein treiben, beobachteten Flusskrebse, machten eine aufregende Wanderung durch einen Teil der Wutach-Schlucht, schlenderten durch Zürich, gingen im „Hexentopf" baden (ein Fluss, der natürliche Badebecken in die Felsen gewaschen hatte – ein Geheimtipp unserer Vermieterin). Wir schlemmten Eis und Kuchen, speisten vorzüglich in Restaurants, spielten Minigolf und Tischtennis oder fütterten Rehe und Wildschweine im Wildgehege. Abends saßen wir gemütlich bei einem Glas Rotwein auf unserem „Atombalkon".

Rückblick: Schweiz – liebe Besuche – August 2013

Nach drei Wochen auf dem Martiburhof stand ein Umzug an, da die Wohnung in diesem Zeitraum bereits vermietet gewesen war. Für die letzten beiden Bestrahlungswochen (Woche 6 und 7) wollten wir dann zurückkehren. Zwischenzeitlich fanden wir ein neues Domizil oberhalb von Tiengen auf einem Demeterhof im Nirgendwo. Auf dem Weg dorthin schienen die dunklen Tannen gar kein Ende zu nehmen. Wir wurden absolut herzlich von den Besitzern, Steffen und Ruth, in Empfang genommen. Der Hof lag malerisch. Jesse konnte kaum glauben, dass wir nun noch einsamer und ländlicher als zuvor wohnen sollten. Als er dann noch nicht einmal Handy-Empfang hatte, weigerte er sich, aus dem Auto auszusteigen. Nachdem Steffen ihm jedoch das WLAN-Passwort verraten hatte, kehrte wieder etwas Farbe in sein Gesicht. Ada, Vianne und Luke hingegen waren begeistert. Es gab die „Geißens", ein Ziegenpärchen, etliche Gänse, zwei Hunde, Katzen, Schweine, Rinder und Hühner. Luke durfte auf dem Mähdrescher mitfahren und die Ernte einholen. Ada und Vianne fütterten fast täglich die Schweine mit unseren Küchenabfällen oder führten die „Geißens" an der Leine spazieren. Die Ferienwohnung war sehr dunkel und in die Jahre gekommen und trug den Geruch vergangener Zeiten. Aber dieses Manko machten Steffen und Ruth durch ihre nette Art wett. Sie überraschten uns mit frischgebackenem Brot, Ruth brachte unsere Jungs gemeinsam mit ihrem jüngsten Sohn und dessen Freund ins Naturfreibad. Wir erlebten die Geburt und den Tod eines Kälbchens und waren beeindruckt, wie sehr Steffen sich bemühte, der Kuh ein fremdes Kälbchen zu besorgen. Er verbrachte solange Zeit bei den beiden, bis er sah, dass die Kuh das Kalb angenommen hatte.

Vianne ging es immer noch gut, obwohl sie bereits drei Wochen Bestrahlung hinter sich hatte. Lediglich ihre Abwehrkräfte waren weiter gesunken, sie fielen aber nicht so tief wie bei der Chemo. Wegen der nicht ganz so sterilen Bauernhofwohnung und den hunderten von Fliegen in unserer Unterkunft (seitdem haben wir diesen Insekten gegenüber einen riesengroßen Ekel) und den vielen fremden Keimen in den Ställen machte ich mir Sorgen – zum Glück unbegründet. Vianne spielte an der Wassertränke im Hof, schaukelte vergnügt in der Baumschaukel oder düste mit der selbstgebauten Seilbahn quer über den

Hof. Wir bekamen in diesen Wochen Besuch von unseren Freunden aus Heidelberg und verbrachten gemeinsam einen wunderschönen, unbeschwerten und erfüllten Tag. Wir ließen uns mit den Kindern im Rhein flussabwärts treiben, abends grillten wir alle zusammen mit Ruth und Steffen. Unglaublich lustig – und immer wieder aufregend und liebevoll chaotisch – war der Besuch von Melanie aus Düsseldorf, die mit ihren beiden Kindern für mehrere Tage in den düsteren Schwarzwald angereist war. Wir lachten viel, wanderten zu einer kleinen Waldhütte (die leider nicht bewirtet war) und fuhren zusammen zum Bodensee. Unsere morgendlichen Pflichttermine am PSI wurden zur Routine, Vianne machte weiterhin klasse mit und murrte selten – außer nach dem Aufwachen. Irgendwann sprach mich eine Mitarbeiterin an, dass Vianne immer so süße Kleidchen an hätte. Nur leider gingen uns die süßen Kleidchen langsam aus, weil wir auf dem Demeterhof keine Waschmaschine hatten, erzählte ich ihr grinsend. Wisst ihr, was sie antwortete? Ich solle ihr doch einfach einen Sack Wäsche mitgeben, dann würde sie die Sachen für uns waschen. Verdutzt starrte ich sie einen Moment lang sprachlos an. Da bietet mir eine medizinische Mitarbeiterin vom PSI mal eben so an, unsere Schmutzwäsche zu waschen, obwohl sie uns kaum kennt. Solch eine ungezwungene und zuvorkommende Art kann ich mir bei den meisten Deutschen nur schwer vorstellen. Ich lehnte gerührt und dankend ab (noch reichte es bis zu unserer Rückkehr zum Martiburhof, wo uns eine Waschmaschine zur Verfügung stand).

Die zuvorkommende Art der Schweizer überraschte uns ein ums andere Mal. Einmal hatte ich nicht mehr genügend Schweizer Franken, sondern nur noch Euro zur Verfügung, als ich mir im PSI-Bistro einen Kaffee kaufen wollte. Mit Euro konnte man ebenso bezahlen, bekommt das Wechselgeld allerdings in Franken. Also reichte ich der Kassiererin einen 50-Euro-Schein, kleiner hatte ich es nicht. Sie lächelte und meinte, es wäre schon okay, ich solle den Schein wieder einstecken. Wirklich nett!

Die zwei Wochen auf dem Demeterhof vergingen wie im Flug. Nach vier Wochen gemeinsamer Familienzeit ging es für Micha und die Jungs wieder nach Hause. Ich vermisste sie bereits bei ihrer Abfahrt. Ich wechselte zurück zum Martiburhof. Am nächsten Tag reisten meine Eltern an, um mich zu unterstützen. Irgendwie war ich davon ausgegangen, dass Vianne an 30 Tagen bestrahlt wird. Da es lediglich zu einer eintägigen Verzögerung gekommen war und dieser Tag hinten dran gehängt werden musste, stand nach sechs Wochen nur noch der Montag zur Bestrahlung an. Direkt im Anschluss wollte ich mit den Kindern nach Hause fahren. Ich kündigte die Wohnung für Montag. Zur Sicherheit hatten wir im Vorfeld sieben Wochen reserviert. Am Donnerstag bekam ich dann den Bestrahlungsplan mit den neuen Uhrzeiten. Komischerweise war nicht nur der Montag vermerkt, sondern auch noch Dienstag, Mittwoch und Donnerstag. Irritiert fragte ich nach. Bei der Protonentherapie sind zwar 30 Einheiten angesetzt, an drei weiteren Tagen gibt es jedoch einen

Extra-Boost auf das Hauptareal. Ich war todtraurig. Ich hatte mich mental schon auf die Heimkehr am Montag vorbereitet. Meine Eltern boten zwar an, noch ein paar Tage länger zu bleiben, aber ich lehnte dankend ab. Sie sind schon über siebzig und brauchten meiner Meinung nach dringend Ruhe. Ich ging also wieder zu unserer Vermieterin und setzte sie in Kenntnis, dass wir doch noch bis Donnerstag bleiben. Besorgt erklärte sie mir, dass sie die Wohnung ab Mittwoch bereits wieder vermietet hätte. Was für ein Schlamassel! Hinzu kam, dass ganz Waldshut wegen einer Revision des Atomkraftwerkes fast vollständig ausgebucht war. Ich war wirklich fertig. Dann aber fiel mir das kleine Hotel oberhalb von Tiengen ein, in dem Melanie während ihres Besuches abgestiegen war. Sie hatten noch ein Zimmer für unsere letzte Nacht im Schwarzwald – zum Glück. Meine Eltern reisten ab, wir winkten ihnen noch fröhlich nach. Sie waren kaum um die Kurve, als ich merkte, wie es schrecklich in meinem Bauch rumpelte. Die nächsten 24 Stunden kam ich kaum noch vom Klo runter – mir war hundeelend zumute, heulend rief ich Micha an. Sonntagmittag ging es mir etwas besser. Ein Freund, der mit seiner kleinen Tochter in der Nähe Urlaub machte, hatte sich angekündigt. Es tat so gut, Markus und Tilda zu sehen. Am Abend merkte ich allerdings, wie platt ich von der Durchfallerkrankung war. Am Montag schleppte ich mich mit Ada und Vianne wieder zum PSI. Ich fragte, ob ich besser wieder fahren solle, bevor ich jemanden anstecke. Die Schweizer waren wieder tiefenentspannt und verneinten. Dann schauten mich die Sekretärinnen besorgt an und meinten, ich sähe wirklich richtig krank aus. Na danke! Den restlichen Tag durften Ada und Vianne „Yakari" in Endlosschleife gucken – ich schlief nur noch. Danach ging es mir merklich besser. Was für eine Ironie: Sechs Wochen war ich nie allein mit den Kindern gewesen, und sobald kein Erwachsener mehr greifbar ist, hole ich mir eine hinterhältige Virusinfektion. Dienstag packte ich stundenlang unsere Sachen, da wir Mittwochmorgen aus dem Martiburhof auszogen. Am

Donnerstag durften wir dann endlich nach Hause fahren. Nach sechsstündiger Heimreise fielen wir uns alle hocherfreut in die Arme. Wir hatten es geschafft! Sechseinhalb Wochen Bestrahlung lagen hinter uns, 33 Narkosen. Und Vianne ging es gut! Der erste zarte Haarflaum zeigte sich sogar schon auf ihrem Köpfchen. Die Haut im Bestrahlungsfeld war zwar stark gerötet, aber nicht entzündet.

Rückblick: Tschüss, Broviak! – September 2013

Ein Jahr intensive Therapie lag nun hinter uns seit der ersten Diagnosestellung in Kiel. Wir waren durch! Was für ein Wahnsinn! Ich konnte es gar nicht fassen. Vianne wollte ganz schnell den Broviak loswerden. Die Dortmunder kamen ihrem Wunsch entgegen und legten rasch den kommenden Mittwoch, 4. September 2013 fest. Nur noch diese kleine Operation lag vor uns, dann hatte uns der Alltag wieder: ohne Krankenhausaufenthalte, ohne heftige Medikamente, ohne ständige Narkosen, ohne Broviak-Katheter und mit hoffentlich weniger Sorgen. Wir waren alle so zuversichtlich.

Am OP-Tag wurden wir noch einmal auf eine harte Probe gestellt, weil der Eingriff kurzzeitig auf der Kippe stand. Ein Notfall war dazwischen gekommen. Vianne kam dann aber doch noch am späten Nachmittag dran. Sie freute sich so sehr darüber, den Schlauch loszuwerden, dass sie ohne Murren die lange Wartezeit ertrug. Ich war weitaus weniger geduldig und erkundigte mich halbstündlich bei den Schwestern, wann es denn soweit sei. Klar, in unserem Fall gab es keine Dringlichkeit, aber ich war angespannt. Das lange Warten zermürbte mich. Vianne hatte seit Stunden nichts mehr essen und trinken dürfen. Irgendwann fragte ich genervt nach, ob denn lediglich ein OP-Saal oder nur ein Anästhesist zur Verfügung stehen würde. „Ja", lautete die Antwort hinsichtlich des Anästhesisten. Ein weiterer wäre auf der Intensivstation und der könne da nicht weg. War einleuchtend. Ich fragte, was denn wäre, wenn ein 2. Notfall eintreffen würde. „Der müsse solange warten...", lautete die lapidare Antwort. Na, super!

Vianne strahlte über das ganze Gesicht, trotz bevorstehender Narkose. Aber sie freute sich so darauf, endlich unbeschwert baden und schwimmen gehen zu dürfen und wieder ausgiebig auf dem Bauch zu rutschen, mit Ada kleine Kämpfchen auszutragen, ohne Sorge haben zu müssen, dass sich einer im Schlauch verheddert. Der Broviak-Katheter hatte uns treue Dienste erwiesen und Vianne etliche Piekse erspart, vor denen sie so viel Angst hat. Aber der

Abschied von diesem „Wegbegleiter" fiel allen Beteiligten leicht. Die hübschen bunten Broviak-Beutelchen haben wir als Erinnerung natürlich aufbewahrt. Und auch Viannes Narben im Brustbereich werden uns immer schmerzlich an diesen Lebensabschnitt erinnern. Adé „Brovi"!

Rückblick: Auf zur Sylt–Reha – 16. Oktober bis 13. November 2013

Noch während Viannes akuter Behandlungsphase hatten wir einen Antrag auf eine familienorientierte Rehabilitation gestellt. Deutschlandweit gibt es vier oder fünf Kliniken, die sich auf Familien mit krebskranken Kind spezialisiert haben: zwei davon liegen im Schwarzwald (wo wir gerade knapp sieben Wochen verbracht hatten), eine in Bad Oeynhausen, eine in der Nähe von Berlin – und cinc auf Sylt. Wir favorisierten ganz klar Sylt, denn wir lieben Auszeiten am Meer – zu jeder Jahreszeit. Bereits als Micha und ich uns kennenlernten, sind wir mitten in der

Nacht im Winter ganz spontan nach Holland an die See gefahren, um den Sonnenaufgang am Meer zu erleben (okay, es war sehr, sehr kalt, sehr verrückt, aber auch wunderschön). Allerdings wussten wir von anderen Eltern, dass es sehr schwer sei, in der Sylter Klinik einen Platz zu bekommen. Auch warteten wir noch auf die Zusage unserer Krankenkasse. Aber wir hatten Glück und durften Mitte Oktober anreisen. Ein MRT stand allerdings noch kurz vor der Abreise an: Ich zitterte wieder sehr vor dem Ergebnis. Was wäre es für eine schreckliche Ironie, kurz nach Ende der umfassenden und kräftezehrenden Therapie ein Rezidiv auf den Aufnahmen zu sehen. Aber es war alles gut. Voller Freude packten wir unzählige Koffer und machten uns auf den Weg in den hohen Norden, unser Bulli war bis unters Dach voll mit Lenkdrachen, Gummistiefeln, Badesachen, warmen Mützen, Kinderspielzeug, Unterlagen, Notfall-Medikamenten, Büchern... Die Klinik gefiel uns auf Anhieb, wir hatten eine großzügige Wohnung zugewiesen bekommen, die Lage, in Wenningstedt, war super. Wir fühlten uns hier gut aufgehoben, obwohl wir im Vorfeld unsere Zweifel hatten, wie es ist, mehrere Wochen mit anderen krebskranken Kindern und deren Familien zu verbringen. Insbesondere Jesse hatte Sorge, nur von Krankheit und Leid umgeben zu sein. Doch so war es nicht. Bei vielen Familien konnte man gar nicht erkennen, wer nun eigentlich an Krebs erkrankt war. Die Stimmung war oftmals heiter und ausgelassen. Natürlich gab es auch traurige, nachdenkliche, ergreifende Momente. Im Laufe der gemeinsam verbrachten Zeit hatte sich ein netter Kreis aus mehreren Familien gebildet, mit denen wir gerne zusammen saßen, Tischtennis spielten, Ausflüge unternahmen. Es tat gut, sympathische Menschen mit ähnlichem Schicksal kennenzulernen und sich auszutauschen, ohne große Erklärungen machen zu müssen. Die Angebote der Psychologen, Erzieher, Therapeuten, Trainer, Sozialpädagogen waren wirklich exakt auf die Bedürfnisse von Familien in unserer Situation zugeschnitten. Anders als in herkömmlichen Reha-/Kureinrichtungen setzten die

Fachleute hier einen klaren Schwerpunkt auf das Ziel, zur Ruhe zu kommen, Zeit für sich zu haben, sich selbst wahrzunehmen, Zeit mit dem Partner, mit den Geschwisterkindern, mit der Familie zu verbringen, die Seele baumeln zu lassen. Es gab ein, zwei Pflichttermine, ansonsten konnte man frei wählen, an welchen Aktivitäten man teilnehmen wollte. Ich hatte mich für einen Nordic Walking Kurs und Autogenes Training entschieden. Zudem nahmen Micha und ich ein- bis zweimal die Woche an einem offenen Fitness-Programm teil. Wir dachten, ein bisschen dehnen, strecken, bewegen würde uns erwarten. Pustekuchen! Das Ganze startete mit einem 40-minütigen Jogginglauf. Geschafft, aber glücklich, wollten wir uns gerade verabschieden, da baute die Trainerin (sie kam gerade frisch von der Sporthochschule in Köln) in der Turnhalle ein Zirkeltraining mit anschließenden Dehnungseinheiten auf. Nach den ersten beiden Stunden war die Hälfte der Teilnehmer verschwunden... Micha und ich fanden es super, obwohl wir Schmerzen an Körperstellen hatten, die wir zuvor noch nie wahrgenommen hatten. Die Kinder waren den Vormittag und an zwei Nachmittagen die Woche in ihren jeweiligen altersgerechten Gruppen. Alle hatten es gut getroffen und waren zufrieden, sogar Jesse.

Dadurch hatten Micha und ich wirklich seit langem das erste Mal wieder viel Zeit füreinander. Wir genossen die ausgedehnten Spaziergänge am Strand, den Besuch uriger Cafés und Teestuben, Saunabesuche, die Gespräche untereinander und mit anderen netten Menschen.

Vianne durfte neben der Krankengymnastik am therapeutischen Reiten teilnehmen. Das hatte sie sich so sehr gewünscht. Sie teilte sich die Stunde „schwesterlich" mit Ada – die wäre ansonsten nämlich ausgerastet. Luke hatte sich für die Wasserspiele im Hallenbad entschieden. Die Jugendlichen organisierten Ausflüge zur Bowling-Bahn, nahmen mit einem professionellen Team eine eigene CD auf oder spielten ausgiebig Kicker.

Mit der ganzen Familie erkundeten wir die Insel, fuhren von Nord nach Süd und mit dem Boot raus, besuchten „Willi", die Kegelrobbe, ließen unsere Drachen steigen, wanderten durchs Watt und waren gefühlte 10.000 Mal in unserem Hallenbad. Es war so unglaublich ergreifend zu sehen, wie fröhlich Vianne (und ihre Geschwister) durchs Wasser tobten. Und noch ein Bonbon erwartete uns auf der

Insel: Kathrin und Lilli und ihre Brüder machten zeitgleich Urlaub auf Sylt. Bei strahlendem Sonnenschein trafen wir uns mehrmals auf den Spielplätzen am Strand und in Westerland, aßen Crepes und alberten herum. Unsere Kinder waren immer die Lautesten, aber das stand ihnen auch zu. Vianne konnte es gar nicht glauben, „ihre" Lilli im Urlaub wiederzusehen. Das wunderbare Licht auf Sylt legte sich wie ein beruhigender Schleier auf meine Seele. Und wenn es mal nicht so gut ging, joggte ich den langen Sandstrand hinunter. Einmal während des Joggens, als ich sehr aufgewühlt war, ging plötzlich ein Platzregen auf mich hernieder. Ich war durchweicht bis aufs Unterhemd und meine Laufhose wog durch die aufgesaugte Feuchtigkeit ungefähr das Dreifache ihres Normalgewichts. Ich lief weiter, sog das Brausen des Meeres in mich auf, genoss den peitschenden Regen und lachte und fühlte mich lebendig. Glücklich, durchgefroren und müde kam ich schließlich wieder in der Reha-Klinik an. Meine Laufschuhe brauchten drei Tage zum Trocknen.

Auf Sylt durften wir aus nächster Nähe Sturmtief „Christian" miterleben. Entgegen jeder Empfehlung gingen Micha, Jesse und ich durch die Dünen zum Meer, um uns das „Schauspiel" aus unmittelbarer Nähe anzusehen und es am eigenen Leib zu erfahren. Diese Naturgewalten hatten wir nicht erwartet, die Orkanböen trieben uns über den Strand, der Sand schoss wie aus einem Sandstrahlgerät auf unsere Haut, in einer Windschneise oberhalb der Dünen konnte ich mich nur noch in eine Sandmulde inmitten von Dünengras werfen. Aufrecht hätte es mich weggepustet. Ich verspürte keine Angst. So etwas machte mir keine Angst mehr. Wir waren aber keinesfalls leichtsinnig, sondern standen dieser Urgewalt respektvoll gegenüber. In den Dünen gibt es keine Dachziegel, die einem um die Ohren fliegen können. Auch wurde keine Sturmflut erwartet. Und Ada, Vianne und Luke hatten wir in ihren Kindergruppen in der sicheren Obhut der Erzieher gelassen.

Sylt tat uns allen in jeder Hinsicht gut. Wir haben sehr nette und vielschichtige Menschen kennengelernt, die ein oder andere Denkweise geändert und konnten einiges davon in unseren Alltag retten. Unser „Wohlfühltank" war beinahe wieder gut gefüllt.

Zu Hause gingen wir in Dortmund in die Nachsorge über: Alle sechs Wochen standen nun neurologische und Blutbild-Untersuchungen an, alle zwölf Wochen ein MRT für die nächsten zwei Jahre. Wie glücklich wir damals auf Sylt waren – was für vermeintliche Chancen, was für Hoffnungen wir noch hatten. Wenn ich könnte, würde ich die Zeit einfach zurückdrehen, um noch einmal diese Augenblicke des Aufschwungs, des Neubeginns erleben, genießen, fühlen, darin baden zu dürfen. Wenn ich die Fotos betrachte, steigert sich diese Sehnsucht zu einem tiefen Schmerz. Viannes Erkrankung hat bei uns allen Narben hinterlassen, und an einigen Tagen schmerzen diese Narben. Sie sind extrem wetterfühlig...

Rückblick: Wunderbarer Alltag – Dezember 2013 bis Juni 2014

Es ging natürlich nicht von heute auf morgen, aber wir schafften es im Laufe der Monate, wieder in ein „normales Leben" einzutauchen mit regelmäßigen Kindergartenbesuchen und noch regelmäßigerem morgendlichen Rumgezicke, Zahnarztterminen, Ballettstunden, Spielplatzbesuchen. Eine Freundin meinte später einmal, wir hätten langsam aber stetig in den Alltag zurückgefunden.

Zwar musste ich weiterhin mit Vianne einmal wöchentlich zur Krankengymnastik und später zur Ergotherapie, um die Feinmotorik ihrer rechten Hand zu verbessern, und wir hatten unsere Kontrolltermine (onkologische Ambulanz, Augenarzt, Ohrenarzt, MRT) und Viannes umfassende Abschlussuntersuchung (Sono, EEG, EKG...), ansonsten unterschied sich unser Leben aber nicht mehr so sehr von dem anderer Familien aus unserem Umfeld. Zur psychischen Verarbeitung nahmen Ada und Vianne vorsorglich an der Kunsttherapie bei K. teil – beide Mädchen freuten sich bereits immer Tage im Voraus auf diese Stunde.

Der Alltag erschien so leicht. Wir trauten uns sogar langsam wieder, Pläne zu machen, für Urlaube, Wochenendverabredungen, Geburtstagsfeiern. Über Weihnachten fuhren wir kurzfristig mit meiner Schwester und meinem Schwager in den Skiurlaub in die Zillertaler Berge. Ada und Vianne lernten Skifahren im Skikurs.

Wer Vianne nicht kannte konnte nicht glauben, dass sie ein Jahr Intensivtherapie und eine schwere Hirn-OP hinter sich hatte. Wir unternahmen viele tolle Dinge, reisten und saugten voller Inbrunst die bunten Farben des Lebens in uns auf. Im Frühjahr besuchte ich mit Luke, Ada und Vianne meine liebe Uli und die Kinder. Wir lachten im Auto herzhaft über die Känguru-Chroniken und paddelten im Holzruderboot bei herrlichem Wetter auf der Außenalster. Wenig später erkundeten Micha, die Kinder und ich das Elsass, machten eine Stippvisite in Strasbourg und auf dem „Affenberg". Anschließend trafen wir uns mit Freunden in St. Leon Roth zum Wakeboarden und Zelten. Dann stand im Mai noch ein Nachtreffen in der Nähe von Weimar mit all denjenigen Familien an, die wir während der Sylt-Reha schätzen gelernt hatten. Im Juni kam Uli mit ihren Kindern für ein paar Tage zu uns – es war mal wieder ein Highlight. Wir saßen abends lange bei einem leckeren Getränk zusammen, fuhren in die Zoom-Erlebniswelt und verbrachten dort einen unbeschwerten Tag. Dann verschlug es uns wieder in die Nähe von Heidelberg, wo wir ein entspanntes (und essenstechnisch spannendes) Wochenende bei Michas Nichte, ihrem Mann und Kind verlebten. Sie führten uns in die „vitalstoffreiche zuckerfreie Vollwertkost" ein. Wir hatten schon so lange vorgehabt, die drei zu besuchen. Nun machten wir Nägel mit Köpfen. Freunde unserer Kinder konnten wieder uneingeschränkt zu uns kommen, da Vianne nicht mehr so immungeschwächt war. Zwar dümpelten ihre Leukozyten noch immer im Grenzbereich herum, aber das war nach der schweren zehnmonatigen Chemotherapie vorauszusehen. Ihr Körper brauchte jetzt einfach Zeit, sich zu erholen. Zur Stärkung ihres Organismus holten wir uns Ratschläge bei den Anthroposophen und unterstützten mit Scleron und Formica, später mit Echinacea.

Ada und Vianne feierten im April ausgiebig Kindergeburtstag im Beisein der Familie und zahlreicher kleiner Freunde. Die Mäuse hatten sich für die Kinderparty einen Pferdegeburtstag gewünscht. Kein

Problem! Alle Kinder bastelten sich ein Steckenpferd – und Micha ritt auf seinem silbernen Schimmel vorneweg. Mir lief ein Schauer über den Rücken, als wir am Abend ihres 5. Geburtstages einen Maikäfer auf unserer Terrasse fanden – ein Prachtexemplar. Erinnert ihr euch: Bereits zu Adas und Viannes Geburt entdeckte ich abends einen Maikäfer auf dem Krankenhaus-Balkon. Ich sah es als gutes Omen. (Im Nachhinein frage ich mich, ob der Maikäfer nicht ein Vorbote war der uns sagen wollte, dass sich Viannes Lebenskreis schließt.)

Wir genossen diese Monate in vollen Zügen. Anfangs war es zwar etwas ungewohnt, keine Therapien mehr zu erhalten und wir mussten uns zur inneren Ruhe ermahnen und unsere Angst vor einem Rückfall auf Eis legen, jetzt, wo wir nicht mehr aktiv gegen die Krebszellen vorgingen. Aber auch das lernten wir. Allerdings schlotterten uns vor jedem MRT die Knie und wir waren die Tage davor und danach kaum zu gebrauchen. Aber die Befunde der Januar- und April-Aufnahmen 2014 zeigten weiterhin keinen

Hinweis auf ein Rezidiv. Unsere Zuversicht wuchs. Kurze Zeit später mussten wir erfahren, mit was für einer tückischen Erkrankung wir es zu tun haben. Denn noch halb im Verborgenen wuchs heimlich, still und leise der „freche Wicht" heran... Als man im Nachhinein wusste, auf welche Stelle man genauer hätte gucken müssen, stellte sich heraus, dass er seine kleinen gierigen Finger bereits im April ausgestreckt hatte – als der Maikäfer kam...

Rückblick: Schock und Unglaube – 1. Juli 2014

Unser Prof. fragte mich im Nachhinein, ob ich es geahnt hätte. Ich wäre am MRT-Tag ganz anders als sonst gewesen. Ja, hatte ich. Ich weiß nicht wieso und warum, aber ich hatte in den letzten Tagen vor diesem MRT ein „Scheiß-Gefühl". Die Rahmenbedingungen waren gar nicht schlecht am 1. Juli. Lilli war mit ihrer Mama zeitgleich in der Klinik und machte den MRT-Tag um einiges bunter. Vianne hatte sich dieses Mal gegen den Schlafsaft („der smeckt so eeekliiig!") und für das Zäpfchen entschieden, was entsprechend besser klappte. Wir kamen frühzeitig dran. Micha und ich vertrieben uns die Wartezeit mit einem Latte Macchiato.

Anschließend düste Micha zum Wakeboarden, um den Kopf wieder etwas frei zu bekommen. Vianne erwachte sehr unruhig aus der Narkose und weinte bereits auf dem Weg zurück zur Kinderstation – aber das ging vorüber. Zu Hause warteten Oma und Opa auf uns und versorgten uns mit leckerem Mittagessen. Dann kam der Anruf. Dr. B. war am Telefon. Was machte Dr. B. am Telefon? Er konnte doch unmöglich schon das Ergebnis haben. So früh war er – glaube ich – noch nie gewesen. Sicher wollte er eine andere Sache absprechen. Aber eigentlich brauchte ich mir nichts weiter vormachen. Ich hörte es gleich an seiner Stimme. „Sie müssen noch einmal kommen. Geht es jetzt gleich?"

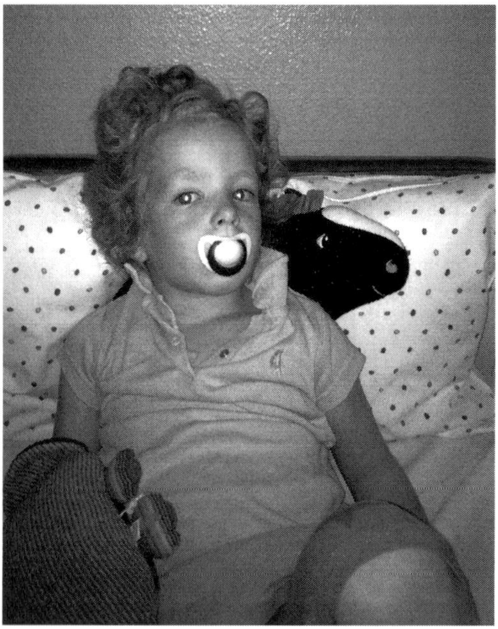

Diese Worte haben sich in mein Hirn gebrannt. Meine Stimme überschlug sich. „Was ist los?", fragte ich atemlos und verzog mich mit dem Telefon ins Schlafzimmer. „Wir haben etwas gefunden. Nicht an derselben Stelle, tiefer." „Nein, nein, nein", schrie es unaufhörlich in meinem Kopf. Jetzt war also der Moment da, vor dem ich mich die ganze Zeit über gefürchtet hatte. Vianne hatte ein Rezidiv. „Wir müssen gleich ein Narkose-Aufklärungsgespräch machen, ich möchte mir morgen die Wirbelsäule im MRT ansehen", sagte er. Ich teilte meinen Eltern kurz und knapp mit, dass ich noch einmal nach Dortmund in die Klinik müsse, dass die Ärzte „etwas" gesehen hätten. Meine Eltern waren verwirrt, sprachlos. Ich bat sie, auf die anderen Kinder Acht zu geben. Dann rief ich Micha an. Er ließ sein Wakeboard fallen und kam aus Hamm zurück zur Klinik, wo wir uns treffen wollten. Ich funktionierte – irgendwie. Dann schnappte ich mir Vianne und erklärte ihr, dass wir noch einmal zu Dr. B. müssten. Seltsamerweise hatte sie gar keine Einwände und kam ohne zu Bocken mit. Ich fuhr wie ein Zombi über die Autobahn. Keine Tränen, nur Eis. Dr. B. und ich machten Vianne in der Klinik in einem freien Zimmer den Fernseher an. Ich wollte nicht, dass sie bei unserem ersten Gespräch dabei ist. Dr. B. zeigte mir auf dem Monitor diesen grauen Knubbel tief in ihrem Köpfchen, im linken Seitenventrikel. Es war kein Lokalrezidiv, die ursprüngliche Tumorregion war weiterhin unauffällig. Die Krebszellen waren gewandert. „So ein Mist", hörte ich mich hölzern und emotionslos sagen. „Hallo! Was sagte ich da überhaupt?", schoss es mir in dem Moment durch den Kopf, als die Worte meinen Mund verließen. „Ich glaube 'Mist' ist dafür zu schwach", meinte Dr. B. Aber ich fühlte nichts. Doch: Leere. Ich hörte mich an wie ein verdammter Roboter. Ich folgte konzentriert den medizinischen Ausführungen unseres Arztes, so, als ob es nicht um meine Tochter gehen würde. Dann kam Micha. Seine Augen schauten schrecklich. Das brachte einen ersten Riss in meine dicke Eisdecke. Wir vereinbarten für den nächsten Tag den MRT-Termin und fuhren mit Vianne nach Hause. Es gab auch nicht viel mehr zu sagen. Meine Eltern waren verstört, besorgt und machten sich Vorwürfe, dass nicht einer von ihnen mit mir nach Dortmund gefahren war. Aber das war überhaupt nicht nötig gewesen. Die beiden fuhren irgendwann nach Hause – ebenso geschockt wie wir. Ich sagte Andi und Ralf Bescheid. Sie kamen am Abend zu uns, drückten uns, trösteten. Mittlerweile flossen meine Tränen. Ich war komplett verquollen. Meine Eisschicht bröckelte. Nachdem Andi und Ralf uns schweren Herzens allein gelassen hatten, kam schließlich der Zusammenbruch. Micha und ich saßen im Schlafzimmer auf dem Bett. Alle Kinder schliefen bereits. Dann fing ich an zu schreien...

Rückblick: Spinales MRT – 2. Juli 2014

Vianne war großartig. Sie hatte keine Einwände gegen ein weiteres MRT, eine weitere Narkose. Sie wirkte mental am stabilsten von uns allen. Wir hatten ihr erzählt, dass die Dortmunder noch einmal „Fotos" von ihrem Rücken machen müssen. „Okay", sagte sie. „Kriege ich dann wieder ein Heft vom Kiosk?" Andi begleitete uns. Wir mussten Ewigkeiten warten, bis wir dran kamen. Es war wieder ein Notfall dazwischen gekommen. Vianne musste natürlich wieder nüchtern bleiben. Je länger wir warteten, desto angespannter wurde ich. Falls die Radiologen etwas im Spinalkanal entdecken sollten, konnte es sein, dass die Chirurgen sie sofort operieren müssen, je nachdem, ob und wie stark irgendetwas auf das Rückenmark drückt. Andi und ich lasen Vianne abwechselnd vor oder spielten etwas mit ihr. Zwischendurch hielt ich es nicht mehr auf den Stühlen im Spielzimmer aus und wanderte ruhelos den Krankenhausflur rauf und runter. Eine weitere Stunde verging. Verdammt! Ich spürte die Wut in mir. Vianne war zufrieden, entspannt, fast gut gelaunt. Meine Wut steigerte sich, meine Wut auf diese Scheiß-Krankheit, meine Wut über diese ewige Warterei, meine Wut über diese Ungerechtigkeit, dass Vianne nicht zu den Kindern gehörte, die tumorfrei bleiben. Die Wut breitete sich aus und irgendwann überschritt sie einen Punkt, an dem ich sie kaum noch kontrollieren konnte. Ich platzte. Ich sprang auf. Ich trat einen Stuhl um. Jetzt weiß ich, was „im Affekt" bedeutet. Ich war vor mir selbst erschrocken. Aber jetzt ging es mir besser. Auszug aus dem vorläufigen Befund: „Kein Hinweis auf eindeutige Abtropfmetastasen. Unveränderte knotenförmige Kontrastmittelanreicherung dorsolateral linksseitig angrenzend am Myelon auf Höhe von BWK 11, am ehesten einem Gefäß entsprechend."

Gut! Keine Metastase(n) in der Wirbelsäule. Auch das Ergebnis der parallel durchgeführten Lumbalpunktion ließ etwas hoffen: Kein Nachweis von Tumorzellen im Liquor! Im Kopf war etwas, im Rücken und im Hirnwasser nicht. Das war unsere neue Ausgangssituation.

Rückblick: Wer operiert? – Anfang Juli 2014

Der neue Hirntumor musste raus. Zum Glück war er gut operabel. Er lag im linken Seitenventrikel. Das ist ein Hohlraum, in dem das Hirnwasser (Liquor) produziert wird. Das Hirnwasser fließt durch die beiden Seitenventrikel und den 3. und 4. Ventrikel, umspült den Kopf und fließt den Rückenmarkskanal entlang. Die jetzige Tumorlage war operationstechnisch insofern günstig, da sich im Seitenventrikel keine Hirnmasse befindet, die geschädigt werden kann. Nur der Weg dorthin war schwierig, weil der Seitenventrikel tief im Kopf liegt.

Unsere behandelnden Ärzte hatten uns ein Zeitfenster gegeben, in dem wir entscheiden sollten, wo und von wem wir operieren lassen wollen. Unser Herz hing an Prof. N., der Vianne in Kiel operiert hatte. Leider war er dort nicht mehr tätig, er hatte erst wenige Tage zuvor, zum 1. Juli (während unserer Schreckens-MRT) seine neue Stelle an einer Privatklinik in Hannover angetreten. Seit unserer ersten

Begegnung 2012 standen wir regelmäßig in Kontakt, und Prof. N. hatte uns schon im Frühjahr informiert, dass er in Kiel aufhören würde. Wir nahmen trotzdem Kontakt zu ihm auf. Es tat gut, ihn zu hören, er hatte noch immer diese beruhigende Wirkung auf uns. Er nahm sich viel Zeit für uns (trotz seines Arbeitsplatzwechsels), wir führten etliche Telefonate. Er stellte uns in Aussicht, Vianne erneut zu operieren. Zuvor hatte er mit seinem neuen Arbeitgeber alle Formalitäten abgeklärt und „grünes Licht" für die Operation bekommen. Was für ein feiner Mensch: auch für den Fall, dass Vianne nicht privat versichert wäre (er wusste es nicht mehr genau), hatte er mit seinem Chef besprochen, sie trotzdem operieren zu dürfen. Er verwies aber auch auf die Vorteile einer heimatnahen OP. Damals in Kiel hatte er als Option Prof. S. an der Essener Uniklinik erwähnt. Ich fand die Anregung, heimatnah operieren zu lassen, gut, allein schon wegen der Logistik. Ich treffe zwar viele Entscheidungen mit dem Herzen, ich habe aber auch eine pragmatische Seite. Mein

Herz schlug zwar für eine von Prof. N. durchgeführte OP, mein Verstand sagte jedoch, dass wir Prof. S. als Alternative in Betracht ziehen sollten, zumal in Essen auch die Expertin für Rezidive bei Ependymomen (Studienleitung) sitzt. Mit der OP allein war es ja leider nicht getan, wir mussten schließlich auch die weiterführende onkologische Beratung und Betreuung im Blick behalten. Die Dortmunder hatten zudem noch den Kontakt zu ihrem Neurochirurgen hergestellt. Dieser hatte vor kurzem den kleinen Jungen aus unserer Umgebung operiert, der ebenfalls ein Ependymom hat. Seine Eltern waren sehr zufrieden gewesen. Wir hatten also drei Optionen. Mit dem Dortmunder Neurochirurgen sprachen wir am 4. Juli. Aber er hat weder Micha noch mich überzeugen können. Am 7. Juli hatten wir ein Gespräch mit Prof. S. in Essen. Er hinterließ einen wirklich kompetenten und selbstbewussten Eindruck, und der menschliche Faktor kam trotz allem nicht zu kurz. Er erklärte sehr bildlich und präzise und scheute sich auch nicht, an Michas Kopf zu demonstrieren, welchen Zugang er wählen würde und warum. Er beherrscht den „interhemisphärischen transcallosalen Zugang". Dabei nutzt er den natürlichen Spalt zwischen rechter und linker Hirnhälfte, wobei er anschließend den „Balken" (zuständig für den Austausch und der Kommunikation zwischen rechter und linker Hirnhälfte) durchstoßen muss, um in den linken Seitenventrikel vorzudringen. Dabei wollte er von der gegenüberliegenden (der rechten) Seite vorgehen, um einen besseren Zugangswinkel zu haben. Der interhemisphärische Zugang hat den Vorteil, dass der Operateur nicht durch gesundes Hirngewebe muss. Allerdings läuft die Hauptarterie, zuständig für die Blutversorgung des Hirns, durch diesen natürlichen Spalt zwischen den Hirnhälften. Wird diese geschädigt, kann das einen Schlaganfall auslösen – mit verheerenden Folgen. Prof. N. und auch der Dortmunder Neurochirurg hätten den Weg durch den Frontallappen (durch den Stirnbereich) genommen, um zum linken Seiten ventrikel vorzudringen. Im Frontallappen liegen allerdings viele Persönlichkeitsmerkmale des Menschen. Wir vertrauten Prof. N. und waren irritiert, warum er einen anderen Weg wählte als sein Essener Kollege. Er erklärte uns, dass beide Wege gut wären und im Normalfall zu keiner Schädigung führen würden, wenn man behutsam vorging. Er beteuerte, dass Prof. S. den interhemisphärisch transcallosalen Zugang sehr gut beherrschen würde. Auch uns erschien dieser Weg – rein von der Logik her – sinnvoller. Auch stimmten die Rahmenbedingungen in Essen: Der Chirurg konnte zeitnah operieren (der neue Tumor war in drei Monaten oder weniger 1,5 Zentimeter gewachsen), die Intensivstation war im selben Gebäude, sie konnten gewährleisten, dass eine Gewebeprobe entsprechend präpariert zum Deutschen Krebsforschungszentrum nach Heidelberg geht, wo sie molekularbiologisch untersucht werden sollte, um mehr Detailinfos bezüglich möglicher Tumor-Signalwege zu erhalten, die später eventuell im Rahmen einer individuelleren Therapie unterbrochen werden können.

Wir hatten uns gerade schweren Herzens zu einer Entscheidung für Essen durchgerungen, da rief Prof. N. an und meinte, er hätte sich mit seiner Frau besprochen (die ihm die Situation aus Sicht einer Mutter nahegelegt habe). Sie meinte, sie würde einen Arzt, zu dem sie einmal vertrauen gefasst habe, trotz ungünstiger Rahmenbedingungen (weite Anfahrt, Logistik) immer vorziehen. Aber wir dürften auch nicht vergessen, dass es mit der Operation allein nicht getan wäre. Oh Hilfe, was sollten wir nur tun? Ich wollte Prof. N. nicht absagen. Er genoss wahrlich mein vollstes Vertrauen. Ich war so dermaßen überfordert. Er meinte noch am Telefon, dass es dieses Mal so gemein wäre, eine Entscheidung zu treffen. Damals hatten wir nicht so viel Zeit zum Nachdenken, da eine Verlegung zu gefährlich gewesen wäre. Er wüsste auch, dass wir uns nicht gegen ihn, sondern für eine gut machbare Durchführung entscheiden würden, auch im Hinblick auf die Geschwisterkinder. Was für ein feiner Mensch. Am nächsten Tag sagten wir ihm ab – ich kam mir wie eine Verräterin vor. Er genießt für alle Zeiten unsere Anerkennung als hervorragender Neurochirurg – und als Mensch!

Rückblick: Erneute Hirn-OP – 14. Juli 2014

Für diesen Tag war die Operation angesetzt. Doch bis dahin warfen wir uns – voller Angst vor der Zukunft – voll ins Leben und unternahmen mit Vianne ganz viele, viele schöne Dinge! Jeder Tag sollte ein Highlight für sie sein. Wir fuhren in den Zoo, gingen reiten und „Motorrad fahren", wir verputzten Unmengen Eis, wir versammelten unsere Familie um uns, wir besuchten eine Indoor-Spielhalle.

Für Montag war die Operation angesetzt, den Freitag zuvor fanden diverse Vorgespräche und die OP-Aufklärung statt. Der Neurochirurg führte sogar ein kindgerechtes Gespräch mit Vianne. Sie hörte ihm vertrauensvoll zu. Er war begeistert von ihren tollen Locken und versprach ihr, nur „gaaaanz“ wenige

Haare für die anstehende Operation zu entfernen. Netterweise durften wir für das Wochenende noch einmal nach Hause. Andi und Ralf übernahmen wieder die Betreuung der übrigen Kinder für die ersten drei Krankenhaus-Tage, so dass Micha und ich gemeinsam bei Vianne bleiben konnten.

Unaufhaltsam nahte der OP-Tag. Am Montagmorgen sollte es ganz früh losgehen. Sonntagabend reisten wir an. Wir schauten gemeinsam das WM-Finalspiel. Deutschland gewann. Wir waren in unserer eigenen Welt. Andi hatte mehrere Überraschungen für Vianne mitgegeben. Jeden Tag durfte sie ein Päckchen öffnen – das erste am Tag vor der OP. Sie freute sich so sehr: Das erste Geschenk war ein echtes Hufeisen von Andis Pferd Winni.

Es darf immer nur eine Betreuungsperson pro Kind aufgenommen werden. Und wir hatten kein Einzelzimmer. Aber Micha und ich wollten uns nicht trennen vor der Operation. Die Stationsschwestern waren wirklich süß und ermöglichten uns, zusammen zu bleiben. Micha durfte die erste Nacht im Spielzimmer auf einem Klappbett verbringen. Danach kam er in einem Haus für Angehörige in Kliniknähe unter, dass vom Elternverein für krebskranke Kinder in Essen getragen wird. Immer mehr weiß ich diese Vereine zu schätzen!

Die Operation dauerte mehrere Stunden. Wir vergingen vor Angst, vor Ungewissheit. Dann kam der erlösende Anruf von Prof. S.: OP gelungen, Tumor komplett entfernt, keine Komplikationen. Es dauerte noch weitere drei (!) Stunden, bis wir zu unserer Tochter durften, da sie erst extubiert werden sollte, sobald sie aufwachte. Sie schlief lange. Mir war es egal, ob sie intubiert oder extubiert war – den Ärzten aber nicht. Sie kannten uns halt nicht. Irgendwann meinte ich, es sei mir scheißegal, ob sie noch beatmet werden würde, ich würde jetzt, genau jetzt, zu ihr wollen! In diesem Moment kam der Anruf aus der Intensivstation. Vianne sei wach und extubiert und wir sollten kommen. Wir rannten.

Rückblick: Intensivstation – so blass – 14. Juli 2014

Sie war so blass, so unglaublich ungesund blass. Das war das Erste, was mir auffiel. Sie hatte unter der Operation eine Bluttransfusion benötigt. Sie hatte einen Schlauch in der Nase – falls sie erbrechen sollte, konnten sie leichter absaugen.

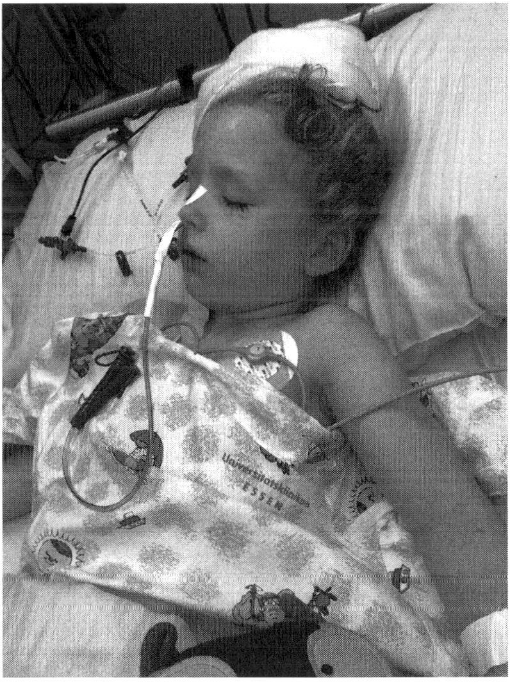

Sie hatte einen Blasen-Katheter. Sie hatte einen Schlauch im Kopf. Die Ärzte wollten ihn vorerst dort belassen, damit Wundwasser abfließen kann. Sie bekam hoch dosiert Kortison, um eine mögliche Hirnschwellung zu vermeiden. Aber sie lebte! Sie hatte keine Schäden von der Operation davongetragen! Und der Tumor war draußen, komplett. Wieder einmal hatten wir Glück gehabt. Bei vielen Kindern mit Ependymom kann der Tumor schon beim ersten Mal nicht komplett entfernt werden. Meistens tritt er im 4. Ventrikel auf und verwächst mit dem Hirnstamm, welcher für solch lebenswichtige Funktionen wie die Atmung verantwortlich ist. Vianne schien keine großen Schmerzen zu haben. Aber sie hatte Durst und forderte etwas zu trinken. Wir mussten warten. Der Intensivmediziner hatte uns vorgewarnt, dass es von dem Narkosemittel häufig zu Erbrechen kommen würde. Das kannten wir aus Kiel nicht. Wir nahmen es nicht ernst. Vianne durfte allerdings ein blaues Wassereis lutschen, weil ihr Mund von der Beatmung so trocken war. Sie hatte davon eine blau gefärbte Zunge. Irgendwann gaben wir nach und sie trank ein Glas Wasser. Kurz darauf erbrach sie sich schrecklich. In der Nacht überredete sie den Pfleger, den Blasenkatheter zu ziehen – meine kleine Kämpferin. Sie kuschelte mit ihrem Äffchen, das sie sich so sehr gewünscht hatte. Ada hatte das gleiche bekommen. Gegen 4 Uhr in der Nacht löste mich Micha ab. Ich schlich auf die Station und fiel in einen tiefen, traumlosen Schlaf bis zum nächsten Morgen. Vianne durfte die Intensivstation verlassen. Zuvor waren ihre Kaliumwerte noch etwas erniedrigt gewesen (es hätte zu Herzrhythmusstörungen kommen können), aber auch die hatten sich im Laufe des Morgens normalisiert. Zurück im Krankenhauszimmer machte sich erst einmal Erleichterung breit. Wir hatten es wieder einmal geschafft. Sie hatte es wieder einmal geschafft.

Rückblick: Lokalrezidiv versus Metastase – 15. bis 22. Juli 2014

Auch von dieser zweiten mehrstündigen Hirn-Operation erholte sich Vianne erstaunlich schnell. Am ersten Tag schlief sie noch sehr viel. Von den hohen Cortison-Gaben und dem Narkosemittel war sie so verschwitzt, dass wir sie mehrmals täglich umziehen mussten. Sie hatte erstaunlicherweise keine Kopfschmerzen – sagte sie zumindest. Deshalb setzten die Ärzte das Schmerzmittel zügig ab. Das postoperative MRT, das sie übrigens wieder ohne Narkose schaffte, bestätigte Prof. S. erste Einschätzung: wieder einmal konnte der Tumor komplett entfernt werden. Wir schnauften abermals durch.

Bereits zwei Tage nach dem Eingriff war Vianne schon wieder auf den Beinen: „Ich will ins Spielzimmer!". Auf wackligen Beinchen machte sie sich an meiner Hand auf den Weg über den Flur. Die Schwestern schauten uns mit großen Augen hinterher. Ich hielt sie ganz fest, weil ich Angst hatte, dass sie hinfällt. Wir spielten wieder intensiv mit den beiden Handpuppen – dem Kasper und der Prinzessin. Später am Nachmittag kam Andi mit den übrigen Kindern vorbei. Minutenlang lagen sich Ada und Vianne in den Armen, schmusten und genossen sich gegenseitig. Auch wenn sie sich manchmal fast die Augen auskratzen, vermissen sie sich in Trennungsphasen schrecklich. Vianne blühte sichtlich auf. Ada kuschelte sich neben sie ins Bett. Luke war fürsorglich wie immer und Jesse musste man hoch anrechnen, dass er mitgekommen war – er hasste Krankenhäuser. Ich konnte sehen, wie sehr er sich zusammenriss. Ich war stolz auf ihn. Wir hielten den Besuch kurz, um Vianne zu schonen, denn nach diesem langen aktionsreichen Tag wirkte sie wieder müde. Micha und ich wechselten uns bei der Betreuung ab. Es tat gut, zwischendurch nach Hause zu kommen. Oma und Opa besuchten uns am Donnerstag. Vianne wollte raus – in die Sonne. Wir nahmen einen „Fahrstuhl" mit – Vianne meinte damit den Rollstuhl. Sie fand es klasse, geschoben zu werden. Ich musste immer mit ihr Slalom um die Poller fahren. Sie kicherte ausgelassen. Auf dem Klinik-Spielplatz angekommen, sollte ich sie auf die Schaukel heben. Ich schaute sie völlig perplex an. Schaukeln? Vier Tage nach der Operation? Ich sagte ihr, das sei wegen der Wunde am Kopf zu gefährlich, sie dürfe nicht darauf fallen. Vianne schmollte, bettelte. Ich gab nach und hob sie vorsichtig auf den Sitz. Ganz sanft gab ich ihr Anschwung, wobei ich gefühlte 10.000 Mal sagte, sie solle sich gut festhalten. „Höher", rief sie ungeduldig. „Mach endlich höher!" Nachdem sie noch eine Rutsche erklommen und sich von Opa im Dreh-Kreisel um die eigene Achse hatte wirbeln lassen, erlöste sie uns gnädigerweise und verließ wohl gelaunt den Spielplatz. Wir waren nass geschwitzt. Sie war glücklich und verspeiste genüsslich ein Eis. Tagtäglich ging es ihr besser. Wir unternahmen ausgedehnte Ausflüge mit dem „Fahrstuhl" und entfernten uns vom Klinikgelände. Ein paar Stunden verbrachten wir im Grugapark im Bällebad, im Tropen- und im Waldhaus. Auf der Station hatte ich meine Handy-Nummer hinterlegt. Die Visite fand sowieso meistens am Nachmittag statt. Besonders gerührt war ich von dem Besuch von Viannes Kindergärtnerinnen. Essen liegt nicht mal „eben um die Ecke". Trotzdem kamen sie vorbei, im Gepäck ein selbstgestaltetes Grußbuch mit einem Foto von den Kindergartenkindern und weiteren niedlichen Geschenken. Vianne hat sich riesig darüber gefreut. Sie brachten ein Stück Normalität in die Klinikwelt. DANKE!

Auf uns wirkte Vianne nach der Operation wie befreit. Sie bewegte sich „runder", benutzte von sich aus vermehrt die rechte Hand und erlernte auf einmal neue Bewegungsmuster. So konnte sie sich plötzlich selber Anschwung geben beim Schaukeln. Irgendwie schien es, als hätte sie dieser Tumor behindert, als hätte ihr Körper die ganze Zeit gemerkt: Da ist noch etwas...

Auszug aus dem Arztbrief: „Emma Vianne hat die Operation gut überstanden und konnte zügig unter krankengymnastischer Anleitung mobilisiert werden. Sie war im weiteren Verlauf ohne neues neurologisches Defizit mobil, verspielt und vergnügt."

Am Morgen des 22. Juli durften wir die Uniklinik verlassen. Am Abend zuvor kam die Expertin für Rezidive zu mir, um das weitere Vorgehen zu skizzieren. Ruhig und zugleich sehr professionell teilte sie mir auf etwas verschlungenen Pfaden mit, dass es verdammt übel um Vianne steht – sie wählte natürlich andere Worte. Nach einem Lokalrezidiv (der Tumor kommt an der gleichen Stelle wieder) sinken die Chancen schon beträchtlich, beim Auftreten einer oder mehrerer Metastase(n) fallen sie noch tiefer. Viannes Rückfall wurde als metastasiertes Rezidiv eingeordnet, da es zu weit vom Primärtumor entfernt lag. Die Tumorzellen hatten sich über das Hirnwasser ausgesät: 10 Prozent Überlebenschancen geisterten durch den Raum, wabberten haltlos in der Luft, verflüchtigten sich, um Platz zu machen für eine schwarze Wand von Therapieangeboten mit verheerenden Folgen. Ich war wie betäubt. Viannchen ging es doch gerade so gut, sie erholte sich doch so rasch, wie konnte sie andererseits todkrank sein. Das passte nicht übereinander. Der Nebel wurde immer undurchdringlicher und nahm mir die Luft. Prof. F. zeichnete mehrere mögliche Wege auf: nicht behandeln und abwarten, eine orale Chemotherapie, eine cranio-spinale Bestrahlung oder eine Kombination aus beiden Therapien. Vianne malte konzentriert. Ich glaube, sie wollte sich unsichtbar machen, sich raushalten. Sie plapperte nicht ein einziges Mal dazwischen. Sie wusste genau, dass es ernst war. Später, als sie schlief, rief ich Micha an, Tränen liefen meine Wangen hinab, ohne dass ein Laut aus meinem Mund drang. Es waren große, stille Tränen. Mir war so übel. Mir war so übel wie damals in Kiel, als wir die Diagnose „Hirntumor" erhielten. Welch große Chance Vianne da noch hatte – im Vergleich zu unserer jetzigen Situation. Die Chance auf Heilung, die Chance auf ein relativ normales Leben. Ich trank wieder einen Kamillentee. Die Nacht war schrecklich. Ich telefonierte mit Andi. Sie kam am nächsten Morgen in die Klinik und passte auf Vianne auf, während Micha und ich noch ein weiteres Gespräch mit der Expertin führten. Sie sagte einen Satz, der mir wieder etwas hoch half: Es gebe diese Prozentzahlen, andererseits habe sie keine fünf Kinder wie Vianne gehabt (Lage des Primärtumors plus singuläre Metastase ohne Nachweis von Tumorzellen im Liquor, zweimalige komplette Resektion...). „Bei bestimmten Erkrankungen versuche ich, die Eltern von einer bestimmten Therapie zu überzeugen, von der ich weiß, dass sie mit hoher Wahrscheinlichkeit zur Heilung führen wird. Das kann ich hier aber nicht", ergänzte sie. Micha und ich zeigten zum Glück eine ähnliche Reaktion auf das Angebot der cranio-spinalen Bestrahlung: „Auf gar keinen Fall!"

Dienstag wurden wir entlassen, Donnerstag wurden Viannes Fäden gezogen. Am Freitag fuhren wir nach Cuxhaven. Ursprünglich (vor Viannes Rückfall) hatten wir bereits am Wochenende zuvor in den Urlaub fahren wollen. Der „Elterntreff für tumor- und leukämiekranke Kinder Dortmund", wo wir seit Viannes Erkrankung Mitglied sind, hatte uns eine schön gelegene Ferienwohnung unmittelbar hinter dem Deich angeboten. Jetzt hatten wir zumindest noch eine gute Woche am Meer vor uns. Da nach der Rezidivdiagnose unsere Urlaubsplanung auf wackligen Füßen stand, hatte Jesse von lieben Freunden das Angebot bekommen, mit ihnen eine Woche am Gardasee mit Surfen und Mountainbike-Tour zu verbringen. Er nahm hocherfreut an, erkundigte sich zuvor jedoch etliche Male bei uns, ob es okay für uns sei. In Cuxhaven hätte sich unser Großer sicherlich sowieso gelangweilt... Ich freute mich für ihn. Er hatte sich diesen tollen Italien-Urlaub mehr als verdient. Eigentlich hatten Micha und ich mit ihm – ohne seine jüngeren Geschwister – zum Ferienbeginn ein Wochenende in Berlin verbringen wollen. Aber dann kam Viannes OP dazwischen. Jesse verzichtete ohne zu Murren, ohne sich selbst zu bemitleiden. Ich „ziehe meinen Hut" vor ihm...

Rückblick: Cuxhaven – Kopf „freipusten" – 25. Juli bis 2. August 2014

Vor genau einem Jahr waren wir in der Schweiz, mitten in der erfolgversprechenden Protonentherapie. Daran musste ich denken, als wir Richtung Nordsee aufbrachen. Aber wir wollten gar nicht so viel nachdenken. Die Woche in Cuxhaven sollte dazu dienen, kurz abzuschalten. Wir wollten uns am Meer den Kopf kräftig freipusten lassen. Diesen Luxus wollten wir uns allen gönnen.

Erstaunlicherweise klappte es – das Meer hat immer wieder diese beruhigende, reinigende Wirkung auf uns. Wir wanderten durch das Watt, die Kinder suhlten sich im Schlick oder badeten im Meer, wenn es da war. Wir unternahmen schöne Fahrradtouren, fuhren mitten durch Kühe und Schafe, beobachteten die riesigen Containerschiffe, futterten Fisch und Meeresfrüchte, besuchten eine Reptilienschau, spielten Adventure-Golf und ließen uns von diversen Kleinkünstlern in den Bann ziehen. Auf unserer

Heimreise machten wir einen Abstecher nach Spiekeroog – wir erwischten gerade eben noch die letzte Fähre, um einen wunderbaren Nachmittag auf der Insel zu verbringen. Natürlich mussten wir wieder einen kleinen Spurt einlegen, bevor die Heckklappe hochgezogen wurde. Manche Dinge ändern sich nie im Leben. Wir erlebten zum Abschluss nochmals einen wunderschönen Sonnentag. Vianne, Luke und Ada meinten einstimmig: „Endlich mal wieder im 'richtigen' Meer baden!" Die Wellen waren toll...

Wir weigerten uns bis zur letzten Urlaubsminute, weiter in die Zukunft zu blicken... Auch wenn wir gerne wollten – weglaufen ging nicht. Zu Hause angekommen nahmen wir Kontakt zu den Dortmundern auf, um das weitere Vorgehen zu besprechen. Sie waren etwas „angesäuert", weil sie seit der Operation nichts mehr von uns gehört hatten. Aber das spricht ja auch für sie. Wir hatten sie in der ganzen Aufregung schlichtweg vergessen.

Rückblick: Alternative Wege – August 2014

Die Essener Professorin war mit ihrer Empfehlung zur weiteren Behandlung sehr zurückhaltend gewesen. Die Dortmunder sprachen sich hingegen ziemlich klar aus: sofortige orale Chemotherapie mit Temodal und dazu die cranio-spinale Bestrahlung. Wir fragten und hinterfragten, argumentierten, diskutierten. Micha und ich konnten der Empfehlung dieses Mal nicht folgen – für Vianne standen zu hohe Nebenwirkungen und Folgeschäden auf dem Plan, insbesondere durch die Bestrahlung. Beim ersten Mal hatten wir doppelt Glück gehabt, weil Vianne mit Protonen bestrahlt worden ist (für das umliegende Gewebe schonender als Photonen) und weil keine sensiblen Bereiche in der Strahlenbahn lagen. Bei der cranio-spinalen Bestrahlung hingegen bot sich laut herkömmlicher Meinung keine Protonentherapie an, weil das komplette Hirnwasser-System behandelt werden muss. Nach der Einnahme von Temodal war es bei einigen Patienten zu akutem Leberversagen gekommen. Andererseits konnte uns niemand versprechen, dass die angebotenen Therapien Viannes Krebszellen aufhalten. Temodal wirkt bei circa 25 Prozent der Patienten. Die Daten über die Bestrahlung gehen auseinander: Franzosen und Amerikaner versprechen sich Erfolge, die Deutschen weniger.

Es musste doch eine Alternative geben. Wir stürzten uns in die Homöopathie und lasen uns in anthroposophische Schriften ein, wir besorgten uns etliche Fachliteratur zur Ernährung und zur Visualisierung/Meditation. Wir wollten unseren eigenen Weg finden. Meine Schwester entdeckte im Netz die „Gesellschaft für biologische Krebsabwehr". Wir ließen uns diverse Schriften schicken, machten mit den dort tätigen Ärzten einen telefonischen Beratungstermin aus. Wir arbeiteten uns Tag und Nacht in die alternativen Möglichkeiten zur Krebsbekämpfung – abseits der Schulmedizin – ein. Wir setzten all unsere Hoffnung in das Beratungsgespräch mit dem Herdecker Anthroposophen und Onkologen. Er sagte uns, wir kämen um eine chemotherapeutische Behandlung nicht herum – und würde er auf sein Bauchgefühl hören, wäre das noch zu wenig. Sogar er riet zu den beiden aggressiven Therapien: Chemo und craniospinale Bestrahlung. Wir saßen nach diesem Gespräch im Auto und heulten. Alles in uns sperrte sich gegen diese Behandlungen. Nein, wir wollten sie Vianne nicht zumuten. Es ging ihr doch gerade so gut: Die Narbe war bereits blasser geworden, die Haare wuchsen. Vianne war voller Energie, besuchte wieder den Kindergarten. Wir gingen schwimmen, fuhren zum Wakeboarden, trafen uns mit Freunden.

Ich wollte einen anderen Weg gehen. Zuerst änderten wir im Laufe der kommenden Woche unsere Ernährung, denn gewisse Stoffe – wie Industriezucker – stehen im Verdacht, die Entstehung und die Vermehrung von Tumorzellen zu begünstigen, andere wiederum schützen unseren Organismus davor. Gemeinsam mit den Kindern beschlossen wir, gewisse Lebensmittel zu verbannen, untersuchten gemeinsam, wo und in welchen Mengen Zucker und andere schädliche Zusatzstoffe vorhanden sind – und waren erschrocken. Wir begannen, Brot selber zu backen. Die nächste Zeit war ich hauptsächlich mit Einkauf und Essenszubereitung beschäftigt. Ich meldete Ada und Vianne vom Kindergartenessen ab, erläuterte den Erzieherinnen unsere neue Ernährungsweise und bat sie, darauf Rücksicht zu nehmen. Auch hier unterstützten sie uns wieder vorbehaltlos. Nach anfänglichen Startschwierigkeiten (und Murren) gewöhnten sich alle Familienmitglieder an die neue Situation. Es klappte erstaunlich gut. Aber wir machten auch Ausnahmen, zum Beispiel, wenn die

Kinder auf einem Kindergeburtstag eingeladen waren. Fast jeden Abend führte ich mit Vianne im Bett eine Visualisierung durch. Wir stellten uns vor, wie das Sternenlicht ihr Köpfchen durchdringt und seine wohltuende Wirkung entfaltet, alle Hirnzellen gesund hält, sie stark und kräftig macht. Die Sternenlichter planschen im „Hirnwassersee", spielen in den entlegensten Hirnschlingen und -furchen verstecken oder lassen sich im „Hirnwasserfluss" außen an der Schädeldecke entlang treiben. Überall trafen sie auf gesunde Zellen, die in ihrem heilenden Licht schimmerten. Leider vergaßen wir die Wirbelsäule...

Ich glaubte so sehr an „unseren" Heilungsweg, Micha allerdings war nicht so sehr davon überzeugt, trug es aber erst einmal mit. Wir einigten uns, zumindest das nächste MRT abzuwarten, um dann den weiteren Weg erneut zu überdenken. Es gab so viele Spontanheilungen, die sich die Schulmediziner nicht erklären konnten. Warum sollte Vianne nicht auch ihre Selbstheilungskräfte entfalten können? Ich bin nicht im herkömmlichen Sinne gläubig. Aber ich glaube an gewisse Kräfte im Universum, in den uns umgebenden Elementen, an ein gewisses Zusammenspiel, das sich nicht erklären lässt.

Der zweite Rückfall kam ca. acht Wochen später, am 9. September 2014. An der Wirbelsäule. Am Rückenmark. Nicht nur der Rückfall an sich nahm mich mit, sondern auch das Gefühl, versagt zu haben.

Hier schließt sich nun der Kreis, ihr treuen Leser. Dieses war der letzte fehlende „Rückblick": Vergangenheit und Echtzeit haben zueinander gefunden – auch wenn die meisten „Echtzeit-Einträge" nun auch schon wieder der Vergangenheit angehören. Welch faszinierende Sache diese Zeit doch ist... Ich gönne mir nun eine Auszeit – bis zur Echtzeit!

Echtzeit! Böse MRT-Wahrheit – 9. September 2014

Das heutige MRT von Kopf und Wirbeläule hat mit Lumbalpunktion über anderthalb Stunden gedauert. Die Angst, die ich am Wochenende noch gut in Schach halten konnte, hüllt mich unaufhaltsam ein. Wieder versuche ich, in den Gesichtern der Ärzte zu lesen. Nachdem wir zur ihr durften, hat Vianne gleich angefangen zu weinen, zu strampeln, obwohl sie noch gar nicht richtig wach war. Da kommen böse Erinnerungen hoch. Als das Rezidiv entdeckt wurde, ist sie ebenso unruhig aus der Narkose gekommen. Auf dem Weg durch den Tunnel zurück zur Kinderklinik ist sie zum Glück wieder eingeschlafen. Wir unterhalten uns mit der Schwester, die ihr Bett schiebt, über deren Sommerurlaub. Wir greifen nach jedem Strohhalm, jeder Ablenkung, jeder Normalität. Micha und ich sind absolut durch den Wind, auch wenn ich es mir persönlich nicht eingestehen will. Ich merke es daran, dass ich Dinge von einer Minute auf die andere vergesse, verlege, verliere. In meinem Kopf entstehen andauernd Szenarien, was Dr. B. in Kürze zu uns sagen wird: „Da ist wieder etwas", oder „Alles gut" oder „Sieht nicht gut aus", oder „Wir sind uns nicht sicher". Dr. L. hat mich gestern bei Viannes Voruntersuchung nach meinem Bauchgefühl gefragt. Ich konnte ihr nicht antworten. Ich war wieder so verunsichert, obwohl ich bis vor Kurzem noch überzeugt war, dass alles gut ist. Aber dann ist Vianne wieder so schlecht gelaufen, gestolpert, sah auf dem letzten Foto so müde um die Augen aus, hatte Nasenbluten, hat nachts ins Bett gemacht, was eigentlich nie vorkommt. Ich traue mir momentan selbst nicht über den Weg. In wenigen Stunden werden wir mehr wissen. Für mich könnte jetzt einfach die Zeit stehenbleiben. Angst kriecht in mir hoch, langsam, schleichend, unaufhaltsam. Vianne sieht so friedlich aus im Schlaf.

Zumindest verlief die Narkosevorbereitung gut. Wir mussten nicht allzu lange warten, und die Wartezeit wurde uns von Wolke und Knolle, den beiden Klinikclowns, versüßt. Dann kam noch K., unsere

Kunsttherapeutin (sie ist toll!), und baute mit Vianne ein Zwergenhäuschen aus Ton. Auf meinen Wunsch hin legte Dr. B. Vianne bereits auf Station einen Venenkatheter, dadurch durften wir bei der Narkoseeinleitung dabei sein. Dr. B. hat sie ganz süß mit einbezogen und bereits beim ersten Versuch einen Zugang im Arm gefunden. Vianne hat nur ganz kurz geweint. Ich will nicht mehr, dass sie weinen muss. Ich bin immer wieder erstaunt, wie stark und tapfer die Maus ist. Heute Morgen hat sie mich wiederholt gefragt, warum sie (und nicht Ada) krank geworden ist. Letztendlich haben beide Mädchen geweint (die eine wollte nicht ins MRT, die andere nicht ohne ihre Schwester in den Kindergarten). Wir konnten sie gut ablenken und mit zwei Dschungelbuch- und Arielle-Heften bestechen. Noch geht das...

Es ist gleich schon 16 Uhr, Vianne schläft noch immer. Meine Eltern kümmern sich zu Hause um die übrigen Kinder, Micha fährt gerade zum Wakeboarden, um den Kopf frei zu kriegen, Andi will abends noch zum „Händchen halten" vorbeikommen. Ich bin so dankbar, dass sie alle da sind. Prof. S. kommt in unser Zimmer. Vianne ist mittlerweile wach. Es ist nicht gut, dass er zu uns kommt. Ich will nichts hören. Aber er spricht. Er spricht die Worte, die ich nicht hören will: „Da ist etwas, weiter unter, an der Wirbelsäule...“. Den Rest höre ich wie durch Watte, betäubt, bruchstückhaft – Aussaat über Liquor – Rückenmark – Druck – müssen etwas tun – Chemo – Operation – Bestrahlung – später sprechen – soll jemand kommen? – nicht selbst Auto fahren... Vianne ist verstört. Ich kann mich nicht mehr vor ihr zusammenreißen, sie kann meine tiefe Verzweiflung, meine Hoffnungslosigkeit mit ihren kleinen Händchen förmlich greifen – die Schonzeit für ihre zarte Kinderseele ist in diesem Moment vorbei. Meine Tränen kommen zeitverzögert, unaufhaltsam. Ich versuche so sehr, mich unter Kontrolle zu bringen. Ich starte einen halbherzigen Versuch, ihr meine Tränen zu erklären, sage ihr, dass ich traurig bin, weil der „freche Wicht" wieder da ist. Es gelingt nicht. Ich klinge so unecht. Dann halte ich sie einfach in den Armen, Prof. S. steht vor unserem Bett, er ist ausgeblendet für die nächsten Sekunden, Minuten. Nur meine Tochter und ich existieren in dieser Welt: ihre Stirn an meiner Stirn, ihre Händchen in meinen Händen, ihre Seele untrennbar verwoben mit meiner Seele. Prof. S. fragt, ob er uns allein lassen soll, er berührt behutsam meine Schulter. Die Tränen hören nicht auf, nicht während mich die Krankenschwester in den Arm nimmt, nicht auf dem Weg zum Auto, nicht auf der Autofahrt, nicht Zuhause. Alle sind da: Andi und Ralf, Oma und Opa, die Kinder. Wir sagen allen die Wahrheit. Die Chancen stehen schlecht. Aber da ist noch eine andere Wahrheit nach den Worten von Prof. S.: „Wir haben zwar kein Schwert mehr, mit dem wir uns wehren können, aber wir haben noch einen kleinen Dolch. WIR HABEN NOCH EINEN DOLCH! Und den werden wir einsetzen.

Echtzeit! Nach dem MRT – 10. September 2014

Wir laufen herum wie Zombis. Ich habe mich entschlossen, arbeiten zu gehen. Ich brauche Normalität um mich herum. Ich reiße mich förmlich um den Pressetermin am Vormittag, halte Smalltalk mit den Leuten vor Ort, mache Fotos von der neuen Kanustrecke, überarbeite die Pressemitteilung. Es funktioniert.

Ada und Vianne wollten in den Kindergarten, Luke ist in der Schule, Jesse beim Schülerpraktikum. Micha übernimmt die schwere Aufgabe, die Kindergärtnerinnen zu informieren (ich kann das heute nicht). Sie müssen gut auf Vianne achten. Das Scheißding ist in nur acht Wochen gewachsen, auf den letzten Aufnahmen war noch nicht einmal ein Schatten zu sehen. Wir müssen aufpassen, dass das Rückenmark nicht gequetscht wird, wenn der Tumor in der Geschwindigkeit weiter wächst. Momentan ist der Druck noch nicht so groß, aber falls Vianne plötzlich Symptome zeigen sollte, muss sie unverzüglich operiert werden. Am Nachmittag - Vianne war mit Andi und Ada beim Kinderturnen!?! - haben wir einen Gesprächstermin mit den Dortmundern. Ich vertraue ihnen. Wir legen es in ihre Hände, wir können nicht mehr. Sie sollen Empfehlungen herausgeben. Sie machen ihre Arbeit sehr gut, haben bereits gestern am späten Abend viele Dinge in die Wege geleitet, sich vernetzt mit den entsprechenden Fachbereichen. Es besteht vielleicht die Möglichkeit, Vianne als Patientin in einer bestimmten Studie aufzunehmen, die sich ganz vielversprechend anhört. Sie haben die MRT-Bilder komplett ausgewertet. Das Köpfchen ist tumorfrei. Die Empfehlung: schnellstmögliche Operation an der Wirbelsäule, sofortige Temodal-Gabe (orale Chemotherapie) nach Rücksprache mit dem Neurochirurgen, mit dem wir am Freitag einen Termin haben. Sie wollen grünes Licht, dass sich Chemo und Operation nicht beeinflussen. Es geht mir langsam etwas besser.

Micha und ich schmusen abends lange mit den Kindern im Bett. Der Zombi in uns schwindet langsam, das Gefühl kehrt zurück. Wir laufen zwar auf wackligen Beinen, aber wir laufen. Jesse, Luke und Ada wanken. Vianne weiß, dass der Tumor zurück ist. Sie ist schlau und wir machen ihr nichts vor. Sie ist stärker als ich. Gestern hat sie zu mir gesagt, ich solle aufhören zu weinen, es sei alles nicht so schlimm. „Doch, es ist schlimm", gab ich ihr zur Antwort. „Wir müssen vielleicht wieder häufiger ins Krankenhaus und wir müssen dich operieren lassen." Ihre Antwort: „Im Krankenhaus ist es doch gar nicht so schlecht! Soll ich dich noch einmal küssen, dann geht es dir besser." Sie ist fünf Jahre alt!

Die Zeit fließt unaufhaltsam weiter, ich würde sie gerne für eine kurze Verschnaufpause anhalten. Aber das geht nicht. Also werde ich mich beeilen.

Echtzeit! Vorgespräch – Freitag, 12. September 2014

Es ist halb elf, Micha und ich sind auf dem Weg in die Uniklinik Essen. Wir haben kurzfristig einen Gesprächstermin mit dem Neurochirurgen bekommen, der Vianne vor nur acht Wochen (!) am Hirn operiert hat. Es ist seltsam, das Klinikgelände zu betreten. Es kommt mir vor, als ob wir in der Zeit zurückkatapultiert werden. „Bitte lass den Arzt da sein, bitte lass keine Notoperation dazwischen gekommen sein." Wir brauchen das Gespräch heute, um möglichst schnell alles in die Wege zu leiten, bevor der Tumor das Rückenmark schädigt. Wir werden nach ganz kurzer Wartezeit aufgerufen. Es tut gut, Prof. S. zu sehen. Er sagt von Anfang an die richtigen Worte. Auch er ist betroffen, dass wir uns nach so kurzer Zeit unter diesen Umständen wiedersehen. Nachdem geklärt ist, dass die Onkologen zur Operation raten, gibt auch er uns grünes Licht. Er operiert sie. Am Dienstag – kurz bevor er zu einem mehrtägigen Kongress aufbrechen muss. Puh, gerade noch rechtzeitig! Ich hätte nicht gewollt, dass ein anderer Arzt sie operiert. Prof. S. hat seine Sache schon beim ersten Mal hervorragend gemacht. Ich vertraue ihm. Er schaut sich die MRT-Bilder der Wirbelsäule an. Das Ding verbirgt sich hinter Wirbel 7.1., ungefähr in Kinnhöhe. Der Neurochirurg will vom Rücken her daran, durch den Brustbereich ist es zu gefährlich, das Rückenmark liegt im Weg. Wie bereits vor der ersten OP erklärt er uns anschaulich, wie er vorgehen will. Er zeigt uns zum besseren Verständnis Schaubilder. Er macht uns Mut. Er spricht von einer günstigen Lage. Er erzählt von einem Mädchen, das ebenfalls mehrere Rückfälle hatte – und heute, rund zehn Jahre später – lebt, ohne wahnsinnige Einschränkungen. Und er sagt noch etwas: „Nicht aufgeben!" Wir verlassen etwas erleichterter, als wir gekommen sind, die Uniklinik. Am Montag werden wir stationär aufgenommen. Sollte Vianne am Wochenende Ausfälle oder andere Auffälligkeiten zeigen, sollen wir sofort kommen, dann verlegt er die Operation vor. Es ist immer noch alles so surreal, Vianne sieht nicht krank aus. Gleich hat sie zum ersten Mal ihren Schwimmkurs... Sie freut sich so sehr darauf. Gestern Morgen, kurz vor dem Aufstehen, lagen Ada und sie ganz eng aneinandergekuschelt im Bett – sie spüren es.

Echtzeit! Countdown – 14. September 2014

Die Klinik-Koffer sind gepackt, Spielzeug- und Maltasche stehen bereit – aber ich bin nicht bereit. Micha auch nicht. Und Vianne? Schwer zu sagen. Mal bricht sie innerhalb kürzester Zeit wegen irgendeiner Kleinigkeit in Tränen aus, mal ist sie ganz unbeschwert und tobt mit Ada herum, mal ist sie sehr schmusebedürftig und anhänglich, mal „rockt" sie nach wilder Punkmusik im Auto ab. „Lauter, macht lauter!" Eigentlich wollten wir noch einmal ein schönes Wochenende verbringen, bevor es morgen früh mit den Voruntersuchungen, den OP- und Anästhesiegesprächen losgeht. Es hat nicht wirklich funktioniert. Wir sind so angespannt. Gestern hatte ich schon nach dem Aufstehen schlechte Laune. Ich habe die Kinder angebrüllt, Micha stand ebenfalls in der Schusslinie, ich habe Türen geknallt und „Sch..." geschrien. Ich habe Vianne angemeckert, sie solle endlich ihre rechte Hand mehr benutzen. Sie solle lernen, sich schneller anzuziehen. Ich habe Angst, dass nach der Operation übermorgen auch die linke eingeschränkt ist. Deshalb habe ich sie so getrieben. Vianne ist in Tränen ausgebrochen. Ich fühlte mich hundeelend.

Nachmittags haben wir uns mit Oma und Opa auf der Montgolfiade getroffen. Vianne sollte die vielen bunten Heißluftballons zu sehen bekommen (Ada natürlich auch, Luke kannte das schon). Erst lief es gut: Wir schauten uns eine riesige Ballonhülle von innen an, durften in den Korb steigen. Die Kinder gingen auf das große Trampolin, auf dem man mit Gurten hoch in die Luft gezogen wird. Micha und Luke stiegen in einen Flugsimulator, Ada und Vianne auf die Karussell-Pferde. Aber meine Anspannung wich keinen Zentimeter, obwohl sich Oma und Opa so rührend kümmerten. Irgendwann starteten die unzähligen bunten Ballone. Wir durften auf der Behinderten-Tribüne stehen, Vianne hat einen Ausweis. Dann wurde es Ada zu langweilig, andauernd lief sie zwischen den Leuten umher, quetschte sich überall durch, rempelte. Ich ermahnte sie. Vianne quengelte. Sie wollte Zuckerwatte, Schoko-Früchte, Mandeln, Lebkuchenherzen. Es wurde zunehmend lauter, hektischer, enger, Musik dröhnte über den Platz, alles drehte sich schneller, an meiner Hand zwei nörgelnde Kinder... Ich ließ mich überreden und Opa kaufte für Ada und Vianne mit Schokolade überzogene Bananen, Luke bekam einen grellroten Zuckerapfel. Dabei wollten wir doch Zucker so gut wie möglich vermeiden. Zucker war pure Energie für den Tumor. Aber sollten wir Vianne vor der Operation nicht so viel Freude wie möglich machen? Auf der anderen Seite rebellierte mein schlechtes Gewissen wegen dieses Zucker-Schocks. Vianne quengelte weiter, die Banane schmecke nicht, sie wolle etwas anderes von der Süßigkeitenbude. Gereizt meckerte ich sie an, dass der ganze Zucker sowieso reiner Mist und absolut schädlich und krankmachend sei und sie nichts bekommen werde, erst recht nichts Neues, und dass... Ich konnte mich selbst nicht mehr hören, konnte aber auch nicht aufhören. Ich war außer mir, verzweifelt, Vianne brach in Tränen aus, meine Eltern waren geschockt von meinem Ausbruch, machten sich Sorgen um uns alle. Luke ließ Vianne mitfühlend an seinem Zuckerapfel lecken. Jetzt pflaumte ich auch noch Ada und Luke an, sie sollten ihre Sachen bitte sofort wegpacken. Alles landete letztendlich im Müll. Auf der Heimfahrt waren alle sehr still.

Heute ging es etwas besser. Wir haben meinen Schwager beim Mountainbike-Rennen angefeuert. Es tat gut, meine Familie und auch gute Freunde vorher noch einmal zu sehen. Oma und Opa verwöhnten uns nach Strich und Faden – mit zuckerfreiem Apfelkuchen. Am Abend ließen wir die Zwillinge noch lange auf dem Trampolin toben. Ich stand davor und beobachtete die beiden. Meine Augen wurden feucht. Würde Vianne nach übermorgen jemals wieder Trampolin springen können. Plötzlich stand Luke weinend neben mir – er hatte den gleichen Gedankengang. Ich drückte ihn ganz fest und sprach ruhig mit ihm. Dann kletterten Luke und ich zu den Mädels aufs Trampolin und alberten mit ihnen gemeinsam herum. Wir waren die „Katzen", die mit geschlossenen Augen Ada und Vianne auf dem Trampolin fangen mussten. Wir kullerten und purzelten übereinander und lachten und kicherten. Es tat gut. Danach spielten wir mehrere Runden Kinder-Uno, bevor es eine letzte ausführliche gemeinsame Gute-Nacht-Geschichte gab. Wir sollten die Operation übermorgen als Chance sehen! Das Scheißding muss raus! Am besten komplett! Ohne Schädigung des Rückenmarks! Und jetzt muss ich alle weiteren Gedanken aus meinem Kopf verbannen, damit ich nicht durchdrehe.

Echtzeit! Der Abend davor... – 15. September 2014

Es sind nur noch zehn Stunden bis zur Operation. Vianne schläft. Ich bin leer. Ich habe keine Tränen mehr. Ich habe keine Worte mehr. Es ist ihre 6. Operation in nur zwei Jahren: zweimal am Hirn, dreimal im Brustbereich für die Broviak-Implantation bzw. -Entfernung und morgen nun am Rücken. Sie werden einen langen Schnitt machen müssen, sie werden Muskelgewebe lösen müssen, um an die Wirbelkörper zu kommen, sie werden zwei Wirbel und die Dura (die harte Hirnhaut, die das Rückenmark umschließt) aufschneiden müssen, um bis zum Tumor vorzudringen. „Sie wird nach der Operation größere Schmerzen haben als nach der Hirn-OP", erklären die Ärzte. Ich will nicht, dass sie Schmerzen hat. Ich will nicht, dass sie Angst hat. Ich will nicht, dass sie danach beeinträchtigt ist. Ich will diese Krankheit nicht. Aber ich will auch nicht, dass der Tumor weiter wachsen kann und das Rückenmark schädigt. Also sehen wir die Operation als

Chance und hoffen von Herzen, dass sie sie ohne größere Folgen übersteht. Wir wollen ihr Lebenszeit verschaffen, auch wenn wir ihr dafür wehtun müssen. Deswegen machen wir das. Die Ärzte würden sie nicht operieren, wenn sie keinen Sinn darin sehen würden, das betonen sie. Ich habe Angst, tief verwurzelte, zähe, ursprüngliche Angst. Ich habe Angst, dass sie morgen sterben wird. Ich habe Angst, dass sie gelähmt sein wird. Und ich weiß nicht, was mir mehr Angst macht. Nur mal angenommen, es geht morgen alles gut: Was ist dann? Dann müssen Bestrahlung und Chemo folgen, mit all den Nebenwirkungen und Schädigungen. Und was ist dann? Wächst trotz aggressivster Behandlung ein neuer Tumor? Warum kann sie nicht allein durch die Operation geheilt sein? Ich habe das Gefühl, es wird nie vorbei sein, ganz gleich ob Vianne siegt oder ihre entarteten Zellen die Oberhand gewinnen. Aber wir haben nicht vor, zu fallen und liegen zu bleiben: Wir werden aufstehen (Danke, Andi!), immer und immer wieder. Das muss unser Ziel sein. Deshalb: Ein

Schritt nach dem anderen, ein Tag nach dem anderen. Noch 9 Stunden bis zur OP. Ich werde sie noch ein wenig betrachten und das Hier und Jetzt genießen. Wilhelm Busch (ich habe seine Geschichten und Gedichte von klein auf geliebt) wird dabei helfen:

„Es sitzt ein Vogel auf dem Leim, Er flattert sehr und kann nicht heim. Ein schwarzer Kater schleicht herzu, Die Krallen scharf, die Augen gluh. Am Baum hinauf und immer höher Kommt er dem armen Vogel näher. Der Vogel denkt: Weil das so ist Und weil mich doch der Kater frißt, So will ich keine Zeit verlieren, Will noch ein wenig quinquilieren Und lustig pfeifen wie zuvor. Der Vogel, scheint mir, hat Humor."

All ihr Lieben dort draußen: Wir danken euch von Herzen für eure aufmunternden, fürsorglichen und wohltuenden Worte. Ihr denkt immer, ihr könnt nicht helfen. Dabei helft ihr mehr, als euch bewusst ist: Ihr seid für uns da!

Echtzeit! Geschafft! – 16. September 2014

Wir sind unendlich erleichtert: Vianne hat die OP gut überstanden. Ohne offensichtliche Schädigung! Ohne bisherige Komplikationen. Der Tumor ist draußen – komplett, wie das postoperative MRT bestätigt hat. Ich ziehe meinen Hut vor den Neurochirurgen. Nach knapp vierstündiger Operation kam am Dienstagmittag schließlich der erlösende Anruf von Prof. S.. Micha und ich liefen gerade durch einen nahe gelegenen Park. Ich hatte nicht mehr still sitzen können.

Bereits um sieben Uhr bekam sie am OP-Tag ihren blauen „Schlumpfsaft". Er muss wirklich übel schmecken, denn beim zweiten Teelöffel musste sie bereits würgen. Aber tapfer hat sie das Beruhigungsmittel schließlich herunter gebracht. Dann ging alles ganz schnell. Kurz bevor wir uns auf den Weg zum OP-Bereich machten, kam Micha. Er hatte noch so lange nach einem Parkplatz gesucht. Ich war heilfroh, dass er nun an unserer Seite war. Er trug

Vianne in ihrem „OP-Kleidchen" auf dem Arm, ganz behütend, ganz innig. Sie war noch viel zu wach, als wir mit dem Aufzug nach unten fuhren. „Hast du Angst?", fragte ich sie. „Nein", kam die prompte Antwort.

Der Moment des Abgebens ist und bleibt schrecklich. Vianne weinte und klammerte sich an Micha und mich. Aber der Anästhesist nahm sie ganz fürsorglich auf den Arm, sprach ruhig auf „Emma" (sie heißt Vianne!!) ein und ging mit ihr davon. Micha und ich verließen ebenso schnell den Vorbereitungsbereich, weil wir ihr Weinen nicht mehr ertragen konnten. Wir hätten sowieso nicht zu ihr gedurft.

Die Räumlichkeiten geben es in Essen nicht her, dass die Eltern bei der eigentlichen Narkoseeinleitung dabei sind, denn der Vorraum liege zu weit vom OP-Saal entfernt, hatte uns eben jener Anästhesist im Vorgespräch erklärt. Natürlich hatten wir wieder nachgefragt, ob wir dabei sein können. Ein Satz überzeugte mich allerdings: „Es ist immer gut, die Leute die Dinge so machen zu lassen, wie sie sie kennen."

Wir flüchteten in den Wald. Vianne tat uns so unendlich leid. Tränen kamen. Wir wanderten weiter. Irgendwann entdeckten wir einen kleinen Tümpel mit Enten und Fischreihern – ein beschaulicher Ort, der uns etwas innere Ruhe schenkte. Nachdem Micha durchgefroren genug war, holten wir uns einen Kaffee im Studentencafé und kehrten auf unser Zimmer zurück. Mittlerweile war eine ältere Dame dazugekommen. Also ab in den Aufenthaltsraum, wo es uns aber auch nicht lange auf den Stühlen hielt. Wir machten uns wieder auf den Weg nach draußen – in die Sonne! Und dann kam der Anruf.

Wir durften dieses Mal sofort zu ihr auf die Intensivstation. Sie war noch intubiert. Ich fand den Anblick nicht verstörend, Vianne wirkte so friedlich. Die Ärzte und Schwestern auf der Intensivstation sind alle unglaublich freundlich und extrem tiefenentspannt. Das überträgt sich. Sie erklärten uns Dinge ausführlich, zum Beispiel, dass Kinder anders aus der Narkose aufwachen als Erwachsene, dass sie nicht langsam, sondern plötzlich wieder zu sich kommen und dann sehr desorientiert sind. Sie rieten uns davon ab, bei der Extubation im Raum zu bleiben. Ich konnte aber nicht anders. Ich wollte, dass Vianne mich als erstes sieht, wenn sie aufwacht. Ich war aber auch neugierig, wie so eine Extubation von statten geht, obwohl sich das jetzt komisch anhört. Ich gehe den Dingen gerne auf den Grund – das war schon immer so. Für mich ist es besser, gewisse Szenen mit eigenen Augen zu sehen. Denn die eigene Phantasie und Vorstellungskraft schafft manchmal weitaus schrecklichere Bilder...

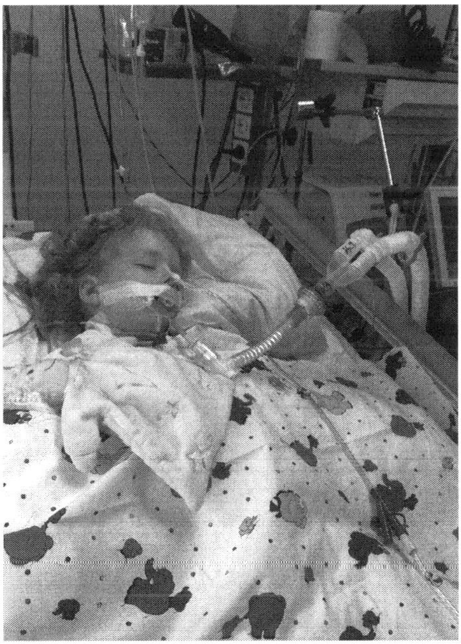

Als Vianne wach wurde, ging ich zum Fußende des Bettes und schaute ihr direkt in die Augen. Sie wollte sich den Tubus aus dem Hals ziehen, war aber zum Glück an den Händchen fixiert. Ich sagte ihr noch, sie solle dem Arzt vertrauen, gleich würde er das Ding aus ihrem Mund wegmachen. Sie schaute zwar noch immer sehr verängstigt, wurde aber ruhiger. Die Extubation ging relativ schnell. Ich empfand es wirklich nicht als befremdlich. Ich war froh, Vianne wieder eigenständig atmen zu hören.

Echtzeit! Intensiv – 16/ 17. September 2014

Wenn alles gut lief, sollte Vianne rund 24 Stunden auf der Intensivstation bleiben. Es lief alles gut und es war trotzdem schlimm: Vianne bekam Fieber (normal), Vianne übergab sich mehrmals von dem Narkosemittel (normal), Vianne hatte starke Schmerzen (normal), war dann panisch (normal), Viannes Herzfrequenz ging beim Fieber hoch (normal), die Sauerstoffsättigung ging dafür runter (normal) und jedes Mal piepste daraufhin der Alarm (normal). Alle kümmerten sich sehr fürsorglich um uns. Ich bekam für die Nacht einen Schlafsessel und wurde mit wärmendem Kaffee und Kamillentee versorgt, Vianne bekam ein Wassereis (was zwar die Zunge schön blau färbte, dann aber in hohem Bogen wieder hoch kam). Schwester N. zeigte Vianne ein Foto vom Streifenhörnchen ihres Sohnes. Wenn Vianne zu unruhig wurde, gab es die nächste Schmerzinfusion und ich sang ihr ihre Lieblingslieder vor. Besonders gerne mag sie „Hänsel und Gretel". Das Singen tat gut und nahm uns beiden den Druck. Irgendwann versuchte sie mit noch heiserer Stimme selbst „Hänsel und Gretel" zu singen – beide Strophen. Ich hätte sie knutschen können. Sie war wieder da!

Sie musste noch so einiges in den ersten 24 Stunden nach der OP aushalten. Die Lagerungswechsel waren am schlimmsten, trotz Schmerzmittel. Die ganzen Infusionsnadeln und Schläuche störten und piksten, noch fieser empfindet sie es, wenn sie gezogen werden. Die Ärzte machen ihr nichts vor, sondern sagen ihr ehrlich, wenn es wehtun wird. Sie ist so unglaublich verständig für eine Fünfjährige und arbeitet erstaunlicherweise in den meisten Situationen gut mit. Was für ein Wahnsinn! Am nächsten Morgen verkündete Vianne, dass sie zurück auf die Station wolle. Die Ärztin konnte ihr diesen Wunsch nicht abschlagen...

Echtzeit! Überlegungen – 21. September 2014

Es ist unglaublich! Vor fünf Tagen erst ist Vianne operiert worden, heute tapste sie mit Ada an der Hand über den Krankenhausflur und briet Oma in der Spielküche Spiegeleier. Hätte mir das vorgestern jemand erzählt, hätte ich ihn ausgelacht. Da wusste sie noch nicht einmal, wie sie sich von links nach rechts drehen sollte. Sie ist so eine Kämpfernatur. Und sie verhandelt – gnadenlos. Als der Arzt unter ihr Pflaster schauen wollte und sie fragte, zu welcher Seite sie sich drehen wolle, antwortete sie, sie müsse erst überlegen. Sie ließ den Arzt gefühlte fünf Minuten warten. Weil es mir schon unangenehm wurde, wiederholte ich noch mal die Optionen, woraufhin ich von ihr ziemlich barsch unterbrochen wurde: „Mama, wenn du weiter so viel redest, kann ich nicht überlegen", Der Arzt musste sich erst einmal vor lauter Lachen umdrehen. Sie holte noch eine weitere Minute und ein Eis heraus.

Die letzten Tage haben wir viel mit Lesen, Kokusnuss-Cd's hören, Fernsehgucken und Unospielen verbracht. Zwischendurch bekamen wir immer mal wieder lieben Besuch. Am größten war die Freude, als Ada das erste Mal vorbeikam. Die beiden haben ganz viel gekuschelt und Vianne blühte förmlich auf. Aber auch die Brüder sind hoch im Kurs, besonders Luke, wenn er ihr selbstgemalte Katzenbilder mitbringt. Andi und meine Eltern haben ganz süß mit der kleinen Powermaus gespielt – und ich hatte „frei", das tat auch mal gut. Melanie schafft es immer wieder, mir das Lachen zurückzubringen und mich am Leben außerhalb der Krankenhausmauern teilha ben zu lassen. Micha und ich wechseln uns nach wie vor ab – ansonsten würde ich auch durchdrehen. Die letzte Ablösung stand allerdings kurz auf der Kippe, weil eine ältere Dame mit uns auf dem Zimmer lag und gemischte Zimmer nicht zugelassen sind (ist irgendwie wie früher auf Klassenfahrt in der Jugendherberge). Micha fragte ganz nett, ob es für sie in Ordnung wäre, wenn er eine Nacht hier verbringen würde. Sie hatte überhaupt keine Einwände. Alte Damen sind klasse! Als wir dann die Schwester informierten, dass Micha hier gerne übernachten wolle, meinte sie zuerst, dass das nicht gehen würde. Ich sah schon „meine Felle" davon schwimmen und war sogleich auf Angriff programmiert. Ich hielt ihr lange Vorträge, dass es bei unserem letzten Krankenhausaufenthalt auch machbar gewesen sei, dass die anderen Kinder mich auch mal Zuhause bräuchten, dass ich nach noch so einer Nacht durchdrehen würde... Zu meiner Verteidigung muss ich sagen, dass ich komplett übermüdet war, weil Vianne die Nacht zuvor vor Bauchweh wegen dieser blöden Verstopfung kaum geschlafen hatte. Die Schwester war sehr lieb und einfühlsam und meinte dann verschmitzt, es würde klar gehen, wenn unsere Bettnachbarin einverstanden sei. Aber wir sollten es nicht an die „große Glocke" hängen. Respekt! Die Ärzte und Schwestern, mit denen wir bisher zu tun hatten, sind durch die Bank sehr warmherzig und verständnisvoll. Das erleichtert einiges. Morgen steht uns wieder das Gespräch mit der hiesigen Onkologin bevor – eigentlich will ich gar nichts mehr hören.

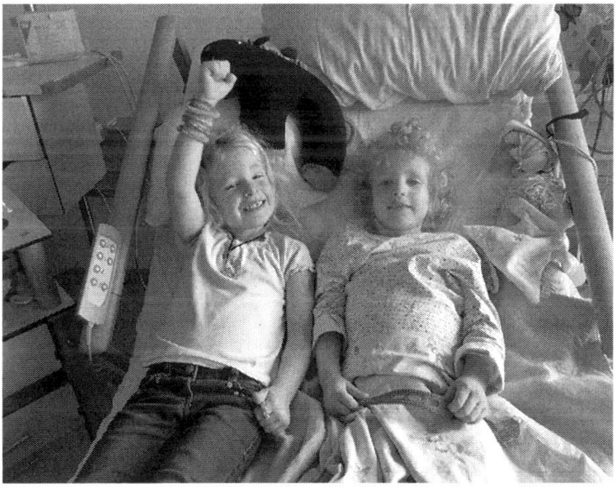

Echtzeit! Zu Hause – 23. September 2014

Wieder zu Hause! Was gibt es mehr dazu zu sagen. Eigentlich war der morgige Mittwoch im Gespräch. Micha löste mich mittags ab und meinte, ob wir vielleicht schon heute mit Vianne nach Hause könnten. Also fragten wir bei den Schwestern nach (die morgendliche Visite hatten wir irgendwie im Spielzimmer verpasst). „Ja, das wäre schon im Gespräch gewesen, die Ärzte wollten aber erst noch das Blutergebnis abwarten." Wenn die Werte soweit in Ordnung seien, könnten wir am späten Nachmittag fahren. Morgens hatte eine nette junge Ärztin Vianne aus der Vene Blut entnommen. Sie hatte einen schweren Stand, denn Vianne war panisch. Das hatte die „gute Frau" aus der Kinderklinik versaut, die vor einer Woche beinahe vergeblich nach einer Vene gestochert hatte, obwohl es bei Vianne an sich nicht schwer ist, eine geeignete zu finden. Da trennt sich wahrlich die Spreu vom Weizen. Aber die Ärztin heute beherrschte zum Glück ihr Handwerk und traf auf Anhieb. „Tat gar nicht weh", sagte Vianne im

Nachhinein, noch mit Tränchen auf den Wangen. Auch sie kennt bereits die unterschiedlichen Fähigkeiten und weiß, dass ein Arzt nicht ebenso gut ist wie der andere. Am Nachmittag erhielten wir grünes Licht. Ich war zwischenzeitlich schon nach Hause gedüst. Auf dem Weg zum Auto hätte die Vorfreude eigentlich groß sein müssen. „Hey, Vianne durfte wahrscheinlich nach Hause!" War sie aber nicht. Ich stellte mir all die Eltern vor, die sich fröhlich befreit mit ihrem Kind auf den Heimweg machten. Mit einem geheilten Kind. Wir waren nicht wie sie. Wir waren nicht fröhlich befreit. Ganz tief in mir erinnerte ich mich an das Gefühl, wie einem das Herz vor Leichtigkeit aus der Brust springt. Ich hatte so Sehnsucht nach diesem Gefühl, aber die Erinnerung daran war mittlerweile so blass und durchscheinend geworden. Ich schüttelte die trüben Gedanken ab und konzentrierte mich darauf, Ada aus dem Kindergarten abzuholen und die Jungs Zuhause zu begrüßen. Einige Stunden später machte ich mich wieder mit Ada auf den Weg nach Essen in die Uniklinik, um Micha und Vianne abzuholen. Ada rannte den Krankenhausflur entlang, als sie Vianne am anderen Ende erspähte. Dann umarmten sich beide ganz vorsichtig. Und da blitzte sie durch, die Freude, die Wärme, das Glück. Micha und ich packten in Ruhe, Ada und Vianne spielten derweil lautstark mit den neuen Mini-Püppchen. Dann verabschiedeten wir uns von unseren netten Bettnachbarn: der neunjährigen C. und ihren Eltern. Den Tag zuvor hatte mir Vianne ebenso neugierig wie nüchtern ins Ohr geflüstert: „Mama, frag mal, ob sie auch einen Tumor hat." Ich habe natürlich nicht gefragt. Ich war absolut baff, dass Vianne wusste, dass ihr „frecher Wicht" ein Tumor ist. Wir müssen aufhören, sie zu unterschätzen. Langsam wachsen Freude und Erleichterung, wieder Daheim zu sein – weil Vianne sich freut und weil wir wieder alle zusammen sind. Hier und Jetzt. Weg mit dem Ballast!

Echtzeit! Fäden ziehen – 26. September 2014

Am heutigen Tag jagte ein Termin den nächsten, aber ich bin froh, dass wir diese vielen wichtigen Dinge so kurzfristig hintereinander bekommen haben. Ich bin all unseren medizinischen Experten sehr dankbar, dass sie so schnell und unbürokratisch Zeit für uns haben. Die Absprachen mit den Dortmundern erfolgten überwiegend per Email. Prof. S. hat uns fast immer umgehend Rückmeldung gegeben und Termine/ Maßnahmen in die Wege geleitet. Für uns Laien erschließt sich oftmals nicht, wie viele Fäden im Hintergrund gezogen werden. Das Engagement unserer Ärzte ist beeindruckend – zumal auch die zwischenmenschliche Ebene stimmt. Klar, wir sind nicht immer einer Meinung und führen das ein oder andere Mal erbitterte Diskussionen, aber ich glaube, jeder weiß den jeweils anderen und seine Kritik und seine Anregung zu schätzen.

Bereits um 10 Uhr hatte ich mit Vianne in der Essener Uniklinik einen Termin zur Blutabnahme und zum Fäden ziehen – beides notwendig, aber ebenso schmerzhaft. Ada war zur Unterstützung mitgekommen. Sie ist wirklich die „große" Schwester und ich bin unglaublich stolz auf sie und ihr unverfälschtes Naturell. Bereits bei der Blutabnahme – Vianne war nicht mehr ganz so panisch wie beim letzten Mal – tätschelte sie sanft Viannes Hand und sprach mit beruhigender und zugleich ernster Stimme auf sie ein: „Es ist ganz gleich vorbei, Vianne!". Sie ist ein Engel! Dann hat sie ihr immer den Schnulli in den Mund geschoben, wenn Vianne danach geschrien hat. Ich hatte alle Hände damit zu tun, sie fest im Arm zu halten, damit der Arzt die Vene beim ersten Versuch trifft. „Vianne, ganz ruhig, schau mich an!" Ich weiß nicht, wie oft ich diesen Satz heute gesagt habe. Aber ich erreiche sie, sie konzentriert sich auf mich, trotz all der Angst. Der Arzt hat wirklich nur einen Versuch gebraucht. Gut!!! Der erste Teil war geschafft, eine Kugel Eis hatten Ada und Vianne schon sicher. Jetzt ging es an die Fäden. „Vianne, die Hälfte ist schon raus", motivierten Ada und ich gemeinsam. Zum Glück ließen sie sich wirklich gut ziehen. Die Fäden sind raus! Danach wanderten wir zur Eingangsebene und kauften das versprochene Eis. Die Damen handelten noch zwei Kuscheltierhunde aus – hätte ich mehr Bargeld dabei gehabt, hätte ich meinen tapferen Heldinnen auch noch die Katzen, die Eulen, die Äffchen, die Giraffen... gekauft. Geschafft! Sogar die Vollsperrung auf der A40 konnten wir gut umfahren. Für mich fing der Tag eigentlich gut an!

Nachmittags hatten wir dann einen Gesprächstermin mit den Dortmundern, um zu klären, wann und vor allen Dingen welche Therapien wir starten. Vianne sollte mitkommen, damit sich Dr. B. und Prof. S. ein aktuelles Bild von ihr machen konnten. Ada wollte gerne in den Kita-Schwimmkurs. Gemeinsam brachten wir sie um 14 Uhr dorthin. Vianne hielt sich tapfer. Doch als sie viele ihrer kleinen Freundinnen und Freunde im Wasser sah und auch noch die Erzieher so liebevoll auf sie zugingen, brach sie in Tränen aus. Sie liebt den Schwimmkurs, sie liebt das

Wasser. Ich erklärte ihr, dass heute und morgen noch kein Wasser an ihre Wunde darf, dass sie aber bald wieder mit den anderen schwimmen dürfte. Es ist gemein! Am meisten ärgerte es sie, dass die anderen bereits Fortschritte machten, sie aber nicht weiter üben konnte. Sie ist so ehrgeizig. Das hilft ihr einerseits und spornt sie immer wieder an, aber es führt eben manchmal auch zu großem Verdruss. Ich versprach ihr, dass wir beide auch einen unterhaltsamen Tag haben würden. Auf dem Weg zur Kinderklinik holten wir Micha aus dem Büro ab. Zu Viannes großer Freude gab es im Wartezimmer eine Playmobil-Pyramide samt Kamelen, Grabräubern und Sphinx. Micha, Vianne und ich spielten ausgiebig, bis unsere Ärzte kamen. Am Montag werden wir mit Temodal starten, einem Langzeit-Chemotherapeutikum in Tablettenform. Unsere Ärzte befürworten unseren bevorstehenden Mallorca-Urlaub (O-Ton Prof. S.: „Vianne hat sich diesen Urlaub mehr als verdient! Wir müssen Vianne bei Laune halten für die bevorstehende Therapie, sie muss mitmachen wollen"). Sie wollen aber auch so früh wie möglich mit der Behandlung beginnen. Wir wissen alle, wie rasch und aggressiv der letzte Tumor gewachsen ist. Uns allen wird es gut tun, vorher noch einmal durchzuatmen. Insofern haben wir grünes Licht für den Urlaub.

Allerdings wollen die Ärzte am Dienstag noch ein Kontroll-MRT des Schädels: Zum einen, da Viannes Pupillen nach wie vor ungleich sind (das zeigte sich das erste Mal einige Tage nach der Operation und könnte theoretisch auf einen neuen Tumor im Köpfchen hindeuten, könnte allerdings auch nur eine Reizung des Sympathikus sein), zum anderen um vor Beginn der medikamentösen Behandlung einen Ist-Zustand zu haben. Wäre beim nächsten MRT in acht Wochen ein Tumor sichtbar, wäre es unmöglich zu beurteilen, ob er unter Temodal gewachsen ist (was bedeuten würde, dass sie nicht auf diese Therapie anspricht) oder ob er vielleicht schon vorher vorhanden war.

Wir lassen das MRT machen, aber ohne Narkose. Vianne ist bereit dazu, es wieder wach gemeinsam mit Micha durchzustehen.

Die Planungen für die cranio-spinale Bestrahlung laufen. Sie soll nach unserem Urlaub starten, zusätzlich zur Temodal-Gabe, solange Viannes Körper diese Doppelbelastung aushält. Dann haben wir noch einen „Trumpf" im Ärmel. Die Ergebnisse aus Heidelberg, aus der molekularbiologischen Untersuchung, sind da. Sie haben bei Viannes Tumor vier Signalwege entdeckt. Diese beschreiben genauer, wie der Tumor funktioniert, welche Wege er nutzt, um zu wachsen, um den natürlichen Zelltod zu umgehen, um sich an die Blutgefäße zu koppeln und mit Sauerstoff versorgt zu werden etc... Fest steht, dass diese entdeckten Signalwege zu ihrem „ungünstigen klinischen Verlauf" beitragen. Fest steht aber auch, dass es Medikamente gibt, die diese Signalwege blockieren. Sie sind allerdings noch in der Erprobungsphase und nur für „Einzelheilversuche" zugelassen. Diesen Einzelheilversuch wollen wir starten.

Sie bekommt wahrscheinlich ebenfalls ab Montag das Medikament Vorinostat, falls eine Apotheke gefunden wird, die es zeitnah besorgen kann. Denn in Deutschland ist dieses Mittel noch nicht zugelassen. Falls wir es also wirklich in den Urlaub schaffen, wird Vianne diese beiden Medikamente schon zu sich nehmen – auch im Ausland. Unsere Ärzte haben uns gefragt, ob wir uns das zutrauen, Vorinostat vor der Reise zu starten, weisen zugleich aber auch auf die Dringlichkeit eines frühen Therapiestarts mit „Doppelangriff-Strategie" hin. Beim Temodal müsste Vianne eigentlich erst nach unserer Rückkehr ins Zelltief (verminderte Abwehrkräfte, herabgesetzte Blutgerinnung, erniedrigter Sauerstofftransport im Blut) fallen. Wir sollten aber zur Sicherheit auf Mallorca nach einer Woche eine Blutuntersuchung machen lassen. Sie suchen gerade entsprechende deutsche Ärzte heraus (klasse, oder?!). Über die Nebenwirkungen von Vorinostat wissen wir noch weniger. Aber Mallorca sei auch nicht allzu weit entfernt, bekräftigen sie uns. Ich persönlich finde diese Einstellung gut. Natürlich habe ich Angst, dass es während unseres Auslandsaufenthaltes zu Komplikationen kommen könnte, aber Garantien gibt es nicht – diese schmerzhafte Lektion haben wir gelernt. Wir haben Vianne diesen Urlaub versprochen und wir werden alles daran setzen, zu fliegen, trotz gewisser Risiken und Unwägbarkeiten, trotz gewisser Ängste. Scheiß darauf! Wir haben es versprochen! Dieser Urlaub ist mein persönliches Ziel, mehr will ich (erst einmal) gar nicht!

Echtzeit! Abgründe – 29. September 2014

Bereits mittags habe ich Vianne darauf vorbereitet, dass sie heute Abend eine Tablette nehmen muss, damit der „freche Wicht" nicht wiederkommt. Sie sagte daraufhin nicht viel, aber dieser nachdenkliche Ausdruck in ihren Augen machte mir zu schaffen. Auch ich fühle mich bei dem Gedanken nicht wohl, dass wir wieder mit einer Chemotherapie starten. Wieder! Aber haben wir eine Wahl? Trotzdem will ich dieses Zeug nicht in ihr. Eigentlich müsste sie eine Kapsel schlucken. Sie ist zu groß. Einfach zu groß! Wir dürfen sie in Orangensaft auflösen. Zum Öffnen müssen wir Handschuhe anziehen. Ich will das Zeug nicht in ihr! Als Dr. B. heute Nachmittag anrief, fragte ich ihn nach weiteren Vorsichtsmaßnahmen. Ich sagte ihm, dass ich mir Sorgen um Vianne mache. „Muss ich sie die Nacht überwachen?" Er verneinte und beruhigte mich. Es sei nur ein leichtes Chemotherapeutikum. Schlimme Nebenwirkungen seien nicht zu erwarten. Wir ließen die Zwillinge frühzeitig zu Abend essen, da das Temodal frühestens eine Stunde nach der letzten Mahlzeit gegeben werden darf. Micha mischte es an. Vianne saß an mich gelehnt im Bett, Ada daneben. Ich las etwas vor – Hundegeschichten. Micha kam mit dem Becher. Wir erklärten ihr noch mal, dass sie den „Saft" trinken müsse. Wir waren nervös. Sie nahm den ersten Schluck. Dann die Erkenntnis. „Es schmeckt so eklig, Mama". „Schatz, es ist doch im Orangensaft aufgelöst, trink noch mal einen

Schluck." Sie trank tapfer, schüttelte sich, weinte. „Es ist so eklig, Mama, probier du doch mal." „Ich darf nicht, mein Engel." Meine Kehle schnürte sich zu. „Ich würde dir sofort alles abnehmen, aber ich kann es nicht. Bitte Schatz, nur noch einen kleinen Schluck", bettelte ich. Wieder setzte ich ihr den Becher an. Sie würgte. Sie weinte. „Es ist wichtig", flehten Micha und ich. „Der freche Wicht darf nicht wiederkommen!" Ich kam mir vor wie Harry Potter, der Dumbledore zwingen musste, die Flüssigkeit aus der Schale zu trinken, trotz großer Qualen. Bis auf den letzten Tropfen. Es ist so abartig. Michas und meine Tränen kamen gleichzeitig. Wir holten ihr Wasser zum Nachspülen. Vianne schluchzte, war außer sich. Ich konnte nicht mehr, verzweifelt bat ich sie, nur noch einen letzten großen Schluck zu machen. Von Schluchzern geschüttelt sagte sie: „Ich habe doch schon so viel ertragen...wie piksen..." Micha und ich brachen in diesem Moment innerlich zusammen, wir sahen es gegenseitig in unseren Augen. Es war noch immer ein Schluck im Becher. Wir versuchten noch einmal, uns zusammenzureißen, suchten nach einer Lösung. Strohhalm? Lolli zum Nachlutschen? Ada weinte, versteckte sich unter ihrer Decke. Was muten wir unseren Kindern nur zu? Ein ganz kleiner Rest blieb übrig. Ich weiß nicht, wie wir das Zeug noch viermal in sie rein kriegen sollen. Es reicht!!!! Keine Schmerzen mehr, keine Ängste mehr, keine Überwindung mehr. Wir wollen nur noch Ruhe für unseren Schatz – Lachen, Freude, Ausgelassenheit. Es reicht!!!! Es zerreißt uns, sie leiden zu sehen, ihre Angst zu sehen, ihren Widerwillen. Sie schläft jetzt – völlig erschöpft. In der Nacht hat sie mehrmals erbrochen. Wir müssen einen Weg hinaus finden...

Echtzeit! Hürden – 1. Oktober 2014

Wir haben in den letzten Tagen etliche Hürden genommen und ein Etappenziel erreicht: wir dürfen mit Vianne in den Urlaub fahren. Wir sollen!! mit Vianne in den Urlaub fahren. Allerdings haben wir uns bei diesem „Hürdenlauf" einige Blessuren zugezogen. Die erste Hürde – die Temodal-Gabe – konnten wir nach gewissen Anlaufschwierigkeiten gut bezwingen. Gestern eskalierte die Situation zwar, als wir Vianne eine Stunde dazu bringen wollten, die Kapsel als Ganzes zu schlucken (wir bettelten, wir schrien, wir bestachen, wir heulten, wir trösteten, wir argumentierten, wir motivierten, wir rieten...), dann jedoch hatte Micha die rettende Idee, das fiese Pulver im Akazienhonig zu verrühren. Vianne schluckte es! In der Nacht erbrach sie sich dieses Mal nicht, da wir zur Vorbeugung Zofran und Vomex als Zäpfchen gegeben hatten. Die zweite Hürde – das gestrige MRT – gingen wir gut an. Vianne brachte es wie ein großes Mädchen hinter sich: wach, ohne Sedierung, allein in der Röhre, während Micha daneben saß. Tapfer, tapfer, tapfer. Sie hüpfte bestens gelaunt in den Vorbereitungsraum, beschwerte sich über das Hemdchen („Ich mag das grün nicht.") und schnullerte entspannt. Alle Ärzte waren begeistert, wie souverän sie es meisterte. Sie durfte „Der kleine

Drache Kokosnuss" hören, während rund 30 Minuten lang Aufnahmen des Köpfchens gemacht wurden. Micha hatte das Hörspiel mitgebracht. Der Radiologe hätte die MRT-Aufnahmen gerne verlängert, damit er „Kokosnuss" zu Ende hätte hören können. Wir mussten ihm versprechen, das Hörspiel zu kopieren. Heute kam das Ergebnis der MRT-Untersuchung. Hürde Nummer drei, die uns kurzzeitig zu Fall brachte: es gibt zwar keinen Hinweis auf einen neuen Tumor, der die Pupillendifferenz erklären würde, aber es gibt eine kleine Auffälligkeit im allerersten Tumorgebiet im Parietallappen. Die Radiologen meinen, es könnte minimales Tumorgewebe sein, die Kinderradiologin schließt allerdings auch ein ganz normales Gefäß nicht aus, was ebenfalls Kontrastmittel anreichert. Es weiß also niemand etwas Genaues. Letztendlich bringt nur ein weitere MRT-Untersuchung in sechs Wochen Gewissheit oder eventuell der Referenzbefund aus Würzburg. Die Ärztin, die die Aufnahmen befundet, ist nämlich sehr erfahren, streng und genau. Es ist gemein! Hätte nicht zumindest dieser MRT-Befund gut ausfallen und uns für ein paar Wochen Ruhe bescheren können, um durchzuatmen? Aber „hätte, hätte" bringt uns nicht weiter. Fakt ist, dass Vianne aktuell dadurch nicht gefährdet ist und derzeit sowieso nichts unternommen würde. Also ab in den Urlaub! Jeden Tag muss ich mich zwingen, gedanklich im Hier und Jetzt zu bleiben und keine düsteren Zukunftsbilder zuzulassen. Es zerrt an den Kräften. Aber noch stärker zerrt es, mir den weiteren Krankheitsverlauf und die vielen, vielleicht nicht mehr bezwingbaren Hürden vorzustellen...

Echtzeit! Mallorca – Dienstag, 14. Oktober 2014

Wenn du weder weißt, welcher Wochentag noch welches Datum gerade ist, bist du im Urlaub angekommen. Dieses Mal habe ich etwas länger gebraucht – aber ich bin angekommen. Erst hier merke ich, wie ausgezehrt wir alle waren/sind. Meine Nerven liegen leider oftmals blank, ich bin gereizter als früher. Heute habe ich Ada und Vianne angemeckert, weil sie es geschafft hatten, Kleider, Schuhe, Hosen und Hände innerhalb weniger Minuten komplett mit Schlamm einzusauen. Hallo! Es ist nur Schlamm! So bin ich eigentlich nicht. Diese unbändige Wut auf die Krankheit kommt gerade im Angesicht von Sonnenlicht, türkisfarbenen Wasser und Salzluft stärker durch als ich es erwartet hätte. Vianne geht es gut. Sie lacht viel und ist vergnügt. Mich überfällt tiefe Traurigkeit, wenn ich sie so ausgelassen sehe. Das muss aufhören, das weiß ich – das wissen wir.

Unser erstes Ferienhaus direkt am Meer, oberhalb einer wunderschönen Bucht, war einfach nur traumhaft und Antoni, unser Vermieter, sympathisch und unkompliziert. Flug und Ankunft auf Mallorca liefen zuvor wie am Schnürchen, natürlich schlummerten beide Mäuse fünf Minuten vor der Landung ein. Vianne mag das Fliegen. Ada liebt es! Ich liebe ihre rotzig-pragmatische Art. Als die Sicherheitsvorkehrungen vorm Start erklärt wurden, schaute Ada mich an und meinte, wofür man denn Notrutschen bräuchte, wenn man in der Luft sei: „Hä??? Sind die doof! Man kann in der Luft gar nicht rutschen, ne Mama? Wo soll man da denn hinrutschen?" Vor lauter Lachen bekam ich keine Luft.

Mit unseren Mietwagen fuhren wir als erstes in eine Bucht, die wir von früher kannten. Die Kinder sprangen schon am frühen Morgen ins Wasser, Micha und ich verspeisten genüsslich Baguette, Käse und Tomaten. Danach wanderten wir über die Klippen und genossen den Ausblick. Wir fühlten uns in unserer Unterkunft so wohl, dass wir meistens erst am frühen Nachmittag los kamen (direkt nach den ausufernden Frühstücken auf unserer Dachterrasse mussten wir uns schließlich im Pool abkühlen). Unsere Nachbarn flogen fast alle am nächsten Tag, dem Samstag, zurück, so dass wir bestens mit Lebensmitteln und Pool-Spielzeug bedacht wurden.

Wir unternahmen viele Ausflüge, und Vianne hielt tapfer mit. Besonders gut hat uns eine abgelegene

Aussteiger-Bucht gefallen (gelobt seien die Luftbilder und Karten, die man sich aufs Handy laden kann). Nachdem wir über einen langen, buckligen Feldweg mit unseren Mietwagen gefahren waren, kamen wir endlich in Meernähe. Dann stand ein rund zwanzigminütiger Fußmarsch über unwegsames Gelände an. Der Trampelpfad führte uns durch eine Schlucht, die in einen kleinen, von Felsen gesäumten, Sandstrand mündete.

Am Strand war eine Slagline an zwei abgesägten Holz-Telegrafenmasten gespannt worden, die gleich von Luke getestet wurde. An einer zusammen gezimmerten Holztheke gab es Getränke, in den umliegenden Büschen waren provisorische Unterkünfte aufgebaut und Zelte gespannt. Überwiegend Zwanzigjährige hingen hier in Grüppchen ab, aber auch einige entspannte ältere Semester und Familien trafen wir an. Der gesamte Ort strahlte pure Gelassenheit aus. Wir tranken Wein direkt aus der Flasche.

Vor Einbruch der Dämmerung traten wir den Heimweg an. Vianne meinte, der Aufstieg sei sicherlich schwierig. Aber sie schritt tatkräftig voran. An einer besonders schweren Passage nahm Luke Vianne beiseite und sprach ruhig zu ihr: „Vianne, guck mal, genau so steinig und steil wie der Weg hier, so schwer ist es manchmal, den ‚frechen Wicht' in den Griff zu kriegen. Aber du schaffst das. Da bin ich mir ganz sicher. Und irgendwann wird der Weg auch wieder einfacher und leichter, genau wie hier." Wie kann es sein, dass ein gerade Zehnjähriger solch bedachte Worte spricht. Ich weiß, dass Luke ein feinfühliges und einfühlsames Kind ist, aber dieses

Verhalten hat mich sehr beeindruckt. Ich musste beide sofort ganz fest in den Arm nehmen...

Echtzeit! Mallorca – 2. Woche – Oktober 2014

Wir saugen die Wärme, den Pinienduft, das Meeresrauschen förmlich in uns auf. Wir wollen hier nicht mehr weg. In der Tat schleicht sich der Gedanke ein, einfach auf der Insel zu bleiben: keine Arzttermine, keine Blutabnahmen, keine Operationen, keine Medikamente, keine MRT mehr – nur noch wir sechs in unserer kleinen Welt. Wir wissen, dass das nicht geht, aber für einen Moment tun wir einfach so. Auch unsere zweite Unterkunft, eine abseits gelegene Finca unterhalb des Tramuntanagebirges, ist gut. Im rund 5000 Quadratmeter großen Garten wachsen Kaki, Zitronen, Limetten, Orangen, Feigen und Granatäpfel, Mandeln und Äpfel. Wir sind ganz nah an der Natur. Unser Lieblings-Familienspiel in und ums Haus heißt verstecken. Die Kleinen haben einen großen Vorteil. Nach langer Suche finden wir sie in

Schränken und Schubladen. Luke hat sich im Olivenbaum versteckt – zusammen mit den Hühnern. Wir schmeißen uns gegenseitig in den Pool und reiten auf unserem Krokodil. Wir grillen ein Kilo Scampis und essen Käse mit frischen Feigen aus dem Garten. Das Tramuntana-Gebirge ist gewaltig, wir erkunden wilde Schluchten und abgelegene Bergpfade.

Mitte der Woche kamen Andi und Ralf nach – noch bis weit nach Mitternacht saßen wir mit den beiden auf der großen Außenterrasse mit leckeren Begrüßungsgetränken – wir freuen uns alle immer sehr, die beiden um uns zu haben. Ada und Vianne fragten schon Tage zuvor andauernd, wann Andi und Ralf „denn endlich kommen", bis es schließlich hieß: Nur noch einmal schlafen...

Alle Kinder genossen weiterhin das Meer und die Wellen, den Sand und die Felsen. Ada und Vianne bekamen wir kaum aus dem Wasser – das war auch okay so, obwohl wir etwas wegen Viannes Narbe in

Sorge waren. Aber sie wirkte reizlos und wir schützten sie immer gut vor der Sonne. Dazu eignete sich ein rosa Sonnenhütchen mit extra langem Nackenteil, das man zubinden konnte, damit der Wind es nicht wegwehte. Vianne trug das Hütchen mit Fassung, auch wenn sie meinte, sie sehe damit wie ein Baby aus. Sie wird halt groß, unsere Kleine. Während sich Vianne eher vorsichtig an die Wellen herantastete, gab es für Ada kein Halten: je wilder das Meer, desto besser. Als einmal eine große Welle über Ada schwappte und wir alle einen Moment erschrocken den Atem anhielten, tauchte die kleine „Krabbe" wieder auf, schüttelte sich nur kurz und meinte: „Boaaahhh, coooooool!".

Die Kinder harmonisierten sehr. Vielleicht liegt es daran, dass uns Viannes Erkrankung näher zueinander gebracht hat. Am Abend vor unserer Abreise feierten wir in Jesses Geburtstag hinein. Er hatte sich ein stilvolles Restaurant – „Joan Marc" in Inca – ausgesucht. Es war grandios: traditionelle mallorquinische Küche mit experimentellem Einschlag – ein

Genuss in jeder Hinsicht, von den Speisen über den Service bis hin zum Ambiente. Auch Kinder waren willkommen, und das ist in gehobenen Restaurants auch nicht immer gegeben.

Am nächsten Morgen ging um 8.20 Uhr unser Flieger. Ich war der Meinung, dass es reichen würde, wenn wir um 6 Uhr aufbrechen. Micha hingegen wollte viel früher los, aber ich kann beharrlich sein. Das führte dazu, dass wir um ein Haar unser Flugzeug verpasst hätten. Zuerst fuhren wir an der Mietwagenabgabe vorbei und mussten noch eine Ehrenrunde drehen, dann hatte sich beim Einchecken eine lange, lange Schlange gebildet. Schließlich kam ein Aufruf, dass für Passagiere des Fluges nach Hannover ein neuer Schalter geöffnet werde. Wir waren die einzigen, die davor standen, denn alle anderen Passagiere hatten schon längst eingecheckt. Um 7.35 Uhr begann das boarding, wir gaben gerade unsere Autokindersitze beim Sperrgepäck ab – oder wir versuchten es vielmehr. Leider mussten wir noch einmal zum Check-In zurück, da ich dort vergessen hatte, die Sitze anzugeben. Sperrgepäck-Aufgabe, die Zweite, klappte schließlich. Es war 7.50 Uhr. Auf zur Sicherheitskontrolle! Wieder eine lange Schlange vor uns. Es war kurz nach 8 Uhr. Wir mussten zum Flugsteig D. Was? 9 Minuten Wegzeit dorthin signalisierte die Anzeigentafel. So groß hatte ich den Flughafen gar nicht in Erinnerung gehabt. Dann kam die Durchsage: „Last call für Mr. and Mrs. Stember." „Arghhhh!" Micha schnappte sich Vianne, Jesse Ada, und wir rannten los. Luke legte sich auf die Nase. Am Abflugbereich angekommen starrten uns drei Mitarbeiter leicht strafend an: „Wir wollten gerade ihre Koffer wieder ausladen lassen..." Wir stiegen ein, und hinter uns ging die Bordluke zu. Sämtliche Passagiere musterten uns auf dem Weg zu unseren Sitzplätzen. „Warum die Aufregung?", fragte ich mich. Wir saßen im Flieger und sind sogar ohne Verspätung (!) gestartet. Micha und Jesse standen kurz vorm Kollaps und sprachen den halben Flug kein Wort mit mir. Letztendlich mussten wir aber alle lachen. Ja, es war in jeder Hinsicht ein sehr besonderer und emotionaler Urlaub...Wir fühlen uns gestärkt!

Echtzeit! Willkommen in der Realität! – 20. Oktober 2014

Ich trinke Kamillentee. Er wärmt und kommt doch nicht gegen die Kälte an, die hoch kriecht. Wir sind wieder in unserer „Tumorwelt" angekommen. Ich selbst benutze nicht die Beschreibung „frecher Wicht", die ist nur für die beiden Mädels. Ich schreibe dem Tumor auch keine Charaktereigenschaften zu, es sind lediglich Zellen, die sich unkontrolliert vermehren. Es sind Viannes Zellen!

Ich hege keinen persönlichen Groll gegen diese Zellen – aber ich hadere mit dem Schicksal. Gibt es so etwas wie Schicksal? Kann ich es verändern? Ich bin nicht der passive Typ. Ich werde alles Menschenmögliche tun, für Vianne, für mich, für unsere Familie. Ich lasse mir nicht einfach den Boden unter den

Füßen wegziehen. Egal von wem oder was. Heute wurde Viannes Blut untersucht. Ergebnisse haben wir noch nicht. Wir müssen schauen, inwieweit das Temodal ihre Blutwerte „in den Keller fallen" lässt.

Wir brauchen die Ergebnisse, um nächste Woche mit dem 2. Chemotherapie-Zyklus beginnen zu dürfen. Vianne ist leicht erkältet, hustet, ist aber ansonsten gut drauf. Wir haben bei Dr. B. und Prof. S. nachgefragt, wie es weitergeht. Mit der Kunsttherapeutin proben wir Ende der Woche spielerisch die Maskenanfertigung im Wachzustand für die Bestrahlung – anhand einer Gipsmaske. Der Bestrahlungsplan von dem Experten aus Leipzig ist eingetroffen. Den Dortmunder Radiologen ist dieser Plan zu komplex, sprich: Sie trauen sich nicht daran. Dr. B. ist der Meinung, wenn man „mit dem Rücken zur Wand steht" dürfe man sich keine großen Gedanken mehr über die Gefahr einer möglichen Schwerhörigkeit oder Produktionseinstellung der Hirnanhangdrüse machen. Ich lenke ein, dass es legitim sei, zuzugeben, dass es die eigenen Fähigkeiten übersteigt. Aber es ist auch erschreckend, dass an sich erfahrene Radiologen eine Behandlung wegen der erheblichen möglichen Folgen nicht ausführen wollen. „Alle drei Monate ist ein neues Rezidiv aufgetreten...", wirft Dr. B. ein. Wir wissen das. Es ist trotzdem schwer, sich diese nackte Tatsache zu vergegenwärtigen. Unsere Dortmunder Onkologen haben nun Kontakt zu den Essener Radiologen aufgenommen. Derzeit beantragen sie auch die Kostenübernahme für den Einzelheilversuch mit einem Medikament, das zwar in den USA, nicht aber in Europa zugelassen ist. Die Heidelberger Experten vom Deutschen Krebsforschungszentrum, die Viannes Gewebe molekularbiologisch untersucht haben, befürworten diesen Einzelheilversuch. Unsere Krankenkasse hat eine umfangreiche Stellungnahme von unseren behandelnden Ärzten erbeten. Prof. S. hat den Vordruck ausgefüllt. Ich kenne seine Antworten. Ich kannte sie auch vorher. Aber es ist so schwer, sie schwarz auf weiß zu sehen, zu lesen, zu begreifen...

„Liegt bei Emma Vianne eine lebensbedrohliche oder regelmäßig tödlich verlaufende Erkrankung vor oder droht der Eintritt einer irreversiblen schwerwiegenden Behinderung? Prof. S.: „Ja " (Er hat „regelmäßig tödlich" unterstrichen....)

„Besteht eine nicht ganz entfernt liegende Aussicht auf Heilung oder auf eine spürbare positive Einwirkung auf den Krankheitsverlauf durch die Verabreichung des Arzneimittels? Wenn ja, bitten wir um die Quellenangabe und ggf. Benennung entsprechender Veröffentlichungen.“

Prof. S.: „Ja, Erfahrungen bei anapl. Hirntumoren…und am DKFZ (Deutsches Krebsforschungszentrum) Heidelberg."

„Aussagen über Prognose und Krankheitsfolgen, die bei Nichtanwenden des Arzneimittels bei Emma Vianne zu erwarten sind.“ Prof. S.: „es ist mit einem Folgerezidiv und dem Tod im nächsten Jahr zu rechnen!"

Das ist mein Versprechen an dich, meine süße Vianne, an dich, Micha, an euch, Ada, Luke und Jesse und ich wiederhole es noch einmal: „Ich werde alles Menschenmögliche tun, für Vianne, für mich, für unsere Familie. Ich lasse mir (und euch) nicht einfach den Boden unter den Füßen wegziehen. Egal von wem oder was!" Erst recht nicht von irgendwelchen Prognosen...

Echtzeit! Gute Nachrichten – 22. Oktober 2014

Vianne ist bester Stimmung, sie macht extra lustige Gesichter, um mich zum Lachen zu bringen, die kleine Grinsebacke. Es klappt. Sobald sie „dieses Grinsen" aufsetzt, müssen wir alle losprusten. Das Lachen tut gut. Gestern war ein toller Tag, der zwar ziemlich aufwühlend anlief, dann aber immer besser wurde. Morgens fragte mich Adas und Viannes Erzieherin, ob ich einen Moment Zeit hätte. Sie ging gemeinsam mit mir und unserer Elternratsvertreterin in den Nebenraum, wo sie mir – im Namen aller

Kindergarteneltern – zwei liebevoll verpackte Geschenke überreichte, für Vianne, für uns alle. Sie wollten uns eine Freude machen, einen schönen Tag bescheren. Jeder spendete etwas. Sie entschieden sich für einen Ausflug in die Skihalle nach Bottrop, da sie den Tipp bekommen hatten, dass wir alle so leidenschaftlich Ski- und Snowboard fahren. Im letzten Winter standen Ada und Vianne mit Begeisterung das erste Mal auf den „Brettern", in den Zillertaler Bergen. Allerdings überschritt der Ausflug in die Skihalle bei Weitem das Budget. So schilderte unsere Elternratsvertreterin den Betreibern kurzerhand unsere Situation, um evtl. einen Preisnachlass zu bekommen. Diese antworteten prompt, dass sie unsere Familie gerne komplett zu einem Tag in der Skihalle einladen möchten, plus Ausrüstung und Verpflegung. Wahnsinn! Mit dem nun übrig gebliebenen Geld organisierten die Kindergarteneltern einen Gutschein für einen Spaziergang mit Alpakas, der in der Region angeboten wird. Was für eine grandiose Idee! Als Vianne, Luke und Ada den beigefügten Prospekt sahen, bekamen sie vor Vorfreude große Augen. Jesse war einfach nur sprachlos von so viel Hilfsbereitschaft (er favorisierte den Ausflug mit seinem wirklich coolen Snowboard). Als ich die Geschenke überreicht bekam, flossen bei mir die Tränen. Ich konnte nicht anders. Einerseits war ich so gerührt von dieser Welle der Hilfsbereitschaft, andererseits mag ich es nicht, wenn unsere Familie dermaßen im Fokus steht. Wir sehnen uns so oft nach simpler Normalität. Aber wir nehmen die Geschenke gerne an und freuen uns auf zwei sicherlich wunderbare Familienausflüge. Ich war schon immer sehr angetan von unserem Kindergarten, von der Kindergartenleitung, den Erziehern und der Elternschaft. Aber diese wunderbare Geste, etwas Gutes tun zu wollen, der Wunsch, zu helfen (wie auch schon so oft in der Vergangenheit geschehen) berührt mich aufs Tiefste. Danke!!! Mittags rief dann auch noch Dr. B. an – und gab Entwarnung. Der Tumorverdacht in der primären Region hat sich nicht bestätigt. Die Expertin aus Würzburg befundet: „Nach wie vor

Komplett-Remission in der Primärregion". Dr. B. rief gerade an, als ich Ada und Vianne aus dem Kindergarten abholte. Ich knutschte die Mäuse ausgiebig. Nach langer Durststrecke endlich mal wieder eine gute Nachricht. Und nicht nur eine: Viannes Blutwerte sind völlig in Ordnung. Sie hat ausreichend Abwehrkräfte, einen guten Sauerstofftransport und viele Blutplättchen für die Gerinnung. Leider hat jede Medaille zwei Seiten: Die Krankenkasse hat die Kostenübernahme für den Einzelheilversuch mit Vorinostat abgelehnt. Echt klasse, wenn irgendwelche Ärzte vom Medizinischen Dienst sich über die Empfehlung der Experten vom DKFZ hinwegsetzen. Arghhh! Da hat man durch jahrelange Forschung einen neuen und vielversprechenden Therapieansatz gefunden (klar gibt es auch hier kein Heilungsversprechen) und dann heißt es, Vianne sei schließlich noch nicht austherapiert, was soviel bedeutet, dass noch herkömmliche Therapien zur Verfügung stehen, um die Krankheit eventuell aufzuhalten. Aber hier ist noch nicht das letzte Wort gesprochen. Unsere Ärzte wollen Widerspruch einlegen. Zur Not bezahlen wir das Medikament halt selbst, auch wenn ich vermute, dass es wahnsinnig teuer sein wird. Aber auch in diesem Fall gibt es Möglichkeiten und Wege.

Echtzeit! In der Warteschleife – 26. Oktober 2014

Es kommen so viele neue Informationen bezüglich Viannes weiterer Behandlung zusammen, und trotzdem geht es nicht richtig voran. Es stört mich einerseits nicht, weil ich diese Schonzeit genieße und Angst vor den kommenden Behandlungen habe. Vianne geht es ja augenscheinlich gut. Aber wir wissen schließlich, dass das trügerisch sein kann – das ist das „andererseits". Am Freitag nahm Vianne gemeinsam mit Ada das erste Mal nach der Wirbelsäulen-OP am Kindergarten-Schwimmkurs teil. Sie war stolz und glücklich. Beim Ausziehen bemerkte ich allerdings, dass ihre Narbe im unteren Nackenbereich entzündet war. Die Essener hatten nun schon das zweite Mal einen Faden übersehen. Arghhhh! Das war uns (!) vor einer Woche aufgefallen. Die Dortmunder schauten sich die Stelle an und meinten, der Faden wäre schon sehr verwachsen, da müsse man wohl mit dem Skalpell ran. Wir entschieden gemeinsam, dass der Faden erst entfernt wird, wenn sie das nächste Mal eine Narkose bekommt. Allerdings war die Stelle da noch komplett reizlos. Mist! Am nächsten Dienstag sind wir sowieso wieder in der Klinik, dann sehen wir weiter.

Unsere Ärzte haben uns mitgeteilt, dass sie nun doch keinen Widerspruch bei der Krankenkasse wegen der abgelehnten Vorinostat-Behandlung einlegen werden. Es gibt nämlich neue Erkenntnisse von einer internationalen Tagung in Toronto, auf der auch einer unserer Ärzte ist. Die neuesten Datenauswertungen belegen, dass eine Re-Bestrahlung bei einem rezidierten Ependymom doch signifikant bessere Heilungschancen zeigt als bisher angenommen. So mit steht die Bestrahlungsoption wieder an erster

Stelle. Zudem sollten wir unser „Pulver nicht (vorzeitig) verschießen" und uns die Aussicht auf eine spätere (von der Krankenkasse bezahlte) Vorinostat-Behandlung offenhalten, falls die Bestrahlung versagt. Okay. Ich mische mich da nicht mehr ein. Ich glaube, das hat mit dem tiefen Vertrauen zu unserem Dortmunder Duo zu tun, das sich im Laufe der letzten zwei Jahre immer weiter gefestigt hat. Sie haben aber auch sehr viel dafür getan, unser Vertrauen zu gewinnen. Sie haben sich immer für uns eingesetzt (trotz eines sicherlich hohen Arbeitspensums), waren auch außerhalb der Arbeitszeiten oder während Tagungen im Ausland erreichbar und haben auf Nachfrage zeitnah Rückmeldung gegeben. Auch die neuesten Erkenntnisse aus Toronto ließ Prof. S. uns weiterleiten, noch während er vor Ort war. Ich glaube, wir sind ein gutes Team und ziehen gemeinsam an einem Strang. Das merken wir auch bezüglich der Frage, wer bestrahlen wird. Während Dr. B. nochmals in Essen wegen der Photonenbestrahlung nachhakte, hat Prof. S. zeitgleich mit Prof. T. in Toronto über die Möglichkeit der Protonenbestrahlung in Viannes Fall (trotz des cranio-spinalen Feldes) gesprochen. Daneben hat Dr. B. Kontakt zur Düsseldorfer Strahlenklinik aufgenommen, die sich derzeit Viannes Bestrahlungsplan anschaut. Jeder ist aktiv, jeder ist bemüht, zu helfen. Alles andere liegt – wie gesagt – nicht in unserer Hand, ganz gleich ob wir uns einmischen oder nicht.

Am letzten Donnerstag und Freitag waren wir vormittags bei unserer lieben Kunsttherapeutin, die mit Vianne spielerisch die Maskenanpassung für die Bestrahlung proben wollte. Am Donnerstag war Vianne eingeschüchtert und wollte nicht. Wir waren auch schon länger nicht mehr bei K. gewesen. Sie brauchte Zeit, sich zu akklimatisieren. Die haben wir ihr gegeben. Vianne und ich haben in dieser Stunde gemeinsam ein wunderbares Bild mit Wasserfarbe gemalt. Wir haben es Waldspaziergang getauft. Am Freitag durfte K. dann doch mit der Gipsmaske beginnen, nachdem sie mir zuvor auf Viannes Wunsch mein Kinn eingegipst hatte. Ich sah wirklich lustig aus. Allerdings weigerte Vianne sich, sich bei der Maskenanpassung hinzulegen. Das Hinlegen hat für sie noch immer etwas mit „sich hingeben", „sich ausliefern" zu tun, und damit hat sie verständlicherweise Probleme. Also legte K. die Gipsbinden im Sitzen auf, während ich Vianne „Wir Kinder aus Bullerbü" vorlas. Sie hielt ganz ruhig. K. und ich waren gleichermaßen stolz auf die Maus. Nachdem sie erlebt hat, dass das Anfertigen der Gipsmaske nichts Gefährliches ist, legte sie sich zum Ende der Stunde doch einmal probehalber hin. Am Dienstag wollen wir dann einen neuen Versuch komplett im Liegen starten. Ich bin zuversichtlich.

Echtzeit! Photonen und Prinzessinnenparty – 30. Oktober 2014

Wir sind noch immer in Wartestellung bezüglich der Bestrahlung. Die Düsseldorfer haben nun eine erste Zusage gegeben, zumindest für eine partielle Bestrahlung. Aber sie prüfen noch. Ich habe das Gefühl, dass alle wieder etwas zurückrudern, weil eine umfassende cranio-spinale Bestrahlung wahrscheinlich zu starke Folgeschäden verursachen würde. Es soll nun anscheinend versucht werden, vorrangig die Bereiche, in denen die Rezidive aufgetaucht sind, zu bestrahlen und die weiteren Hirnwasserwege soweit wie möglich einzubeziehen, ohne dass man das primäre Tumorgebiet trifft. Eine Region, die schon einmal bestrahlt worden ist, darf in der Regel nicht noch einmal bestrahlt werden. Die Dortmunder Radiologen wollen es nach wir vor nicht machen, „es müsste auf breiteren Schultern getragen werden". Im Klartext heißt das: Wir haben Angst vor möglichen rechtlichen Schritten. Die „breiteren Schultern" wären die Unikliniken. Ich kann diese Entscheidung sogar nachvollziehen. Aber ich habe auch immer Dr. B.s Worte in den Ohren. „Sie (Anm.:die Radiologen) machen sich Sorgen, dass Vianne taub werden könnte, aber wenn sie stirbt, kann sie auch nichts mehr hören." Bin ich innerlich schon so abgehärtet? Na türlich sind diese Worte makaber, aber sie lösen bei mir keinen Heulkrampf mehr aus. In solchen Momenten habe ich das Gefühl, wir unterhalten uns über irgendein Kind, nicht über meine Tochter. Auch die Protonenbestrahlung in Essen (nicht die herkömmliche Bestrahlung mit Photonen, da sind momentan ja keine Kapazitäten vorhanden) ist wieder im Gespräch. Unsere Ärzte wollen deswegen noch abwarten, bevor sie den Düsseldorfern zusagen.

Der Faden, der in Viannes Rücken vergessen wurde, hat sich am Wochenende natürlich prompt entzündet – zum Glück war die Stelle nur gerötet und leicht vereitert. Weil sie derzeit wieder die orale Chemotherapie bekommt, war uns die Sache zu heikel. Die Dortmunder haben den Faden – unter allergrößtem Protestgebrüll – am Dienstag mit einer Pinzette entfernt. Zum Glück waren die Klinik-Clowns wieder auf Station. Sie zauberten letztendlich die Tränen hinfort und ein Lächeln auf Viannes Gesicht. Das wurde noch breiter, als sie von den beiden eine Häkelmaus geschenkt bekam. Anschließend hat sie zusammen mit K. eine weitere Gipsmaske erstellt. Aus dem ersten Abdruck hat sie ein wunderschönes „Glitzer-Bambi" einschließlich Geweih und hellen Tupfen gestaltet.

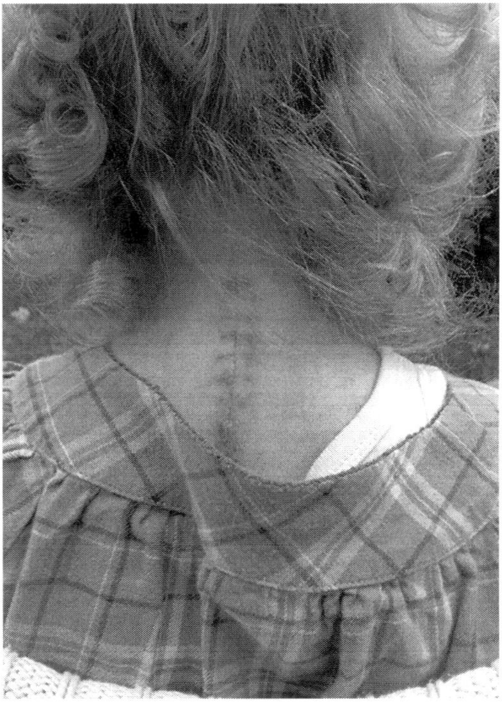

Die Temodal-Gaben (Chemo) klappen jetzt gut. Die Einnahme ist kein Problem mehr. Vianne wirkt fit und agil. Vier Pillen hat sie schon geschafft, morgen folgt die fünfte, die letzte Gabe. Dann haben wir wieder zwei Wochen Pause, bevor es weiter geht – sofern ihr Körper mitspielt. Wir haben den 2. Therapiezyklus zu spät gestartet – es lag nicht an uns. Wir hatten eine verkehrte Rückmeldung. Solche Dinge bringen uns nicht mehr aus der Fassung. Es ist auch nicht weiter schlimm. Ich glaube nicht, dass deswegen ein neues Rezidiv entsteht. Wenn es kommt, kommt es eh. Schlimmer wäre es gewesen, wenn wir zu früh weitergemacht und sie sozusagen eine Überdosierung bekommen hätte. Wir geben nicht auf – das ist es nicht – aber wir sind demütiger geworden. Zu oft haben wir gemerkt, dass wir es nicht in der Hand haben, wie diese Erkrankung verläuft, auch wenn wir nach bestem Wissen (und Gewissen) Entscheidungen getroffen haben.

Heute war ein toller Tag! Lilli hatte extra für Ada und Vianne eine nachträgliche Prinzessinnen-Party „geschmissen" – so liebenswert. Zu ihrer eigentlichen Geburtstagsparty konnten Ada und Vianne nicht kommen, da Vianne gerade am Rückenmark operiert worden war. Rosa war heute die dominierende Farbe. Neben Tanz und Topfschlagen haben sich die Mädels mit Begeisterung ihre Nägel lackiert - natürlich in – naaaa? – ROSA. Danke Kathrin, danke Lilli für diesen wunderschönen zuckersüßen Tag....

Echtzeit! Verwirrt – 2. November 2014

Ich komme gerade von einer Party. Ich habe getanzt, gefeiert, gelacht, genossen. Ehrlicher als heute Abend werden meine Blog-Einträge nicht. Ich hatte Spaß – richtig Spaß, aber zwischendurch habe ich mir Viannes Fotos auf meinem Handy angeguckt. Egal was ich mache, egal wo ich bin – ich bin in Gedanken bei meiner Tochter, weil diese Liebe zu ihr so tief geht, dass ich immer an sie denken muss. Ich bin nicht immer traurig, wenn ich an sie denke. Mal zaubern Gedanken an sie ein Schmunzeln in mein Gesicht, mal stöhne ich genervt auf. Ich möchte sie nicht verlieren, weil sie bezaubernd ist, weil sie

Vianne ist. Luke hat heute um sie geweint. Er ist zu weit für sein Alter. Er weiß zu sehr um die Gefahr, in der sie schwebt. Ich habe ihn ganz fest in die Arme genommen, ihn gedrückt und getröstet. Ich kann ihm die Zuversicht schenken, die ich selbst zu oft nicht spüre. Ich bin verwirrt. Trotz allen Widrigkeiten liebe ich das Leben. Wie gern würde ich Vianne ein erfülltes Leben schenken – aber es liegt nicht in meiner Macht.

Echtzeit! Noch fest im Blick? – 4. November 2014

Wir haben noch immer keine Rückmeldung aus Dortmund. Wir wissen nicht, wie es weitergeht. Warten unsere Onkologen selber auf eine Antwort oder haben sie so viele andere Dinge zu tun, dass sie Vianne aus dem Blick verloren haben? Wenn wir anscheinend so viel Zeit haben, warum dann vorher so eine Hektik? Oder passiert gerade ganz viel im Hintergrund, was wir nur nicht mitbekommen? Diese Gedanken beschäftigen mich derzeit. Wir mussten allerdings in letzter Zeit so viel von uns aus in die Wege leiten, beispielsweise den nächsten MRT-Termin, dass ich schon etwas skeptisch bin. Hätten die Dortmunder selber daran gedacht, dass bald acht Wochen seit Viannes Rücken-OP vergangen sind und die nächste Bildgebung ansteht? Ich weiß es nicht. Ihnen sollte doch am ehesten bewusst sein, dass es schwer ist, kurzfristig ein MRT anzumelden. Als ich unseren Arzt auf das anstehende MRT an sprach, meinte er, ich solle es über die Sekretärin anmelden lassen. Und die hatte in der Tat ein Problem, noch einen Termin für uns zu bekommen. Auch nach der ersten Blutuntersuchung nach der Temodal-Gabe hat niemand angerufen, um die Ergebnisse mitzuteilen. Letztendlich habe ich nachgefragt und mir die Werte durchgeben lassen. Mittlerweile weiß ich schon, welche Leukos, Thrombos ganz gut sind. Ich weiß letztendlich aber nicht, was sie braucht, um in die nächste Runde zu gehen. Ich habe keine Ahnung, ob überhaupt irgendjemand darauf geschaut hat. Es gab auch keine körperliche Untersuchung, kein Abhorchen, kein „In-den-Rachen-schauen". Ich weiß nicht, ob so etwas vonnöten ist, aber wir verabreichen ihr schließlich keine schnöden Nasentropfen, sondern ein Chemotherapeutikum. Was ist mit den sechswöchigen neurologischen Untersuchungen, die vor den Rezidiven regelmäßig anstanden? Gilt das für uns nun nicht mehr, weil wir nicht mehr nach der ursprünglichen Studie behandelt werden? Je mehr ich hier meine Gedanken aufschreibe und ordne, desto wütender werde ich und und desto mehr reift der Entschluss, all diese Fragen morgen mal anzusprechen.

Nun aber zur Hauptperson: Vianne geht es zum Glück nach wie vor anscheinend gut. Ada hatte sich zum Ende der Woche einen fiebrigen Infekt mit Heiserkeit und Halsschmerzen eingefangen. Gestern Abend bekam Vianne Fieber und hatte die gleichen Symptome. Richtig besorgt bin ich nicht, das Fieber ist auch schon wieder weg, aber natürlich mache ich mir bei ihr mehr Gedanken als bei den anderen Kindern. Gestern kam sie ganz stolz zu mir: „Mama, ich weiß, was Pferd auf Englisch heißt." „Na was denn?", wollte ich neugierig wissen. „Horst!", kam es triumphierend. Ich musste so laut lachen. Gestern war überhaupt ein spannender Tag: Ada und Vianne hatten ihr Schulspiel. Immer zwei Kinder gingen gemeinsam mit einer Lehrerin mit, um kleine Aufgaben zu meistern. Hand in Hand wagten sich meine Mädels zusammen vor. Sie waren so herrlich aufgeregt und voller Vorfreude. Es war schön (und traurig) zugleich. Wird Vianne überhaupt nächstes Jahr die erste Klasse besuchen können? An sich ist die Einschulung so eine wunderbare Sache – bei uns wird sie überschattet von der Angst vor Viannes Zukunft. Diese widersprüchlichen Gefühle sind so schmerzhaft. Dabei ist sie so ehrgeizig. Das ist auch der Lehrerin sofort aufgefallen. Ich bin so stolz auf meine Mädels – sie haben die Aufgaben (jede im Rahmen ihrer Möglichkeiten) gut gemeistert. Vianne hat etwas Nachholbedarf im Bereich der visumotorischen Koordination und der Raum-Lage-Erfassung, ansonsten ist sie aber fit. Diese Defizite kommen wahrscheinlich daher, dass die Feinmotorik ihrer rechten Hand etwas eingeschränkt ist und sie nun die linke Hand zum schreiben, schneiden und für weitere feinere Tätigkeiten benutzt, obwohl sie von Natur aus Rechtshänderin ist. Ich finde es erstaunlich, dass sie trotz drei schwerer Operationen, einer „Hammer"-Chemotherapie und einer Bestrahlung insgesamt so fit ist. Es ist einfach bemerkenswert, dass sie so gut mitgemacht hat, obwohl sie bereits den Infekt in sich hatte und daneben derzeit unter einer – wenn auch sanfteren – Chemo steht. Wenn jemand meinen uneingeschränkten Respekt hat, dann Vianne, diese wunderbare kleine Kämpferin. Aber ich bin auch unglaublich stolz auf Ada, Jesse und Luke, die trotz der mentalen Belastung immer wieder gute Ergebnisse erzielen.

Echtzeit! Geklärt – 5. November 2014

Ich hatte heute ein langes Gespräch mit Dr. B. – sie haben uns noch fest im Blick und es läuft viel im Hintergrund. Das ist gut! Wir waren uns einig, dass wir wieder einen festeren Rhythmus für Viannes Kontrolluntersuchungen brauchen. Aber sie wollen uns auch ein Höchstmaß an Lebensqualität gönnen, das so wenig wie möglich mit Krankenhausterminen und -aufenthalten belastet ist, gerade weil sie nicht wissen, wo Viannes Weg hinführt – auch wenn sie noch immer auf Heilung aus sind. Es war ein offenes und ehrliches Gespräch und es tat gut. Zudem gibt es Neuigkeiten: Es wird in Erwägung gezogen, Vianne in Essen als erste Patienten craniospinal mit Protonen zu bestrahlen. In rund zwei Wochen soll eine Entscheidung getroffen werden. Derzeit werden ihre Daten geprüft. Der Start wäre dann Anfang Dezember. Ich weiß nicht, ob es eine Chance ist? Aber ich finde es gut, dass unsere Ärzte es als Alternative zur Photonenbestrahlung erwägen, um vielleicht doch jeden Millimeter gesunden Hirngewebes zu schonen. Vielleicht ist es auch nur eine trügerische Alternative: weniger Folgeschäden, aber dafür weniger effektiv. Wir wissen es nicht. Niemand weiß es. Wir lassen es auf uns zukommen. Vianne war heute den ganzen Tag fieberfrei. Sie tanzte mit Ada über den Wohnzimmerteppich. Zur Sicherheit sollen morgen ihre Blutwerte untersucht werden. Ich persönlich glaube, dass sie den Infekt überwunden hat.

Unsere zuckerfreie bzw. zuckerreduzierte Ernährung entfacht äußerst raffinierte Züge und „kriminelle" Energien bei unseren Kindern: als wir die selbstgebackenen Bananen-Apfel-Muffins (zuckerfrei) mit etwas Lebensmittelfarbe (zuckerhaltig) verzieren wollten, ertappte ich Ada und Vianne dabei, wie sie sich in einem scheinbar unbeobachteten Moment die komplette Tube in den Mund pressten...

Jesse versucht es eher mit der Mitleidsmasche: „Seit Taaagen ist der Kühlschrank leeeeer! Oh, Mama, jetzt kauf doch mal wieder was Vernünftiges! Es wäre so toll, mittags mal wieder satt zu werden." Luke hat eher die hinterhältige Masche drauf: „Hmmm, die Möhren schmecken echt lecker, Mama." (Sein Gesichtsausdruck sagt etwas ganz anderes.) „Ach, kannst du mir bitte, bitte eine Packung belgische Pralinen vom Einkaufen mitbringen? BIT-TE!"

Echtzeit! Total verplant – 9. November 2014

Es ist Sonntagabend, und eigentlich bräuchten wir alle Wochenende. Ich habe mich gründlich geirrt: Viannes Infekt ist nicht überwunden. Am Donnerstagvormittag waren wir zum Bluttest in der Klinik, Donnerstagabend kam das Fieber mit voller Kraft zurück und hält seitdem an. Da die Schwester zu wenig Blut abgenommen hatte, konnte das Labor nicht prüfen, ob sie einen Entzündungswert und somit einen bakteriellen Infekt hat, den man mit Antibiotika behandeln kann. Ich habe Vianne auf eigene Entscheidung am nächsten Morgen das Antibiotikum gegeben, da ich keine Lust hatte, erneut mit ihr in die Klinik zu fahren – und mich mittags bei den Ärzten rückversichert. Unter einer Chemo sind sie eher mit Antibiotikum dabei. Viannes Blutwerte sind zwar nicht bedenklich, aber auch nicht wirklich gut. Wir hatten das Wochenende komplett verplant – und mussten wieder einmal die Erfahrung machen, dass unser Plan nicht aufging. Nun musste alles neu überdacht werden. Wir wollten Ada und Viannes Kinderzimmer renovieren. Eine Wand zum begehbaren Kleiderschrank musste raus, damit das Zimmer größer wird, schließlich sollten beide endlich große Betten bekommen. Der Baucontainer stand bereits vor der Haustür. Wir mussten also starten. Außerdem wollte Jesse am Samstag eine nachträgliche Geburtstagsparty schmeißen. Er wollte „sturmfreie Bude" haben und hatte uns im Vorfeld ganz lieb gefragt, ob das machbar sei. Eigentlich kein Thema: Luke sollte am Samstag bei einem Freund übernachten, Ada und Vianne sollten schon ab Freitag zu Andi und Ralf, so dass wir zudem für die Renovierungsarbeiten „den Rücken frei" hatten. So der Plan. Nun machte uns das Fieber einen Strich durch die Rechnung. In dem Zustand konnte und wollte ich Vianne nicht abgeben. Also kam Andi am Freitag kurzerhand zu uns, um sich um die „Mäuse" zu kümmern. Ich räumte derweil das Kinderzimmer frei. Micha und Luke schlugen am Nachmittag die Wand mit einem großen (und einem kleineren) Vorschlaghammer ein. Ada und Vianne waren so traurig, dass sie nicht bei Andi übernachten durften. Wir wollten den nächsten Tag abwarten. Das Fieber war zwar noch immer da, Vianne wirkte aber fitter. Also entschied ich mich schweren Herzens, sie trotz Temperatur am Samstag ins Sauerland zu bringen. Ich wusste sie schließlich in guten Händen und sie hatte dort mehr Ruhe. Andi hatte ruhige Sachen organisiert wie Basteln und neue Hörspiele. Wir wollten auch nicht Jesses Party absagen – er hatte in den letzten zwei Jahren bereits auf zu viele Dinge verzichten müssen... Ich hatte mich mit meiner Schwester darauf geeinigt, dass ich nachkommen würde, falls sich Viannes Zustand verschlechtert. Dann hätte ich ebenfalls bei ihr übernachtet. Als Vianne davon erfuhr, meinte sie völlig entrüstet, dass das überhaupt nicht nötig sei. Meine kleine „Große"! Abends kam dann der erlösende Anruf: Sie habe nur noch leicht erhöhte Temperatur, kein Fieber mehr. Ich war erleichtert.

Die Renovierungsarbeiten verliefen mehr als schleppend: Wir mussten doch mehr verputzen als gedacht, der blöde Teppich ließ sich nur zentimeterweise lösen und das Laminat, das wir verlängern wollten und zum Glück noch nachbekommen hatten, wies eine andere Nut auf. Arghhhh! Unsere Nerven lagen blank und wir stritten und renovierten und stritten. Nachmittags kamen die Mädels zurück. Vianne hatte wieder Fieber. Es gibt Tage, die möchte man am liebsten aus seinem Gedächtnis streichen. Wir sind alle müde und geschafft – und dabei liegt eine anstrengende Woche vor uns allen: Luke schreibt eine Mathearbeit und einen Englischtest, Jesse hat auch eine weitere Klausur vor sich, ich muss wahrscheinlich den versäumten Tag von letzter Woche nacharbeiten, Micha muss geschäftlich weg – genau dann, wenn Vianne ihr MRT hat. Wir „Mädels" werden es also dieses Mal alleine meistern müssen. Es macht mir etwas Angst. Noch mehr Angst haben Micha und ich aber wieder vor dem Ergebnis. Der Druck steigt stündlich. Was werden wir auf den Aufnahmen von der Wirbelsäule zu sehen bekommen...? Wir bräuchten dringend Wochenende...

PS.: Es gibt drei gute Nachrichten: der Laminatboden liegt komplett (wir haben getrickst), Jesses Party war ein voller Erfolg und er ist glücklich und zufrieden und Lukes sehnlich erwartete Lego-Bestellung ist eingetroffen.

Echtzeit! Spekulationen – 10. November 2014

Das Fieber ist wieder da, nachdem sie den ganzen Tag fieberfrei war. Das Temodal zeigt anscheinend sein wahres Gesicht. Wie gesagt: Es ist kein Nasenspray. Aber ganz sicher können wir uns nicht sein. Auch Jesse hat früher mal eine Woche lang extrem hoch gefiebert – weit höher als Vianne jetzt – und sein Immunsystem war völlig intakt. Entweder packt ihr Immunsystem den Infekt nicht, weil es zu schwach ist, oder ihr Immunsystem ist soweit in Ordnung, aber der Infekt ist zu stark. Wir wissen es nicht. Ich bin diese ewigen Spekulationen leid. Ich bin das Thema Krankheit leid und doch bestimmt es unser aller Leben. Manchmal stelle ich mir vor, wie wir leben würden, wenn Vianne keinen Hirntumor gehabt hätte. Wären wir wirklich glücklicher, oder würden wir dieses vermeintliche Glück gar nicht zu schätzen wissen? Ich weiß es nicht. Es ist seltsam. Meine Erinnerungen an die Zeit vor Viannes Erkrankung, meine Erinnerungen an ein Leben ohne den Tumor, fühlen sich so fremd an. Die Vergangenheit fühlt sich so fremd an, als ob sie nicht zu uns gehören würde. Wie unbeschwert wir waren, wie frei. Aber solche Gedanken sind wie Erinnerungen an einen zurückliegenden Urlaub: Aus der Distanz wirkt das Erlebte noch schöner, noch farbenfroher... Wir müssen in der Realität bleiben, denn auch jetzt lachen wir noch zusammen. Nur die Angst ist allgegenwärtig. Jedes Mal zucke ich zusammen, wenn das Telefon klingelt und die Nummer unterdrückt ist:

entweder sind es meine Eltern (das ist die angenehme Variante) oder es ist Dr. B., der mal gute, mal schlechte Nachrichten überbringt. Heute Abend rief er an. Er erkundigte sich nach Viannes Zustand. Mein erster Gedanke war: „Teilt er uns nun mit, dass die Essener doch nicht mit Protonen bestrahlen wollen?" Wäre es schlimm? Keine Ahnung. Er brauchte aber lediglich Daten für die Essener, für die mögliche Protonentherapie. Wann sind wir mit Temodal gestartet? Wann war der zweite Chemo-Zyklus? Wann war die Rückenmarks-OP? Er hörte sich ebenso müde an wie ich mich derzeit fühle.

Vianne knirscht wieder jede Nacht mit den Zähnen. Es hört sich schrecklich an. Ich werde nie vergessen, dass sie auch vor der ersten Diagnose so laut mit den Zähnen geknirscht hat. Da wir das Zimmer der Zwillinge renovieren – es ist übrigens heute fertig geworden und sieht toll aus – schlafen die beiden derzeit bei uns im Schlafzimmer. Letzte Nacht bin ich freiwillig in das Wohnzimmer umgezogen. Nicht weil es mir im Schlafzimmer zu eng war, sondern weil ich eine mentale Auszeit gebraucht habe. Ich hätte sonst die halbe Nacht Viannes Zähneknirschen gelauscht und spekuliert, ob sie so einen Stress hat, weil wieder etwas in ihrem Kopf, in ihrem Rücken wächst. Ich hätte halbstündlich an ihrem Nacken gefühlt, ob das Fieber wieder da ist. Ich brauchte diese räumliche Distanz, um meine Sorgen, Ängste, Spekulationen abzuschalten, zumindest für ein paar Stunden. Micha hat bei den Mädels geschlafen. Ich habe meine Verantwortung abgegeben. Und ich habe ein schlechtes Gewissen. Ich habe ein schlechtes Gewissen, weil ich mich davonstehle. Ich habe ein schlechtes Gewissen, weil ich an die Zeit vor der Erkrankung denke. Ich hasse diese Schwäche. Aber ich bin auch Realist. Ich weiß, dass ich mir diese Auszeiten nehmen muss, um am nächsten Tag wieder da zu sein. Heute Nacht schlafe ich bei ihr. Sie hat es sich gewünscht. Ich werde mich an sie kuscheln und ihr all meine Kraft schenken.

Echtzeit: MRT und haarige Gedanken – 13. November 2014

Seit Dienstag ist Vianne fieberfrei. Zum Glück! Sie erholt sich so unglaublich schnell. Als ob nichts gewesen wäre. Mir ist ein Stein vom Herzen gefallen. Heute, am Donnerstag, hatten wir das MRT des Spinalkanals. Beim Frühstück habe ich Vianne erklärt, dass sie wieder in „die Röhre" müsse. Sie schaute mich gespielt theatralisch an und meinte: „Heiliges Schlappohr". Sie schafft es immer wieder, mir ein Lachen ins Gesicht zu zaubern. Obwohl das eigentlich mein Part sein sollte. Sie meisterte das MRT wieder komplett ohne Narkose, ohne Beruhigungssaft. Um 13 Uhr legte ihr die Ärztin in der onkologischen Ambulanz den Zugang für das Kontrastmittel, untersuchte sie, nahm Blutproben, maß und wog die Maus, machte diverse neurologische Tests mit ihr. Sie bekam ein Bonbon als Belohnung. Mir war es heute egal. Heute war Zuckertag! Vianne kaute genüsslich auf dem Kaubonbon. Beim Zuganglegen flossen allerdings wieder ein paar Tränen, aber sie war tapfer. Sie durfte sogar das Filly-Heft aus dem Wartezimmer mitnehmen - meine kleine Verhandlungskünstlerin. Dann gingen wir ins Hauptgebäude zur Radiologie. Ich meldete Vianne an: „Ach, Emma Vianne, na dich kennen wir doch schon, du Süße", sagte die nette Sekretärin. Als wir im Wartebereich vor dem MRT saßen, kam sie nochmals zu uns: „Darf Emma (sie heißt Vianne!) einen Schokoriegel?" Klar, heute war Ausnahmetag, heute war Zuckertag. Dann wurden wir herein gerufen. Wir zogen uns beide die kleidsamen OP-Kittel an. Mist, ich hatte niemanden, der meinen hinten zubinden konnte... Schließlich konnte ich eine Schwester auftreiben. Vianne versank in ihrem. Irgendwie erinnerte sie mich mit ihrem dicken Schnuller und dem viel zu großen Hemd an „Maggie" von den Simpsons. „Mensch, siehst du süß aus in dem großen Kittel!", meinte der Radiologe lachend zu Vianne. Seine herzliche und ungezwungene Art tat gut. Ich überreichte ihm einen Stick mit zahlreichen „Drache-Kokosnuss"-Folgen. Darum hatte er beim letzten Mal für andere kleine Patienten gebeten. Dann schloss er mein Handy für Viannes Kokosnuss-Folge an. Wir gingen in den MRT-Raum. Vianne zögerte leicht. Ich hob sie auf die Liege. Die Assistentin drückte ihr den Notfall-Drücker in ihre kleine Hand. Wir bekamen beide Kopfhörer. Die Liege wurde in die Röhre gefahren. Vianne wirkte ruhig, ich war nervös, versuchte aber, Routine auszustrahlen. Die Tür schloss sich. Dann begann das Klackern und Surren. Ich hatte noch nie ein MRT erlebt. Es war befremdlich. Meine tapfere Tochter lag in der engen Röhre. Sie wirkte entspannt. Ich atmete heftig. „Ganz ruhig bleiben", ermahnte ich mich. Es konnte nicht sein, dass eine Fünfjährige das MRT souverän meistert, während die Nerven ihrer Mama blank liegen. Also riss ich mich zusammen. Ich stand die ganze Zeit an ihrem Fußende, streichelte ihre Füße in den rosaroten Ringelsöckchen. Das Tackern der Röhre erinnerte mich an den nervigsten Disco-Rhythmus. Ich musste etwas schmunzeln. Ich schaute zu Vianne – und konnte es nicht glauben.

Die Maus war eingeschlafen. Wir mussten sie zum Ende der Aufnahmen wecken. Alle lobten sie. Sie wäre „so tapfer", sie wäre „tapferer als mancher Erwachsener". Das kann ich nur bestätigen. Der Arzt verlieh ihr eine Tapferkeitsurkunde und den entsprechenden Button. Ich musste ihn ihr sogleich ans Oberteil heften. Ich drückte und küsste meine kleine Heldin. Der Zugang wurde gezogen, und wir durften nach Hause. Aber zuerst kauften wir noch diverse Hefte und einen Riesen-Cookie am Kiosk – und einen Doppelpack Hanuta und zwei Kaubonbons – eins für Ada, eins für Vianne: Hey! Zuckertag!!!

Ich wollte keinen Telefonanruf bekommen. Der Tag verlief so gut. Ich habe ernsthaft in Betracht gezogen, nicht ans Telefon zu gehen, falls eine unterdrückte Rufnummer angezeigt wird. Das Telefon blieb still. Danke. Ich will auch morgen kein Ergebnis bekommen...

Es ist manchmal so seltsam. Obwohl wir wieder vor der Frage stehen, ob ein neuer Tumor wächst, mache ich mir Gedanken über Viannes Haare. Nicht weil es mir persönlich wichtig erscheint, sondern weil es mittlerweile für meine Tochter von Bedeutung ist. Sie ist größer, älter geworden. Als Vianne wegen der Chemo das erste Mal ihre Haare verlor, war sie erst drei Jahre alt. Sie fand es nicht wirklich schlimm. Als sie vier Jahre alt wurde, wünschte sie sich ab und zu solche „weißen" Haare wie Ada oder wie die Prinzessinnen in ihren Büchern. Sie fragte uns, warum sie keine Haare mehr habe. Früher hätte sie doch schon einmal welche gehabt. Wir erklärten ihr, dass die „Chemo-Ritter" in der Hitze des Gefechts ab und zu ein paar gute Zellen, nämlich die Haarzellen, treffen. Die können sich dann nicht mehr halten und fallen ab. Das erschien ihr einleuchtend und sie akzeptierte die Erklärung. Sie fand es nämlich ebenso spannend, dass ich ihr bunte Blumen und einen Schmetterling auf ihr kahles Köpfchen malte, ebenso wie in dem Buch: „Prinzessin Lucie und die Chemo-Ritter".

Kurz nach Ende der Chemo, noch während der Bestrahlung, wuchsen ihre Haare wieder. Zuerst zeigte sich lediglich ein zarter dunkler Flaum, später verwandelten sich die kurzen glatten Haare in wunderbare kräftige Kringellöckchen. Nur das bestrahlte Gebiet blieb anfangs kahl. Die Schweizer Radiologen hatten uns bereits auf diesen „Folgeschaden" der Bestrahlung hingewiesen. Die Chance, dass dort wieder Haare wachsen, sei gering. Es war Vianne und uns egal. Schließlich gibt es schicke Langhaarfrisuren mit Seitenscheitel... Doch entgegen aller Erwartungen wuchsen, wenn auch spärlich, ein paar feine Haare nach. Sie wurden länger und dichter. Die Löckchen entwickelten sich zu richtigen Schillerlocken. Auf einmal durfte ich Vianne keine Haarspange mehr hinein machen, denn sie wollte, dass ihre Haare „fliegen". Ganz oft rief sie voller Begeisterung: „Mama, ich spüre den Wind in den Haaren!" Wir freuten uns, dass sie sich so freute. Kurz nach der ersten Rezidiv-Diagnose machten wir ein Foto für die Schweizer Radiologen. In gewissen Abständen füllen wir einen Dokumentationsbogen aus, der darüber Aufschluss gibt, wie sich Vianne nach der Protonenbestrahlung entwickelt: eigentlich sehr gut – abgesehen von diesen hinterhältigen Krebszellen. Sie hat nun wieder größere Ähnlichkeit mit Ada. Das ist ihr persönlich sehr wichtig. Durch die anstehende Bestrahlung wird sie ihre Haare wahrscheinlich wieder verlieren, vielleicht endgültig. Wir wissen noch nicht, wie wir sie darauf vorbereiten sollen. Es sind nur Haare....

Echtzeit! Unscharf – 17. November 2014

Am Wochenende ist meine Strategie des „Nichts-wissen-wollen(s)" sehr gut aufgegangen – besser unwissend, als das Wissen in mir zu tragen, dass ein neuer Tumor auf das Rückenmark meiner Tochter drückt. Diese Schonzeit wollte ich mir, wollte ich uns geben. Ich verbot es mir, am Freitag in der Klinik anzurufen. Sollten sie sich doch melden, wenn es etwas Neues gibt. Wenn es dringend ist, würden wir es sowieso bald erfahren. Lassen wir den Dingen doch einfach mal ihren natürlichen Lauf. Wie herrlich es ist, die Gedanken beiseite zu schieben, wie befreiend es ist, nicht aktiv einzuwirken. Aber ich kann mich nicht selbst täuschen, jedenfalls nicht längerfristig. Bereits Sonntagabend bröckelte diese Phase der Inaktivität. Ich wäre auch nicht ich, wenn diese Fassade keine Risse bekommen hätte. Meine Finger huschten abends eifrig über die Laptop-Tastatur, als ich versuchte, mich wiederholt in die Ependymome und speziell in die Molekularbiologie einzuarbeiten, um Viannes Tumorzellen besser verstehen zu können. Um begreifen zu können, wie sie das Immunsystem überlisten, wie sie sich über den natürlichen Zelltod hinwegsetzen, wo genau der Bruchstückverlust auf dem Chromosomenfaden ist, was genau die Aufgabe dieser fehlenden Proteine ist. Natürlich kapierte ich nur einen Bruchteil und ich kann aus dem Verständnis von RELA-Fusion und homozygoter Deletion von CDKN2A noch keine wirklichen Rückschlüsse ziehen, aber ich begreife im Ansatz, dass wir an mehreren Fronten kämpfen müssen, um den Tumorzellen Herr zu werden. Leider hat sie an sehr wichtigen Schaltstellen Zugewinne bzw. Verluste, die das Tumorwachstum begünstigen. Aber nur wer seinen Gegner kennt, weiß, welche Schwächen er hat. Das Problem an der Sache ist nur, dass auch die schlauesten Köpfe noch nicht im Detail wissen, was da vor sich geht, bzw. wie sie dem entgegenwirken können.

Heute Morgen fühlte ich mich wie gelähmt. Ich tat unnötige Dinge, um mich abzulenken, schielte andauernd auf's Telefon. Ich versuchte mir vorzumachen, ich könnte weiter nichts wissen wollen. Aber mein Unterbewusstsein sagte mir kräftig die Wacht an. Ich fühlte mich nur noch matt und zerschlagen von dieser auferzwungenen Passivität. Bis halb drei redete ich mir ein, sowieso keinen Arzt wegen Mittagspause und anschließender Konferenz erreichen zu können. Um drei griff ich zum Telefon. Dr. B. sei gerade im Gespräch, er würde mich zurückrufen. Ich bekam zumindest die Blutwerte: Sie waren gut. Ich freute mich darüber. Gleichzeitig schoss mir durch den Kopf, dass ich bei diesen Werten keine Ausrede hatte, um das Chemotherapeutikum noch eine Woche nach hinten zu verschieben. Heute Abend mussten wir wieder starten. Ich ging mit Ada und Vianne in den Garten, ein bisschen aufräumen, Blätter aufsammeln, Farnbüschel abschneiden... Die Mädchen waren so laut, stritten ausdauernd, machten nur Blödsinn, rannten ständig rein und wieder raus und irgendwann weg. Ich schimpfte. Dr. B. rief an. „Es ist unscharf!" Was? Das Ergebnis? Die Bilder? Die Ansichten? WAS???? Vianne habe sich zu sehr bewegt (sie hat gezuckt, als sie im MRT eingeschlafen ist und leider ist man im Schlaf nicht so richtig Herr über seine Bewegungen). „Ein Bereich hat Kontrastmittel angereichert, da sehen wir einen Schatten. Auf der Schichtaufnahme ist dieser Schatten aber nicht da." Und nun? Wir sollten evtl. ein neues MRT machen. „Ein Radiologe meint, er würde einen neuen Tumor sehen, der Kinderradiologe meint, der Fleck sei ein Aufnahmefehler", erklärte Dr. B. Ich versuchte, klar zu denken. Machte eine neue Aufnahme Sinn? Dr. B. schlug ein erneutes MRT unter Narkose vor. Ich hingegen schlug vor, eine Teilaufnahme des unsicheren Bereichs – ohne Narkose – zu machen. Ich hörte ihm an, dass er ebenso unentschlossen bezüglich des weiteren Vorgehens war wie ich. Oder sollten wir die Aufnahmen abwarten, die sowieso vor der anstehenden Bestrahlung gemacht würden? Er wolle noch einmal Rücksprache mit dem befundenden Kinderradiologen halten. Jetzt wussten wir auch, warum wir dieses Mal erst so spät ein „Ergebnis" bekommen hatten: weil es kein Ergebnis gab. Die Experten hatten lange diskutiert, ohne eine eindeutige Aussage treffen zu können. Scheiß Schwebezustand. Zum Glück fiel mir während des Telefonats noch ein, dass wir dringend neue Rezepte für zwei Medikamente gegen die Übelkeit durch die Chemo bräuchten. Ich setzte an: „Äh, bevor ich es vergesse, wir brauchen noch...." Dr. B. fiel mir ins Wort: „Akazienhonig?", fragte er verschmitzt. Ich hatte ihm damals erzählt, dass Vianne das Temodal immer mit Akazienhonig nimmt. Ich musste lauthals loslachen – trotz des trüben Himmels, trotz der schmierigen verwelkten Blätter zu meinen Füßen, trotz des Regens, der mittlerweile auf mich nieder tröpfelte, trotz dieser unscharfen Ergebnisse.

Auch hinsichtlich der anstehenden Bestrahlung, ob in Düsseldorf oder doch in Essen mit Protonen, gab es noch kein klares Bild. Am Abend erfuhren wir dann, dass auch das Protonentherapie-Zentrum einen Rückzieher gemacht hat. Sie würden es dieses Jahr nicht mehr schaffen, insbesondere nicht, da es sich um ein Pilotprojekt handeln würde. Die Physiker müssten erst noch weitere Berechnungen anstellen. Dann gab es wohl noch die Aussage „von oben", dass sie bei einem Pilotversuch nicht mit so einem schwierigen „Fall" wie Vianne starten sollten. Okay. Ich kann es nicht beurteilen. Dann auf nach Düsseldorf. Morgen sollen wir Kontakt aufnehmen. „Die Zeit drängt", betonen die Dortmunder. Ich muss aber erst noch ein paar Mal tief durchatmen... Meine Gedanken hinsichtlich der Bestrahlung sind – unscharf. Wir werden das MRT in den nächsten Tagen wiederholen.

Echtzeit! Wiederholung – 20. November 2014

Das Leben besteht aus Wiederholungen, aus Déjavus. Morgen gibt es solch eine Wiederholung: Das MRT für den unklaren Wirbelbereich steht an. Und all die Ängste und Sorgen in den Stunden davor kommen mir so vertraut vor. Noch hält sich diese Unruhe in Grenzen, spätestens morgen früh wird sie wie eine große Welle über uns hinwegschwappen.

Vianne weiß noch nichts von diesem Termin. Ich fand heute nicht den richtigen Zeitpunkt. Ihr Verhalten glich heute einer emotionalen Achterbahnfahrt. Mal ist sie überdreht, quasselt am laufenden Band, gibt von allem ein bisschen „too much". Kurz darauf ist sie emotional so wacklig wie eine Hängebrücke. Wenn ihr jemand nicht auf Anhieb zuhört oder ein anderer dazwischenquatscht, fängt sie an zu schreien. Ihre Hemmschwelle ist niedrig. Wenn Ada nicht genau das spielen will, was sich Vianne ausgedacht hat, wird sie wütend und weint. Bei jedem Toilettengang beschwert sie sich lautstark, dass Ada ohne sie weiterspielen würde. Ich bin hin- und hergerissen, inwieweit ich sie maßregeln soll. Ich probiere ruhig zu bleiben und zu berücksichtigen, dass sie scheinbar mental zu kämpfen hat. Sie wirkt in einigen Situationen so verzweifelt. Andererseits ist sie eine starke Persönlichkeit und braucht, ebenso wie ihre Schwester, klare Grenzen. Leider klappt es mit meiner Ruhe nicht immer. Auch körperlich zerrt die Chemo (oder ein neuer Tumor???) an ihr. Sie wirkt hin und wieder so kraftlos in ihren Bewegungen, als müsse sie sich auf jeden Schritt, jeden Handgriff konzentrieren. Sobald sie abends das Temodal genommen hat, fällt sie todmüde ins Bett. Heute Nachmittag war Adas und Viannes kleiner Freund zu Besuch. Anfangs kam Vianne alle fünf Minuten zu mir gelaufen und beschwerte sich, dass die Beiden sie nicht mitspielen lassen wollten. Ada schmiedet gerne Bündnisse, wenn ein Dritter im Spiel ist, die kleine Taktikerin. Ich verstehe, dass sie sich manchmal von Vianne abgrenzen will, das ist gesund und vernünftig. Andererseits tut es mir für Vianne leid, die dann außen vor steht, weil sie manchmal rein körperlich nicht mithalten kann – beim Klettern, beim Rennen, beim Schuhe anziehen... Und genau darauf zielt Ada bewusst ab: „Komm Oki, wir laufen weg und Vianne muss uns fangen." Manchmal ist sie eine kleine gerissene Hexe. Nachdem ich den Kindern gesagt habe, dass bei uns keiner ausgegrenzt werde und dass sie ein Team wären, klappte das Zusammenspiel erstaunlich gut.

Das Mädels-Zimmer ist nach unserer Renovierungsaktion nun fast vollständig eingerichtet, abgesehen von den „Deko"-Sachen. Gestern wurden Hochbett und Matratzen geliefert. Wir bauten das neue Schlaflager nachmittags auf. Die Mädels waren so heiß darauf, endlich in „großen" Betten schlafen zu dürfen.

Erstaunlicherweise einigten sie sich gleich, wer zuerst oben und wer unten schlafen darf/muss. Zum Glück lässt sich das Hochbett auch zu zwei Einzelbetten umbauen, so dass wir eine „Notlösung" haben, falls sie sich einmal nicht einigen können. Vianne schlief in der ersten Nacht oben. Heute Morgen bekam ich die „Damen" kaum aus den Federn: Es muss eine wirklich gute erste Nacht gewesen sein.

Am Mittwoch, 26. November, haben wir das Gespräch in der Düsseldorfer Strahlenklinik. Mir wird jetzt schon übel, wenn ich daran denke. Die möglichen Folgeschäden sind so schwer. Vianne wird einen hohen Preis zahlen müssen. Ich weiß noch immer nicht, ob wir das Richtige tun, ob die Bestrahlung ein Segen oder eher ein Fluch ist. Wir lassen es einfach wieder auf uns zukommen – darin sind wir mittlerweile schon traurige Experten.

Echtzeit! Voller Jubel, Trubel, Heiterkeit – 22. November 2014

Gestern war ein grandioser Tag – voller Jubel, Trubel, Heiterkeit. Obwohl gestern unser MRT-Tag war. Früh morgens schlich ich ins Kinderzimmer und weckte Vianne zeitig. Ich erklärte ihr, dass sie so früh raus müsse, weil wir noch mal in die Klinik zum „Foto machen" müssen. „Okay!", meinte sie lediglich. Dabei hatte ich mich auf ein schreckliches Gezeter eingestellt. Zum einen, weil sie so früh aufstehen sollte, zum anderen, weil es dann auch noch für das MRT wäre. Aber nein, sie krabbelte gut gelaunt aus ihrem Bett. Wir fuhren los und kamen sogar pünktlich um acht Uhr in der Kinderklinik an. Schon auf dem Flur spielte sie mit den Holz-Schiebe-

Elementen an der Wand. „Schau mal, Mama, wie groß ich geworden bin, ich komme sogar schon an den Frosch!", rief sie stolz. Dann klebten wir die Emla-Pflaster (zur Betäubung) auf den Handrücken und in die Armbeuge, damit das Stechen beim Zuganglegen nicht so schmerzt. Anschließend las ich ihr etwas vor, während sie zwei Marmeladenbrote futterte. Alles war sehr entspannt. Micha wollte schnell nachkommen, nachdem er Ada im Kindergarten abgeliefert hatte. Wieder brauchte der Arzt zwei Versuche, um die Vene zu treffen. Gut, dass wir vorsorglich zwei Emla-Pflaster geklebt hatten. Micha kam auf die Station und kurze Zeit später marschierten wir zur Radiologie. Während ich uns anmeldete, faxte Micha mit Vianne herum. Ich hörte sie die ganze Zeit kichern – was für ein schönes Geräusch. Die beiden diskutierten, wofür denn eigentlich der Zugang im Handrücken sei. Micha meinte, zum Pipimachen, was bei Vianne ein weiteres Kichern auslöste. Ich war der Meinung, darüber könne man Fanta schlürfen. Vianne weiß natürlich, dass über den Zugang das Kontrastmittel für die Aufnahmen eingeleitet wird. Aber es macht Spaß, sich lustigere Alternativen auszudenken. Als uns die Schwester schließlich in die Umkleidekabine holte, grinste sie über beide Ohren. Ich verfolgte Vianne gerade mit ihrem Einhorn. Ich glaube, wir waren sehr laut beim Rumalbern... Dieses Mal ging Micha wieder mit. Sobald sich die Tür hinter den beiden schloss, überfiel mich diese Unruhe. Ich holte mir einen Kaffee, streifte durchs Foyer, ging wieder zurück, blätterte durch eine schlechte Zeitschrift. Warum dauerte es so lange? Sie wollten doch nur einen kleinen Bereich der Wirbelsäule anschauen. Meine Gedanken überschlugen sich. Konnten die Ärzte gerade in diesem Moment einen neuen Tumor sehen? Oder reagierte Vianne vielleicht allergisch auf das Kontrastmittel? Gerade eben war doch eine weitere Ärztin in den MRT-Raum gegangen. Kurz bevor sich noch schlimmere Szenarien in meinem Kopf einnisten konnten, ging die Tür auf und Vianne hüpfte mir freudestrahlend entgegen. Sie hatte einen großen Plüschvogel in der Hand. "Wow, ein Geier", sagte ich zu ihr. „Neeeee! Das ist ein Seeadler, Mama", meinte Vianne entrüstet. Irgendwie war mir mental wohl eher nach „Geier" als nach „Adler" gewesen, obwohl es unverkennbar ein Adler war. „Und?", flüsterte ich Micha zu. „Wie war's? Kann man schon was sagen?" Micha erzählte, dass er gerade kurz mit einem (uns unbekannten) Arzt sprechen konnte, und der hätte gemeint, der kontrastmittelanreichernde Bereich sehe in der neuen Aufnahme ganz anders aus. Das wäre ein gutes Zeichen, denn wenn es wirklich ein Tumor wäre, wäre das Bild das gleiche wie auf der letzten Aufnahme. Den letztendlichen Befund müsse man allerdings noch abwarten. Ein erster Hoffnungsschimmer machte sich breit. Vianne hüfte auf Micha zu, gab ihm einen dicken Schmatzer auf den Mund und meinte verzückt: „Du warst mit mir im MRT!".

Micha fuhr zurück ins Büro, Vianne und ich streiften durch das Krankenhaus-Foyer, wo unser Elterntreff einen Weihnachtsbasar veranstaltete. Alle hatten ein paar liebe Worte für Vianne übrig. Ich kaufte ihr selbstgemachte Schoko-Crossies, die sie gleich naschte. Sie bekam noch einen selbstgestrickten Schal – zufällig genau passend zu ihrer Lieblingsmütze – vom Elterntreff geschenkt. Sie strahlte alle mit ihrem schokoverschmierten Mündchen an. Danach kauften wir das obligatorische Heft am Kiosk und machten uns auf den Heimweg. Sie war einfach nur bezaubernd und vertilgte die restlichen Schoko-Crossies komplett. Egal! MRT-Tag war Zuckertag. Um 14 Uhr brachte ich Ada und Vianne zum Kindergarten-Schwimmkurs. Nachdem sie zwei Wochen wegen des Infekts nicht hatten teilnehmen können, freuten sie sich umso mehr auf das Schwimmen. Zum Abholen kam ich extra ein paar Minuten eher, um sie noch im Wasser zu sehen. Was für eine Überraschung! Ada machte ihre ersten selbstständigen Schwimmzüge. Sie war so stolz – und ich erst. Meine kleine mutige Große! Dass Seepferdchen kann kommen. Mitten im turbulenten Umziehen klingelte mein Handy. Dr. B. war dran. Er sagte nur einen

Satz: „Alles in Ordnung." Weder hörte ich den Trubel der Kindergartenkinder, noch nahm ich das Surren des Föns war, noch spürte ich die Hitze in der Umkleidekabine. Ich hörte nur eins: Kein neuer Tumor im Rücken. Lediglich die Blutgefäße hatten Kontrastmittel angenommen, die erste verwackelte Aufnahme hatte aus den Blutgefäßen einen Schatten gemacht. Ein Bildfehler! Unendliche Erleichterung.

Abends besuchten wir den Adventsmarkt in der Gärtnerei einer Freundin. Es gab eine kleine Feuershow, Glühwein, Kinderpunsch, Waffeln und Würstchen. Wir waren wie befreit – ein toller Tag voller Jubel, Trubel, Heiterkeit....

Heute haben wir „Vita" besucht, unsere kleine, sieben Wochen alte Karthäuser-Katze, die wir in wenigen Wochen zu uns nehmen werden. Vianne, Ada und Luke hatten sich so sehr eine Katze gewünscht, dass wir Eltern schließlich nachgegeben haben. Micha und ich sehen sie als „Therapiekatze". Sie erwärmt einem wirklich das Herz und wir glauben, dass sie den kleinen Kinderseelen sehr gut tun wird. Lange haben wir nach einem Namen gesucht. Vianne schlug schließlich „Vita" vor. Wie sie auf den Namen gekommen sei, fragten wir erstaunt. Er wäre ihr einfach eingefallen, antwortete sie. Sie weiß nicht, dass Vita Leben bedeutet. Was für ein passender Name...

Echtzeit! Anfällig – 24. November 2014

Wir hatten ein schönes Wochenende mit lauter nettem Besuch und einem Ausflug zu einem stimmungsvollen Adventsmarkt in der Nähe. Die Kinder sprangen solange in der Scheune durchs Stroh, bis die Halme mächtig in der Strumpfhose piekten. Zwischendurch wurden Pferde, Ziegen und Schafe gestreichelt. Ich habe einen wunderschönen alten Küchentisch entdeckt, den ich schließlich gekauft habe. Punsch und Glühwein schmeckten lecker.

Sonntagabend kam mir Vianne wieder unnatürlich heiß vor. Ich holte das Fieberthermometer vom Schrank. Mein Verdacht bestätigte sich wenige Minuten später: Fieber! „Nein. Nicht schon wieder", war mein erster Gedanke. Vianne klagte über böses Halsweh. Sie roch nicht wirklich gut aus dem Mund. Ich tippte auf Mandelentzündung. Mensch, es tat mir so leid, dass sie sich schon wieder einen neuen Infekt eingefangen hatte. Der letzte war gerade einmal zwei Wochen her. Ja, ihr Immunsystem ist vom Temodal geschwächt und hat zu kämpfen, das bestätigte auch Dr. B. heute Morgen bei der Blutuntersuchung.

Micha war mit Vianne sicherheitshalber in die Klinik gefahren. Der Entzündungswert im Blut ist hoch, die Immunabwehr wackelt, die Leberwerte sind zum Glück in Ordnung (Temodal kann auch die Leber schädigen). Während die übrigen Kinder lediglich von einer Schnupfennase oder leichter Heiserkeit belästigt werden, haut es Vianne nun regelmäßig um. Sie muss wieder ein Antibiotikum nehmen. Aber wir wollen nicht jammern: Hauptsache, kein neuer Tumor.

Zum Glück konnte Micha heute zu Hause bleiben, denn ich musste in die Redaktion. Normalerweise arbeite ich immer mittwochs. Da wir an diesem Mittwoch jedoch den Termin in der Strahlenklinik haben, hatte ich im Vorfeld besprochen, am heutigen Montag zu kommen. Ich habe keinen Resturlaub mehr und wollte nicht schon wieder wegen eines Krankheitsfalls absagen. Zudem mag ich meinen

Job. Ich mag ihn, weil ich gerne schreibe, weil ich gerne auf Pressetermine gehe und weil ich es liebe, mich in neue, mir bis dato nicht zugängliche Themengebiete einzuarbeiten – meistens jedenfalls. Heute hatte ich die Möglichkeit, mir ein nagelneues Herzkatheterlabor in einer Klinik anzuschauen. Häufig helfen mir die Pressetermine dabei, Viannes Erkrankung abzuschütteln. Ich konzentriere mich einfach auf meinen Job. Heute allerdings holte mich meine Realität ein. Nach dem offiziellen Ende des Pressegesprächs nahm mich ein Mitarbeiter zur Seite und wollte wissen, ob ich aus dem Gesundheitsbereich käme, da ich ein paar sehr fachbezogene Fragen gestellt hätte. Bäng! Möglichst nüchtern antwortete ich, dass unsere Tochter schwer krank sei und wir uns gezwungenermaßen mit gewissen medizinischen Themen auseinandersetzen müssten. „Oh, das tut mir sehr leid", antwortete er betroffen. Mist! Im Pressegespräch zuvor – eigentlich ging es um ein Jugend-Fußballturnier – erzählte mir mein Gesprächspartner, dass seine Frau vor einigen Jahren innerhalb kürzester Zeit an Krebs verstorben sei. Doppel-Bäng!

Vianne hat keinen Bock mehr, krank zu sein. Sie ist heute sehr anhänglich, zittrig, weinerlich, müde, will keine Medizin nehmen. Ich kann es so sehr verstehen. Immer wieder ist sie tagsüber eingeschlafen. Ada hingegen hat sich gelangweilt. Es ist immer eine Gradwanderung, allen gerecht zu werden. Mit einer gemeinsamen Runde „Das verrückte Labyrinth" und Tilda-Apfelkern-Geschichten und leckerem Winterapfel-Kinderpunsch konnten wir sie schließlich aufmuntern. Vianne kam nach dem zu Bett gehen plötzlich weinend die Treppe runter: „Halsweh, Schnoddernase, kann nicht einschlafen". Sie ist sehr traurig, dass sie morgen wahrscheinlich nicht zur Klinik-Weihnachtsfeier gehen kann. Nach Nasentropfen, Schmerzsaft und ganz vielen Streicheleinheiten und dem Versprechen, falls irgend möglich die Weihnachtsfeier zu besuchen, schlummert sie nun friedlich in unserem Bett. Eine gute, geruhsame Nacht!

Echtzeit! Absolution – 27. November 2013

Das Fieber ist weg, der Infekt im Griff. Was wir nicht im Griff haben, ist umso schwerwiegender. Aber dazu gleich. Am Dienstag konnten wir sogar die Klinik-Weihnachtsfeier besuchen. Es gab wieder ein zauberhaftes Theaterstück von „petit bec“. In diesem Jahr wurde „Frau Holle" aufgeführt. Trotzdem fühlte ich mich nicht wohl, zu viele alte Gesichter, zu viele Rückfälle, zu viele neue Gesichter. Vianne war noch ziemlich platt, deshalb verließen wir die Veranstaltung zeitig. Abends hatte sie wieder erhöhte Temperatur, war aber sehr glücklich über ihre Geschenketüte, die sie vom Elterntreff bekommen hatte.

Am Mittwoch behielt ich sie noch zu Hause, während Ada in den Kindergarten ging. Bereits am Abend graute mir vor dem Termin am nächsten Tag: das Gespräch mit der Strahlentherapeutin an der Düsseldorfer Uniklinik. Wir sollten Vianne mitnehmen, davon erfuhr ich erst kurz vorher. Info von Dr.

B. Micha hatte es irgendwie vergessen zu erwähnen. Wir machten uns zeitig auf den Weg Richtung Düsseldorf. Vianne murrte. „Wieder so ein blöder Fingerpiks." „Nein Süße", antwortete ich, wir unterhalten uns nur mit der Ärztin, weil wir überlegen, ob Radio-Robby noch mal wiederkommen soll." „Das ist gemein!", meinte sie. „So blöde langweilige Gespräche – und Ada darf im Kindergarten spielen." Ich konnte es ganz gut einschätzen. Eigentlich hatte Vianne nicht wirklich Lust auf den Kindergarten. „Komm, wir machen's uns total nett heute", meinte ich aufmunternd. „Du darfst auch 'ne CD im Auto hören." Damit hatte ich sie. Ich traf mich mit Micha in der Nähe der Autobahnauffahrt, denn er hatte früh morgens noch eine wichtige Besprechung gehabt. Wir waren angespannt und hatten beide ein schlechtes Gefühl. Ich fand das Gebäude, in dem die Strahlenklinik untergebracht war, vom ersten Moment an abstoßend. Ich wollte aber nicht so voreingenommen an die Sache rangehen, also riss ich mich zusammen. Um Viertel nach zwölf hatten wir den

Termin, irgendwann nach 13 Uhr kamen wir schließlich dran. Die Wartezeit überbrückten wir mit gemeinsamem Malen. Micha versuchte sich an einem bunten Farbring: Das sei „trance psychedelic". Vianne war der Ansicht, es würde eher wie ein bunter Pups-See aussehen – und der Löwe daneben wie eine zahme Miezekatze. Meine Tochter und ich waren uns einig, dass wir bei weitem mehr zeichnerisches Talent haben. Vianne zumindest malte einen echt grimmigen, furchteinflößenden Löwen. Schließlich wurden wir von einer neten Ärztin hereingerufen. Sie erklärte uns den Bestrahlungsplan, der von dem Experten aus Leipzig (Referenzzentrum Strahlentherapie) erstellt worden war. Diese Empfehlung sah eine komplette Bestrahlung der Neuroachse mit 35 Gy vor. Allerdings würde das bereits zuvor bestrahlte Primär-Tumorgebiet insgesamt knapp 90 Gy abbekommen (54 Gy gab es während der Protonentherapie, 35 Gy neu dazu). Dieses Gebiet kann nicht ausgespart werden, weil außen herum ebenfalls Liquor zirkuliert. Allerdings ist ab einer Strahlenbelastung ab 60 Gy die Gefahr einer Hirnnekrose da (einfach gesagt verflüssigt sich Hirngewebe). Für die Stellen, an der die Metastasen gesessen haben, würde sie eine zusätzliche Aufsättigung von 20 Gy durch Protonenbestrahlung vorschlagen (im Anschluss an die Düsseldorfer Photonenbestrahlung). Sie fing mit Erklärungen zur Bestrahlung des Spinalkanals an. Sie würden die gesamte Wirbelsäule vom Rücken aus bestrahlen. Akute Nebenwirkungen: Harnwegsinfekte, Blasenentzündung, Schluckbeschwerden... Okay, unangenehm, aber akzeptabel. Lanzgzeitfolgen: vermindertes Wirbelsäulenwachstum. Okay, noch akzeptabel. Dann ging es zur Bestrahlung des gesamten Kopfes. Sehr wahrscheinliche irreversible Folgeschäden aufgrund Bestrahlungsumfang und Strahlendosis sind: Ausfall des endokrinen Systems – was einen Minderwuchs und die Verabreichung von Wachstumshormonen zur Folge hätte (ein Minderwuchs kann dadurch jedoch auch nicht verhindert werden) sowie eine lebenslange Ersetzung etlicher weiterer, wichtiger Hormone (Schilddrüse, Sexualhormone, etc.). Die Kinder haben häufig kein Sättigungsgefühl, ein gestörter Tag-Nachtrhythmus kann auftreten. Das wussten wir alles im Vorfeld. Es sind schwerwiegende Schädigungen, aber wenn es damit getan wäre ... Dann kam sie zu den geistigen Einbußen. Unsere Onkologen hatten davon gesprochen, dass die kraniospinal bestrahlten Kinder Konzentrationsschwierigkeiten, Lese-Rechtschreib-Probleme etc. hätten, dass sie aber auch Patienten kennen würden, die Abitur gemacht hätten. Das war die Info, die wir bisher hatten. Die Strahlentherapeutin zeichnete ein anderes Bild: Förderschule, geistige Verlangsamung, Desorientierung, keine normale Kommunikationsbasis zu anderen, Persönlichkeitsveränderungen – sprich schwerwiegende geistige Defizite und Intelligenzeinbußen. Wir hatten das Gefühl, dass sie eine der wenigen war, die die Folgeschäden der Bestrahlung nicht herunterspielte. Micha und ich hatten es von Anfang an geahnt bzw. unser gesunder Menschenverstand hatte es uns gesagt, dass solch ein massiver Eingriff, solch ein Beschuss des Gehirns in diesem jungen Alter schwere Defizite zur Folge haben wird. Deshalb hatten wir uns nach dem ersten Rezidiv instinktiv gegen die kraniospinale Bestrahlung gewehrt. Unseren Verdacht bestätigt zu bekommen, zog uns den Boden unter den Füßen weg. Wir baten um Bedenkzeit. Wir waren geschockt. Ich fand es zudem fast fahrlässig, dass Vianne während dieses Gespräches anwesend war. Sie hat doch Ohren! Zum Glück hatte ich meine I-phone-Kopfhörer dabei, über die ich sie bei dem wirklich heiklen Gesprächsteil „Drache Kokosnuss" hören ließ. Heute habe ich sie gefragt, ob sie mitbekommen habe, worüber wir bei der Ärztin gesprochen haben. Sie verneinte zum Glück und wirkte auch ansonsten nicht beunruhigter als sonst. Die Tränen kamen bei mir auf der Rückfahrt – sie kamen am Abend im Gespräch mit Andi, die daheim wieder die Stellung gehalten hatte, sie kamen beim Einschlafen, sie kamen heute Vormittag, sie kamen heute Nachmittag. Wir wissen, dass Viannes Leben akut bedroht ist, wenn wir die kraniospinale Bestrahlung ablehnen. In allen Fachschriften steht, dass die meisten Kinder mit metastasiertem Ependymom nach zwei Jahren tot sind, wenn nicht radikal behandelt wird. Pest oder Cholera? Cholera oder Pest? Würden wir bestrahlen lassen, würden wir Viannes Persönlichkeit zerstören. Wir würden Vianne zerstören! Ihren Wortwitz, ihr Funkeln in den Augen, ihren Ideenreichtum. Wir würden ihr das Wichtigste nehmen, was sie besitzt: ihren Geist. Aber wir hätten eine Chance, ihr Leben zu erhalten. Was für ein Leben? Geistig und körperlich zerstört, nicht von Natur aus, nicht durch einen Unfall, sondern von uns veranlasst. Was bliebe von ihr übrig? Ich kann das nicht. Micha kann das nicht. Wir denken zum Glück in die gleiche Richtung. Was für eine perverse Entscheidung. Wir suchen händeringend nach einer Lösung. Immer mehr festigt sich die Gewissheit, dass es für uns keine Lösung gibt. Wir wissen nicht weiter...

Hinzu kommt, dass ich das Vertrauen in etliche Ärzte verloren habc: Es sind allcs vcrsicrtc, gut ausgebil dete und intelligente Leute. Trotzdem ist die Fehlerrate hoch. Das macht Angst: Der Kinderarzt schafft es andauernd, in die Überweisung „PNEt" (andere Art von Hirntumor) anstatt anaplastisches Ependymom zu schreiben. Im Arztbrief aus Essen ist fälschlicherweise die Rede vom „Astrozytom" (andere Art von Hirntumor). Der Experte aus dem Referenzzentrum übersieht, dass es sich bei der Metastase HWK7/BWK1 um eine Region handelt und schreibt in seiner Therapieempfehlung „die andere Lokalisation in Höhe von HWK7..." Es gibt keine andere Lokalisation, es ist ein und dieselbe! Wie soll ich einer Therapieempfehlung eines Arztes vertrauen, der solch einfache Dinge nicht erkennt. Es mag alles nicht so tragisch sein und ändert im Kern nichts, trotzdem finde ich es beunruhigend. Eine Sache liegt mir allerdings noch schwerer im Magen. Sagen uns die Onkologen wirklich alles? In der Therapieempfehlung zur Bestrahlung (aus Leipzig) steht, dass im Referenzbefund (aus Würzburg) zur MRT-Aufnahme vom April 2014 bereits auf eine Metastase im linken Seitenventrikel hingewiesen wird – wenn ich es richtig verstanden habe. Unsere behandelnden Onkologen haben uns im April gesagt, die MRT-Aufnahmen wären in Ordnung: „Kein Rezidiv." Das tauchte im örtlichen Befund erst drei Monate später bei der routinemäßigen MRT-Kontrolle auf. Ich möchte den Referenzbefund vom April sehen! Wir haben für morgen früh einen Gesprächstermin vereinbart. Ich hoffe so sehr, dass ich mich irre und etwas falsch interpretiert habe oder dass es ein weiterer Fehler im Leipziger Schreiben ist. An sich ändert es aber nichts an Viannes Situation. Es verwirrt einfach nur.

Echtzeit! Licht – 30. November 2014

Wir lieben die Adventszeit – den Duft von Tannengrün, warme Socken, Kerzen, Kuschelmomente. Unsere Welt ist derzeit dunkel und wenig erwärmend. Heute jedoch drang ein Lichtschimmer durch, obwohl wir wahrlich vergessen haben, die erste Kerze auf unserem Kranz anzuzünden. Die Tage sind momentan unsagbar schmerzhaft, trotzdem war heute ein schöner Tag, ohne dass etwas Außergewöhnliches passiert ist. Das Frühstück wurde heute Morgen quasi im Vorbeigehen eingenommen, denn nach dem Kakao und dem Kaffee haben wir uns gleich ins Plätzchenbacken gestürzt und dabei hin und wieder ins Frühstücksbrot gebissen. Alle waren herrlich aufgeregt und ab und zu hat einer geschmollt (wie jedes Jahr), aber es hat richtig Spaß gemacht, zumal wir keine Weihnachtsmusik, sondern südamerikanische Salsa-Klänge dabei gehört haben.

Nach eindringlicher Bitte von Jesse, Luke und Micha habe ich extra für die Weihnachtsbäckerei Vollrohrzucker besorgt – die Männer wollten endlich wieder Zucker schmecken, und auch wir Mädels waren nicht abgeneigt. Wir suchten uns die Rezepte für Zimtsterne, Schneeballplätzchen, „Oma Bettys Terrassenplätzchen" (Tilda Apfelkern) und Vanilleplätzchen heraus – und ab ging die Knet- und Ausstech-Aktion – Naschen inklusive. Natürlich haben wir es geschafft, zwei Bleche verbrennen zu lassen (irgendwie hatte sich der Temperaturregler plötzlich auf 250 Grad verschoben). Wer uns kennt, den wird's nicht wundern. Zwischendurch rief meine Freundin Melanie an: Wieder flossen die Tränen. Am frühen Nachmittag brach kurze Zeit Hektik aus, weil wir „Mädels" uns für die große Weihnachtsfeier vom „Elterntreff für leukämie- und tumorkranke Kinder" schick machen wollten, natürlich wieder auf die letzte Minute. Dem „Elterntreff" mit all seinen engagierten Organisatoren zolle ich meinen vollen Respekt. Es ist so gut, dass es ihn gibt. Sie helfen, wo sie nur können, sie hören zu, beraten, stehen unbürokratisch an deiner Seite und zaubern ein Licht in die Dunkelheit und ein Lächeln in die Gesichter der kranken Kinder und Geschwisterkinder. Wir freuten uns zudem riesig, endlich Kathrin und Lilli wiederzusehen. Was für ein warmherziges Umarmen, Drücken. Die Kleinen sind so goldig zueinander. Beim Abschied riefen Ada und Vianne ihrer Lilli noch ein inniges „Wir haben dich lieb, Lilli" hinterher. Vianne sieht nach Temodal und zwei Infekten blass und dünn aus. Sie ist wacklig auf ihren Beinchen und versucht trotzdem, immer und überall mitzumischen, meine kleine Kämpferin. Am Freitag hatten wir das Gespräch mit unseren Dortmunder Onkologen. Sie haben sich sehr viel Zeit genommen, zugehört und mit Rat und Tat zur Seite gestanden. Wir haben ihnen vom Gespräch mit der Strahlentherapeutin erzählt. Wir haben ihnen gesagt, dass wir Vianne so nicht behandeln lassen können. Sie akzeptieren unsere Entscheidung (auch wenn Prof. S. einen anderen Weg gehen würde) und haben uns versichert, dass sie – egal wie wir uns weiter entscheiden – voll hinter uns stehen werden. „Wir lassen sie nicht allein." Ein Licht. Wir haben lange gesprochen, ob Alternativen bestehen: Ventrikuläre Chemogaben direkt ins Ventrikelsystem (zu wenig für eine Heilung), Einzelheilversuch mit Vorinostat (es besteht nur die Möglichkeit der Aufnahme in die Studie bei vorhandenem Resttumor), nur Bestrahlung der neuen Tumorgebiete (nicht ausreichend, da die Tumorzellen wahrscheinlich im gesamten Liquor sind). Dabei sehen sie bei der cranio-spinalen Bestrahlung (ebenso wie wir) eine wirklich hohe Bedrohung durch die Strahlenaufsättigung von rund 90 Gy im Primärtumorgebiet. Daraufhin reifte der Vorschlag, zwar Viannes Neuroachse bestrahlen zu lassen, jedoch nur das innere Ventrikelsystem und nicht die außen umlaufenden Hirnwasserwege. Zwar würden wir damit nicht das gesamte Ventrikelsystem abdecken, aber einen Großteil – eine reine Nutzen-Risiko-Abwägung. Wir argumentierten, dass die geistigen Folgeschäden nichtsdestotrotz vorhanden blieben. Wir sprachen die Idee einer solchen Bestrahlung mit Protonen an. Wir wissen aufgrund eines Artikels, dass die Schweizer schon einmal den kompletten Spinalkanal plus hintere Schädelgrube bei einem Jungen mit Medulloblastom bestrahlt haben. Aber die Zeit rennt uns weg, erklären unsere Ärzte. Und dabei dauern diese Anfragen, Rückmeldungen, Genehmigungen von der Krankenkasse immer einige Wochen. Egal, wir werden diese Anfrage stellen. Wir wissen zwar noch immer nicht, ob wir diese Bestrahlung dann wirklich machen lassen werden, aber wir wissen zumindest, ob sie überhaupt jemand durchführen kann/will. „Die Bestrahlung ist (nach medizinischen Kenntnissen) das Einzige, was Vianne heilen kann", betonen sie noch einmal. Sie sprachen von einer 50prozentigen Chance. Sie setzen nach, dass letztendlich aber niemand wissen würde, wohin der Weg – im Guten wie im Schlechten – geht. Alle anderen Behandlungswege wären rein palliativ. Harte, klare, ehrliche und für uns keineswegs neue Infos.

Angesprochen auf den April-Referenzbefund zeigten sich beide ehrlich erstaunt. Dr. B. schien irritiert, weil eigentlich nur unklare Befunde ans Referenzzentrum gehen – und für die Dortmunder war der Befund eindeutig. Er will nachforschen und uns Rückmeldung geben. Das ist gut. Das Vertrauen hat sich gefestigt.

Ein Licht! Enge Freunde sorgen sich so sehr um uns, unsere Familie steht uneingeschränkt hinter uns, viele aufmunternde Worte und Gesten erreichen uns, viele liebe Menschen versuchen, uns das Leben zu versüßen (Danke, ihr lieben Dresdner, für den leckeren Original Christstollen!!!, Danke liebe Uli für die zauberhaften Servietten), uns ein Lächeln ins verheulte Gesicht zu zaubern. Das ist ganz viel Licht in der Dunkelheit!

Echtzeit! Schneeflocken – 3. Dezember 2014

Heute sind die ersten Schneeflocken gefallen – sie glitten sacht vom Himmel, während ich in einer Redaktionsbesprechung saß. Wunderschön! Ich hätte stundenlang zusehen können. Ada und Vianne waren mit Andi zu Hause, da der Kindergarten heute geschlossen hatte. Nachdem sie die ersten Flocken erspäht hatten, war kein Halten mehr: Schnell Schal, Mütze und Handschuhe hervorgekramt und ab ging es in die Kälte. Sie kratzten alles an Schnee zusammen, was sie kriegen konnten, und deponierten das Schneehäufchen stolz auf dem großen Findling im Garten. Andi schickte mir ein Foto, wie die Damen nach getaner Arbeit heißen Milchschaum schlürfen. Sie ist ein Engel.

Nachdem wir vorgestern unsere Onkologen schriftlich informiert haben, dass wir eine herkömmliche Bestrahlung ablehnen, stellen sie erneut den Kontakt zu den Protonenzentren (bzw. Ionenzentrum) nach Essen und Heidelberg und zum PSI in die Schweiz her. Unsicher ist, ob die Krankenkasse zahlen wird und ob die Zentren (zeitnah) behandeln. Ich habe noch die schwierige Aufgabe, den Düsseldorfern für die Photonenbestrahlung abzusagen. Mit dieser Absage setzen wir unsere Entscheidung endgültig in die Tat um. Ich habe Angst. Tun wir das Richtige? Ich muss mir immer wieder Goethe im Geiste vorsagen, um agieren zu können: „Es ist nicht genug zu wissen, man muss es auch anwenden. Es ist nicht genug zu wollen, man muss es auch tun." Wir müssen handeln. Die Sache ist nur: Was wissen wir? Wir wissen, dass wir nicht bereit sind, Viannes Geist, Viannes Persönlichkeit zu zerstören. Allerdings kann uns niemand mit Gewissheit sagen, wie ausgeprägt die geistigen Folgeschäden sein werden. Sie können uns nur sagen, dass sie schwerwiegend sein werden. Was heißt schwerwiegend? Ist schwerwiegend für mich das gleiche schwerwiegend wie für einen anderen? Wir wissen, dass wir nichts wissen. Wir wissen, dass wir Viannes Leben riskieren. Wir wissen auch, dass Vianne ebenfalls ein Stück weit stirbt, wenn sie nicht mehr Vianne ist. Wir werden mit unserer Entscheidung leben müssen. Aber ist es das, was Vianne will? Das ist es, was mich unendlich quält. Ich kann meine fünfjährige Tochter schlecht fragen, ob sie bereit ist, wahrscheinlich minderwüchsig, geistig verlangsamt mit veränderter Persönlichkeit und einer lebenslangen Hormonsubstitution zu leben – oder aber wahrscheinlich sterben wird. Aber wenn ich meine ehrgeizige kleine Tochter betrachte, fühle ich, dass wir ihr eine Alternative anbieten müssen. Die derzeit einzige halbwegs akzeptable Alternative ist für uns eine Protonenbestrahlung der inneren Liquorräume plus Spinalkanal. Sie ist stark. Sie hat Kampfgeist. Sie kann es schaffen – auch wenn alle Prognosen etwas anderes sagen. „Ich heiße Vianne!" soll sie voller Kraft in die Welt schreien und die Krebszellen in ihre Schranken weisen.

Heute Abend haben Ada und Vianne wieder viel gekichert. Sie wollten natürlich nicht ins Bett – also krallten sie sich an unserem neuen Küchentisch fest. Wir kitzelten sie so lange, bis sie losließen – und noch länger. Dann blinzelte mich Vianne gespielt unschuldig an, das Kinn zur Brust hin, das Köpfchen leicht zur Seite geneigt, den Blick charmant nach oben gerichtet. Sie säuselte mit zuckersüßem Stimmchen: „Kriegen wir noch ein Ztück swarze Sokolade?" Sicher doch. Witzig ist, dass sie „Scheiße" klar und deutlich aussprechen kann, nicht aber andere Wörter mit Sch-Laut. Sie bekam ihr Stück. Im Bad ging das Gekicher weiter. Nachdem der Schlafanzug angezogen war, mussten mich die Damen noch unbedingt frisieren und schminken. Während ich hier sitze und schreibe, habe ich noch immer fett rotes Rouge auf den Wangen, der Lippenstift zieht sich bis knapp zum Kinn, meine Frisur ist – gelinde umschrieben – experimentell bis gewagt mit etlichen bunten Spangen und Zöpfchen. Stolz haben sie mich Micha präsentiert.

Ansonsten geht es drunter und drüber. In der Schule läuft es derzeit nicht so rund – ebenso wenig in meinem Job. Ich bin auf ziemlich vielen Ebenen gefordert, und manchmal hat mich kurzzeitig eine tiefe Verzweiflung fest im Würgegriff. Dann ist meine Zunge scharf wie ein Schwert. Erst gestern Abend habe ich mich unendlich dafür geschämt, dass ich solch verletzende Worte zu Luke gesprochen habe. Ich muss es besser machen. Aber Aufgeben ist nicht – noch lange nicht. Eine zarte Schneeschicht bedeckt unsere Terrasse. Ich hoffe auf mehr zauberhafte Kristalle. Sie lassen die Seele hüpfen... Wir wollen unbedingt mit den Kindern über Weihnachten in den Skiurlaub.

Echtzeit! Nikolaus – 6. Dezember 2014

Wir haben unser Nikolaus-Geschenk schon am 5. Dezember erhalten – wir glauben zumindest, dass es ein Geschenk ist. Folgende Nachricht erreichte uns von unseren Dortmunder Onkologen: „Liebe Familie Stember, in dieser Woche haben wir nach Ihrer Email uns an verschiedenen Stellen beraten, und wir möchten kurz die Ergebnisse zusammenfassen:

1. PSI (Paul-Scherrer-Institut Schweiz)

Die Therapeuten dort sehen sich „in der Pflicht", Vianne eine Re-Bestrahlung zu ermöglichen (Achtung: ein mögliches Problem kann aber die Übernahme der Finanzierung sein). Sie würden primär eine cranio-spinale Bestrahlung vorschlagen, wären aber von technischer Seite auch für eine ventrikulo-spinale Bestrahlung offen. Eine rein spinale Bestrahlung halten sie nicht für zielführend; dann eher Verzicht auf Bestrahlung und Bestrahlung nur im Falle neuer Herde. Allerdings würden sie das Nebenwirkungsspektrum einer ventrikulo-spinalen Bestrahlung nur unwesentlich geringer als das einer cranio-spinalen Bestrahlung sehen. Die Kollegen könnten dort für den 16.12. einen Planungstermin reservieren, die organisatorischen Aspekte, u.a. mit der Krankenkasse wären aber vorher zu klären...."

Ich war aufgeregt, ich war erleichtert: Die Schweizer wollen Vianne wieder mit Protonen bestrahlen. Wahnsinn! Ich ziehe meinen Hut – sie bieten einen Ausweg. Sie trauen sich an diese komplizierte Behandlung heran, obwohl sie nicht müssen. Aber sie „fühlen sich verpflichtet". Wahnsinn! Menschlich absolut spitze. Das Essener Protonenzentrum ist noch nicht so weit, sie haben lange unseren Fall diskutiert. Aber ihnen fehlen noch die Erfahrungswerte und sie können uns deswegen keine Behandlung anbieten. Das verstehe ich und das finde ich auch ehrlich. Sie sind ja erst kürzlich mit den „normalen" Protonenbestrahlungen gestartet. Die Leitung, Prof. T., stand uns am Freitag telefonisch mit Rat und Tat und hohem Einfühlungsvermögen zur Seite und konnte uns etwas die Angst vor der Behandlung nehmen. Plötzlich geht alles so schnell. Am 16.12. sollen wir zur Behandlungsplanung in die Schweiz kommen, bis zum 10.12. muss die Kostenübernahme unserer Krankenkasse vorliegen. Dr. B. hat alles in die Wege geleitet. Viannes MRT-Termin vom Schädel wurde auf Mittwoch, 10. 12., vorverlegt. Sollten sie einen neuen Tumor entdecken, wären die Bestrahlungspläne sowieso erst einmal hinfällig. Oh Mann, ich weiß gar nicht, wohin mit mir. Ich bin innerlich so aufgewühlt. Wir haben bei Vianne ganz sacht vorgefühlt, ob Radio-Robby (so haben wir ihr damals die Protonenbestrahlung erklärt) noch mal kommen dürfe. „Na klar", meinte sie völlig unbekümmert. Der 10. Dezember wird ganz entscheidend für unsere Zukunft sein: Wird die Krankenkasse noch einmal die Kosten bewilligen? Werden die Radiologen an diesem Tag einen neuen Tumorherd in Viannes Köpfchen sehen? Ich bin froh, dass heute erst Samstag ist. Ich weiß nicht, wie ich den Mittwoch überstehen soll. Aber es geht ja immer – irgendwie.

Wir hatten heute einen tollen Nikolaustag. Morgens haben Micha, Luke und ich einen kleinen Ausflug in den Wald gemacht. Ich liebe den Wald, seine Gerüche, Farben, die Ruhe. Wir haben etwas Moos für unsere Deko gepflückt und Luke hat sein neues Schnitzmesser ausprobiert. Ada und Vianne waren nicht dabei, denn ich hatte sie bereits am Freitag zu Andi und Ralf gebracht. Sie durften dort übernachten – was für ein Highlight. Sie sind so gerne dort. Noch am selben Tag haben sie sich begeistert über Andis Weihnachtskartons voller Sterne, Engel, Weihnachtsmänner, bunter Kugeln hergemacht und das ganze Haus (nach ihrem Geschmack) dekoriert. Heute sind sie zusammen zum Schwimmen ins Aquamagis gefahren. Am späten Nachmittag kamen sie zurück – schließlich hatte sich unser persönlicher Nikolaus angekündigt (André, du bist der beste tanzende Nikolaus, den ich jemals gesehen habe! DANKE!!!! Es war so lustig). Er hatte über jedes Kind gute wie verbesserungswürdige Dinge zu berichten. Noch am Morgen meinte Jesse ganz lapidar,

Nikolaus wäre doch „bescheuert". Das bekam er dann natürlich gehörig „aufs Brot geschmiert". Ada und Viannes Augen glänzten, als es laut an der Tür pochte und der Nikolaus um Einlass bat.

Sie haben André nicht erkannt – er war aber auch wirklich gut verkleidet. Trotzdem hatten sie überhaupt keine Scheu, die beiden selbstbewussten Mäuse. Als der Nikolaus über Adas Verfehlungen sprach, rief Vianne plötzlich dazwischen: „...und sie petzt auch immer!" Wahre Geschwisterliebe! Am Abend hat Micha uns noch alle mit köstlichen Hühnchenspießen und Bruscetta verwöhnt, bevor sich Andi und Ralf auf den Weg nach Hause und Ada und Vianne auf den Weg ins Bett machten. Jesse, Luke, Micha und ich spielten noch eine Runde Montagsmaler: Luke und ich haben übrigens nur verloren, weil sich Micha und Jesse so tolle Begriffe wie „Abzweigung" oder „Kanalisation" ausgedacht hatten, die Fieslinge. Nun kehrt Ruhe ein – äußerlich wie innerlich.

Echtzeit: Zittern – Donnerstag, 11. Dezember 2014

Das Zittern geht weiter, während um uns herum das Chaos tobt. Manchmal komme ich mir vor wie im Auge eines Hurricans – ein kurzer, trügerischer Moment des Durchatmens, bevor der Sturm wieder mit voller Kraft über uns hereinbricht. Alles wirbelt so schnell um uns herum. Und dann wird für einen kurzen Moment alles angehalten. Voller Sorge, ob die Krankenkasse die Kosten für die Protonenbestrahlung in der Schweiz übernehmen wird, habe ich mich in der Nacht von Montag auf Dienstag unruhig im Bett hin und her geworfen. Montagmorgen hatte mich die Krankenkasse angerufen, weil sie noch eine Willenserklärung von uns brauchte. Sie konnten noch nichts zu einer Entscheidung sagen. Der Sachbearbeiter war zum Glück sehr sympathisch. Ich bat noch einmal um eine schnelle Klärung, da uns die Zeit davon rannte. Beim letzten Mal hatte es von der Anfrage bis zur Zusage rund fünf Wochen gedauert, ich hatte extra noch mal in meinen Unterlagen nachgeschaut. Warum sollte es jetzt schneller gehen? Montagabend hatte mir Dr. B. noch eine E-mail geschrieben, dass die Schweizer eine definitive Kostenübernahme-Bestätigung in Höhe von rund 100.000 Schweizer Franken bis Mittwoch bräuchten. Bis dato war ich, in Anlehnung an die letzte Behandlung, immer von einer Summe von maximal 50.000

ausgegangen. Mir wurde abwechselnd heiß und kalt. Warum soll die Kasse eine craniospinale Re-Bestrahlung mit Protonen zahlen, wenn es auch mit Photonen geht. Warum sollen sie eine Behandlung in der Schweiz zahlen, wenn es ein Gerät in Essen gibt. Ich war so unsicher.

Montagabend stand dann auch wieder die Chemo für Vianne an. Sie beschwert sich nie. Sie zählt immer ganz tapfer bis drei, bevor sie das Honig-Gift-Gemisch schluckt. Wir sind gerade in der gefährlichen Nebenwirkungsphase, in der es zu einem tödlichen Leberversagen kommen kann. Sie wirkt so fröhlich. Mittags kam Luke mit einer sechs im Musiktest an. Dienstag rief ich schließlich bei unserer Krankenkasse an: „Wir übernehmen die Kosten", teilte der Sachbearbeiter mit. „Die Zusage ist schon auf dem Postweg und müsste morgen früh bei Ihnen sein." Ich hätte ihn umarmen können!

Am Mittwoch hatte Vianne nachmittags ihren MRT-Termin. Ada war dabei, als Vianne den Zugang im

Krankenhaus gelegt bekam. Der Arzt machte Scherze mit den beiden und sprach sie mit „kleine Prinzessinnen" an. Das wurde mit einem Kichern kommentiert.

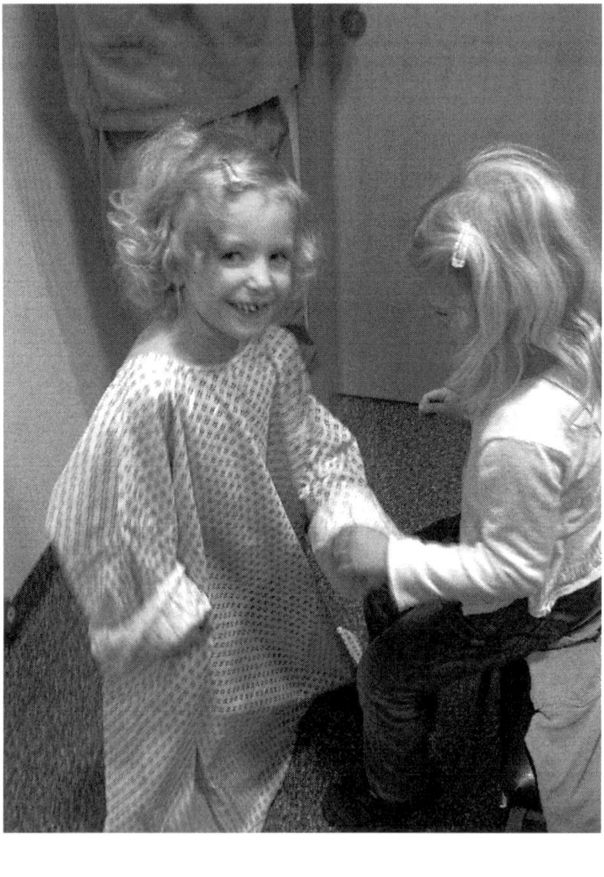

Um 16 Uhr sollte das MRT starten. Um 17.30 Uhr ging es letztendlich los. Die Wartezeit haben wir uns mit Croissants, Schokobrötchen und Sandkuchen versüßt (MRT-Tag = Zuckertag). Zum Glück war Micha dabei. Schließlich durften wir in die Umkleide. Micha warf sich den schmucken grünen Arztdress über, Vianne zog ihr überdimensionales OP-Kleidchen an. „Schau mal, ich kann fliegen", kicherte sie und ließ die langen Hemdsärmel flattern. „Du siehst aus wie ein kleines Nachtgespenst", meinte ich zu ihr, woraufhin beide Mädels auf die Idee kamen, gefährliche, krallenzeigende „Geistergespenster" zu sein. Sie spukten durch die enge Umkleidekabine. Es war laut und lustig. Wir kamen dann doch zügig dran. Vianne meisterte das MRT wieder mit Bravour. Wir warten jetzt auf das Ergebnis. Es ist zermürbend. Wir zittern. Es ist 15.30 Uhr, normalerweise müssten sich die Ärzte schon besprochen haben. Die Mädels wollen Schneemann-Plätzchen backen – ich bin halb handlungsunfähig.

Heute Morgen rief die Sekretärin vom PSI Schweiz an. Es tat gut, ihre Stimme zu hören. Sie ist so liebenswürdig und empathisch. Sie wollte vor dem Tumorboard (Tumorkonferenz) klären, ob wir Montag und Dienstag, 15./16.12. in die Schweiz zur Planung kommen. Ich sagte ihr, dass wir gerne kommen würden, aber noch auf das aktuelle MRT-Ergebnis warten. „Was machen wir bloß, wenn sich ein neuer Tumor in Viannes Köpfchen zeigt?", meinte ich. „Sie kommen erst einmal am Montag", sprach sie mir Mut zu. Wir zittern weiter. Micha ruft gerade in Dortmund an...

Echtzeit! Fragezeichen – Donnerstagabend, 11. Dezember 2014

Dr. B. rief an. Es gibt keinen eindeutigen Befund. Sie sehen etwas oberhalb der Primär-Tumorregion (nähe Motorikzentrum, wo der allererste Tumor saß): einen circa 3x5 mm großen Bereich knapp unterhalb der Schädeldecke, der Kontrastmittel anreichert. In einer

Aufnahmesequenz sieht es wie ein Tumor aus, in einer anderen könnten es auch Blutgefäße sein. Die Aufnahmen gehen ans Referenzzentrum und werden erneut befundet. Vielleicht wissen wir danach mehr. Das kann aber ein paar Tage oder Wochen dauern. Wir sollen am Montag trotzdem erst einmal in die Schweiz fahren. Die Experten dort schauen sich die Aufnahmen ebenfalls an. Dann fahren wir in den Skiurlaub. Und dann sehen wir weiter. Ich weiß nicht, wie ich mich fühle. Einerseits bin ich froh, dass wir keine weiteren Verdachtsmomente oder weitere eindeutige Tumoraussaaten haben. Die Region im Seitenventrikel ist weiterhin unauffällig, obwohl sie noch nicht bestrahlt wurde. Ich weiß nur, dass ich müde bin. Micha ebenso. Seit über zwei Jahren erleben wir nun schon einen emotionalen Ausnahmezustand. Die Kinder halten sich erstaunlich gut. Wir haben gerade noch die Schneemann-Plätzchen gebacken und verziert – sie sehen lustig und lecker aus. Zwischendurch sind Ada und Vianne durch die Küche getanzt und gesprungen. Vianne hat heute einen großen Fortschritt in ihrer Grobmotorik erzielt. Zwei Jahre haben wir immer wieder mal geübt, jetzt kann sie wieder im Seitgalopp springen – mit dem rechten Fuß vorne (mit links vorne ging es schon immer). Sie lernt wieder neu, ihr Hirn lernt wieder neu – trotz der Defektzone im Motorikbereich. Ich freue mich gleich aufs Tanzen mit meinen „großen" Mädels – ihr tut so gut und schafft es immer wieder, diese bleierne Müdigkeit zu vertreiben! „A little party never killed nobody..." Danke!

Echtzeit! Ungewiss – 18. Dezember 2014

Wir drehen uns im Kreis. Es ist ungewiss, ob wir die Protonentherapie wie geplant starten können. Es ist ungewiss, ob unsere Kraft für das Kommende ausreichen wird. Es ist ungewiss, ob Vianne weiter so gut mitmachen, so kooperativ sein wird. Heute Nachmittag rief Dr. B. an: Ich hatte vorab um Rückruf gebeten, um ihm eine kurze Zusammenfassung von den Vorbereitungsmaßnahmen am Montag und

Dienstag am PSI in der Schweiz zu geben und weitere Details abzuklären. Ich hatte nicht damit gerechnet, dass er auch für uns eine Nachricht hat. Der Referenzbefund aus Würzburg sei da: ein neuer Tumor! Ich hatte überhaupt nicht mehr daran gedacht, hatte es weit von mir gewiesen, war mir so sicher gewesen, dass sich der Anfangsverdacht nicht bestätigen wird. Ein neuer Tumor, noch klein, und trotzdem schon aus Millionen von Zellen bestehend. Ein neuer Tumor, trotz laufender Chemotherapie. Scheiß auf das Temodal. Es scheint nicht zu wirken. Immer öfter schleicht sich ein bitterböser kleiner Gedanke in meinen Kopf: Wir werden sie verlieren. Ich sehe sie an, beobachte sie, wie sie durch das Wohnzimmer tanzt, heimlich auf dem Sofa hüpft, mit Ada die Treppen rauf und runter jagt, Purzelbäume auf dem Sitzkissen schlägt – und mir schießen die Tränen in die Augen. Es ist so unsagbar surreal. Sie soll so krank sein? Dennoch wächst wieder etwas in ihr, was dort nicht hingehört. Dann sehe ich plötzlich vor meinem inneren Auge, wie Ada ganz allein im Raum steht, ohne Vianne, ohne ihre innige Umarmung, ohne ihr vorwurfsvolles: „Adaaaa, ssspiel nicht ohne mich weiter, ich muss mal!" Diese Bilder peinigen mich, nagen an meiner Hoffnung, wollen eine tiefe Dunkelheit hinterlassen. Aber noch kann ich diese Bilder erfolgreich wegwischen. Nur der Dumme schaut andauernd in die Zukunft und vergisst das Hier und Jetzt mit all seinen Facetten. Dann muss ich wieder lachen, insbesondere wenn die Damen „Eni Goldi" (oder so ähnlich spielen). Ich muss gestehen, dass ich bis heute nicht begriffen habe, was sie da eigentlich genau spielen. Ich höre nur immer wieder: „Hey, Ada, lass uns ‚Eni goldi' spielen" – und dann wird gekichert. Zwillinge eben...

Ich habe Dr. B. gefragt, was wir nun machen sollen. Er will abklären, wie die Schweizer die neue Situation beurteilen. Er riet, schon einmal den Neurochirurgen zu kontaktieren. Ich habe heute vorsorglich mit Prof. S. einen Gesprächstermin für den 5. Januar vereinbart. Die Frage ist: erst operieren (das ist zum Glück möglich) und dann bestrahlen oder erst bestrahlen und dann operieren. Die Aussaat erfolgt so schnell. Was ist, wenn wir erst operieren, wir dadurch aber aus dem Schweizer Bestrahlungsplan heraus fallen und sich bis zum nächsten Termin etwas Neues ausgesät hat? Was ist, wenn wir erst bis Anfang März bestrahlen lassen und anschließend operieren lassen, der Tumor dann aber vielleicht schon so groß ist, dass er Schäden angerichtet hat? Wir werden bald mehr wissen, sobald sich die Experten besprochen haben. Wie sollen wir Vianne noch eine weitere Hirn-OP zumuten? Diese Frage quält mich zusehends. Der Tumor liegt zwar sehr oberflächlich, aber es ist und bleibt ein schwerer Eingriff. Sie ist immer so tapfer gewesen. Warum muss sie immer wieder tapfer sein? Es reicht!!!

Heute Abend beim Zubettbringen hat sie mich so innig gedrückt und mir gesagt, dass sie mich sooooo doll lieb hat und dass sie soooo froh ist, dass ich den Papa geheiratet habe, den sie auch soooo doll lieb hat. Ich musste weinen. „Warum weinst du?" fragte sie mich.

Über die beiden Tage in der Schweiz berichte ich später, heute bin ich schon zu müde. Morgen früh haben wir noch einen Kontrolltermin in Dortmund zur Blutuntersuchung und danach fahren wir erst einmal in den Skiurlaub. Wir brauchen wieder mehr helle, leuchtende Bilder in unseren Köpfen...

Echtzeit! Zurück – 27. Dezember 2014

Wir sind zurück! Elf Stunden Fahrt durch Schneegestöber liegen hinter uns, schwere Wochen vor uns. Ich wollte nicht zurück, wollte mir die ruhige weiße Winterwelt des Stubaier Gletschers noch ein wenig länger erhalten, wollte alle Zukunftsängste, alle trüben Gedanken in der gedämpften Winterwelt weit wegschieben, wollte nur für mich durch den Schnee carven, Spuren auf der frisch planierten Piste hinterlassen, mit dem Board durch butterweichen Schnee schweben. Ich bin immer wieder überwältigt von dem ehrfürchtigen Anblick der gewaltigen Bergmassive, den Naturgewalten – auch wenn sie mich ab und zu ängstigen. Gleich am Ankunftstag zerrte der Wind in knapp 2600 Meter Höhe gewaltig an uns (und dem Sessellift). Ada und Vianne froren entsetzlich und weinten, weil der Wind ihre kleinen Gesichter beinahe gefrieren ließ. Aber am nächsten Tag beruhigte sich der Wind, die Sonne strahlte und die Mädels zogen im Schneeflug hinter uns her Richtung Murmelebahn. Für die nächsten Tage kümmerte sich Jakob – der weltbeste, geduldigste Skilehrer – von 10 bis 14 Uhr rührend um die Damen. Er lachte ständig, war stets gut gelaunt und ganz begeistert von den Mädels, die überhaupt nicht mehr von der Piste zu kriegen waren. Nachdem das erste Eis gebrochen war, quatschten sie ihn gnadenlos zu. Er – gerade 17 Jahre alt – ertrug es mit einer Gelassenheit, die einem nur in jungen Jahren innewohnt – oder er hat kleinere Geschwister. Es war ein stürmischer Urlaub, wir hatten eigentlich alles dabei, was die Natur zu bieten hat: Ruhe, Windböen, Schneegestöber, Sonnenschein, klare Sicht, Wolkenbänke. Ebenso sah es in unserem Inneren aus. Vianne überraschte uns aufs

Neue: Trotz Chemo, trotz Rückenmarks-OP (die gerade einmal etwas mehr als drei Monate hinter ihr liegt), trotz neuem Tumor legte sie eine Energie an den Tag (und auf die Bretter), die uns alle mit offenem Mund dastehen ließ. Man merkte ihr nichts an. Sie stapfte tapfer mit den schweren Skischuhen durch den Schnee, hüpfte und sprang und schlitterte über das Eis, hatte ihre Skier im Griff und unterschied sich in nichts von den anderen Kindern. Sie ist meine persönliche Schneekönigin! Wir verbrachten mit Andi und Ralf und den Kindern fröhliche Weihnachten – aber jede Nacht raubte uns Viannes starkes Zähneknirschen den Schlaf und brachte uns zurück in unsere Wirklichkeit, in der der Tumor da ist, wächst, in der sich die Krebserkrankung mit wahnsinniger Geschwindigkeit ausbreitet. Zu Hause angekommen erreichte mich die Mail unseres Professors. Der Schweizer Professor hat sich telefonisch bei ihm gemeldet und gibt eine Empfehlung aus: Operation. Sie legen Viannes Bestrahlungspläne erst einmal „auf Eis". Begründung: „In der Rezidivsituation (und ohnehin) ist die Operation die mächtigste therapeutische Maßnahme. Eine Bestrahlung würde eine Resektion für mindestens 6–8 weitere Wochen nach hinten schieben; das gefährdet Vianne. Zudem befindet sich der Herd im ehemals bestrahlten Gebiet." Sie stehen aber grundsätzlich als therapeutische Partner zur Verfügung. Das ist gut. Ich habe nur das Gefühl, dass uns die Zeit davonläuft. Ich bin immer wieder von den Schweizern beeindruckt: Sie wissen, dass Vianne „Vianne" heißt.

Es war seltsam, zu den Vorbereitungen am 15./16. Dezember wieder ans PSI zu kommen. „Ich fühle mich hier wie zu Hause", flüsterte mir Vianne ins Ohr. Sie erinnerte sich nur noch schwach an die beiden netten Sekretärinnen, die uns so herzlich in die Arme schlossen. Die Ärzte waren ihr fremd, denn unsere Frau Dr. G. war nicht mehr vor Ort. Das Spielzimmer allerdings war ihr noch vertraut. Trotz der schrecklichen Umstände fühle auch ich mich so wohl am PSI, so geborgen, so gut aufgehoben. Andi und ich waren die Nacht von Sonntag auf

Montag durchgefahren. Am Montag um 11 Uhr hatten wir das erste Gespräch und Vianne die ersten neurologischen Tests. Wir führten die Gespräche in einer anstrengenden und lustigen Mischung aus deutsch, englisch und switzerdütsch, da einer der Ärzte Englisch/Amerikanischer native Speaker war und sein Kollege, ein Schweizer, im Verlauf immer mehr ins switzerdütsch zurückfiel.

Es war ein hartes Gespräch, dem teilweise bis zu drei Ärzte angehörten. Sie alle kannten sich hervorragend mit Viannes Krankheitsverlauf aus und gingen sehr intensiv auf die kleine Person ein. Jochen, der Anästhesist, zeigte Vianne gleich die Vorbereitungsräume. Obwohl Vianne vor einem Jahr hier fast sieben Wochen täglich in meinen Armen eingeschlafen war, konnte sie sich nicht wirklich an den Raum erinnern. Abends fuhren wir mit Vianne nach Waldshut auf den Weihnachtsmarkt. Sie bekam neue Schneestiefel plus einen Gutschein für vier! Fahrten auf dem historischen Karussell. Die nutzte sie auch komplett: nach dem Ritt auf dem Schwan kam noch das Pferd, das Feuerwehrauto, das... dran. „Mama, das ist ein ganz s(ch)öner Tag heute!" Wir übernachteten in einer gemütlichen Bed and Breakfast-Pension unweit des Instituts. Einerseits war alles so vertraut, andererseits hatte ich nicht damit gerechnet, noch einmal hierher zu kommen, außer vielleicht um „Hallo" zu sagen. Am nächsten Morgen startete die Moulage-Anfertigung. Hierzu wurde Vianne in Narkose gelegt. Obwohl Jochen wieder da war, weinte sie bitter lich. Nicht, weil ein Zugang gelegt werden musste, nicht, weil sie nicht hier sein wollte, sondern weil sie nicht schlafen wollte. Vom MRT war sie es mittlerweile gewöhnt, alles im Wachzustand zu machen. Sie wollte nicht die Kontrolle verlieren. Sie schluchzte so heftig, dass sie kaum sprechen konnte. Ein neuer Eissplitter bohrte sich in mein Herz. Andi hörte die Schluchzer bis ins Wartezimmer – sie konnte kaum auf dem Stuhl sitzen bleiben, wie sie mir hinterher erzählte. Ich versuchte Vianne mit einer Geschichte von „Kribbeli Krabbeli", meinem erfundenen Marienkäfer und seinen Abenteuern, zu beruhigen. Es klappte und sie sackte in meinen Armen zusammen. Drei Stunden dauerte die Vorbereitung in Narkose. Nachdem ich den Anästhesieraum verlassen hatte kamen die Tränen. Andi und ich hinterließen unsere Handynummer und marschierten durch den Wald – ein malerisches Fleckchen Erde mit verschlungenen Pfaden entlang der Aare. Später wachte Vianne wohl gelaunt auf und konnte sich nicht mehr an den Schrecken des Einschlafens erinnern. Eigentlich sollten wir uns noch am selben Tag im Kinderspital in Zürich vorstellen. Es war allerdings schon 16 Uhr, und die Schweizer wussten, dass wir noch am selben Tag nach Hause fahren wollten. Also vertagten sie ganz spontan den Termin. Es hätte noch Zeit, wenn wir zur Bestrahlung wiederkämen. Sie sind so flexibel. Wir machten uns auf den Heimweg.

Jetzt steht also erst die Operation an. Am 5. Januar haben wir das Gespräch an der Essener Uniklinik. Ich habe Angst. Angst um Vianne. Aber ich habe beschlossen, die Angst aus meinem Leben zu verbannen. Hier und Jetzt. Ich habe Ehrfurcht vor der Angst, ähnlich der Ehrfurcht vor den Naturgewalten, vor den gewaltigen Bergen. Aber die Angst hatte mich in letzter Zeit allzu sehr im Griff, hat in den letzten zwei Jahren allzu sehr mein und unser Leben bestimmt. Ich will sie nicht mehr in mir haben – diese Angst. Sie ist übel. Sie nagt, sie zerstört, sie frisst. Jemand muss ihr einen Riegel vorschieben...

Echtzeit! Countdown – 31. Dezember 2014

Ich zähle wirklich die Stunden bis zum Jahreswechsel. Es wäre gelogen zu behaupten, dass ich diesem Jahr hinterher trauere. Klar, es gab schöne, bewegende Momente, aber insgesamt verlief 2014 richtig sch... für uns. Von daher ist es ein emotionsloser Abschied. Jesse sieht es mal wieder mit dem ihm angeborenen Realismus: „Was hat denn der Jahreswechsel damit zu tun...?" Trotzdem betrachte ich das neue Jahr als einen kraftvollen Neuanfang und gebe 2014 einen kräftigen Tritt in der Allerwertesten – voller Genugtuung und mit einem fetten Grinsen im Gesicht.

Vianne fragt mittlerweile fast jeden Abend nach den Sternenlichtern (unsere Visualisierung). Für heute Nacht habe ich ihr versprochen, dass sie wiederkommen – sogar das mächtige Goldene und das Bunte, das sie so gerne mag. Für heute Nacht haben die Sternenlichter beschlossen, sich auf die Suche nach Viannes „Bauplan" zu machen (in molekularbiologischer Sicht) und diesen blöden Bruckstück-verlust auf dem Chromosomenfaden zu reparieren. Dieses Mal gehen sie in die Tiefe. Wer weiß, vielleicht haben sie ja die Macht, die ich nicht habe...

Lasst es euch allen da draußen richtig gut gehen in 2015. Wir wünschen euch viele zauberhafte Momente mit kleinen und größeren Wundern. Danke für eure selbstlose Unterstützung in 2014!

Nicole, Micha, Jesse, Luke, Ada u Vianne

Echtzeit! Freundschaft – 3. Januar 2015

Meine liebe Vianne, (liebe Ada, Luke und Jesse), heute möchte ich dir (euch) etwas über Freundschaft erzählen: Freundschaft ist eine ernste Angelegenheit. Du gibst, und du bekommst so viel zurück. Freunde sind unersetzlich im Leben. Sie sind für dich da, ohne eine Gegenleistung zu verlangen. Klar, sie freuen sich über eine Geste, aber sie erwarten sie nicht. Ebenso musst du für deine Freunde da sein, wenn es vonnöten ist. Und wenn es nicht vonnöten ist, muss eine Freundschaft auch Ruhepausen aushalten können. Bei Freunden kannst du dein Innerstes offenbaren. Sie sind – ebenso wie deine Familie – dein Lebenselixier in schweren Zeiten, sie sind deine bunten Farben in guten Zeiten. Freunde sind da, wenn du sie brauchst. Und du bist da, wenn sie dich brauchen. Ich habe solche Freunde. Sie tun so gut. Sie helfen mir, sie helfen uns, in schweren Zeiten durchzuhalten. Sie bringen Licht, wo vorher Dunkelheit war. Auch sie können die Dunkelheit nicht vollends vertreiben, aber sie können dir einen Ausblick auf das Licht geben. Bewahre dir deine Freunde. Pflege deine Freundschaften. Engagiere dich für die Freundschaft, denn sie ist ein mächtiges Geschenk.

Echtzeit! Karussell – 5. Januar 2015

Es passiert so viel momentan – ganz wertfrei, es geht einfach rund bei uns, was ich an sich liebe. Trotzdem habe ich manchmal das Gefühl, nicht hinterher zu kommen. Nach den Feiertagen haben uns liebe Freunde aus Bayern besucht und wir verbrachten einen quirligen, lustigen Tag mit deftigem Essen und intensiven Gesprächen. Die Kinder spielten miteinander, obwohl sie sich kaum kennen. Meine Eltern sind zudem aus ihrem langen Urlaub zurück. Am Silvestermorgen kamen sie zum Frühstück vorbei. Das Wiedersehen tat so gut, auch wenn wir meine Eltern schweren Herzens auf den neuesten Stand der Dinge bringen mussten wegen Viannes aktueller MRT-Bilder und der geplanten Behandlung in der Schweiz. Wir wollten sie damit nicht am Telefon und erst recht nicht im Urlaub konfrontieren. Uns war es zudem wichtig, dass sie Vianne (die vor Freude und Energie sprüht) dabei live erleben können. Denn wer sie sieht kann kaum glauben, was in ihr brodelt. Sie hilft uns Erwachsenen allein durch ihr Naturell, mutig in die Zukunft zu schauen, sie lehrt uns, dass sich ihr Lebenskarussell vorerst in voller Fahrt weiter dreht. Wir alle freuen uns, Oma und Opa wieder um uns zu haben.

Kurz vor Silvester ist schließlich „Vita" bei uns eingezogen. Die kleine Kartäuser Katze ist völlig tiefenentspannt, hat schon unendlich viele streichelnde Kinderhände genossen, ist meistens zum Spielen aufgelegt und kuschelt sich eng an uns. Mal schmust sie mit dem einen, mal mit dem anderen. Letzte Nacht hat sie bei Vianne im Bett geschlafen – an ihrem Köpfchen. Sie ist unglaublich neugierig und hat unser gesamtes Haus genauestens unter die Lupe genommen, ist in die letzten Ecken gekrochen und als riesige „Wollmaus" wieder aufgetaucht. Letztens haben wir sie schlafend in Ada und Viannes Bettkasten wiedergefunden. Vita ist eine wahre Bereicherung.

Am Wochenende haben wir den Geburtstag meiner Mutter auf der „Wilden Wiese" im Schnee nachgefeiert, anschließend haben Ada und Vianne zwei Nächte bei Oma und Opa übernachtet – und sich nach Strich und Faden verwöhnen lassen.

Wir hatten somit den Rücken frei für den Gesprächstermin mit dem Neurochirurgen am Montagmorgen. Bereits um Viertel nach Acht mussten wir in Essen sein – die Autobahn war aufgrund des Berufsverkehrs wahnsinnig voll, aber es hat noch gerade eben so gepasst. Die Nacht zuvor habe ich lange wegen des anstehenden Gesprächs gegrübelt und konnte erst nicht einschlafen. Dementsprechend gerädert fühlte ich mich am Vormittag. Aber das Gespräch verlief besser als erwartet: Prof. S. rät vorerst von einer OP ab. Ich war einfach nur erleichtert. Die Begründung: zum einen ist er nicht sicher, ob die Bildgebung tatsächlich ein Tumorrezidiv zeigt. Ebenso wie Dr. B. ist er der Ansicht, dass es sich auch um ein Gefäß handeln könnte, welches Kontrastmittel angenommen hat. Er brachte noch ein interessantes Argument. Die vorherigen Tumore hätten nie so deutlich Kontrastmittel angenommen. Warum sollte es dieser neue mögliche Tumor tun. Auch sei er noch sehr klein, so dass er nicht sicher ist, ob er ihn überhaupt genau lokalisieren und vom gesunden Gewebe abgrenzen kann. Trotzdem kann er ein Rezidiv nicht ausschließen. Nur auf Verdacht möchte er aber nicht operieren. Der Bereich ist heikel, da dort Viannes Motorikzentrum für die rechte Körperseite liegt und es unter einer Operation immer zu Schädigungen kommen kann. „Was wäre, wenn es aufgrund der OP zu weiteren Motorikeinschränkungen kommen sollte und sich letztendlich herausstellt, dass kein Tumorgewebe vorliegt?", gab er zu Bedenken. Er schlägt ein erneutes MRT vor. Sollte der Bereich unverändert sein, rät er zur Behandlung in der Schweiz. Sollte die Läsion größer geworden sein, wäre der Tumorverdacht bestätigt und er würde Vianne zeitnah mikrochirurgisch operieren. Morgen hat Vianne ihren MRT-Termin in Dortmund...

Echtzeit! Unverändert – 7. Januar 2015

Ein weiteres MRT liegt hinter Vianne. Wir kamen heute Morgen ganz schnell dran. Um halb 9 Uhr waren wir auf der Kinderstation. Nicht nur meine Lieblingskrankenschwester D. hatte Dienst, sondern auch noch meine andere Lieblingskrankenschwester B. Beide drückten mich kräftig. Die Krankenschwestern auf der Station sind toll. Sie sind für mich die Helden im Hintergrund auf der K41 – immer ganz dicht dran an den kleinen Patienten und ihren Eltern. Nicht jeder hat das Zeug dazu, auf einer kinderonkologischen Station zu arbeiten – sie schon. Das Zuganglegen des Venenkatheters forderte zwar wieder ein paar Tränen, die aber schnell trockneten. Danach haben wir Peter Pan gelesen und durften auch schon zum MRT rüber. Micha kam zeitgleich mit uns im Hauptgebäude an. Heute musste er eine grüne OP-Hose anziehen, die fünf Nummern zu groß war. Er und Vianne – ebenfalls in einem überdimensionalen OP-Kleidchen – gaben ein komisches Bild ab. Was soll ich sagen: Die Zaubermaus meisterte das MRT wieder mit Bravour und verspeiste zuvor genüsslich und in aller Ruhe ihr Honigbrot und ließ die Ärztin einfach in der offenen Tür warten, bis der vorletzte Bissen verschlungen war. Die Ärztin nahm's mit Gelassenheit: „Du hast Recht, iss ruhig in Ruhe auf." Bereits um halb elf schlenderten wir zum Auto zurück, Vianne mit einem übergroßen Eis in der einen und einem übertrieben teuren Filly-Heft in der anderen Hand. „Mama, du darfst nicht auf die Rillen treten", kicherte sie und hüpfte vergnügt von einem großen Pflasterstein zum nächsten. Die Sonne schien uns ins Gesicht und ich genoss jede kleine Sekunde mit meiner hüpfenden, Eis futternden, kichernden Tochter an der Hand. In solchen Momenten sauge ich die gemeinsame Zeit mit ihr auf (an anderen Tagen könnte ich sie manchmal zum Mond schießen – also alles ganz normal).

Auf der Rückfahrt im Auto meinte Vianne: „Wenn ich groß bin, will ich doch keine Pferdepflegerin werden. Ich glaube, da darf man nicht reiten, oder, Mama? Ich will lieber Tierpflegerin werden (sie war mit beim Tierarzt, als Vita geimpft worden ist) – ich mag Tiere nämlich sehr: Hunde, Baby-S(ch)ildkröten, Katzen...", zählte sie verzückt auf. „Tierpfleger oder Tierarzt ist wirklich eine tolle Sache", erwiderte ich. „Aber ich will dabei doch eine Frau bleiben", warf Vianne energisch ein. Erst wusste ich nicht, was sie damit sagen wollte, bis mir auffiel, dass ich von Tierarzt und Tierpfleger anstelle von Tierärztin und Tierpflegerin gesprochen hatte. Ich musste grinsen. „Und bis dahin bleibe ich ers(t) mal ein Mens(ch)", setzte sie ernst nach. Ich musste beinahe lauthals losprusten. „Mama, was hast du denn gemacht, nachdem du ein Mens(ch) warst?", fragte sie neugierig weiter. „Ich schreibe für eine Zeitung und bilde Erzieherinnen für die U3-Gruppen aus", erklärte ich. „Wie langweilig!", stöhnte meine Tochter auf. „Dann bleib doch besser Mens(ch)!" Entzückend, solche Gespräche...

Andi kam mittags und leistete mal wieder moralische Unterstützung. Allein sie in meiner Nähe zu wissen tut so wahnsinnig gut, gerade wenn Micha nicht greifbar ist. Andauernd klingelte das Telefon – aber es war nie Dr. B. Jedes Mal schnaufte ich tief durch. Dann ging das Handy. Unterdrückte Nr. Also die Klinik. „Die Stelle ist unverändert", meinte Dr. B. „Ist das gut oder schlecht?", fragte ich. Nun ja, es wäre schon ein großer Zufall, wenn ein Gefäß in einer neuen Aufnahme wieder Kontrastmittel annehmen würde, er würde jetzt doch eher auf einen Tumor tippen. Allerdings sei die Größe unverändert, also keine Größenzunahme innerhalb von vier Wochen. Die anderen Rezidive sind schneller gewachsen. Liegt es am Temodal? Oder ist es doch kein Tumor? Auszug Arztbrief Prof. S.: „Sollte die Läsion allerdings gleich dargestellt sein, ist aus meiner Sicht eine Tumormanifestation eher unwahrscheinlich..." Ich mag nicht mehr spekulieren. Da ist etwas, was (bisher) nicht gewachsen ist. Die Bestrahlung steht wieder an erster Stelle. Dr. B. hat Kontakt in die Schweiz aufgenommen. Wir wissen nicht, ob und wann es losgeht, aber wir werden morgen sicher mehr wissen. Meine Einstellung zur Bestrahlung ist nach wie vor gespalten. Doch wenn wir nicht bestrahlen, habe ich Angst den Zeitpunkt zu verpassen, an dem wir das Ruder evtl. noch rum reißen können. Wir sollen noch entscheiden, ob für die Bestrahlung wieder ein Broviak-Katheter implantiert werden soll. Wir sind dagegen. Wir wagen den Versuch ohne – wenn es denn letztendlich losgeht.

Echtzeit! Starttermin – 9. Januar 2015

Wir haben heute den Termin bekommen: Am 28. Januar startet die Protonentherapie in der Schweiz. „Zwei Seelen wohnen, ach! in meiner Brust, die eine will sich von der andern trennen: Die eine hält in derber Liebeslust sich an die Welt mit klammernden Organen; die andre hebt gewaltsam sich vom Dust zu den Gefilden hoher Ahnen." (Johann Wolfgang von Goethe/ Faust 1). Meine innere Zerrissenheit ist zwar etwas anders gelagert, aber ganz klar vorhanden: Ja! Wir haben uns für die Protonenbestrahlung entschieden. Sie kann Vianne helfen, zu überleben. Ich bin erleichtert, dass wir starten können. Nein! Ich verabscheue den Gedanken, dass die Protonen wahnsinnige Schäden hinterlassen werden. Ich will die Bestrahlung nicht. Ich will Vianne so bewahren, wie sie ist. Wir starten am 28. Januar 2015. „Zwei Seelen wohnen, ach! in meiner Brust...."

Echtzeit! Zweifel – 12. Januar 2015

Je näher der Bestrahlungstermin rückt, desto unruhiger und zweifelnder werde ich. Was wissen die Mediziner eigentlich über Krebs? Schon viel, aber letztendlich viel zu wenig. Sie haben immer noch nicht die Ursache gefunden, bekämpfen lediglich die sichtbaren Tumore. Sie gehen unter anderem von genetischen oder epigenetischen Veränderungen aus. Diese Theorie hinterlässt aber ebenso viele unbeantwortete Fragen. Warum gibt es keinen Herzkrebs? Warum tauchen Metastasen häufig in Lunge und Leber auf, nicht aber im kleinen Finger? Warum kriegen Patienten mit unterschiedlichen Krebserkrankungen ähnliche Medikamente und Behandlungen, obwohl man mittlerweile weiß, dass sich die verschiedenen Krebsarten so sehr unterscheiden wie Herpes vom Beinbruch? Warum würden etliche Ärzte für sich selbst keine Chemotherapie in Anspruch nehmen (habe ich mal gelesen)? Und stimmt diese Aussage? Fahren sie diese aggressiven Therapien bei ihren Patienten, weil sie nichts anderes anzubieten haben? Schießen sie deshalb mit Kanonen auf Spatzen? Und die, die etwas anderes anzubieten haben, haben häufig keine Belege für die Wirksamkeit ihrer Mittel und Maßnahmen. Warum nicht? Es stehen genügend Gelder aus privaten Fonds zur Verfügung, die nur abgerufen werden müssten, um komplementärmedizinische Ansätze in klinischen Studien zu beweisen – oder zu widerlegen. Oder lassen sich manche Dinge gar nicht beweisen? Wir lassen uns heute so viel leiten von Aussagen, die sich auf Statistiken und Blutwerte beziehen. Dabei schauen die Ärzte zu oft nicht mehr auf den Menschen an sich. Eine gründliche Anamnese, ein Blick in die Augen, auf die Haut, auf das Innenleben – das, was früher Ärzte, Heiler, vergangene Kulturen praktiziert haben, kommt heute oftmals zu kurz. Statistiken, Werte, Zahlen bestimmen die Diagnose – nicht aber der menschliche Faktor. Diese Lücke füllen mittlerweile die Heilpraktiker, Anthroposophen, Alternativmediziner aus. Und sie haben großen Zulauf. Aber auch wir müssen lernen, uns richtig zu betrachten, in uns zu horchen. Das ist schwer. Oftmals heißt es, dass alternative Ansätze nur dann wirken, wenn der Patient nicht durch aggressive Therapien vorbelastet ist. Das setzt unter Druck. Aber klar: Wenn ich mit einem lästigen entzündeten Fingernagel zu tun habe, fällt mir die Entscheidung leicht, mich in die Hände von Homöopathen etc... zu begeben. Bei schweren Erkrankungen renne ich zum Arzt. Erst wenn mir dieser sagt, es gebe keine Therapie mehr für mich, wende ich mich wieder Alternativen zu. Ich glaube, ich habe nicht die Kraft, die Protonentherapie abzusagen.

Ich lese momentan so viel, dass ich schon selbst nicht mehr weiß, was ich denken soll. Ich weiß nur, dass Querdenken nicht verkehrt ist. Micha meint, wir würden uns im Kreis drehen. Ich kann diese Gedanken aber nicht abschalten. Vielleicht schädigen wir Vianne letztendlich mehr mit den aggressiven Maßnahmen, vielleicht zerstören wir damit ihre letzte Chance auf die Aktivierung ihrer Selbstheilungskräfte (an die ich glaube). Vielleicht nehmen wir ihr die

Chance auf ein paar unbeschwerte Monate, Jahre? Vielleicht schenken wir ihr damit noch ein paar Monate, Jahre? Vielleicht ist die Protonentherapie ein Segen. Wenn ich Vianne sehe, kann ich nicht glauben, dass sie so krank ist. Ich schaue sie mir doch genau an, oder nicht? Richtig krank wirkte sie immer erst durch die Therapien. Unser Körper ist so intelligent und durchdacht angelegt, mit so vielen Kontroll- und Selbstheilungsmechanismen. Klar kann man argumentieren, Viannes Kontrollsystem habe schon mehrmals versagt, aber vielleicht hat es gar nicht versagt, sondern durchläuft nur langsam verschiedene Prozesse, die wir nicht verstehen. Vielleicht haben wir durch unser massives Eingreifen dazu beigetragen, ein empfindliches, ausgeklügeltes System aus dem Gleichgewicht zu bringen? So viele Menschen sterben letztendlich durch die Therapien und nicht durch die eigentliche Krebserkrankung. Viele sind nach den aggressiven Therapien jedoch auch geheilt. Aber zu welchem Preis? Zudem kann uns niemand eine Garantie auf Heilung nach der

Behandlung geben, aber alle können die heftigen Nebenwirkungen aufzählen. Kann eine Heilung letztendlich auch ohne aggressive Maßnahmen erzielt worden? Vielleicht hört die Tumoraussaat von allein auf, allen Statistiken zum Trotz. Oftmals heißt es in der Medizin, dass das Medikament oder die Behandlung bei x Prozent der Patienten anschlägt. Das heißt aber noch lange nicht, dass diese Patienten dann geheilt sind, sondern nur, dass sie drei Monate länger gelebt haben als diejenigen, die dieses Medikament, diese Behandlung nicht bekommen haben – nur dass diese Monate oftmals geprägt sind von Nebenwirkungen und schlechter Lebensqualität. Micha hat Recht: Wir drehen uns im Kreis. Denn ich habe letztendlich (noch?) nicht die Kraft, den schulmedizinischen Weg zu verlassen... irgendwie erbärmlich. Ich traue mich nicht, mich auf mein Gefühl zu verlassen, weil ich nicht weiß, ob mich mein Gefühl trügt. Ob es zu sehr vom Wunschdenken geprägt ist. Ich traue meinen Entscheidungen nicht mehr. Ich traue mir momentan nicht mehr. Ich bräuchte ein mächtiges Zeichen, um den Weg für uns (wieder) zu finden. Aber dafür müsste ich glauben. Und ich weiß noch nicht einmal, ob ich an irgendetwas glaube...

Echtzeit! Leckere Zimtsterne und Zahnlücke – 14. Januar 2015

„Mama, lass uns noch mal Zimtsterne backen! Biiiiite!" Okay, warum nicht. Unser Weihnachtsplätzchenvorrat ist schon lange aufgebraucht. Warum sollen wir keine Zimtsterne im Januar backen, wenn Vianne es sich so sehr wünscht? Irgendwie ist mir auch nach Plätzchen. Also ran an den Teig – aber ohne Zucker, dafür mit ganz viel Akazienhonig. Das Plätzchenbacken haben wir zwischen der morgendlichen Schuluntersuchung beim Gesundheitsamt und dem Turnen am Nachmittag eingeschoben. Die Untersuchung ist gut gelaufen. Ich bin immer wieder erstaunt, wie viel die Mäuse doch schon können: logische Folgen fortsetzen, Oberbegriffe erkennen, Präpositionen des Ortes bestimmen – Ada und Vianne waren mit Feuereifer dabei. Die Amtsärztin, eine sehr sympathische und routinierte Frau, konnte den Kindern die erste Scheu und Aufregung schnell nehmen. Sie zeigte sich begeistert, wie fit Vianne trotz der schweren Eingriffe und Therapien, die sie bereits hinter sich hat, ist. Lustig war, dass sie bei Viannes Namen immer das E mitsprach, wie die Österreicher beim Skirennen: „Und hier, mit der Startnummer drei, die Vianne." Ich verbesserte sie nicht, es hörte sich irgendwie niedlich an. Vianne selbst gab sich betont lässig: „is ja babyeinfach" lautete ihr Standardsatz nach jeder bewältigten Aufgabe. Sie ist so unglaublich cool, lässt sich Zeit, teilt ihre Denkschritte und Überlegungen gerne mit – und wirkt dabei verdammt niedlich und altklug in einem. Ich beobachte sie so gerne. Und bin gleichzeitig traurig, denn ich weiß, es ist nur eine Momentaufnahme. Wie wird sie am Ende der Bestrahlung sein? In welcher körperlichen und geistigen Verfassung wird sie sein, wenn sie im August in die Schule kommt? Die Ärztin spürte meine Traurigkeit und unterhielt sich anschließend einfühlsam und ausführlich mit mir über die bevorstehende Bestrahlung, nachdem Vianne das Zimmer verlassen hatte. Irgendwie schaffte sie es, den Schrecken der Therapie etwas zu mildern. Sie stellte nur eine kleine Frage: „Was wäre, wenn sie nicht am PSI bestrahlen lassen?" Das wisse ich nicht, antwortete ich ihr. „Sehen Sie. Und Sie wissen ebenso wenig, was nach der Bestrahlung sein wird." Manchmal reichen kleine Denkanstöße...

Ada fielen die Aufgaben sehr leicht, trotzdem ist ihr vieles peinlich und sie überspielt ihre Aufregung oftmals, indem sie herumalbert. Beim Nachsprechen der Quatschwörter verdrehte sie fortwährend die Augen. Während der restlichen Aufgabenbearbeitung hielt sie anfangs ihre Arme wie kleine Hasenpfötchen angewinkelt vor ihrer Brust und zog dazu ein Hasenschnütchen – zum Piepen. Aber auch damit konnte die Ärztin gut umgehen.

Gutgelaunt machten wir uns schließlich auf den Heimweg. Nachmittags, mit kugelrunden Bäuchen vom Plätzchennaschen, düsten wir zum Turnen. Kurz zuvor, noch mit den restlichen Kekskrümeln im Mund, sagte Vianne plötzlich ernst und verzückt zugleich: „Mama, es ist was Außergewöhnliches passiert", und hielt mir stolz ihren oberen Schneidezahn unter die Nase. Sie hat oben jetzt eine riesige Zahnlücke, weil der andere Schneidezahn auch schon fehlt. Ada wurde beinahe grün vor Neid und prüfte kritisch ihren Wackelzahn.

Anschließend schmissen sich die Mädels in ihre glänzenden Turnanzüge (worin die Bullerbäuche noch mehr zur Geltung kamen) und balancierten, hüpften und hangelten sich in der Turnhalle durch den Geräteparcours. Wieder zu Hause angekommen stibitzten die kleinen Finger dann die restlichen Zimtsterne. Wie es der Zufall so will, kramte Vianne heute Nachmittag, während wir gerade gemütlich mit warmen Tee und Milchschaum auf dem Sofa lümmelten, das Buch von „Radio-Robby" von der Deutschen Kinderkrebsstiftung hervor und blätterte es interessiert durch. Wir hatten das Buch letztes Jahr vor der Bestrahlung besorgt. Ich sollte ihr die Bilder beschreiben und nochmal genau erklären, was auf jeder Seite geschieht: Welches die guten Zellen und welches die blöden Krebszellen sind, wen Radio-Robby an seiner Seite hat (Radio-Rosi, Radio-Rudi,...) und warum das Mädchen auf dem Bild die Haare verliert. Als sie die gute Blutzelle sah, die der Krebszelle mit dem Hammer auf den Kopf haut, kicherte Vianne herzlich. Auch Ada folgte meinen

Erklärungen aufmerksam. Es ist gut, dass sich beide Mädels mit dem Thema befassen.

Echtzeit! Lokalrezidiv – Sonntag, 18. Januar 2015

Er ist zu stark, er ist zu schnell. Wir kommen nicht mehr hinterher. Was sollen wir nur machen? Am Freitagmorgen fuhren wir zur Blutuntersuchung nach Dortmund. Das Spielzimmer war voll mit bekannten Gesichtern: so viele Rückfälle, so viele Kämpfer, so viele Schicksale. Tränen und Lachen wechselten sich ab. Anscheinend war jeder froh, nicht allein hier zu sitzen, auch wenn man niemandem die Erkrankung wünscht. Ada und Vianne spielten mit einer Schwesternschülerin „Lotti Karotti", später konnten sie mich zu einer Runde Monopoly Junior überreden. Wir hatten uns auf eine längere Wartezeit eingestellt. Die Stationsschwestern hatten uns im Vorfeld informiert, dass es dauern könnte, weil nur ein Arzt zur Verfügung steht. Mir war es egal. Wir hatten keinen Zeitdruck und wir waren kein Notfall. Außerdem kamen auch wir eine Stunde später als vereinbart - es hatte sich irgendwie so ergeben. Trotzdem rief uns Dr. B. relativ schnell ins Behandlungszimmer. Ich war froh, gerade ihn anzutreffen, weil ich noch einige Dinge wegen der Schweiz zu besprechen hatte. Er brachte Ada und Vianne zum Kichern. Sie fühlten sich wohl. Dann kam er auf den neuen Referenzbefund von den Januar MRT-Aufnahmen zu sprechen. „Fr. W-M. geht eindeutig von einem Rezidiv aus", erklärte er. Er holte mir die Beurteilung: „Größenzunahme zweier getrennter Areale im OP-Gebiet mit niedrigem T2-Signal und einer zunehmenden KM (Kontrastmittel)-Aufnahme. Auch der laterale (äußere) Herd ist auf dem Vor-MRT von 12/14 zu sehen. Am Rezidiv und dessen Progression ist kein Zweifel."

Zwei Areale? Größenzunahme? Kein Zweifel? Die letzte Aussage der Dortmunder Radiologen war doch: kein Wachstum, ein Bereich. Ich war so verwirrt, stand einerseits komplett neben mir, konnte es andererseits nicht glauben und wirkte seltsamerweise ziemlich gefasst. Ich klärte noch meine Fragen bezüglich der weiteren Temodal-Gabe, auch unter der Bestrahlung, teilte noch meine Bedenken mit, dass wir mit dieser Doppelstrategie vielleicht ihr Immunsystem zerschießen, versorgte mich noch mit den entsprechenden Rezepten, machte noch neue MRT-Termine für Rücken und Wirbelsäule für die Zeit nach der Schweiz klar – und fuhr mit den Mädels nach Hause.

Dort erst fing ich an, die neue Lage zu realisieren: Die Aussage des Neurochirugen war: wenn sich der Bereich unverändert zeigt, geht er von keinem Rezidiv aus, ergo sollen wir in die Schweiz fahren. Die Dortmunder befundeten keine Größenzunahme, laut Referenzzentrum gibt es nun aber eine Größenzunahme. Sollen wir jetzt doch nicht in die Schweiz fahren? Dr. B. hatte aber am Vormittag nichts Gegenteiliges gesagt. Micha und ich diskutierten am Abend darüber. Im Referenzbefund steht zusätzlich: „Zwei Knoten, einer medial (mittig) und einer lateral – nicht sinnvoll messbar." Sie sind also noch immer kleiner als ein Zentimeter, liegen im Millimeter-Bereich. Der Neurochirurg hat aber auch gesagt, dass er die Läsion unter der Operation eventuell nur schwer lokalisieren könne, wenn sie noch sehr klein sei und: „Bei einer erneuten Größenzunahme der Läsion halte ich es für vertretbar, eine mikrochirurgische Operation anzubieten".

Ändert die Behandlungs-Reihenfolge irgendetwas? Einerseits haben wir einen Tumor, der wahrscheinlich weiter wächst, während wir in der Schweiz sind. Die Strahlen kommen dort nicht hin, dürfen dort nicht hin, weil in diesem Gebiet schon einmal bestrahlt wurde. Lassen wir erst operieren, wächst zwischenzeitlich vielleicht an anderer Stelle, irgendwo im Liquorraum, ein neuer Tumor. Ich werde noch heute eine Mail an die Dortmunder schreiben und um Rat fragen.

Andi war zum Glück Freitagnachmittag da und ich teilte ihr den neuen Befund mit. Später fuhren wir mit Ada und Vianne zum Kinderturnen. Es machte

Spaß, den Turnmäusen zuzugucken. Ada hat eine tolle Körperspannung. Vianne hält gut mit. Zum Ende der Turnstunde weinte sie jedoch bitterlich, weil sie es nicht allein geschafft hatte, vom Sprungbrett aus auf dem Bock aufzuknien. Ada hatte es auf Anhieb geschafft. Vianne sieht die Unterschiede. Sie ist so streng mit sich, so ehrgeizig. Erst am Abend zuvor habe ich den Zwillingen erklärt, dass jeder Mensch einzigartig ist, dass jeder Dinge besser oder schlechter kann und das jeder eine spezielle Gabe hat, die er nur im Laufe seines Lebens bei sich entdecken muss. Ich versuche Vianne zu vermitteln, dass man nicht aufgeben darf, dass es sich lohnt, immer und immer wieder Dinge zu probieren... Heute muss ich es mir selbst vor Augen halten, damit ich nicht den Mut verliere – damit ich die Verzweiflung in Schach halte... damit ich mich nicht von der Angst lähmen lasse... „Er ist zu stark, er ist zu schnell. Wir kommen nicht hinterher... Aber davon lassen wir uns nicht einschüchtern!!!

Echtzeit! Eiskönigin – Donnerstag, 22. Januar 2015

Wir fahren in die Schweiz. Am kommenden Dienstag. Nachdem ich Sonntag unseren Dortmunder Onkologen eine Nachricht geschrieben habe, kam noch am selben Tag eine Antwort. Wahnsinn, wie sie an unserer Seite stehen. Wir fühlen uns wirklich gut betreut, nicht allein gelassen, mit unseren Sorgen so ernst genommen.

Obwohl ich formuliert habe, dass wir keinesfalls eine Antwort am Wochenende erwarten würden, kam eine. Prof. S. schrieb, dass er selber etwas verwirrt von dem Referenzbefund sei. Er würde sich die MRT-Bilder gleich am Montag noch einmal gemeinsam mit den Radiologen ansehen und besprechen. Sie sehen sehr deutlich den einen kleinen Herd, der mittlerweile stärker Kontrastmittel aufnimmt und diskret größer geworden ist (ca. 1mm). Diese Größenzunahme stufen die Dortmunder nicht als Progress ein, befunden aber, dass hier langfristig eindeutig ein Tumor wächst, wenn auch langsam. Sie weisen darauf hin, dass Prof. S. so einen kleinen Herd ungern operieren würde, weil er Sorge hat, dass er ihn nicht gut identifizieren kann – was sich wahrscheinlich auch nach einer solch geringen Größenzunahme nicht geändert haben dürfte. Das zweite Areal, das Fr. W.-M. beschreibt, stellt sich „wolkiger" und „weniger scharf begrenzt" dar und hat auch etwas an Größe zugenommen, zeigt sich bildmorphologisch aber etwas anders als die vorherigen Herde. Fazit: „Angesichts des langsamen Wachstums der aktuellen Herde, sehe ich die Priorität derzeit bei der Bestrahlung, auch um einen Schutz von anderen, noch kritischeren Arealen wie das Rückenmark zu erwirken." Das macht in meinen Augen Sinn. Letzte Nacht kam Vianne zu uns ins Bett gekrabbelt. Ich genieße ihre Nähe, nehme sie ganz intensiv wahr und kann gar nicht aufhören, sie behutsam zu streicheln, sanft durch ihre Locken zu fahren, ihren Atem zu spüren, ihre Körperwärme zu fühlen. Die schrecklichen Bilder suchen mit aller Macht den Weg in meinen Kopf. Ihr Zurückdrängen fällt immer schwerer, je weiter die Erkrankung fortschreitet. So auch in der Nacht zuvor. Ich schlich in ihr Zimmer und kuschelte mich zu ihr unter die Decke. Dann ging es etwas besser. Wir machen mehrmals die Woche die Visualisierung. Zuletzt haben wir ein glitzerndes Einhorn-Haar um den „frechen Wicht" geschlungen. Vianne darf die Schlinge jeden Tag etwas mehr zuziehen, bis sich der Tumor letztendlich auflöst. Da wollen wir hin. Ich bat sie, ganz tief in meine Augen zu blicken und es sich dann bildlich vorzustellen. Sie konzentrierte sich auf mich, war voll und ganz bei mir, wirkte fast ein wenig verwirrt, als wir fertig waren. Das Band zwischen uns ist stark. Ich glaube an die Kraft dieser inneren Bilder. Ich glaube, dass sie in ihrer kindlichen Welt einen noch besseren Zugang zu diesen Bildern hat. Ich hoffe, ich überfordere sie damit nicht. Doch scheint es ihr zu gefallen und ihr etwas zu geben, denn sie selber fordert die Bilderreisen fast jeden Abend ein. Das ist gut. Sie muss alle ihr zur Verfügung stehenden Mittel ergreifen, um die

Tumorzellen zu kontrollieren – nicht anders herum. Sie knirscht wieder jede Nacht mit den Zähnen, der Druck ist da – bei ihr, bei uns, und er wird größer, je näher wir der Bestrahlung kommen. Derzeit liebt sie die Filmmusik „Lass jetzt los" aus „Die Eiskönigin" Heute habe ich das Lied auf mein Handy geladen. Beide Mäuse waren so verzückt und tanzten und sangen im Schlafanzug in der Küche: „...ein einsames Königreich und ich bin die Königin... Der Wind, er heult so wie der Sturm ganz tief in mir, mich zu kontrollieren, ich habe es versucht... ich lass los, lass jetzt los, die Kraft, sie ist grenzenlos, ich lass los, lass jetzt los, und ich schlag die Türen zu, es ist Zeit, nun bin ich bereit, und ein Sturm zieht auf... es ist schon eigenartig, wie klein jetzt alles scheint, die Ängste, die in mir waren, kommen nicht mehr an mich ran, was ich wohl alles machen kann, die Kraft in mir treibt mich voran, was hinter mir liegt ist vorbei, endlich frei! Ich lass los, lass jetzt los, nun bin ich endlich so weit, ich lass los, lass jetzt los,... ich spüre diese Kraft, sie ist ein Teil von mir, sie fließt in meiner

Seele und in all die Schönheit hier. Nur ein Gedanke... Ich bin frei, endlich frei, und ich fühl mich wie neu geboren... hier bin ich, im hellen Licht..."

Ich habe ihr vorgeschlagen, ihr Lieblingslied bei den Narkoseeinleitungen vor der Bestrahlung zu hören – sie fand die Idee gut. Wir sind bereit! Die letzten Vorbereitungen vor unserer Abfahrt laufen. Ada und Vianne haben heute Morgen ihre Muscheln sortiert. Sie überlegen, ob sie einigen ausgewählten Kindern eine Muschel zur Aufbewahrung geben, während wir in der Schweiz sind. Ein schöner Gedanke. Morgen feiern sie „Abschied" im Kindergarten. Jede übergibt eine Pflanze, mit einem Foto von sich am Blumentopf. Die Kindergartengruppe soll sich während der Abwesenheit der Zwillinge um die Blumen kümmern, sie gießen, sie gedeihen lassen. So sind Ada und Vianne weiterhin präsent in der Gruppe. Und sie bringen eine riesige Portion selbstgemachtes Vanilleeis mit (darauf freuen sie sich am meisten) – natürlich ohne Zucker. Schon gestern hat Vianne ihre Kindergärtnerin ganz fest in den Arm genommen und wollte sie gar nicht mehr loslassen. Das macht sie auch mit mir und anderen ausgewählten Personen häufiger in letzter Zeit. Wie ein Abschied... Oh nein... Vianne spürt, dass wir bald aufbrechen. Natürlich weiß sie, wohin wir fahren und was dort passiert, aber sie scheint noch mehr zu spüren, große Veränderungen, als ob sie wüsste, dass ihr Leben nach der Bestrahlung ein anderes sein wird... Wir sind bereit – soweit man dazu bereit sein kann. „Ich lass los, lass jetzt los, nun bin ich endlich so weit..."

Echtzeit: Vorbereitungen – Samstag, 24. Januar 2015

Wir haben fast alles organisiert und beieinander: Kinderbetreuung, Katzenbetreuung, Bestrahlungsplan für die erste Woche, Ferienwohnung, Vignette für die Schweiz, Medikamente, ADAC-Karte, Bücher... Jetzt muss ich nur noch packen. Es fühlt sich seltsam an. Eigentlich wollte ich lediglich noch mal ans PSI zurückkommen, um den lieben Leuten dort

„Hallo" zu sagen... Ada und Vianne sind gestern noch einmal mit Andi und Ralf, Oma und Opa zum Schwimmen ins Aquamagis gefahren. Anschließend durften sie sogar noch bei Andi und Ralf übernachten. Was für ein schönes Abschiedsgeschenk. Die Mädels genießen es in vollen Zügen und waren dementsprechend aufgeregt vorher. Im Kindergarten haben sie ihre Blumentöpfe überreicht und gemeinsam mit Kindern und Erzieherinnen das Eis restlos vertilgt. Super. Dann bekamen sie von den Erzieherinnen noch jeweils einen Glücksstein geschenkt.

Leider konnte Ada ihren nicht mehr finden, als wir zu Hause ankamen. Aber sie darf sich Montag einen Ersatzstein aussuchen. Wie lieb! Vianne hielt ihren ganz fest in der Hand. „Fühl mal, Mama, er ist schon ganz warm geworden", erklärte sie mir stolz. „Kommen wir rechtzeitig ins Aquamagis oder sind wir zu spät?", fragte sie später aufgeregt im Auto. „Klar, das passt", antwortete ich. „Ada, Ada, genau das habe ich mir gerade vom Glücksstein gewünscht! Er funktioniert!", rief sie begeistert. Das ist ihre Welt, und das ist auch gut so. Ich hätte mir etwas anderes vom Glücksstein gewünscht… Morgen haben wir noch Karten für das Kindermusical „Conni" bei uns im Parktheater. Wir nehmen noch einmal alles mit. Jesse ist gestern zu seiner Skifreizeit mit der Schule aufgebrochen. Ich gönne ihm die Woche im Schnee, auf dem Berg, mit dem Board unter seinen Füßen so sehr. Wenn er wiederkommt, bin ich mit den Mädels bereits in der Schweiz. Ich vermisse ihn schon jetzt. Ich vermisse alle schon jetzt. Und doch macht sich auch eine gewisse Aufbruchstimmung breit... Draußen schneit es kräftig. Gleich kommen meine kleinen „Eisköniginnen" nach Hause.

Echtzeit! Waldshut – Dienstag, 27. Januar 2015

Ich sitze auf dem Sofa, auf dem ich vor anderthalb Jahren etliche Abende verbracht habe. Waldshut sieht im Winter ganz anders aus als im Sommer – steht der Stadt und dem kleinen Örtchen Gaiß, in dem wir wieder unsere Ferienwohnung haben, aber auch sehr gut. Nach nur sechs Stunden Fahrt inklusive Pause sind wir am frühen Nachmittag relativ entspannt eingetroffen. Die Mädchen haben nicht gestritten und unzählige Bibi-und-Tina-Folgen auf CD gehört. Wir haben die Route durch den märchenhaft verschneiten Schwarzwald gewählt, vorbei am Schluchsee, in dem wir beim letzten Mal noch gebadet haben. Die Gefühle schwappten sofort hoch, als ich an all diesen vertrauten Punkten vorbei kam. Ja, wir kennen uns hier mittlerweile gut aus.

Unsere Vermieterin begrüßte uns herzlich – es kommt mir vor, als wären wir nur kurz weg gewesen, nicht anderthalb Jahre. Lustig war, dass sie nicht wusste, unter welcher Mütze Vianne steckte – sie kannte sie nur als knapp Vierjährige – ohne Haare, blass und dünn. Nach der Begrüßung hat sie mitgeholfen, unsere unzähligen Koffer, Lebensmitteltaschen, Spielzeugkisten... in die Wohnung zu befördern – sie ist so hilfsbereit. Danach haben wir über eine Stunde gequatscht. Was für ein schönes Ankommen. Ada und Vianne konnten sich noch gut an „unsere" Wohnung erinnern. Im Sommer vor anderthalb Jahren haben sie immer den ganzen Balkon unter Wasser gesetzt, nun setzen sie mit ihren pitschnassen Schneestiefeln den gesamten Flur unter (Tau-)Wasser. Wir waren schon Schlittenfahren, und der Bauer (unser Vermieter) hat uns auf seinen Treckerfahrten zugewunken, als er an unserer Piste vorbeikam.

Vor dem Einschlafen hatten Ada und Vianne plötzlich Heimweh. Ich habe ihnen eine ausgedachte Geschichte vom Igel erzählt, der einige Zeit weit weg von Zuhause bei dem schlauen Fuchs auf der Waldlichtung zur Behandlung bleiben muss, weil er sich am Fuß verletzt hat und kein Arzt daheim ihm helfen kann. Am ersten Abend bekam der Igel ebenfalls schreckliches Heimweh. Der Kranich, der ihn zuvor in einem Tuch hergeflogen hatte, spielte am Abend den Postkranich und brachte dem einsamen Stachelpelz einen Brief von seinen Igelfreunden. Fazit: Nach einiger Zeit ist auch das Fremde vertraut – und: das schönste am Heimweh ist das Nachhausekommen. Dann haben die Damen noch ausgiebig mit ihrem Papa und Luke telefoniert, und danach war alles wieder gut. Beide schlafen jetzt tief und fest. Ich hoffe, ich kann das auch. Der Abend und auch der heutige Morgen vor der Abfahrt waren emotional sehr aufwühlend – für alle Beteiligten. Es gab nicht nur innige Momente, sondern auch bittere, entzweiende Momente, weil alle so angespannt waren. Aber ich glaube, das ist normal, und jetzt ist auch alles wieder gut. Jetzt lassen wir morgen alles

Weitere auf uns zukommen. Ich sitze auf dem Sofa, auf dem ich vor anderthalb Jahren gesessen habe, in einen dicken Wollpulli gekuschelt, mit einem leckeren Vanille-Orangen-Ingwer-Tee auf den Knien. Ich bin verzweifelter denn je – aber aus irgendeinem (mir unerklärlichem) Grund hat sich auch eine tiefe innere Ruhe in mir ausgebreitet – zumindest für den Moment…und nur der zählt.

Echtzeit! Protonentherapie Tag 1 – Mittwoch, 28. Januar 2015

Meine tapfere Vianne, ich weiß nicht, ob ich das noch 29 weitere Tage schaffe. 30 Bestrahlungen stehen insgesamt an. Eine liegt jetzt hinter dir. Du siehst mitgenommen aus – nach nur einem Tag. Du klagst über Kopfschmerzen. Dir ist übel. Ich soll dir bei den ersten Anzeichen von Übelkeit Zofran geben. Das habe ich gleich getan. Du sollst nicht zu viel Gewicht verlieren. Das erste Mal seit deiner Erkrankung bin ich mir so unsicher, ob ich diesen

(Bestrahlungs-)Weg weiter gehen kann, ob noch Kraft da ist. Alle anderen Behandlungen konnte ich mittragen. Diese bringt mich an meine persönliche Grenze. Als wir heute den Vorbereitungsraum betraten, hatte ich das Gefühl, dich zur Schlachtbank zu führen. Und du warst wieder so tapfer, nur ich konnte meine Tränen nicht länger zurückhalten, nachdem du in meinen Armen eingeschlafen bist. „Wir passen gut auf sie auf", versuchte mich das Anästhesieteam zu beruhigen. Das weiß ich doch. Das ist nicht der Punkt. Du bist dort in ach so fähigen Händen. Es geht um die verheerenden Schäden an deinem Hirn, deinem Rückenmark, die die Protonen im Einsatz gegen die Krebszellen hinterlassen werden – obwohl es derzeit weltweit die wahrscheinlich schonendste Behandlungsoption ist, obwohl es wohl deine einzige Behandlungsoption ist. Wir wissen um die bittere Alternative, die sich keiner vorstellen kann, wenn man dich so sieht. All das wissen wir, aber das macht es letztendlich nicht leichter. Diese cranio-spinale Bestrahlung ist Zerstörung und Chance in einem.

Zuvor hatte sich noch der Leiter vom PSI ausführlich mit mir unterhalten, während du mit deiner Schwester auf dem Flur rumgesprungen bist und ihr jeden mit eurer positiven Energie begeistert habt. In diesem Moment zählte mir der Arzt noch einmal alle Risiken, alle möglichen Nebenwirkungen und Spätfolgen auf, die sehr wahrscheinlich auf dich zukommen werden. Das Bild von dir – ein hüpfendes, fröhliches, unbekümmertes Mädchen – verblasste schlagartig vor meinen Augen. Ich habe das Gefühl, ich zerstöre dich – um dich vielleicht am Leben zu halten. Die Krebszellen zerstören dich auch. Das wissen wir. Deshalb starten wir noch diesen Versuch.

Es war ein langer Tag heute – für uns alle. Um 6 Uhr in der Früh habe ich dich geweckt, damit du noch vor deinen Nüchternzeiten etwas in den Magen bekommst. Im Halbschlaf hast du im Bett Kakao geschlürft und an deinem Butterbrot geknabbert. Dann bist du wieder eingeschlafen. Ada durfte später etwas frühstücken. Um 10.15 Uhr mussten wir am PSI sein. Im Kinder-Wartezimmer trafen wir auf eine

Schweizerin, deren vierjährige Tochter sich ebenfalls wegen eines Hirntumors in Behandlung befindet und vor uns an der Reihe ist. Sie hat eine andere Art von Tumor, aber ebenso aggressiv wie dein „frecher Wicht“. Sie erzählte mir, dass wir uns auf eine ca. einstündige Verzögerung einstellen sollten. Irgendeine Techniksache hatte schon am frühen Morgen zu Verspätungen geführt. Egal. Wir unterhielten uns noch angeregt weiter. Du hast mit Ada gepuzzelt. Später gab sie mir ihre Visitenkarte und bot uns an, mal mit euch auf einen Kaffee und zum Spielen vorbeizukommen. Sehr liebenswert. Wie es der Zufall so will, wohnen sie (regulär) in der Nähe vom PSI.

Gegen 11.30/12 Uhr ging es dann los, um 14 Uhr durften Ada und ich zu dir in den Aufwachraum. Du sahst aus wie immer, nur der Maskenabdruck zeichnete sich noch leicht auf deinem Gesicht ab. Du hast dich noch eine gute Stunde lang ausgeschlafen und bist dann ganz ruhig wach geworden. Noch im Liegen habe ich dir (und Ada) eine Geschichte aus dem knallrosa Märchenbuch vorgelesen, das ihr vor anderthalb Jahren schon so klasse fandet. Ada und ich haben in der Wartezeit einen hohen Holzturm für dich gebaut. Du bist wieder wach und betrachtest deine neue Mutperlenkette.

Viel blieb danach nicht mehr vom Tag übrig. Wir mussten noch etwas einkaufen, noch schnell was kochen, und dann war es auch schon wieder Abend mit dem üblichen Zubettgeh-Programm. Ich versuche, die Stunden bis morgen früh zu nutzen, um neue Kraft zu tanken.

Echtzeit! Protonentherapie Tag 2 und 3 – Freitag, 30. Januar 2015

Die Kraft ist zurück – zum Glück. Irgendwie scheine ich meine Reserven in der Nacht nach dem ersten Bestrahlungstag wieder aufgefüllt zu haben. Ich habe tief und fest geschlafen. Als ich am nächsten Morgen erwachte und in die weiße Winterlandschaft hinausschaute, fühlte ich mich leichter, unbelasteter, vom Schrecken des ersten Therapietages befreit. Vianne ging es zum Glück gut, Kopfschmerzen und Übelkeit waren vergangen. Gegen Viertel vor zehn machten wir uns auf den Weg Richtung PSI – aber wir kamen nicht weit. In Waldshut staute sich der Verkehr, teilweise standen wir mehrere Minuten, in denen sich gar nichts tat. Es war mittlerweile zehn Uhr, und wir hatten noch nicht einmal die Grenze erreicht. Eine Tagesbaustelle auf der Hauptstraße war verantwortlich für dieses Verkehrschaos. So kamen wir „Experten" gleich am zweiten Behandlungstag zu spät (aber nur 20 Minuten). Na ja, wer mich kennt, den wird es nicht wundern. Kurz bevor wir das Forschungsgelände erreichten, rief mich die Anästhesistin an und fragte, wo wir blieben. Arghhh! Es war aber nicht weiter schlimm. Sie hatten blöderweise sowieso eine Leerlaufzeit gehabt, weil sie am Tage zuvor vergessen hatten zu sagen, dass wir 15 Minuten eher kommen können.

Vianne schlief gestern von dem Narkosemittel ruhig ein. Es war leichter, weil kein neuer Zugang gelegt werden musste, der alte vom Vortag auf ihrem rechten Handrücken funktionierte noch gut. Ada und ich vertrieben uns die Wartezeit mit mehreren Runden Memory, dem Bau eines architektonischen „Meisterwerkes" aus Legobausteinen, einem zweiten Frühstück, Vorlesegeschichten und einem Film auf meinem Laptop. Vianne kam gut aus der Narkose. Die Behandlung hat nicht so lange gedauert wie am ersten Tag, da sie zu Beginn immer noch ein Lagerungs-CT machen. Das fiel am 2. Tag weg. Es regnete in Strömen, als wir das Gelände schließlich verließen. Unsere Unterkunft liegt auf 600 Meter, und je höher wir kamen, desto mehr verwandelte sich der

Regen in Schnee, bis schließlich große Flocken fielen. „Mama, sieh mal, ein Schneesturm", riefen Ada und Vianne begeistert. Ganz Gaiß lag unter einer dicken weißen Schneedecke. Wunderschön! Ich war so froh, nicht im verregneten Tal zu wohnen. Gerade angekommen, zogen mich die Mädels erst einmal zum Stall. Sie wollten den Pferden „Hallo" sagen. Leider kamen wir nur von hinten an sie heran und konnten uns ihre dicken Pferdepopos ansehen. Vorne war die Stalltür leider verschlossen. Aber wir wurden mit einem lauten Wiehern begrüßt. In der Wohnung gönnte ich mir erst einmal einen heißen Kaffee, und wir machten uns eine leckere Obstschüssel zurecht. Dann schlüpften wir in unsere Schneeanzüge und bauten eine riesige Schneefrau („Mama, wir wollen ein Mädchen") im Garten: Rosalea. Leider hat der Schneesturm Rosalea in der Nacht umgeworfen. Wir bauen sie heute einfach wieder auf! Abends – gerade rechtzeitig zum warmen Essen – traf Andi ein, aus dem tiefsten Winterwald. Leider steckte sie rund 25 km vor Gaiß auf der tief verschneiten Landstraße in einem Stau fest. Absoluter Stillstand, anscheinend kam ein LKW nicht weiter und stand quer. Sie hängte sich schließlich an einen Ortskundigen und fuhr über verschlungene und sehr einsame (Um-)Wege zu uns. Was für eine Wiedersehensfreude! Ada und Vianne wussten gar nicht, was sie Andi zuerst zeigen und erzählen sollten. Wir verbrachten einen kurzweiligen Abend bei einem guten Glas Rotwein.

Heute Morgen ist Andi mit Ada in der Ferienwohnung geblieben, während ich mit Vianne am PSI war (heute waren wir sogar pünktlich). Wieder schlief sie ruhig zur Musik der Eiskönigin ein. Ihr Unterbewusstsein muss es gut abgespeichert haben, denn als ich sie nach dem Aufwachen fragte, wovon sie geträumt habe, erzählte sie von dem Eispalast und Elsa. Tag 3 von 30 ist geschafft! 20 Mal wird die komplette Neuroachse bestrahlt (ganzer Kopf und Wirbelsäule), die letzten 10 Mal „nur" noch der Kopf. Jeden Tag rechne ich damit, die ersten Auswirkungen/Nebenwirkungen zu sehen. Ich hoffe, wir bleiben noch etwas länger davon verschont. Wann genau die Spätfolgen auftreten, kann keiner so genau vorhersagen – nur dass sie sich im Laufe der Jahre verstärken. Heute Morgen fragte mich Vianne, ob sie heute das letzte Mal zu „Radio-Robby" müsse. „Nein, Schatz, wir müssen noch ganz oft zu ihm, mit heute noch 28 Mal", antwortete ich ehrlich und ernst. „Ok", sagte sie unbekümmert und hüpfte davon…Was für eine Freude: Heute waren die beiden

„Schwarzwälder", deren Hinterteil wir gestern im Stall besucht haben, auf der Koppel. Ada und Vianne haben die robusten Zossen mit unseren Möhren gefüttert (deswegen musste sich Rosalea auch nur mit einer Holznase zufrieden geben). Die Pferde haben es sich jedenfalls schmecken lassen. „Wir haben uns jetzt richtig angefreundet", meinte Vianne daraufhin enthusiastisch. Gegen Abend sind Viannes Kopfschmerzen leider wieder gekommen, so dass ich ihr den Schmerzsaft geben musste. Sie sieht müde und etwas mitgenommen aus. Appetit hat sie auch keinen. Jetzt schlafen beide Mädels.

Echtzeit! Protonentherapie Tag 4 – Samstag, 31. Januar 2015

Da am letzten Montag ein Servicetag am PSI angesetzt war und keine Bestrahlungen stattgefunden haben, hängten sie den heutigen Samstag dran. Deshalb haben wir ausnahmsweise am Wochenende einen weiteren Bestrahlungstag: den vierten. Gegen sechs Uhr heute Morgen wurde ich wach, weil Vianne wiederholt hustete und würgte. Kurz darauf musste sie sich übergeben, beziehungsweise spuckte etwas Schleim – das war's zum Glück. Ich eilte zu ihr. Entweder zeigt die Bestrahlung ihr hässliches Gesicht oder es liegt an dem zähen Husten – oder auch an beiden. Danach ging es ihr wieder gut und sie schlief ruhig in meinem Bett weiter.

Heute begleiteten uns Andi und Ada zum PSI. Ada wollte wieder dabei sein, wenn Vianne „einschläft" – das ist zum Glück kein Problem am PSI. Wieder hörten wir die „Eiskönigin", während die Narkose eingeleitet wurde. Am meisten freute sich Vianne darüber, dass nach der Bestrahlung der Zugang auf ihrem Handrücken (bis Montag) entfernt wurde. Jetzt kann sie wieder beide Hände einsetzen und wir kommen viel leichter in die Handschuhe und in die Jacken hinein. Nachmittags spielten Ada und Vianne ganz fröhlich in ihrem Zimmer mit Playmobil. Erst als es dunkel wurde wollten die beiden noch mal mit ihren Taschenlampen raus und die Pferde füttern.

Die standen zwar nicht mehr auf der Weide, aber wir fanden sie dafür im Stall und streckten ihnen unsere Möhren entgegen, streichelten sie ausgiebig und versorgten sie mit frischem Heu. Danach sammelten wir noch etliche Eiszapfen, die wie Trophäen hoch gehalten wurden. Aber irgendwann stritten sich die „Damen" lautstark, weil Ada mit ihrem Eiszapfen Viannes Zapfen „einen Kopf kürzer" gemacht hatte. Nachdem der Streit geschlichtet war, erklommen wir noch zahllose Eisberge, von denen die Mädels tollkühn runterrutschten und steckten zum Schluss noch „Rosalea" ihre Steinaugen wieder an, die über Nacht rausgekullert waren. Ich war hundemüde und fragte mich insgeheim, woher Ada und Vianne diese Energie nehmen. Jetzt schlafen die beiden endlich und ich genieße gerade die Ruhe um mich herum. Leider kommen in solch ruhigen Momenten auch oftmals die quälenden Gedanken. Heute fragte ich die Anästhesistin, wann Viannes Haare ausgehen werden. „Meistens nach drei Wochen", meinte sie ernst, während sie Vianne zärtlich durch ihre Löckchen strich, während sie noch schlief. Noch ist es nicht so weit...

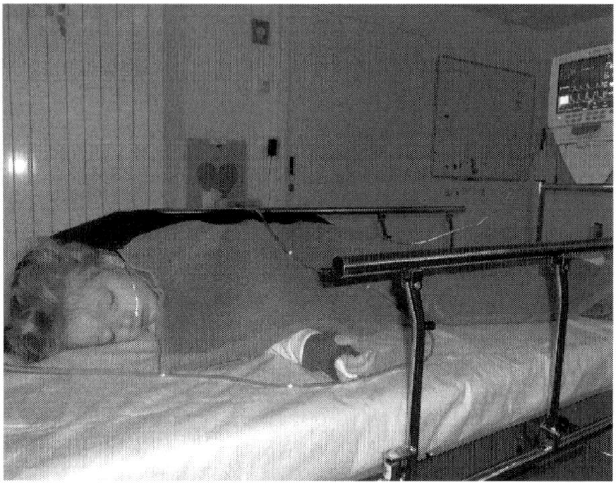

Morgen haben wir erst einmal unseren freien Tag, bevor es am Montag mit den Bestrahlungen weitergeht. Am Dienstag sollen wir schon um 8 Uhr im Kinderspital in Zürich zur Untersuchung und zum Bluttest sein. Anschließend folgt um 10 Uhr die Bestrahlung. Es ist gut durchdacht. Sie wollen uns nicht nach der Protonentherapie die Fahrt nach Zürich zumuten, damit es für Vianne nicht zu anstrengend wird. Dafür, und für den liebevollen Umgang mit Vianne und unserer Familie, bin ich den Ärzten und Mitarbeitern am PSI sehr dankbar. Überall um uns herum sehen wir freundliche, ehrliche Gesichter, trotz der schweren Situation – das tut gut. Das tut sehr gut.

Echtzeit! Noch unter Schock – Donnerstag, 5. Februar 2015

Wie schnell sich Situationen urplötzlich ändern können, mussten wir die letzten Tage schmerzlich erfahren. Wir mussten die Protonentherapie in der Schweiz abbrechen und sind derzeit mit Vianne in der Neurochirurgie der Uniklinik Essen.

Am Sonntagmorgen genossen wir bei einem ausgiebigen Frühstück den bestrahlungsfreien Tag. Ich war etwas beunruhigt, weil Vianne sich wieder um acht Uhr auf nüchternen Magen ein wenig erbrochen hatte. Doch danach verspeiste sie genüsslich ihr Brötchen. Es hatte die Nacht wieder viel geschneit, und ganz Waldshut lag unter einer friedlich anmutenden Schneedecke. Wir beschlossen, ins Wildgehege zu fahren. Dick eingepackt in unsere Schneeanzüge und mit den Schlitten im Gepäck machten wir uns auf den Weg zu Hirsch und Wildschwein. Voller Eifer fütterten und streichelten die Mädels die Ziegen und bewunderten die bernsteinfarbenen Augen des mächtigen Uhus, der uns in seinen Bann nahm. Vianne hielt ihr Futterpaket für die Tiere ganz umständlich in der rechten Hand und pickte mit links (der geschickteren Hand) die Körner aus der Papierbox. Immer wieder entglitt ihr die Packung, als ob sie kaum Kraft in ihrer rechten Hand hätte. Während der Umrundung des Wildschweingeheges fiel mir auf, dass ihr andauernd Speichel aus dem rechten Mundwinkel lief. Ich wurde unruhig. Als ich sie mit dem Schlitten den Berg hinauf zog, baumelte ihr rechter Arm kraftlos an ihrer Seite. Wir entschieden, zum Auto zurückzukehren. Auf der Rückfahrt hielten wir noch kurz in Waldshut, weil wir uns den großen Faschingszug anschauen wollten. Die Straße zu unserer Ferienwohnung war sowieso wegen des Umzugs gesperrt. Vianne war ruhig – auffallend ruhig – während Hexen, Trolle und andere seltsam gewandete Gestalten an uns vorbeitanzten. Während Ada von einer Hexe zu einem Ritt auf ihrem Besen eingeladen wurde (die große Hexe erkannte anscheinend die kleine Hexe in Ada), kuschelte Vianne sich an mich. Sie sprach wenig. Ich fragte sie, ob wir in unsere Ferienwohnung zurück sollten. Sie nickte. Dort angekommen, fing sie einen Satz an – und stockte. Schließlich quälte sie ein kaum verständliches Wort hervor. „Was hast du gesagt?", fragte ich sie erstaunt. Sie setzte erneut an, kam nicht weiter, während ihr der Speichel aus dem Mundwinkel tropfte. Mir wurde eisig kalt. Sie versuchte noch mit Ada zu spielen, setzte zum Sprechen an, gurgelte und murmelte undeutlich, dass sie nicht mehr spielen wolle. Sie krabbelte aufs Bett und rutschte ab. Sie weinte. Ich tröstete sie zitternd. „Vianne, alles gut mit dir?", fragte ich ängstlich. Sie nickte. „Bitte sprich mit mir", bat ich sie. Sie nickte. „Sag einmal

Ada", forderte ich sie auf. Angestrengt versuchte sie, dieses kurze Wort zu formulieren. Heraus kam ein breiiger zäher Laut. Angst kroch hoch. Ich sagte Andi, dass ich sofort im Kinderspital in Zürich anrufen werde. Zum Glück hatte ich die Nummer parat. Andi führte als Alternative das Waldshuter Krankenhaus an, das nur wenige Minuten entfernt lag. „Die kennen sich mit Viannes Fall nicht aus", meinte ich. Ich rief in Zürich an, schilderte die Situation. Die Schwester am anderen Ende der Leitung wirkte ruhig, routiniert, stellte wichtige Fragen, zum Beispiel wo wir gerade wären und wie schnell wir hier sein könnten. Sie wolle eben Rücksprache halten und mich sofort wieder anrufen. Kurz darauf meldete sie sich schon wieder und erklärte uns, wo wir die Notaufnahme finden und dass wir an allen anderen Leuten im Wartebereich vorbeigehen sollen bis zum „Teddybär" und uns direkt an eine Schwester wenden sollen. Die Fahrt dauerte zermürbende 50 Minuten. Nur mühsam konnte ich meine aufkeimende Panik in Schach halten. Andis Anwesenheit tat gut.

Sie beobachtete Vianne, während ich fuhr. Ich war heilfroh, als wir endlich das Spital erreichten. Sofort wurden wir in einen Untersuchungsraum gebracht. Vianne wirkte ganz ruhig. Sie sprach kein einziges Wort mehr. „Hast du Angst, mein Schatz", fragte ich sie. Sie schaute mich völlig in sich ruhend, völlig in die tiefsten Tiefen ihres Selbst gekehrt mit großen Augen an und schüttelte ihr Köpfchen. Sie konnte ihren Arm nur noch ganz schwach heben. Ich weinte endlich. Eine Anästhesistin vom PSI (sie alle arbeiten normalerweise im Kinderspital in Zürich) kam sofort besorgt zu uns: „Frau Stember, ich habe ihren Namen gerade eben auf der Notfallliste gesehen..." sagte sie und umarmte mich mitfühlend. Die Ärzte ordneten sofort ein CT an, um eine Hirnblutung auszuschließen. Vianne hatte Angst vorm CT, machte aber mit. „Keine Hirnblutung", lautete die erste Entwarnung. Ich schluchzte erleichtert auf. Vianne erhielt hoch dosiert Kortison. Die Ärzte vermuteten ein Ödem, welches Hirndruck verursachte. Wir wurden stationär aufgenommen und engmaschig überwacht: Blutdruck, Pupillenreaktion, Temperatur, neurologische Tests – die ganze Nacht hindurch immer wieder. Ich rief Micha an. Er war außer sich vor Angst. Wir überlegten hin und her, wie und wann er zu uns kommen kann. Obwohl er – ebenso wie ich – wie betäubt war, schaffte er es, seine Abfahrt für den nächsten Morgen zu organisieren. Andi bot an, mit Ada in der Nacht bei mir zu bleiben. Ich schickte sie zurück in die Ferienwohnung. Ich fühlte mich an die erste Nacht in Kiel erinnert, als wir erstmals die schreckliche Diagnose erhielten. Mir war wieder kotzübel vor Verzweiflung. Am nächsten Morgen konnte Vianne ihren rechten Arm gar nicht mehr bewegen. Sie kam ins MRT. Der runde Tumor in der Primärregion war beinahe unverändert, das wolkige Areal daneben hingegen förmlich explodiert und innerhalb von drei Wochen von wenigen Millimetern auf über einen Zentimeter angewachsen. Die Ärzte berieten sich mit den Strahlentherapeuten vom PSI, mit Neurologen und Onkologen. Fazit: Wahrscheinlich Tumorwachstum, da die hohen Kortisongaben nicht die erwünschte Wirkung, nämlich einen schnellen Rückgang der Ausfälle, erzielten. Dennoch gaben sie weiterhin Kortison, da auch ein Tumor Flüssigkeitsanteile hat und somit eine Druckminderung entstehen kann. Vianne war nach wie vor ruhig, sprach vereinzelte, sehr undeutliche Wörter und wurde zunehmend genervter, wenn wir sie nicht auf Anhieb verstanden. Es war so befremdlich. Sie wirkte dabei so klein, so hilflos, so verletzlich. Sie bekam Fieber. Weitere Anästhesisten, die wir vom PSI kannten, besuchten uns während ihres Dienstes im Zimmer und waren erschüttert von dieser Entwicklung. Sie konnten sich eine so gravierende Strahlennebenwirkung nicht erklären, da wir ja gerade einmal vier Tage behandelt hatten und zudem keine Bestrahlung in dem betroffenen Hirnareal stattgefunden hat. Am nächsten Morgen brachten sie uns einen farbenfrohen Blumenstrauß vorbei und eine Karte, auf der wunderbare Zeilen vermerkt waren mit warmen Worten voller Anteilnahme. Von allen Seiten wurden wir umsorgt. Wieder konferierten die

Ärzte der verschiedenen Fachgebiete. Fazit: schnelles Tumorwachstum. Sie entschieden, die Protonentherapie abzubrechen. Es war uns schon klar gewesen. Sie nahmen Kontakt zu unseren Dortmunder Onkologen und den Essener Neurochirurgen auf. Am Nachmittag traf Micha in Zürich ein. Er war geschockt, Vianne so klein, blass und eingeschränkt in ihrem Bett liegen zu sehen. Eng aneinandergekuschelt brach sich die schiere Verzweiflung Bahn. Aber wir waren wieder zusammen – das half uns für den Moment...

In der Nacht, um halb 2, bekam Vianne einen schlimmen Krampfanfall, der nur schwer zu durchbrechen war. Die erste Medikamentengabe schlug nicht an. Die Ärztin hielt Rücksprache und verabreichte eine weitere Dosis. Wir dachten, wir verlieren sie. Genau jetzt. Genau hier. Ihr rechtes Auge zuckte ununterbrochen, ihre rechte Hand ebenso – etliche Minuten lang, während sie immer und immer wieder ein und dasselbe unverständliche Wort wiederholte. Zuerst war ich wie gelähmt vor Panik, stammelte nur, dann setzte ich mich hinter sie ins Bett, nahm sie in den Arm, sang ihr etwas vor. „Die Sauerstoffsättigung ist gut", hörte ich die Ärztin wie durch Watte sagen. Dann fing ich an, mit Vianne zu sprechen, sie in Lillifees Reich, an den See mit den Lampingnons zu locken. Diesen Treffpunkt hatten wir damals während der langen Chemotherapie ausgemacht, falls sie mal ganz doll Angst haben sollte. Es wirkte. Irgendwie. Noch bevor der Krampf aufhörte, spürte ich, wie Vianne sich innerlich etwas entspannte. Sie war bei mir, das spürte ich deutlich. Vor lauter Adrenalin zitterte mein rechtes Bein die ganze Zeit über – unkontrolliert. Vianne fiel anschließend in einen tiefen Schlaf. Micha und ich wagten nicht, einzuschlafen. Sie kann sich zum Glück an nichts erinnern.

Die Ärzte versicherten uns noch in der Nacht, dass solch ein Krampfanfall nicht lebensbedrohlich ist und keine Schäden hinterlassen hat, da ihre Sauerstoffsättigung immer gut war. Am nächsten Morgen sprach die Neurologin mit uns und empfahl, ein

Antiepileptikum einzusetzen, da solch ein Krampfanfall wiederkommen könne. Wir willigten ein. Nach einem weiteren Tag unter Beobachtung und Kortisongabe gaben die Ärzte grünes Licht für einen Rücktransport nach Deutschland, der nach zähem Hin und Her mit dem zuständigen Unternehmen schließlich organisiert werden konnte. Micha fuhr im ärztlich begleiteten Krankentransport nach Essen mit, ich im Auto nach Hause, wo meine Eltern, Andi und Ralf (sie hatten sich um Ada, um die Rückführung der Autos und um das Zusammenpacken in der Ferienwohnung gekümmert), Jesse und Luke auf mich warteten. Es tat so gut, den Rücken frei zu haben. Ich wäre auch nicht handlungsfähig gewesen, Micha ebenso wenig.

Das Kinderspital in Zürich wird uns immer im Herzen bleiben. Wir wurden so warmherzig umsorgt, etliche Ärzte aus fachübergreifenden Abteilungen kümmerten sich weit über das übliche Maß hinaus um uns, wir wurden mit heißem Tee und warmen Croissants vor dem innerlichen Erfrieren gerettet, sahen wahre menschliche Anteilnahme und Betroffenheit in den Gesichtern, erfuhren kraftspendende Worte und aufmunternde Geschenke von allen Seiten. Wir lernten den Autor des Buches „Eugen und der freche Wicht" kennen – den leitenden Arzt der Kinderonkologie – und wurden von ihm mit einer wunderschönen Zeichnung aus der Feder der Illustratorin des Buches bedacht, nachdem wir lediglich erwähnt hatten, dass wir sein Buch kennen und schätzen.

Bereits während des Krankentransportes verbesserte sich Viannes Zustand erheblich. Seit Mittwochabend kann sie ihren Arm wieder bewegen, sie spricht wieder fast so deutlich wie vorher. Das Kortison zeigt also doch seine Wirkung. Wir alle haben gedacht, dass die Beeinträchtigung irreversibel sei. Die Essener wollen morgen ein neues MRT durchführen. Die Neurochirurgen denken nun doch eher an ein Ödem durch die Bestrahlung. Die Dezember-Referenzbefunde und die Onkologen gehen jedoch von Tumorwachstum aus. Wir wissen nun, dass

Vianne wahrscheinlich keine cranio-spinale Bestrahlung mehr verträgt und ihr somit die kleine Chance auf Heilung genommen wurde. Für uns zählt aber jetzt gerade nur der Moment, weil Vianne von Tag zu Tag wieder mehr zu Vianne wird.

Echtzeit! Anstehende Entscheidung – Samstag, 7. Februar 2015

Seit gestern Abend sind wir wieder daheim. Hätten wir nicht so einen Druck gemacht, würden wir noch immer in der Uniklinik tatenlos herumliegen und uns die wertvollen gemeinsamen begrenzten Tage als Familie stehlen lassen. Leider hatten wir dieses Mal das Pech, dass der Klinikleiter außer Haus war und ein Oberar(sch)zt das Sagen hatte. Weiter werde ich meine Energien aber nicht auf dieses emotional degenerierte Exemplar verschwenden. Vielleicht fiel uns der Unterschied noch extremer nach unserem hochwertigen Klinikaufenthalt in Zürich auf.

Jedenfalls durften wir – ausgestattet mit den wichtigsten (Notfall-)Medikamenten – die Essener Uniklinik verlassen. Das ist auch gut so, ansonsten hätte ich voller Wut schon vor die Wand getreten. Zum Glück ist am Montag Prof. S. wieder im Haus, und dann soll das neu gefahrene MRT-Ergebnis fachübergreifend zwischen den Onkologen, Radiologen und Neurochirurgen besprochen werden. Anfang nächster Woche steht dann die Entscheidung an, wie es weitergehen soll. Wir müssen etwas gegen die beiden Tumore im Primärgebiet unternehmen, vor allen Dingen gegen dieses wolkige Areal. Das ist anscheinend dafür verantwortlich, dass Vianne zwischenzeitlich diese Ausfälle und den Krampfanfall hatte. Es stehen wieder mehrere Optionen zur Auswahl: OP, Bestrahlung, Chemo. Alle drei bergen hohe Risiken, können nicht heilen, aber uns Zeit verschaffen. Wir müssen uns für die Maßnahme entscheiden, die Vianne eine größtmögliche Lebensqualität erhält. Das Temodal, das bisherige Chemotherapeutikum, können wir absetzen. Es hat nicht gewirkt. Das haben wir schon vorher im Gefühl gehabt, von daher erstaunt es uns nicht.

Es ist schön, wieder gemeinsam zu Hause zu sein. Es ist schwer, wieder gemeinsam zu Hause zu sein. Jesse fragte uns am Abend skeptisch, warum wir denn schon entlassen worden seien. Wir haben ihm die Wahrheit gesagt. Er hat es sowieso gespürt. Er war so beherrscht – zu beherrscht. Ich mache mir Sorgen um ihn. Er leidet so sehr, auch wenn er es hinter einer Fassade versteckt. Vianne blüht hier auf. Sie blühte schon auf, als Ada gestern zu ihr ins Krankenhaus kam. Es ist schön, die beiden zusammen zu sehen. Es tut weh, die beiden zusammen zu sehen. Die Anspannung hier zu Hause ist riesengroß. Zum einen ist da die Angst, dass Vianne einen erneuten Krampfanfall bekommt (die Gefahr ist da). Wir lassen sie kaum aus den Augen. Zum anderen ist da die Angst vor dem Kommenden. Eine liebe Freundin hat Luke heute mit ins Schwimmbad genommen – er war glücklich und schon mal außerhalb der Schusslinie. Das ist auch gut so, denn zwischenzeitlich lagen/liegen unsere Nerven blank. Wir sind so heillos überfordert und müssen uns erst einmal sortieren. Wir müssen aufpassen, dass wir uns vor lauter Anspannung nicht wegen irgendwelcher Nichtigkeiten streiten. Hinzu kommt, dass Ada sich vernachlässigt fühlt und es lauthals hinausschreit: „Ihr kümmert euch nur noch um Vianne!" Vianne hingegen ist leicht reizbar – wir schreiben es den Strapazen der letzten Woche und dem Kortison und dem Antiepileptikum zu.

Heute Nachmittag waren wir kurz mit den Mädels vor der Haustür und haben fast die gesamte Straße mit Kreide verschönert. Thema: Unterwasserwelt. Wir haben ein tiefblaues Meer gemalt. Micha hat einen wirklich stattlichen „Triton" (Arielles Vater) hinbekommen, wo hingegen seine Arielle eher wie die Meerhexe Ursula aussieht. Wir mussten lachen. Vianne hat eifrig Gras gezupft und es in Adas Meer gelegt. „Das ist Meergras, Mama", kicherte sie. Ich sauge diese Momente in mir auf. Glitzerfische, Tintenfische, Muscheln und Seeschlangen vervollständigen unser Familienkunstwerk. Der Regen hat unsere bunten Bilder, diesen kleinen freudigen Moment, wieder fortgewaschen – die Angst ist wieder unser ständiger Begleiter. Wir müssen einen Weg finden, uns nicht von ihr beherrschen zu lassen. Aber es wird immer schwerer, im Jetzt zu bleiben und nicht verängstigt in die Zukunft zu schauen. Die Kälte ist mittlerweile ein Teil von mir.

Echtzeit! Energie – Montag, 9. Februar 2015

Ganz früh am Morgen rief Vianne aus ihrem Zimmer nach mir – ich fiel förmlich aus dem Bett und rannte panisch zu ihr hoch. Sie hatte „nur" einen bösen Traum gehabt – nichts weiter. Ich trug sie zu uns runter und wir schlummerten noch eine Weile. Sie bedachte Micha und mich mit ganz vielen süßen Küssen. Sie wirkte fit heute Morgen. Sie hat ihren Wortwitz wieder, den wir alle so lieben. Gestern bekamen wir ganz viel und ganz lieben Besuch, und die Kinder wurden mit tollen Geschenken bedacht: Seit der Fahrt in die Schweiz lieben die Mädels „Bibi und Tina" als Hörspiel, jetzt haben sie gleich zwei neue Folgen und dazu noch wunderbare selbstgemalte „Sternenbilder". Ganz hoch im Kurs sind zudem die Puppen „Elsa" und „Anna" (aus der Eiskönigin). Sie können ihre Farbe ändern, wenn man sie nass macht. Ada und Vianne setzten daraufhin unseren Wohnzimmerteppich unter Wasser. Zum Abschluss sind wir noch Eis essen gegangen. Ich fragte Vianne gefühlte 10.000 Mal, ob es ihr gut ginge und ob es ihr nicht zu viel sei. „Was denn, Mama, war doch super", meinte sie entspannt. „Was machen wir jetzt? Können wir uns noch verabreden? Mit Lucie? Mit Antonia?", fragte sie voller Elan. Es war bereits 17.30 Uhr. Unglaublich. Ich weiß nicht, wo sie diese Energie hernimmt.

Heute Morgen wollte sie dann unbedingt in den Kindergarten. Zwei Stunden habe ich ihr mit Ada gegeben. Gegen Abend wirkte sie jedoch müder und ihre Sprache wurde etwas verwaschener, der Arm wieder kraftloser. Gleich kommt wieder die Angst hoch, dass sich ihr Zustand verschlechtern könnte. Von der ganzen Anspannung der letzten Wochen war ich heute übel gelaunt und bin zwischenzeitlich erschöpft auf dem Sofa eingeschlafen. Das tat gut – danach war wieder Kraft für gemeinsame Spiele und Raufereien vorhanden. Mein Unmut ist aber noch immer da und ich bin nach wie vor gereizt und überreizt. Morgen Mittag haben wir einen Gesprächstermin mit dem Essener Neurochirurgen. Mal schauen, zu was er rät.

Echtzeit! Ja zur OP – Dienstag, 10. Februar 2015

„Ja oder Nein?" – diese eine Frage stand heute beim Gespräch mit dem Neurochirurgen im Mittelpunkt. Wir haben uns alle für ein „Ja" ausgesprochen: Am Donnerstag operiert er Vianne, bereits morgen müssen wir für die ganzen Aufklärungsgespräche und

Voruntersuchungen in der Klinik sein. „Aber erst möchte ich noch den Hund sehen", stellt Vianne vor den anwesenden Ärzten klar. Morgen kommt ein Hund zu Besuch in den Kindergarten – im Rahmen des Vorschulprogramms. Am Montag hatten die Kindergartenkinder schon die theoretische Einführung. Seitdem wird der Vierbeiner sehnsüchtig erwartet. Die Sache mit dem Hund geht klar von Seiten der Ärzte – wir reisen erst am frühen Nachmittag in Essen an. Vianne wirkte bei dem heutigen Gespräch mit Prof. S. und dem Onkologen ziemlich unbeteiligt und futterte einen Keks, wobei sie eine deutliche Kekskrümelspur in Prof. S. Räumen hinterließ. Dass wiederum eine Operation ansteht, schien sie (noch) nicht zu belasten. Ich weiß nicht, was in ihrer Kinderseele vor sich geht. Sie wirkt nicht ängstlich, sie wirkt nicht gestresst. Ada hat geweint, als sie hörte, dass wir wieder mit Vianne in die Klinik müssen. Ich habe Angst vor der Operation, aber ich sehe sie auch als Chance auf eine symptomfreie Zeit. Nichts tun ist keine Option. Ich bin froh, dass dieser

Schwebezustand beendet wird, dass er bald beendet wird. Ähnlich wie Prof. S. habe ich das Gefühl, dass wir nicht mehr allzu lange mit der Operation warten dürfen. Es ist gut, dass er parat steht, trotz des Risikos, mit dem dieser schwere Eingriff wieder verbunden ist.

Heute haben wir Cakepops gebacken – ohne Zucker (aber mit ein paar bunten Zuckerstreuseln oben drauf – diesen Kompromiss musste ich schweren Herzens eingehen). Dann überraschte uns noch Adas und Viannes kleine Freundin mit einem Kurzbesuch. Sie brachte eine CD, die Ada und Vianne so sehr lieben: Vor dem Fernseher wird nach vorgegebenen Bewegungen getanzt – es war so niedlich. Heute Abend mussten die beiden ihrem Papa noch eine Vorstellung geben. „Du Mama, das ist auch gut – mit dem Tanzen und der ‚Gömnastik', dann kann ich meinen Arm trainieren", überlegte Vianne.

Micha half den Mädels später beim „Bettfertigmachen". Er kam die Treppe runter. In seinen Händen hielt er etliche Haarbüschel: Viannes Haare gehen aus. Von der Bestrahlung? Von dem Antiepileptikum? Von dem magenschonenden Mittel gegen das Kortison? Von allem zusammen? Sie weinte. Sie wolle ohne Haare nicht in den Kindergarten – auf gar keinen Fall. Erst wenn sie wieder nachkommen. Es tut mir in der Seele weh. Ich versicherte ihr, dass sie wunderschön sei, ob mit oder ohne Haare. Ich erklärte ihr, dass ihre Haare (wahrscheinlich) wiederkommen. Wir müssen abwarten. Vielleicht verliert sie auch nicht alle Haare. Es ist so nebensächlich und doch so wichtig.

Echtzeit! Wieder – Mittwoch, 11. Februar 2015

Es hört nicht auf – August 2012, Juli 2014, September 2014, Februar 2015. Es ist ihre vierte Tumor-Operation. Wie viele verkraftet sie noch? Es soll andererseits nicht aufhören – noch können sie operieren. Ich wünschte einfach nur, es würde aufhören, weil sie gesund ist. Es hört auch nicht auf wehzutun.

Lediglich die Aufklärungsgespräche zur Anästhesie und zu dem geplanten Eingriff verlaufen kürzer – wir haben sie schon viel zu oft führen müssen, das wissen auch die Experten. „Das war jetzt die Kurzform, aber Sie kennen das ja alles schon. Oder war das jetzt zu schnell oder sollen wir noch mal ausführlicher darüber reden? Fühlen Sie sich trotzdem gut aufgeklärt?" „Ja, danke der Nachfrage, fühle ich mich", antworte ich freundlich-mechanisch. Die Schrecken der Dinge, die so unglaublich schief laufen können, sind noch immer die gleichen. Wieder ist Vianne diejenige, die so tapfer ist. Beim Blutabnehmen hat sie noch nicht einmal geweint. Sie sagt den Anästhesisten ganz abgeklärt, dass sie nicht „über die Maske" einschlafen will, sondern über den Zugang. Und der soll gelegt werden, wenn sie noch wach ist. Und sie will das Dormicum nicht als Saft, sondern als Zäpfchen. Sie ist fünf Jahre alt. Verdammt! Sie muss nicht tapfer sein! Sie darf ruhig laut hinausschreien: „Ich heiße Vianne und ich habe Angst." Sie ist viel zu beherrscht.

Mein schwarzes Oberteil ist voll von ihren Haaren. Sie verliert sie so schnell. Es trifft mich stärker, als ich mir eingestehen will. Sie tut so, als ob es nicht so schlimm wäre. „Ich weiß gar nicht, Mama, warum ich jetzt Tränchen in meinen Augen habe", sagt sie zu mir und guckt mich aus diesen alten, weisen, viel zu erfahrenen Augen an. Ich muss ihr versprechen, nicht vor anderen über ihren Haarausfall zu sprechen. „Letztendlich wird man es aber sehen", werfe ich ein. Das sei dann in Ordnung, ich solle nur vorher nicht darüber sprechen. Es ist ihr unangenehm. Dieses Gespräch führen wir zu zweit – im Badezimmer. Ich verspreche es ihr. Ich werde in ihrer Gegenwart nicht weiter darüber sprechen. Großes Indianerehrenwort. Dann sagt sie noch einen Satz, der mich völlig umhaut: „Mama, ER (der Tumor) soll nicht wiederkommen, das mit den Haaren ist dann egal." Wie Recht sie doch hat. Das ist auch mein größter Wunsch.

Uns bleiben noch ein paar Stunden bis zum Eingriff. Wir sind erst gegen 11 Uhr morgen früh dran. Wir haben heute ganz viel zusammen gespielt und gelesen, sie durfte naschen und „Dschungelbuch" auf meinem Laptop gucken. Sie kicherte immer wieder dabei. Ich brachte es nicht über mich, sie früh hinzulegen. Später haben wir uns gemeinsam in ihr Bett gekuschelt und eine ganz lange Gute-Nacht-Geschichte gelesen. Jetzt schläft sie, während ich sie betrachte.

Morgen früh kommt Micha zu uns.

Echtzeit! OP-Tag und danach… – Samstag, 14. Februar 2015

Ich komme erst jetzt dazu zu schreiben, es war zu viel die letzten zwei Tage. Die Operation verlief gut – ohne irgendwelche Komplikationen. Um Viertel vor 12 wurden wir abgeholt. Da sie das Dormicum nicht als Zäpfchen hatten, wurde Vianne der blaue Saft angeboten, den sie natürlich verweigerte. Das hätte sie schließlich schon vorher gesagt. Micha trug sie auf seinem Arm sicher zum OP-Bereich. Sie schmiegte sich eng an ihn und wollte nicht im Bett gefahren werden.

Wir fragten sie, ob sie Angst hätte. „Nein." Der ältere, freundliche Anästhesist, der den Abend zuvor die Aufklärung übernommen hatte, erwartete uns. Er begrüßte Vianne freundlich und versuchte, sie sogleich in ein Gespräch über den Hund (aus dem Kindergarten) zu verwickeln. Am Abend zuvor hatte er das Foto auf ihrem Nachttischchen gesehen. Ich hatte Vianne im Vorfeld gefragt, welchen Traum sie träumen wollte in der Narkose. „Peter Pan", antwortete sie prompt. Sie flüsterte mir im OP-Vorraum zu, ich solle das den Ärzten sagen. Ich gab es weiter. Ein anderer Arzt?/Assistent?/Pfleger? zog eine Spritze, gefüllt mit Flüssigkeit, hervor und meinte: „So, hier haben wir den Peter-Pan-Traum." Ich musste lächeln. Vianne nickte. Sie legten den Zugang am Fuß. Innerhalb einer halben Minute war sie in unseren Armen eingeschlafen. Wir mussten den Vorbereitungsraum verlassen. Ich hasse diese Abschiede.

Micha und ich schlichen erschöpft aufs Zimmer zurück. Wir warteten, wir versuchten zu frühstücken, wir gingen wieder in den nahegelegenen Wald, entdeckten ein angrenzendes Wohngebiet mit ehemaligen Zechenhäuschen, die zum einen mit ihren geschwungenen verspielten Giebeln, den Holz-Sprossenfenstern und Rundbögen, den grün-weiß getünchten Türen malerisch und zugleich düster wirkten aufgrund der schmutzig-dunklen Fassade. Im Waldgebiet waren noch immer deutlich die Spuren des letzten Orkans zu sehen – ein Bild der Zerstörung, was in unsere Stimmung passte. Zurück auf dem Zimmer versuchten wir, uns mit einer Runde Kinder-Uno abzulenken (wir hatten nichts anderes dabei). Es klappte. Um Viertel nach vier kam der ersehnte Anruf von Prof. S. aus dem OP. Er sei mit der eigentlichen Opertation fertig, Vianne wäre allerdings noch im OP, da sie die Wunde noch verschließen müssen. Danach stünde noch ein CT an, um Nachblutungen etc. auszuschließen. Anschließend käme sie auf die Kinderintensivstation. Der Tumor sei größer gewesen, als auf den Bildern von letzter Woche ersichtlich. Er meinte, alles entfernt und wenig gesundes Gewebe verletzt zu haben, da der Tumor zum Großteil an altem Narbengewebe gesessen habe. Letztendlich müsse man aber abwarten, bis Vianne wieder wach sei. Um halb sieben am Abend kam sie schließlich auf der Intensivstation an und wir durften zu ihr. Sie war noch intubiert.

Die Kinderintensivstation war sehr klein und voll belegt. Ein Kind lag neben dem anderen, nur getrennt durch Stellwände. Ein spezielles Beatmungsgerät surrte ständig im Hintergrund, kaltes Neonlicht erhellte den Raum. Das junge, engagierte Intensiv-Team brachte etwas Wärme in diese sterile, piepsende, hektische Welt. Vianne kam gut aus der Narkose und krächzte, nachdem sie von dem Tubus befreit war, nach Apfelsaft. „Das geht jetzt noch nicht", meinte der Mediziner freundlich. Daraufhin wurde Vianne unglaublich knurrig und wies entschieden das in Wasser getränkte Schwämmchen zurück, das ihr gegen den trockenen Mund angeboten wurde. Der

Intensiv-Arzt schmunzelte: „Ich find´s gut, wenn die Kinder so sind, dann weiß ich, dass es ihnen ganz gut geht." Dieses Mal musste sich Vianne nicht nach dem Aufwachen übergeben - und bekam einige Stunden später auch ihren Apfelsaft. Ein Notfall jagte in dieser Nacht den nächsten, so dass wir schon um fünf Uhr am Morgen auf unser normales Zimmer zurück durften, weil sie dringend unseren Intensivplatz benötigten und Vianne die ganze Zeit über stabil gewesen war. Ich fand es gut. So bekamen wir unsere dringend benötigte Ruhe. Als ich auf der Intensivstation auf dem Stuhl vor Viannes Überwachungsplatz gesessen habe, bin ich zwischenzeitlich sogar mit dem Kopf auf dem Bett liegend eingeschlafen, so erschöpft war ich, obwohl Micha und ich uns im Drei-Stunden-Rhythmus abgewechselt haben.

Vianne bekam noch in der Nacht Fieber, das wir jetzt aber wieder im Griff haben. Sie ist noch unglaublich müde. Sie weint viel und weiß nicht warum. Ihr rechter Arm schmerzt und sie benutzt ihn kaum.

Das lässt sie verzweifeln. Ich schaffe es nicht, sie aufzumuntern. Es waren einfach zu viele Operationen, zu viele schmerzhafte, angstbehaftete Krankenhausaufenthalte, die sie schon ertragen musste. Ich habe sie noch nie mental so erschöpft gesehen.

Mit Hilfe der Krankenschwester und mir hat sie es heute das erste Mal geschafft, auf ihren noch kraftlosen Beinchen zur Toilette zu wanken. Das rechte Bein gehorcht ihr noch nicht so richtig.

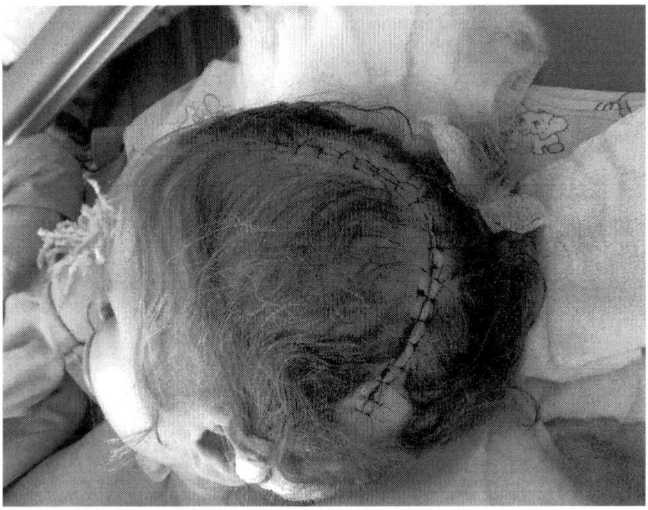

Die Narbe auf ihrem Kopf ist riesig und sieht erschreckend aus, obwohl sie aus ärztlicher Sicht ganz reizlos erscheint. Keine Rötung, keine Schwellung.

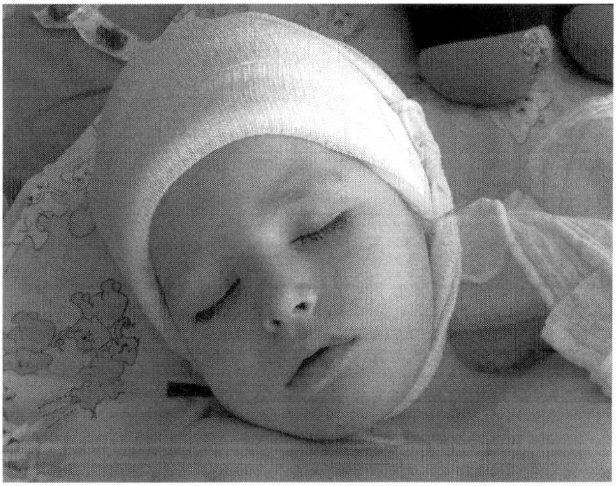

Der dicke Turban-Verband ist ab, jetzt bedecken nur noch Wundkompressen ihren Kopf, die mehr schlecht als recht von einer Art Netzstrumpf an Ort und Stelle gehalten werden.

Echtzeit! Gereizt und ausgebrannt – Montag, 16. Februar 2015

Vianne erholt sich körperlich ganz gut von den Strapazen der Operation. Sie läuft mittlerweile frei (wenn auch weiterhin schleppend), sie kann unter großer Anstrengung den Arm etwas anheben, und wenn sie lächelt, zieht sich ihr rechter Mundwinkel wieder mit nach oben. Leider lächelt sie momentan viel zu wenig.

Zornausbrüche, Gereiztheit, Tränen, Verzweiflung bestimmten den Tag. Da meine Nerven auch blank liegen, sind wir beide heute ganz oft aneinander geraten. Sie will einfach nicht mehr – nichts mehr: kein Pflasterwechsel, keine kitzeligen-verfilzten Haare entfernen, kein Händewaschen nach der Toilette, keine Medizin, keine frische Luft. Und auf dem Höhepunkt ihrer Wut fängt sie bitterlich an zu weinen und wirft sich in meine Arme, bis wir beide schluchzen. Ich würde ihr so gerne Zuversicht spenden – kann ich momentan aber nicht, da ich genauso verzweifelt bin wie sie. Wie gerne würde ich ihr versprechen, dass nach diesem Krankenhausaufenthalt alles gut ist. Kann ich aber nicht. Ich habe meinen Optimismus verloren. Wie soll ich sie aufmuntern, wenn ich es noch nicht einmal bei mir selbst schaffe. Ich hoffe einfach, dass der heutige Tag nur eine Momentaufnahme ist. Vianne scheint ihren Kampfgeist verloren zu haben – wer kann es ihr verübeln. In letzter Zeit sagt sie häufig, dass sie sich wünscht, dass alles wieder wie früher wäre, in der Zeit vor der Erkrankung. „Als ich noch ein Baby war..." (So sieht sie sich rückblickend als Zwei- bis Dreijährige). Ada sagt die gleichen Worte unabhängig von ihrer Schwester. Auch sie wünscht sich von Herzen die Zeit zurück, als Vianne noch gesund war. Ich bin immer häufiger wütend, dass Vianne ein großer Teil ihrer Kindheit geraubt wurde/wird, dass Operationen, Krankenhaushalte, schmerzhafte Eingriffe, Blutabnahmen, Medikamente ihren Alltag bestimmen. Es bricht mir das Herz, wenn ich sehe, wie sie mit ihrer linken Hand ihren rechten Arm hochhebt.

Sie soll das Recht haben, herumzuspringen, zu lachen, sich Karneval zu verkleiden, mit beiden Händen Sachen zu greifen und frei spielen zu können. Ich weiß, dass es viele andere Kinder gibt, denen dieses Recht – aus was für Gründen auch immer – ebenfalls genommen wurde. Aber ich sehe momentan nur die vielen glücklichen Kinder. Es macht mich fertig. Ich bin wütend – unbeschreiblich wütend – und diese Wut überträgt sich auch auf meine Tochter. Nur dass ich hier die Erwachsene bin und sie auffangen müsste... Gestern zumindest konnte ich sie letztendlich doch noch zum Lachen bringen. Und Morgen muss das auch wieder klappen. Aber heute lebe ich noch etwas meine Wut aus und starre grimmig aus dem Krankenhausfenster...

Echtzeit! Schimmer und Schatten – Dienstag, 17. Februar 2015

Obwohl es draußen grau und trüb war, leuchtete Vianne von innen wieder etwas – zwar entdeckte ich anfangs nur einen zarten Schimmer ihrer Selbst, aber es war zumindest ein Schimmer. Sie wirkte etwas gelöster, weniger wütend. Sie hatte zwar viel Angst, als heute Vormittag der letzte verbliebene Zugang, der zentralvenöse Katheter am Hals gezogen wurde, aber danach (und nach dem Pflasterwechsel am Kopf) entspannte sie merklich. Ich durfte ihr sogar die letzten verbliebenen zauseligen Haare auskämmen und sie frisch machen. Die Ärztin hatte ihr versichert, dass sie sie heute „nicht mehr belästigen" werde. Vianne begann endlich wieder zu spielen. Gemeinsam stylten wir ihre neue Frisierpuppe. Die bekam unglaublich viel Rouge verpasst, so dass sie aussah, als sei sie zu lange in der Sonne gewesen. Als Kosmetikerin hat Vianne keine Zukunft. Danach flochten wir der Puppe mehrere Zöpfe und probierten immer wieder neue Frisuren. Anschließend wollte Vianne sich im Spiegel betrachten. „Ich finde mich hübsch, Mama", sagte sie selbstbewusst, während sie sich prüfend im Badspiegel anschaute. Wie Recht sie hat. Sie ist hübsch, denn ihre Augen haben diesen besonderen Schimmer. Viannes rechter Arm macht nur langsam Fortschritte, aber er macht Fortschritte. Am schönsten aber war heute, dass wir zwei wieder gemeinsam lachen konnten. Zusammen mit Micha, der mich am frühen Nachmittag im Krankenhaus ablöste, spielten wir mehrere Runden Uno, wobei Vianne dreimal in Folge gewann. Sie freute sich und fing an, Quatsch zu machen, nannte uns „Streithammel", weil wir uns gegenseitig neckten und uns über den jeweiligen Verlierer lustig machten. Da war es wieder, das wunderbare verschmitzte Vianne-Kichern. Erleichtert fuhr ich nach Hause. Doch die Erleichterung sollte nicht lange anhalten. Micha rief an. Ich hörte gleich an seiner Stimme, dass etwas nicht stimmte: Die Ärzte haben das postoperative MRT ausgewertet. Sie sehen einen kleinen Schatten in der Tiefe des Operationsgebietes, etwas, das Kontrastmittel angenommen hat – wahrscheinlich Resttumor. Und nun? Die Ärzte wollen in den nächsten Tagen noch ein MRT von der Wirbelsäule. Das letzte ist auch schon wieder über 12 Wochen her. Dann wollen sie sich besprechen. Ich will gar nicht wissen, was wir vielleicht noch sehen werden, noch hören werden...Es hört einfach nicht auf...Ich glaube, jetzt ist ein guter Zeitpunkt, sich Vianne zu schnappen und ganz weit weg von diesen Krankenhäusern zu laufen...Ich will das letzte zarte Schimmern in ihren Augen nicht verlieren... Spätestens am Freitag wollen wir nach Hause.

Echtzeit! Bestätigt – Mittwoch, 18. Februar 2015

Es besteht kein Zweifel mehr: Es ist definitiv noch Resttumor in Viannes Köpfchen. Der Arzt bestätigte es während der Nachmittagsvisite. Vianne hörte zu und saß blass und gefasst auf ihrem Bett. Die Beinchen baumelten über den Bettrand. Nachdem der Arzt gegangen war, fragte ich sie, ob sie verstanden hätte, was er gesagt hat. „Ja Mama, da ist noch ein Stück in meinem Kopf." Keine Träne, nur diese wissenden, viel zu erfahrenen Augen, die mich ernst anblickten. Ich musste mit den Tränen kämpfen. „Maaama", meinte sie genervt, jetzt hör doch auf." Zum Glück kam Andi kurze Zeit später, so dass ich nach draußen laufen konnte. Danach ging es besser und ich hatte wieder Kraft, mit Vianne herum zu albern. Andi sucht händeringend nach einem Ausweg und hat viele gute Ansätze hervorgetan und zu den entsprechenden Stellen und Personen ersten Kontakt aufgenommen – vom energetischen Heiler bis hin zu Studien mit dendritischen Zellen. Ich bin ihr sehr dankbar dafür, ich habe diese Kraft momentan nicht. Aber wir werden die Ansätze in den kommenden Tagen aufgreifen. Morgen steht das Wirbelsäulen-MRT an. Danach dürfen wir nach Hause. Je nach Ergebnis werden die Ärzte weitere Vorgehensweisen anbieten. Sollten sie neue Metastasen an der Wirbelsäule finden, müssen wir gar nicht erst über eine Nach-Operation nachdenken.

Heute haben sich Ada und Vianne nach mehreren Tagen das erste Mal wiedergesehen. Sie tauschten ihre neuen Kuscheltiere für ein bis zwei Nächte aus. Sie nahmen sich gegenseitig ganz fest in den Arm – und dann wurde gespielt. Zu Hause hatte mir Ada erst heute Morgen wieder erklärt, wie „laaaaangweii-iiliiiiig" es doch ohne Vianne ist. Sie wüsste gar nicht, was sie spielen sollte. Einträchtig schlürften sie im Krankenhaus-Spielzimmer eine Erdbeermilch aus ihren Strohhalmen.

Später fuhren sie mit Viannes Krankenhausbett nach ganz oben. „Wow, wie hoch, wie ein Hochbett", quiekten sie vergnügt. „Was für ein Ausblick, Ada", meinte Vianne ehrfürchtig, während sie aus„unglaublichen" 1,40 Meter Höhe vergnügt durch die Gegend guckte. Ada interessierte sich mehr für die neue Pferde-Zeitung.

Andi hat es heute geschafft, mir wieder mehr Mut zu machen. Und mein Mut überträgt sich auf Vianne. Das ist wichtig – das ist gut. Sie wirkt zwar immer so gefasst und tapfer, aber zwischendurch bricht sie wegen Kleinigkeiten in Tränen aus – das zeigt mir, dass auch sie mental wackelt. Heute habe ich es geschafft, Vianne vorm Einschlafen noch wichtige Worte mit auf den Weg ins Traumland zu geben. „Hör mir gut zu, wir schaffen das. Schließlich willst du dir doch bald einen Tornister aussuchen und zur Schule gehen." Sie nickte lachend. Das ist unser Ziel! Ich sehe Vianne einträchtig neben Ada morgens im Halbdunkel zur Schule laufen – mit wunderbar leuchtenden rosa-roten Ranzen.

Echtzeit! Unecht – Donnerstag, 19. Februar 2015

Es ist echt und fühlt sich doch so unecht an. Vianne hat zwei neue Tumore im Rückenmarkskanal. Wir sind zu Hause. Sie hat sich so gefreut, wieder zu Hause zu sein. Ada hat Luftschlangen und Ballons aufgehängt. Keine weiteren Operationen. Mein Versprechen gegenüber Vianne, Ada, Luke, Jesse und Micha gilt nach wie vor. Aber ich weiß ehrlich gesagt noch nicht, wie wir die nächsten Tage, Wochen, Monate überstehen sollen... Ich weiß es nicht.... Ich gebe Vianne nicht auf. Ich kann sie nicht aufgeben. Noch nicht. Auch wenn Tränen, Verzweiflung und eine schleichende Hoffnungslosigkeit immer mehr Raum einnehmen. Ich werde es nicht zulassen, dass das Lachen vollends aus unserem Leben verschwindet. Ich möchte Vianne noch ganz oft Kichern hören... so wie heute, so wie gestern, so wie morgen.

Echtzeit! Wir funktionieren – Donnerstag, 26. Februar 2015

Eine Woche ist vergangen, seitdem wir das Krankenhaus verlassen haben. Erst eine Woche – und diese Woche scheint nur noch so blass wie ein zweitklassiges Buch, das man eben erst gelesen hat, an dessen Handlung man sich aber kaum noch erinnern kann. Weil es einen nicht so richtig interessiert hat. Weil es einen nicht packen konnte. Uns kann das Leben gerade auch nicht so richtig packen. Wir funktionieren, mal besser, mal schlechter. Vianne funktioniert erstaunlich gut, trotz der Beeinträchtigungen – oder vielleicht den Beeinträchtigungen zum Trotz? Sie funktioniert, als ob sie noch nie ein anderes Leben gekannt hat. Mit unglaublicher Ausdauer versucht sie, der Barbie-Puppe mit nur einer funktionierenden Hand ein Kleid überzustreifen oder ein widerspenstiges Playmobil-Pferd aufzuzäumen. Sie kichert häufig. Sie ist an sich gut gelaunt.

Freitag war sie zu Besuch bei einer kleinen Freundin – eine gute Stunde hatte ich ihr zugesichert. Sie fand es so toll, dass sie gleich wieder hin möchte. Der Samstag war ein Desaster. Obwohl wir uns so anstrengten, einen schönen Tag zu verleben, passte alles nicht. Zudem hatte Luke nun doch ein grippaler Infekt eingeholt, der sich schon am Freitag angekündigt hatte. Wir waren einfach nur angespannt. Am Sonntag konnten wir uns schließlich aufraffen, raus zu gehen, zumal Luke wieder fieberfrei war. Wir besuchten den kleinen, überschaubaren Tierpark in Bochum. Die zahlreichen Besucher um mich herum stressten mich, unsere Kinder redeten alle voller Begeisterung gleichzeitig auf mich ein. Wie zäh alles plötzlich scheint, wenn man zutiefst unglücklich ist. Alles in allem hatte sich dieser Tag aber schon eine bessere Note verdient.

Am Montag warteten wir vergeblich auf einen Anruf aus der Essener Uniklinik. Eigentlich sollte das weitere Vorgehen mitgeteilt werden. Als wir schließlich anriefen, war kein Arzt mehr verfügbar.

Am Montagabend fieberte und hustete Vianne plötzlich. Die Nacht verlief erstaunlich ruhig, so dass ich Hoffnung hatte, mit einem halbwegs infektfreien Kind den energetischen Heiler/Heilpraktiker am nächsten Vormittag aufzusuchen, mit dem wir in der Vorwoche kurzfristig einen Termin vereinbaren konnten. Vianne fieberte jedoch weiter. Micha und ich fuhren trotzdem mit ihr. Nachmittags stieg die Temperatur schließlich auf über 40 Grad Celsius und Vianne wirkte total fertig und schläfrig. Ich telefonierte mit den Ärzten, während ich abwechselnd fiebersenkende Mittel gab und Wadenwickel machte. Zum Glück waren meine Eltern da und konnten sich um die übrigen Kinder kümmern. Zur Sicherheit kam abends noch unser Kinderarzt vorbei und horchte Vianne (und Ada) ab, und auch unser Dortmunder Klinikteam konnte uns vorab telefonisch beruhigen, dass Vianne nicht höher gefährdet sei, auch nicht aufgrund der erst kürzlich gelaufenen Operation. Ich bin so froh, dass wir uns damals bewusst für die Dortmunder Kinderklinik entschieden haben. Unser Onkologe rief zügig zurück, nachdem ihn eine Schwester über meinen Anruf informiert hatte. Noch am selben Abend war der Fieberschub vorbei – während bei Ada das Fieber gerade aufflammte – bis heute. Es ist schon seltsam. Viannes Immunsystem hat den Infekt unglaublich schnell in den Griff bekommen, schneller als Lukes und Adas. Gegen ihren „Scheiß Wicht" scheint sie aber machtlos zu sein.

Am Dienstag meldete sich dann die Essener Neurochirurgie: „Weitere Operationen machen keinen Sinn." Heute hatten wir den Gesprächstermin mit der Expertin für Ependymom-Rezidive in Essen. Micha musste allein hinfahren, da Ada nach wie vor hoch fiebert. Aufgrund einer „Telefonkonferenz" konnte ich aber trotzdem an dem Gespräch mit der Onkologin teilnehmen. Eine neue Studie wird wahrscheinlich bald geöffnet, da könnte Vianne reinpassen. Dabei wird noch intensiver molekular-genetisch geforscht, um Vianne evtl. ein zielgerichtetes Medikament anbieten zu können. „Es tut sich gerade ganz viel in dieser Richtung", informierte die Expertin. Bis dahin sollen wir die heikle Stelle im Rückenmark möglichst schnell bestrahlen lassen.

Wir könnten Vianne auch noch ein Medikament (Vorinostat) geben, das einen Signalweg des Tumors blockiert. Diese Therapiemöglichkeit kennen wir bereits aus den Ergebnissen, die die molekularbiologische Untersuchung ergeben hat, die nach dem ersten Rezidiv veranlasst wurde. All die derzeit zur Verfügung stehenden Behandlungen sind in Viannes Fall rein palliativ.

Die Fäden sind seit heute raus – Vianne hat es wieder tapfer über sich ergehen lassen. Die Funktion ihres rechten Armes hat sich weiter verbessert. Sie scheint sich von den Strapazen der letzten zwei Wochen zu erholen.

Echtzeit! Wieder Fieber – Sonntag, 1. März 2015

Ich hätte den Mund nicht so voll nehmen sollen: Viannes Immunsystem hat den Infekt doch nicht in den Griff bekommen. Am Freitagabend kam das Fieber wieder, während nun Ada fieberfrei ist. Seitdem hält es sich konstant. Vianne sieht fertig aus und schläft viel. Eigentlich wollten wir am Wochenende zum Ponyreiten. Vianne meinte von sich aus, sie sei zu müde dafür und kuschelte sich aufs Sofa. Also bin ich nur mit Ada gefahren, denn die musste nach der Zwangspause endlich raus, sich bewegen und etwas unternehmen. Es war schön, einmal nur Zeit mit Ada zu verbringen und mich voll und ganz auf sie konzentrieren zu können. Wir hatten ein zotteliges, flauschiges, gutmütiges kleines Pony namens Milla bekommen, das sich scheinbar ebenso über den Ausritt zu freuen schien wie wir. Auch ich war zu lange nicht mehr draußen gewesen. Es tat gut, durch den Wald zu streifen, frische Luft zu tanken und den Wind im Gesicht zu spüren. Und es war befremdlich, mit nur einem Zwilling unterwegs zu sein. Sofort musste ich daran denken, ob das unsere Zukunft sein wird.

Ich will so viel in die nächste Zeit packen, dass ich gar nicht mehr weiß, wo ich anfangen soll. Es gibt noch kein Konzept. Am liebsten würde ich sofort mit der ganzen Familie für mehrere Monate in die Sonne, ans Meer, in die Berge fahren. Doch wir wissen nicht, wie sich die Ausbreitung des Tumors und seiner Metastasen in den nächsten Monaten verhält. Schweren Herzens habe ich heute unser Ferienhaus auf Mallorca für die Herbstferien abgesagt. Wir wollen für alle kommenden Ferien spontan entscheiden. Wir müssen spontan entscheiden. Morgen haben wir unseren dritten Termin bei unserem Heilpraktiker/energetischen Heiler. Noch immer bin ich mir nicht sicher, was ich von ihm und seinem Einsatz halten soll. Wie gern würde ich daran glauben, dass er etwas schafft, was die aggressiven schulmedizinischen Maßnahmen nicht geschafft haben. Wie gern würde ich daran glauben, dass er Viannes Selbstheilungskräfte aktiviert. Kann ich aber nicht, zumindest nicht so, wie ich es mir wünschen würde. Ab morgen liegen auch wieder viele anstehende Aufgaben in den Händen der Dortmunder Ärzte: Wir brauchen einen Termin zur Aufklärung, Einwilligung und Blutabnahme für die Inform-Studie, für die sich Vianne aus Expertensicht qualifiziert und die in Kürze starten soll. Inform steht für „Individualized Therapy For Relapsed Malignancies in Childhood". Es muss schnell gehen. Wieder einmal sitzt uns die Zeit im Nacken. Zwei der unzähligen Aufnahmekriterien lauten sinngemäß: Das Kind muss noch länger als drei Monate leben und in einem stabilen gesundheitlichen Zustand sein. Es liest sich so kalt, so nüchtern, aber so sieht die Realität aus – und es macht Sinn. Studien müssen vernünftig angelegt sein, damit man aus ihnen Erkenntnisse gewinnen kann. Die Studie ist für zukünftige Generationen gedacht. Wenn wir etwas daraus ziehen können, wenn die genetische Analyse von Viannes Tumormaterial uns einen Hinweis gibt, wie es noch gezielter individuell angreifbar ist und es schon ein entsprechendes Mittel auf dem Markt gibt, haben wir einfach Glück gehabt – und Zeit gewonnen. Ebenso zügig muss die Bestrahlung des befallenen Rückenmarkbereichs starten – wir hoffen, dass es in Dortmund möglich sein wird. Warten wir zu lange, riskieren wir eine Lähmung bei Vianne. Allerdings brauchen die heimischen Radiologen wieder den Bestrahlungsplan der Schweizer, weil Vianne bereits viermal 1,8 Gy auf den Rücken bekommen hat.

Echtzeit! In guten Händen – Dienstag, 3. März 2015

Gleich am Montagmorgen rief Dr. B. an, um noch für denselben Tag einen Termin für die EMTA-Blutabnahme für Heidelberg und die Unterschrift für die Inform-Studie zu machen. Wie angenehm. Kein lästiges „Sich-andauernd-kümmern-und-hinterher-sein-müssen", wie wir es zum Teil an der Uniklinik kennengelernt haben. Es läuft einfach. Es läuft zügig. Das tut gut. Das ist entspannend. Das ist das, was wir momentan brauchen. Jemand, der weitestgehend die „Zügel" in die Hand nimmt und uns führt. Natürlich werden wir weiterhin zurückscheuen, wenn uns etwas irritiert, aber ansonsten trotten wir eine Zeitlang gerne hinterher.

Vianne ist seit Montagabend endlich fieberfrei. Seit heute isst sie auch wieder mehr. Die vergangenen Tage hat sie sich größtenteils von reinem Naturyoghurt ernährt. Sie weiß am besten, was ihr gut tut, trotzdem haben wir uns gesorgt. Ihre tiefen Augenringe, die dünnen Beinchen und ihr blasses, noch von den letzten Kortisonresten leicht aufgedunsenes Gesicht machten es nicht besser. Erst wenn sich das typische „Vianne-Grinsen" von einem zum anderen Mundwinkel ausbreitete, atmeten wir etwas auf. Die ständige Anspannung lässt uns fast durchdrehen. Hilfe bot sogleich die Psychologin von der Kinderonkologie an, als wir am Montagmittag dort waren. Aber was sollen wir ihr erzählen? Vielleicht nutzen wir das Angebot – irgendwann – demnächst – bald....

Die Blutabnahme über die Vene war wieder mit Tränchen verbunden, aber Vianne verzeiht Dr. B. mehr als anderen Ärzten, zum einen, weil er es einfach gut macht, zum anderen, weil er sie wahrnimmt – weil er (nicht nur bei der Vene) einen Zugang zu ihr gefunden hat. Das spürt sie. Sie mag ihn sehr, auch wenn sie in seiner Gegenwart immer etwas schüchtern tut. Wir beide fühlen uns wohl auf der Station. Wir wurden herzlich von den Schwestern begrüßt. Wir sind in guten Händen! Hinterher im Auto kicherte Vianne und meinte schelmisch: „Beim Blutabnehmen ist die Nadel einfach zu früh rausgehüpft – ich glaube, das solltenicht so sein." Nein, sollte es nicht, aber es war egal, weil nämlich nicht neu gestochen wurde, sondern das Blut vom Handrücken direkt ins Röhrchen laufen durfte. „Das ist jetzt eine etwas unkonventionelle Art der Blutabnahme...", so der ärztliche Kommentar. Finde ich gut. Alles andere ist schmerzlich: Es schmerzt, nach vorne zu blicken, weil sich die nahe Zukunft so grau abzeichnet. Es schmerzt, in die Vergangenheit zu blicken, weil es uns daran erinnert, was wir hatten. Also bleiben wir im Hier und Jetzt. Was aber, wenn das Hier und Jetzt auch zum Schmerz wird...

Echtzeit! Ranzenglück – Freitag, 6. März 2015

Seitdem der Infekt abgeklungen ist geht es Vianne merklich besser. Oder hat es doch etwas mit den Besuchen beim Heilpraktiker/geistigen Heiler zu tun? Wir wissen es nicht, aber es ist auch egal, solange es ihr gut geht. Am Mittwoch war Vianne das erste Mal seit langem wieder im Kindergarten – eine Stunde lang. Sie hat sich zwischen ihren kleinen Freundinnen so wohl gefühlt, und ich durfte ein glückliches kleines Mädchen abholen. Am Dienstag ist sie dann gemeinsam mit Ada bis zum Mittagessen geblieben. Es hat gut geklappt. Sie kann zwar nicht immer so mithalten, aber sie lässt sich auch nicht unterkriegen. Als die übrigen Kinder Katze spielten und auf allen Vieren davon krochen, humpelte sie auf drei „Pfoten" hinterher. Und dabei wirkte sie weder unglücklich noch betrübt. Ihre Hand hat die Stützkraft noch nicht wiedererlangt. Aber es wird besser. Die Handmotorik kommt zurück. Sie kann schon wieder greifen und loslassen. Heute habe ich sie beobachtet, wie sie in jeder Hand ein Tuch hielt, während sie tanzte. Das sind kleine Glücksmomente.

Gestern haben wir Schultornister gekauft. Was für eine Aufregung.

Mit dem Ranzen auf dem Rücken konnte ich mir das erste Mal wirklich vorstellen, dass meine Mädels im August in die Schule kommen. Wie stolz beide waren, als sie im Laden mit den unterschiedlichsten Modellen auf und ab flanierten. Ada hat sich letztendlich einen rosafarbenen Tornister mit Reh, roten Punkten und Pilzen ausgesucht, Vianne einen apfelgrünen mit pinkfarbenem grazilem Muster und zwei niedlichen Koalabären obendrauf. Während des Einkaufs bekam ich einen Anruf aus dem Dortmunder Strahlenzentrum. Wir konnten bereits am nächsten Tag – am heutigen Freitag – zu Aufklärungsgespräch, Terminabsprache und „Probeliegen" vorbeikommen. Mit Ada im Schlepptau mischte Vianne „den Laden" innerhalb kürzester Zeit auf und galoppierte mit ihrem Playmobil-Pferdchen über die Handläufe an den Wänden. Besonderen Spaß fanden die Damen daran, den elektrischen Türöffner andauernd zu bedienen. Anschließend rannten sie etliche Male den kameraüberwachten Gang rauf und runter, um sich zeitverzögert auf dem Computer-Monitor betrachten zu können. War ich froh, dass Micha dabei war. Durch gemeinsamen Einsatz schafften wir es doch noch ganz gut, dem Arztgespräch zu folgen. Aber es wäre auch egal gewesen, wenn wir weniger mitbekommen hätten: Die Gespräche sind uns einfach viel zu vertraut. Wir kennen das Procedere, Daten und Fakten, Nebenwirkungen und Langzeitfolgen. Traurig – aber wahr. Die Ärzte und Mitarbeiter gingen erfahren und gezielt auf Vianne ein, so dass sie schnell Vertrauen fasste und nach anfänglichem Gezicke (der Maltisch wackelte, was sie unglaublich nervte, Ada gab ihr nicht den Buntstift...) gut mitmachte. Sie ließ sich, nachdem Ada es tapfer vorgemacht hatte, einen „Strumpf" über den Kopf stülpen, der später unter der Maske sitzt. Irgendwann hatten Ada, Vianne und Micha solch einen Strumpf auf, spätestens da konnte ich mir ein Grinsen nicht mehr verkneifen. Da im Simulator gerade eine Testreihe gefahren wurde, legte sich Vianne zum ersten „Probeliegen" auf den Tisch vor den Computermonitoren. Später durfte sie noch auf der richtigen Behandlungsliege Platz nehmen und ließ sich, noch ein wenig skeptisch guckend, auf und ab fahren. Sie soll die Bestrahlungen des Rückenbereichs wach meistern – ohne Narkose. Ich traue es ihr zu. Der erste Versuch heute lässt hoffen. Die Dortmunder legen sich mächtig ins Zeug. Während Dr. B. mir am Donnerstagabend den Zwischenstand der Planungen per Mail mitteilte, hatten wir bereits den ersten Vorbereitungstermin im Strahlenzentrum vereinbart. Es läuft. Am Montag haben wir den nächsten Termin zur Anfertigung der Maske – zur Fixierung und korrekten Lagerung unter der Bestrahlung. 25 Mal sind geplant. Hoffentlich verschafft uns die Bestrahlung Zeit. Nüchtern und klar steht in dem Aufklärungsbogen: „Hochpalliative Indikation". Vor der Maskenanfertigung haben wir noch ein Treffen mit unserem Heilpraktiker/ geistigen Heiler. Ich glaube immer mehr daran, dass er Vianne gut tut. Aber vielleicht klammere ich mich auch nur an diese Hoffnung. Die Zeit wird es letztendlich zeigen... Wie Astrid Lindgren es schon so treffend formulierte:

„Lass dich nicht unterkriegen. Sei frech und wild und wunderbar!" Liebe Vianne: Sei genau so!

Echtzeit! Wohlfühl-Zuckerwatte-Wochenende – Sonntag, 8. März 2015

Was für ein wunderbares Wochenende. Wir wurden nicht nur vom Wetter, sondern auch von Familie und Freunden rundum verwöhnt. Am Samstag haben wir mit Ada, Luke und Vianne den Ostermarkt auf einem nahegelegenen Bauernhof besucht und uns die Ostereierfärbemaschine angeschaut. Zum Abschluss gab's für die Kinder Zuckerwatte (natürlich nicht ganz zuckerfrei). Den Zuckerkonsum nahmen wir in Kauf, denn wir haben lange nicht mehr gemeinsam so herzhaft gelacht. Erst einmal amüsierten wir uns köstlich, als die Zuckerfäden bei der Herstellung durch die Gegend flogen und unsere Kinder wie kleine gierige Geier versuchten, diese Fäden mit dem Mund aufzufangen. Dann war es ein Vergnügen, ihnen beim Verspeisen der klebrigen

Masse zuzusehen. Schließlich hing die Watte überall: in Adas Haaren, auf Lukes Jacke, in Viannes Kragen... Irgendwann fing Micha an, Unsinn zu machen. Er schmierte sich die klebrigen Fäden ans Kinn – und sah aus wie der Weihnachtsmann. Das inspirierte natürlich die übrigen Familienmitglieder. Es war zum Schreien. Wir lachten so laut, dass sich etliche Besucher nach uns umdrehten. Es tat so unglaublich gut, herzhaft zu lachen. Es war befreiend, reinigend, belebend. Am späten Nachmittag kamen Andi und Ralf vorbei, um auf die Kinder aufzupassen. Sie bescherten uns einen freien Abend im Saunadorf. Nach ausführlichen Aufgüssen, eiskalten Duschen, einigen Runden im Pool und einem leckeren Abendessen kehrten wir gestärkt zurück.

Bereits beim Aufwachen hatte ich heute gleich gute Laune: Die Sonne lachte uns an, die Krokusse blühten im Garten. Jesse verspeiste genüsslich einen riesigen Berg selbstgebackene Pancakes, bevor er und Micha die Gelegenheit zum Wakeboardfahren ergriffen. Ich machte mich mit den übrigen Kids auf den

Weg zu unseren „Bochumern", mit denen wir einen unbeschwerten, unkomplizierten und amüsanten Nachmittag auf der Terrasse, auf dem Spielplatz und in der Eisdiele verbrachten. Wir wurden nach Strich und Faden verwöhnt, umsorgt und mit liebenswerten Geschenken überschüttet, während wir uns andauernd über die „Ruhrpott-Kulisse" lustig machten. Ada und Vianne kuschelten sich ganz vertraut neben Ralf auf die Bank, Luke schnappte sich das Schnitzmesser und einen Holzblock, Hagen jagte ihn später über den Spielplatz, Sasse half Vianne beim Klettern, ich quatschte mit Gabi, alle drei Kinder saßen Probe auf Ralfs Motorrad, Sasse machte tolle Fotos, dann noch ein Abstecher zu Tom und Ane und Hugo (und noch mehr Geschenke) – jeder ist mit jedem vertraut. Ein wunderbarer Nachmittag. DANKE BOCHUM! Morgen passen wir die Maske für die Bestrahlung an. Aber heute ist noch heute.

Echtzeit! Masken – Dienstag, 10. März 2015

Die Maske für die Bestrahlung ist angepasst – es ist geschafft. Es war ein hartes Stück Selbstüberwindung für Vianne. Auch Micha und ich mussten eine Maske aufsetzen, um vor Vianne zu verbergen, wie weh es uns tut, dass sie schon wieder etwas über sich ergehen lassen muss, was sie ängstigt, was sie beinahe überfordert.

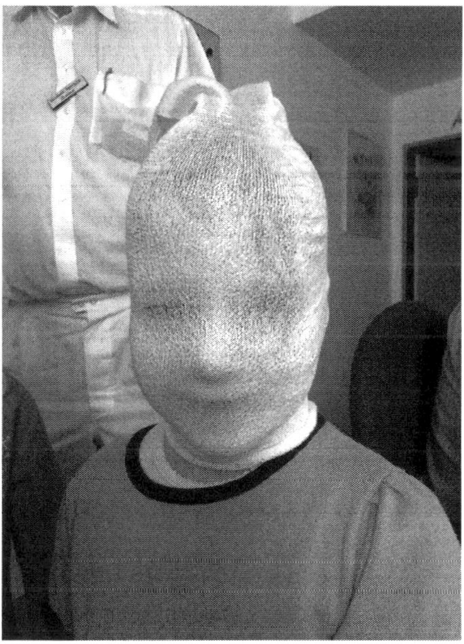

Das Team der Strahlenklinik ist sehr gut auf jüngere Kinder eingestellt. Sie machten es Vianne so bequem und so einfach wie möglich. Während der Maskenanpassung lief eine fröhliche Kindermusik im Hintergrund. In den Strumpf, der unter die Bandagen kam, wurde sofort ein „Schnullerloch" für Vianne geschnitten. Dr. K. sagt seit der ersten Begegnung Vianne zu ihr, nicht Emma, und hat es seitdem auch nicht vergessen. Durch seine ruhige und humorige Art konnte er Vianne (und uns) über die ein oder andere angespannte Situation sicher hinweghelfen. Vianne wollte sich anfangs nicht auf den Behandlungstisch legen. Seit der ersten Operation mag sie es nicht, im Beisein von Ärzten auf dem Rücken zu liegen. Ich glaube, sie fühlt sich dann ausgeliefert. Zur Maskenanpassung musste sie aber flach und ruhig liegen, den Kopf genau auf einem Nackenkissen platziert. Schließlich konnten wir sie überreden, doch dabei flossen schon die ersten Tränchen. Sie lag so klein und verkrampft vor uns. Der Raum war ihr fremd, die Menschen um sie herum waren ihr fremd, der Vorgang an sich war ihr fremd. Der Arzt umfasste sanft ihre Schultern, damit sie sie entspannte. Im Vorfeld hatte ich schon ein Fillyheft und ein Filly-Schokoei besorgt, um es ihr irgendwie erträglicher zu machen. Ich war so froh, dass Micha zu dem Termin hinzugekommen war. Zu zweit ist es leichter, und er vermittelt Vianne zusätzliche Sicherheit. Wir streichelten sie und sprachen beruhigend auf sie ein, machten Pläne (vom Ostereiermalen bis zum Schwimmbadbesuch) und versuchten sie irgendwie abzulenken. Sie entspannte sich etwas. Den Strumpf über ihrem Gesicht konnte Vianne noch gut ertragen – den hatte sie am Freitag bereits „Probe getragen".

Die ersten weichen Binden der Maske akzeptierte sie auch noch, als dann aber zwei weitere Bahnen über ihre Augen gelegt wurden, kam die Angst, die sich noch verstärkte, als es unter der Maske immer wärmer wurde, als sie aushärtete. Vianne zeigte zwar keine Panik, aber eine verunsichernde, kraftraubende Angst nahm sie in Beschlag. Sie musste dann noch fünf weitere Minuten ausharren, bis die Maske komplett ausgehärtet war und der Arzt sie abnehmen konnte. Der schwerste Teil war geschafft. Danach schmusten wir erst einmal ausgiebig. Alle lobten sie. Anschließend durfte sie sich die Maske eigenhändig aufsetzen. Der Arzt malte zwei Kreise in Augenhöhe. Auf dieser Höhe schnitt er anschließend Gucklöcher in die Maske.

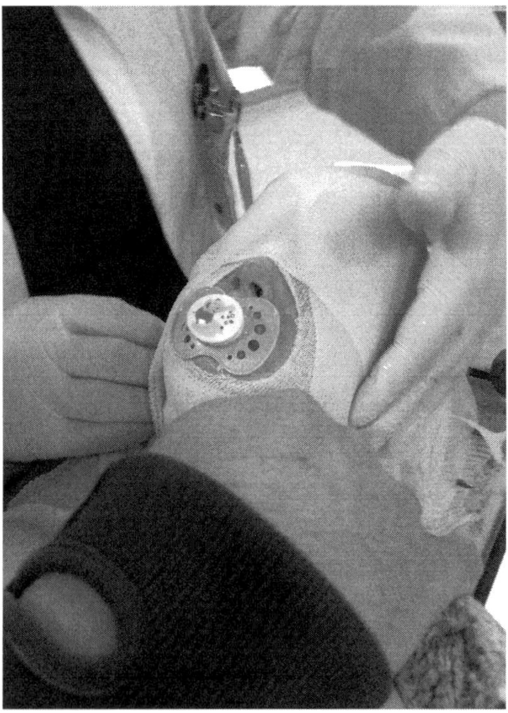

Danach gingen wir gemeinsam zum CT, wo wiederum mit eingespannter Maske Aufnahmen gemacht und die Messpunkte gesetzt wurden. Vianne meisterte das CT angstfrei und mit Bravour. Im Wartebereich mussten wir zuvor kräftig lachen: Dr. K. kam aus dem CT-Raum und sagte gespielt ernst, mit einem versteckten Schmunzeln auf den Lippen: „Hallo, gibt es hier irgendwo eine Vianne? Die ist jetzt nämlich an der Reihe. Hallo, irgendwo eine Vianne?" Vianne machte natürlich keinen Mucks und ignorierte ihn gekonnt (und schmunzelte ebenfalls).

Insgesamt kam Vianne und uns zugute, dass die Kunsttherapeutin mit ihr im Vorfeld die Maskenanpassung spielerisch anhand einer Gipsmaske geübt hatte. So schließt sich der Kreis. Damals dachte ich noch, dass diese Termine umsonst gewesen seien, da wir in der Schweiz alles unter Narkose machen sollten und wollten. Man weiß nie, wofür einige Dinge letztendlich gut sind. Wir sind froh, dass Vianne die Maskenanpassung ohne Narkose geschafft hat. Dann schafft sie sicherlich auch die Bestrahlungen ohne.

Das würde einiges erleichtern. Den restlichen Nachmittag verbrachten Ada und Vianne äußerst vergnügt bei ihrer kleinen Freundin – endlich durfte Vianne wieder ganz Kind sein. Am Freitag startet die erste Bestrahlung. Vianne ist einverstanden.

Echtzeit! Lichtteilchen – 13. März 2015

Die erste Bestrahlung mit Photonen, mit diesen kleinen unsichtbaren, geruchlosen, geräuschlosen Lichtteilchen, die auf einer Welle reiten, ist geschafft. Anders als bei der Protonentherapie kann Vianne auf dem Rücken liegen, obwohl dieser bestrahlt wird, denn die Teilchen gehen durch die Behandlungsliege durch. Die Rückenlage ist im Wachzustand sicherlich angenehmer. Um Viertel vor eins ging es heute los. Erst wurde eine Simulation gefahren, die Vianne fast schon fachmännisch mitmachte. Als ein Tätowierpunkt (zur Orientierung) auf die Haut gesetzt werden sollte, bekam sie allerdings Angst, weinte und strampelte. Der Arzt entschied sich zum Glück um –

und malte ihr lediglich einen schwarzen wasserfesten Punkt in Brusthöhe auf. Danach gingen wir hinüber zum eigentlichen Bestrahlungsgerät, mussten allerdings noch einen kleinen Moment im Wartezimmer ausharren. Vianne hatte „Hoppel", ihren Kuschelhasen, ein Geschenk von Oma und Opa, dabei. Micha und ich machten die ganze Zeit Quatsch mit „Hoppel", der so gerne ein richtiger Osterhase sein wollte wie seine großen Hasenfreunde. Allerdings war er noch zu ungeschickt, und die Eier platschten ihm immer wieder auf den Boden. Wir hatten zufällig ein echtes, leuchtend-orange-rotes Ei dabei, welches Vianne zuvor beim Bäcker bekommen hatte. Irgendwann verschlang „Hoppel" das ganze Ei (sein zweites Manko war, dass er unglaublich gefräßig war), aber es kam zum Glück immer wieder unten raus. Ja, wir machten uns förmlich „zum Affen" (natürlich waren wir nicht allein im Wartebereich), aber wir würden es immer wieder tun, nur um Viannes süßes Gekicher zu hören. Und sie kicherte...und kicherte...und kicherte. Ganz angenehm im Gedächtnis geblieben ist uns ein älterer Herr, der vor uns behandelt worden war. Beim Hinausgehen lächelte er uns äußerst liebenswert an. So viel Wissen und Erfahrung lag in seinem Blick. Freundlich erkundigte er sich, ob es „ihre" erste Bestrahlung sei. Er strahlte dabei eine angenehme, fast schüchtern wirkende Zurückhaltung aus, wirkte andererseits aber komplett in sich ruhend und weltoffen. Zum Abschied wünschte er uns alles Gute. Er sprach nicht viel, aber das, was er sagte, kam an. Ich glaube, er ist ein ganz besonderer Mensch. Solche Begegnungen, die einem das Leben plötzlich auf die Bühne zaubert, tun der Seele gut.

Das Einspannen in die Maske zur eigentlichen Bestrahlung fand Vianne unangenehm. Die Maske sitzt sehr stramm. Wir mussten kurz unterbrechen, sie setzte sich auf und war erst für den zweiten Versuch bereit, als „Bibi und Tina" als Hörspiel eingeschaltet wurde. Zuvor lief das verkehrte Hörspiel – da ist sie eigen. Nach wenigen Minuten war der Spuk vorbei. Wir durften die Bestrahlung vom Kontrollraum aus verfolgen. Vier Ärzte/ Radiologen/Fachkräfte waren anwesend. Zwei bedienten die Technik über die Computer, zwei kontrollieren die eingegebenen Befehle – ein reiner Sicherheitsaspekt, um menschliches Fehlverhalten zu minimieren.

Noch im Hinausgehen futterte Vianne das gekochte Ei genüsslich auf. Das ist gut, denn sie isst momentan wenig. Wir müssen damit rechnen, dass nach mehreren Bestrahlungen ihre Speiseröhre gereizt sein wird (wie gesagt, die Photonen gehen komplett durch), vergleichbar mit einem inneren Sonnenbrand. Dann wird sie sicher noch zaghafter essen, deshalb päppeln wir sie derzeit etwas auf. Zum Glück klingt diese Reizung der Speiseröhre auch wieder ab.

Vor der Bestrahlung hatten wir wieder einen Termin bei unserem Heilpraktiker/Heiler. Unter der Behandlung bewegte Vianne wieder minutenlang entspannt die Finger ihrer rechten Hand. Das war mir bereits beim vorherigen Termin aufgefallen. Ich traue es kaum auszusprechen: irgendetwas tut sich. Ich weiß nicht was, ich weiß nicht so richtig warum, aber es tut sich etwas. Es tut sich etwas, was ihr anscheinend gut tut.

Wieder zurück reichte uns die Nachbarin ein dickes Paket entgegen, das sie freundlicherweise angenommen hatte: Viannes Tornister! Adas hatten wir bereits am Dienstag erhalten, ich hatte ihn aber erst einmal zur Seite gestellt, bis Viannes eintraf. Den restlichen Nachmittag spielten beide Mädels „Schule", räumten ihre Taschen 1.000.000 Mal ein und wieder aus, machten „Hausaufgaben" und führten jedem Familienmitglied stolz ihre Ranzen vor. Dass Andi bei uns war, machte den Nachmittag noch schöner. Am Montag geht's mit der Bestrahlung weiter – und mit dem Heilpraktiker.

Echtzeit! Seltsam – Dienstag, 17. März 2015

Mit heute hat Vianne drei Bestrahlungen hinter sich. Sie macht gut mit, und bisher waren wir immer nach maximal 15 Minuten (plus An- und Ausziehen) fertig. Die Maske passt gut, Anlegen und Fixieren dauern weniger als eine Minute, die Bestrahlung vielleicht fünf Minuten. Alles in allem sind wir anderthalb Stunden am Vormittag unterwegs. Das ist fair. Ein großer Vorteil ist, dass sie keine Narkose benötigt. Ich wage es weiterhin kaum auszusprechen, aber es geht Vianne augenscheinlich gut. Sie kann wieder richtig rennen, sie ist lebhaft und aktiv, ihr rechter Arm und ihre rechte Hand machen hinsichtlich der Funktionalität weiterhin kleine Fortschritte. Wir genießen die Sonne, die Ausflüge und das gemeinsame Spiel. Am Wochenende haben wir mit allen Kindern das Gasometer in Oberhausen besucht und uns die Ausstellung „Der schöne Schein" angeschaut. Ausgestellt sind Drucke und Skulpturen (als Nachbildungen) verschiedenster Epochen und Stilrichtungen. Da hängt ein Caspar David Friedrich unweit der Mona Lisa, ein Stück weiter „der Denker" von Rodin – vor einer Kulisse aus Stahlträgern und Eisentreppen. Diese Vielfalt in diesem ungewöhnlichen Rahmen hat die Kinder begeistert. Luke konnte es gar nicht glauben, dass ihn die Mona Lisa immer anschaute, egal ob er links oder rechts von ihr stand. Ada hingegen war eher an den verwundeten Barbaren und Kämpfern interessiert. Höhepunkt der Ausstellung war eine gigantische Lichtinstallation, die größte Innenraumprojektion weltweit. Bis zur Decke des Gasometers vermischten sich die Lichtpunkte zu immer neuen Formationen und trügten das Auge. Wir lagen zu sechst entspannt auf gemütlichen Sitzsäcken und ließen uns von der rund zwanzigminütigen Darbietung in den Bann ziehen. Mal entstanden Wellenbewegungen aus Licht an den Hallenwänden, mal glitt das Licht von oben nach unten, Lichtstreifen stießen sich sanft an und setzten ihre Bahn fort. Wände aus Licht formierten einen dreidimensionalen, sich ständig verändernden Raum. Das Ganze wurde untermalt von beruhigenden Klängen. Luke war so entspannt, dass er auf dem Sitzkissen einschlief. Vianne war restlos fasziniert und säuselte andächtig: „Wie sssöööön, wie wunderbar, wundersssööön". Adas Kommentar: „Total cooool". Sogar Jesse hat es gefallen. Und Micha und mir sowieso.

Es ist irgendwie seltsam. Wir wissen, wie es um Vianne steht, aber sie spiegelt das nicht wider – zum Glück. Abgesehen von den fehlenden Haaren und der rechtsseitigen Beeinträchtigung wirkt sie fast „normal". Anstrengend sind ihre gehäuften Wut- und Schreianfälle. Es ist schwer einzuordnen, ob sie vom Antiepileptikum kommen, ob es ein Ausdruck von Stressbewältigung oder ein ganz normales Rumgezicke einer Fünfjährigen ist. Fakt ist: Es ist anstrengend. Aber wir sind nicht bereit, ihr alles durchgehen zu lassen, nur weil sie schwer krank ist und schon viel mitmachen musste. Das würden unsere Nerven auch nicht aushalten. Eigentlich steht bald das nächste postoperative MRT des Schädels an, sechs Wochen sind seit der Operation fast um. In

Absprache mit Dr. B. werden wir es erst nach insgesamt zwölf Wochen durchführen. Denn was bringt uns die Erkenntnis aus den aktuellen Aufnahmen? Operiert werden – außer im absoluten Notfall – soll sowieso nicht mehr. Wir würden lediglich sehen, ob und wo es weiteres Tumorwachstum gibt. Und dann? Die Ergebnisse aus der molekulargenetischen Analyse stehen noch aus. Insofern hätten wir als Medikament nur etwas aus der molekularbiologischen Untersuchung. Wenn Vianne irgendwelche Ausfälle oder Auffälligkeiten zeigen sollte, wird sowieso schnellstmöglich ein MRT gefahren. Bis dahin wollen wir einfach alles Blöde so weit wie möglich von ihr fernhalten – und dazu gehört auch, stocksteif 40 Minuten im MRT zu liegen.

Gestern Nachmittag sind Ada, Vianne und ich spontan zu einem schön angelegten Spielplatz in der Nähe gefahren und haben die Sonnenstrahlen, das Klettern und Toben von ganzem Herzen genossen. In solchen Momenten steht Viannes Erkrankung hinten an. Herrlich. Ich hoffe so sehr, dass wir diesen Zustand noch lange haben werden, dass Viannes Krankheit noch lange im Hintergrund bleibt, dass andere schönere Dinge den wichtigen Raum im Vordergrund in Beschlag nehmen. Aber es ist schwer, ihr jeden Tag etwas Schönes bieten zu wollen. Manchmal stehen wir uns mit unseren überzogenen Ansprüchen selbst im Weg. Dabei müssen es nicht immer die großen, außergewöhnlichen Dinge sein, die Freude bringen – wie der gestrige Spielplatzbesuch zeigt. Das wissen wir. Aber irgendwie fühle ich mich doch getrieben, so oft wie möglich Ausflüge /Unternehmungen /Überraschungen zu planen. Natürlich haben wir auch schon einen ausgiebigen Besuch in einem großen Spielzeugladen hinter uns. Wir hatten Vianne versprochen, dass sie sich zu Bestrahlungsbeginn und zum Bestrahlungsende ein Spielzeug aussuchen darf. Na ja, Luke und Ada können wir es dann auch nicht verwehren, sonst wäre die allgemeine Stimmung ziemlich getrübt (Jesse sieht's schon gelassener, wird aber auch bedacht – wenn auch nicht mit Spielzeug). Fazit nach so einem

Spielzeugladenbesuch: Geldbörse leer, Kinderseelen glücklich.

Echtzeit! Süße Küken, süße Smoothies – 21. März 2015

Andi hat einen Standmixer besorgt, damit wir uns mit Smoothies „volltanken" können. Sie schmecken nicht nur unglaublich lecker, sondern sind auch noch wahre Nährstoffbomben. Gerade den „grünen" Smoothies wird nachgesagt, den Körper bei der Krebsabwehr zu unterstützen. Perfekt! Wir haben schon etliche Kreationen ausprobiert. Ich gebe zu, die letzte Zusammensetzung war etwas gewagt (Avocado, grüner Blattsalat, Öl, Banane, Apfel, Akazienhonig, Naturjoghurt, Apfelsaft). Aber vitaminreich! Und Ada, Vianne und ich haben ihn getrunken. Männer sind halt Memmen. Trotz der giftgrünen Farbe (und der zugegeben etwas mehligen Substanz) schmeckte das Gemisch besser, als der ein oder andere vielleicht vermutet – unser aller Favorit ist es aber nicht. Den Tag zuvor hatte ich Blattsalat unter Apfel, Banane, Apfelsaft, Wasser und einen Hauch Rapsöl geschmuggelt, streng nach Rezept – und diesen grünen Drink fanden alle erstklassig.

Heute Nachmittag gab's eine Variante mit frischen Erdbeeren, frischer Vanille und ganz viel Naturjoghurt. Wir schlürften ihn in unter einer Minute weg. Morgens hatten wir schon die die Blaubeeren im Mixer „vernichtet". Die Zubereitung macht Spaß, und wir haben das Gefühl, etwas tun zu können, auch wenn es nur ein „Tropfen auf den heißen Steinen" ist. Am Donnerstag haben wir bei einer lieben Freundin kleine Küken angeschaut und gestreichelt. Ada und Vianne fanden die kleinen „Flauschkugeln" entzückend – aber noch besser fanden sie den Hofhund, der sich geduldig abgreifen und an die Leine nehmen ließ. Freitag hatte Vianne wieder volles Programm: erst Heilpraktiker, dann „Radio Robby", anschließend mit Ada in den Kindergarten (sie wollte es so) und dann mit den anderen Vorschulkindern zum Seepferdchen-Kurs. Als ich sie in der Schwimmhalle abholte (ich bin extra eher gekommen, um ihnen noch zusehen zu können), winkte mir Vianne freudestrahlend aus dem Wasser heraus zu. Sie sah so glücklich aus. Mit den Armen hing sie entspannt über einer Schwimmnudel, hinter ihr ein ganzer Schwimmnudel-Zug mit ihren Freundinnen. Die Erzieherin gab mir ein Zeichen, an den Beckenrand zu kommen. Vianne wolle mir etwas zeigen. Voller Stolz vollführte Vianne den Beinschlag beim Brustschwimmen – völlig synchron. Ich war baff. Das hatte ich nicht erwartet. Im Vorfeld hatte ich mir eher Gedanken gemacht, ob Vianne nicht zu enttäuscht ist, dass sie die Schwimmbewegungen nicht so gut wie die anderen Kinder kann, zudem einige schon frei schwimmen können. Aber keine Spur davon: Sie wirkte einfach nur glücklich und entspannt. Einige Minuten später nahm ich zwei aufgeregte, schlotternde, in dicke Handtücher gemuckelte Schwimmmäuse entgegen. Am Nachmittag transformierten sich diese Schwimmmäuse in kleine Gartenfeen. Wir gruben gemeinsam unseren Vorgarten um und hängten Ostereier (für den Osterhasen) auf.

Ende der Woche flatterte uns die Zusage für die Familienreha auf Sylt ins Haus. Wir haben einen

Platz für Mitte September bekommen, der Aufenthalt reicht bis zum Ende unserer Herbstferien. Perfekt. Ich hatte gar nicht mehr mit einer Zusage gerechnet, da die Klinik auf Sylt äußerst begehrt ist. Bei der telefonischen Voranfrage vor wenigen Wochen hatte mir die Sekretärin erklärt, dass wir uns nicht allzu große Hoffnungen machen sollten, da sie fast bis Ende des Jahres ausgebucht wären. Tja, unverhofft kommt oft, im Guten wie im Schlechten. Ich hoffe nur, dass Vianne im September noch kurfähig sein wird. Im ersten Moment habe ich mich sehr über die Zusage gefreut. Doch dann wurde ich urplötzlich stinkesauer auf mich: „Was freust du dich eigentlich? Besser wäre es gewesen, nie wieder eine Reha wegen dieses Scheiß-Hirntumors machen zu müssen." Kurz flammte eine Bilderfolge auf, wie wir leben würden, wenn Vianne kein Rezidiv bekommen hätte. Ich wischte die Bilder trotzig fort. Fakt ist: Der Tumor ist da. Also das Beste daraus machen.

Heute hat es fast den ganzen Tag geregnet. Bis zum späten Nachmittag lümmelten Ada und Vianne im

Schlafanzug herum und genossen es, ungekämmt und ungewaschen durchs Haus zu laufen, ausgiebig zu spielen, Smoothies zu schlürfen und nach kolumbianischen Salsaklängen mit dem Popo zu wackeln. Später, als die Sonne kurzfristig hervorlugte, konnte ich sie doch noch überreden, mit mir nach draußen zu kommen. Sie wollten Fahrradfahren. Voller Ungeduld zappelten sie neben den Rädern, während ich die Reifen aufpumpte. Ada schmiss sich förmlich auf ihr Rad, zwei Kuscheltiere im Fahrradkorb, und düste los. Vianne schlich auf einmal mit hängendem Köpfchen davon. „Was ist los, mein Schatz?", fragte ich besorgt nach. „Sie weiß nicht, ob es mit ihrer Hand mit dem Festhalten klappt", erklärte Micha. Ich schnappte sie mir. „Klar klappt das", meinte ich aufmunternd. Ich hob sie schnell auf´s Rad. Ihre rechte Hand schloss sich auf Anhieb um den Lenker. Ich atmete erleichtert auf. „Ich halte dich solange fest, bis du dich wieder sicher fühlst", sprach ich behutsam auf sie ein. Wir fuhren los – und irgendwann fuhr sie wieder ganz allein, ohne Hilfe. Ihr rechter Fuß rutschte zwar ab und zu von der Pedale und sie war insgesamt etwas unsicher, aber sie fuhr allein. Ich bin so dankbar, dass sie momentan noch an so vielen Dingen aktiv teilhaben kann.

Echtzeit! Hin und her – Mittwoch, 25. März 2015

Die Tage ziehen so schnell dahin und sind randvoll ausgefüllt mit Bestrahlungsterminen, Heilpraktikerbesuchen, Kindergartenbesuchen (Vianne: „Ich will uuunbedingt Yoga mitmachen"), Schwimmkurs, Hallenbad- und Eiscafébesuchen, Verabredungen mit kleinen Freundinnen... Während ich mir Sorgen mache, ob es nicht zu viel ist, fragt Vianne bereits am frühen Morgen: „Und? Was machen wir heute?"

Sie hat nun neun Bestrahlungen hinter sich gebracht – bisher ohne ersichtliche Nebenwirkungen. Die Haut ist noch nicht gerötet, das Schlucken tut (noch) nicht weh. Das ist gut. Aber sie hat noch 15 weitere Bestrahlungen vor sich. Insgesamt sind es doch

„nur" 24 Mal. Im Vorgespräch hatte ich verstanden, dass 26 Mal geplant sind (herausgerechnet die vier Einheiten aus der Schweiz), so dass wir alles in allem auf 30 Bestrahlungen mit insgesamt 54 Gy kämen. Jetzt sind es gesamt etwas über 50 Gy. Uns soll es Recht sein. Rund Vier Gy mehr oder weniger werden keinen Einfluss auf den weiteren Krankheitsverlauf nehmen.

Wir betrachten Vianne jeden Tag ganz genau – und das hat nicht nur mit der Bestrahlung und dem Resttumor zu tun. Wir haben angefangen, das Antiepileptikum zu reduzieren, entgegen dem ärztlichen Rat. Aber wir wollen sie nicht weiter prophylaktisch mit schweren Medikamenten behandeln. Niemand kann eindeutig sagen, ob sie nach Absetzen des Medikaments wieder einen Krampfanfall bekommen wird. Ich glaube es nicht. Zumindest derzeit. Wenn sich der Tumor im Kopf schnell ausbreitet, wird sie alle Wahrscheinlichkeit sowieso künftig Krampfanfälle erleiden. Dann haben wir keine Wahl, dann müssen wir entsprechende Mittel einsetzen. Aber bis dahin...

Trotzdem macht mir unsere Entscheidung, unsere eigene Courage, manchmal Angst. Doch seit der Reduzierung scheint mir Vianne wieder ausgeglichener, zufriedener, weniger wütend und wieder mehr sie selbst zu sein.

Das ständige Beobachten und Nachfragen, ob es ihr gut geht, nervt unsere pfiffige Tochter gewaltig. Originalton Vianne: „Warum fragst du immer?" Aber wir können es nicht abschalten. Läuft sie wieder schlechter? Hat ihr rechtes Bein weniger Kraft als gestern? Warum hat sie sich gerade am ganzen Körper geschüttelt? Langsam müssten doch die Haare wiederkommen – oder wachsen sie nie wieder nach? (Und auch wenn, was soll's eigentlich?). Zieht sie den Mundwinkel heute weniger weit nach oben, wenn sie grinst? Wirkt sie insgesamt müder? Es ist schwer, diesen quälenden Fragen Einhalt zu gebieten. Andererseits haben wir momentan – abgesehen von den kurzen Bestrahlungen – wieder mehr „Alltag" und weniger Behandlungen und Kontrolltermine als noch vor einem halben Jahr: keine Operationen im Abstand von zwei bis drei Monaten, keine ständigen Blutabnahmen, keine regelmäßigen neurologischen Testungen, weniger eng getaktete MRT-Termine. Es ist irgendwie kurios: Die Krankheit schreitet voran, die medizinischen Maßnahmen gehen zurück. Andererseits ist das das richtige Vorgehen eines jeden verantwortungsbewussten Arztes, gerade in der Palliativbehandlung soll so lange wie möglich der Fokus auf der Lebensqualität liegen, nicht auf quälenden, zeitraubenden und zum Teil gefährlichen Therapien.

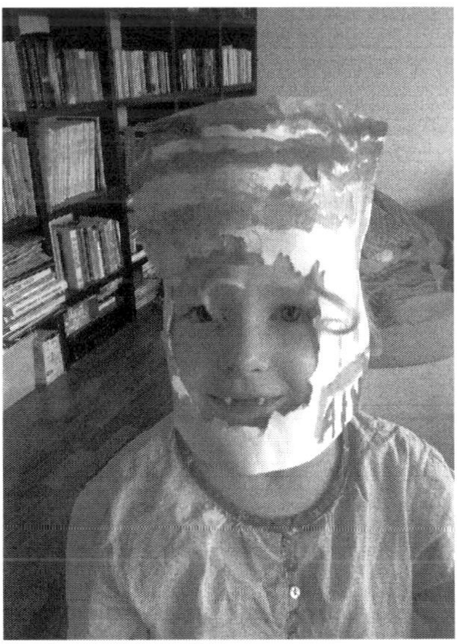

Es ist immer wieder schwer, sich einzugestehen, dass die Ärzte nicht mehr mit Blick auf Heilung behandeln. Ich hingegen habe die Hoffnung auf Heilung noch nicht aufgegeben. Naiv? Wunschdenken? Schutzreflex? Ist das alles nur die Ruhe vor dem Sturm? Keine Ahnung. Hoffnung lässt sich nicht erklären. Ich weigere mich nach wie vor, in Vianne etwas anderes zu sehen als dieses kleine, fröhliche, selbstbewusste, wahnsinnig mutige Mädchen voll überschäumender Lebensenergie. Ich weigere mich!

Echtzeit! Hoffnungsschimmer? – Samstag, 28. März 2015

Gestern am frühen Abend erreichte mich die Mail von Prof. S., in der steht, dass er kurz zuvor mit den Heidelberger Kollegen telefoniert habe: Es gibt Ergebnisse aus Viannes genetischer Tumoranalyse im Rahmen der INFORM-Studie – wir sollen uns zeitnah zum Gespräch treffen.

Sie haben eine genetische Veränderung in den Tumorzellen gefunden, auf die es vielleicht eine therapeutische Antwort gibt. „Das Medikament ist – wie immer – für die Situation und für Kinder nicht zugelassen. Das wäre aber für uns kein Hindernis, nur ein organisatorisches Hemmnis. Das lösen wir", steht da. Ich stehe neben mir. Damit habe ich nicht gerechnet. Ich habe schon erwartet, dass sie eine genetische Veränderung finden, nicht aber, dass ein mögliches Medikament zur Verfügung steht. Ein Hoffnungsschimmer? In der Mail heißt es am Ende: „Also gute Nachrichten." Ich bin noch zu zerstreut, um die Situation gänzlich erfassen zu können. Ich wage es nicht, mich zu freuen. Zu oft sind wir nach vermeintlich guten Nachrichten zu tief gefallen.

Am Dienstag um 9 Uhr haben wir den Gesprächstermin. In drei Tagen. Die Dortmunder hoffen, bis dahin eine schriftliche Befundmitteilung/ Empfehlung vorliegen zu haben. Wir sind so (an)gespannt. Gibt es für Vianne doch noch einen Einzelheilversuch? Gibt es für Vianne zusätzliche Lebensjahre?

Wenn ja, läuft uns dennoch gerade die Zeit davon? Seit gestern zieht sie ihr rechtes Bein stärker nach. Kommt es von der Bestrahlung? Kommt es von der Belastung für das Rückenmark? Oder wächst der Tumor trotz Bestrahlung weiter und drückt auf die sensiblen Nerven? Oder vielleicht der Resttumor im Kopf? Vielleicht gibt es aber auch gar keine schlimme Ursache und es ist lediglich ein Ausdruck von Erschöpfung? Wie wertvoll und wichtig Zeit plötzlich wird, wenn sie droht, zu schnell zu zerrinnen. Wie zäh Zeit wird, wenn sie denn einmal schnell verrinnen soll. Vielleicht sollen wir uns einfach nicht mehr von der Zeit beherrschen lassen und jeden guten geschenkten Augenblick auskosten.

Echtzeit! Neue Wege – Mittwoch, 1. April 2015

Wir werden wahrscheinlich einen neuen Weg beschreiten. Eigentlich ist es eher ein Trampelpfad, halb im Verborgenen liegend, nicht weit einsehbar, uneben, verwachsen, verschlungen. Man weiß häufig nicht, wo man raus kommt oder was einen am anderen Ende erwartet – eine Sackgasse? Eine Lichtung? Dienstagmorgen hatten wir ein ausführliches Gespräch mit Prof. S., um die Ergebnisse aus der genetischen Analyse zu besprechen. Er hatte ja bereits in seiner Mail angedeutet, dass ein Medikament in Frage kommen würde. Vianne hat eine für Ependymome ungewöhnliche Mutation, die zu einem Proteinverlust und daraus folgend zu einer Aktivierung des Sonic Hedgehog (shh) Signalwegs in ihrem Tumor führt. Dieser Signalweg ist (glaube ich verstanden zu haben) vorrangig in der Embryonalphase aktiv, später nur noch bei Bedarf. Bei Vianne ist dieser Signalweg jedoch ständig aktiv – was zu einer verstärkten Produktion von Tumorzellen führt. Es ist schwer zu begreifen, dass ein kleines, fehlendes Protein solch verheerende Auswirkung hat. Viannes Zellen meinen es anscheinend „zu gut". Es gibt ein Medikament, das diesen Signalweg hemmt und zu einer Inaktivierung führen soll. Dieses Medikament wird bei Menschen mit Basalzellkarzinom (Form von Hautkrebs) eingesetzt, die eine vergleichbare molekulare Veränderung aufweisen. Dieses Medikament ist vorläufig zugelassen, weil es noch nicht ausreichend getestet ist. Dieses Medikament hat Nebenwirkungen (Grad 3 und höher – 5 ist der höchste Grad mit den schwerwiegendsten Nebenwirkungen). Bei Kindern ist das Medikament nicht zugelassen. Die Leitung der Hirntumor-Rezidivstudie empfiehlt dennoch dringend den Einsatz bei Vianne. Wir machen uns nichts vor – wir bewegen uns auf einem Trampelpfad, nicht auf einer mehrspurig ausgebauten Schnellstraße. Aber: Wir bewegen uns, denn „...Erivedge (ist) einer Chemotherapie überlegen und kann zu einer deutlichen Verlangsamung bis hin zu einer Regression der Tumoren führen", so die übereinstimmende Einschätzung der Experten. Wir tappen nicht mehr so arg im Dunklen wie zuvor. Wir haben nun einen Hinweis, wo wir ganz gezielt angreifen/eingreifen können. Und noch ein Satz lässt uns mutig diesen unbekannten Pfad gehen: „Im besten Fall ergibt sich vielleicht sogar eine kleine kurative Chance." Eine Chance!

Das Medikament wird als Tablette verabreicht, einmal täglich, das heißt, wir müssen dafür mit Vianne nicht stationär ins Krankenhaus. Das ist gut. Es stehen jedoch engmaschige Kontrollen an. Wie gesagt weiß niemand letztendlich, wie sie als Kind darauf reagieren wird. Die Dosis wird heruntergerechnet. Nach drei Therapiezyklen erfolgt eine MRT-Verlaufskontrolle. Schreitet die Erkrankung fort, wird abgebrochen. Stagniert das Tumorwachstum, wird über eine Nachoperation nachgedacht. Bildet sich die Tumormasse zurück, folgen drei weitere Therapiezyklen. Derzeit wird wieder die Kostenübernahme bei unserer Krankenkasse beantragt – die Dortmunder reagieren so zügig und engagiert. Eine Kopie des Schreibens liegt uns bereits vor. Die Kosten für ein Vierteljahr belaufen sich auf rund 30.000 Euro. Zudem haben unsere Ärzte sicherheitshalber einen (anteiligen) Kostenvorschuss bei der Organisation „Ein Herz für Kinder" gestellt, um die ersten drei Monate überbrücken zu können, falls es zu Verzögerungen kommen sollte oder die Kasse ablehnt. Sie sind wirklich wahnsinnig engagiert – Hut ab. Die Mail erreichte mich erst gerade eben und wir sollen den Antrag schnellstmöglich unterschrieben zurückgeben, damit alles noch vor den Feiertagen auf den Weg gebracht und zügig begonnen werden kann. Nach Ende der Bestrahlung – in circa zwei Wochen – wollen sie mit der Therapie starten. Ich mag Trampelpfade... Wir werden uns vorwärts wagen – vorsichtig, behutsam, aufmerksam. Und wir werden Angst haben. Angst davor, was uns, was Vianne hinter der nächsten Wegbiegung und letztendlich am Wegende erwartet...

Echtzeit! Begegnungen – 11. April 2015

Wir haben nur noch sechs Bestrahlungen vor uns. Auch hier hat sich eine angenehme Routine eingeschlichen. Im Wartezimmer sehen wir häufig dieselben Gesichter, keine Kinder, allesamt Erwachsene. Alle haben schwerwiegende Erkrankungen, sonst wären sie nicht hier, dennoch entwickelt sich ein lockerer Smalltalk. Vianne bezaubert durch ihre liebenswerte Art, durch ihren regen Verstand. Von Scheu keine Spur. Sie zeigt allen Anwesenden – Ärzten wie Patienten – ihre Begleiter. „Hoppel", ihr Lieblingshase, ist ständig dabei und hat noch keine Bestrahlung verpasst. „Tinkerbell", ihre neue Barbiepuppe, durfte hingegen das erste Mal mitkommen. Stolz hat sie vor einigen Tagen ihre neue Kopftaschenlampe präsentiert. Dermaßen ausgestattet stapfte sie selbstbewusst zur Bestrahlungsliege. Und auch ihre neue Playmobil-Fee samt Zauberpferd durfte sie schon begleiten. Alle haben immer einen großen Auftritt und müssen ausreichend vom medizinischen Personal beachtet werden, dafür sorgt

Vianne schon. Unsere kleine Kämpferin bringt Licht in diese eher düstere Therapiewelt. Erst kürzlich betrat sie den Vorraum, sagte kein Wort, blickte forschend in die Runde, setzte in aller Ruhe ihre neueste Errungenschaft auf dem Fußboden ab und trat nach Aktivierung demonstrativ einen Schritt zurück. Ein singender Plüsch-Osterhase hopste und wackelte daraufhin durch den Raum, so dass die gesamte Belegschaft erst ungläubig dreinschaute, dann aber in schallendes Gelächter ausbrach. Mit einem triumphierenden Grinsen legte sich Vianne anschließend auf die Behandlungsliege. Obwohl sie todkrank ist, spüre ich so viel Leben in ihr, mehr als in so manchem vermeintlich Gesundem. Wie gern würde ich diese kindliche Lebendigkeit in mir spüren. Letztens fragte mich eine sympathische Frau im Wartezimmer, wie oft wir noch kommen müssen. „Nur noch sieben Mal", antwortete ich. Ach, dann sei ja alles wieder gut, bemerkte sie ohne böse Absicht. An meinem Blick muss sie gemerkt haben, dass dem nicht so ist, so dass sie ein zögerliches

„oder?" nachwarf. Ich schüttelte kaum merklich den Kopf – und war heilfroh, in diesem Moment aufgerufen zu werden.

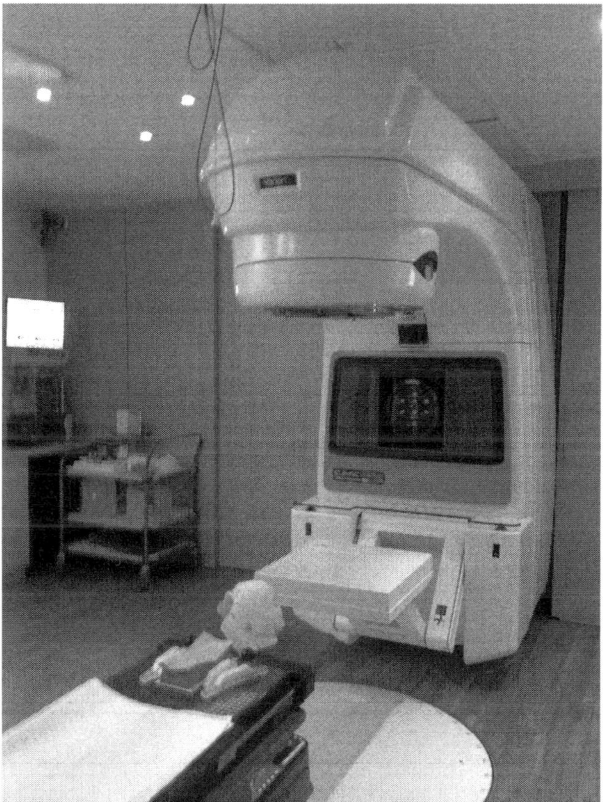

Echtzeit! Osterferien – 2. April bis 6. April 2015

In der bestrahlungsfreien Zeit über die Osterfeiertage haben uns liebe Freunde in ihr Ferienhaus an der Mecklenburgischen Seenplatte eingeladen. Wir hatten Viannes Bestrahlungstermin ganz früh in den Donnerstagvormittag gelegt, um uns gleich im Anschluss auf den Weg machen zu können. Kein Stau, dafür aber Sturzregen und Hagelschauer – bis wir am Ziel ankamen: dort lachte uns die Sonne entgegen, obwohl es insgesamt ziemlich kalt war. Egal, Hauptsache Licht. Während der Fahrt mussten wir unzählige „Bibi und Tina"-CDs und noch viel mehr Kinder-Kurzgeschichten über uns ergehen lassen, bis Luke rebellierte und endlich die Känguru-Chroniken einforderte. Welch ein Glück! Wir lieben die Känguru-Hörspiele von Marc-Uwe Kling und mussten wieder einmal herzlich lachen, sogar die Mädels. Trotz allem wurde ich zunehmend unruhiger, je weiter wir uns von der Dortmunder Kinderklinik entfernten. Zwar lagen alle Notfallmedikamente für Vianne griffbereit, dennoch gaben sie uns nur eine relative Sicherheit. Im Geiste ging ich die Kliniken durch, an denen wir auf unserer Fahrt näher vorbeikommen würden (Uniklinik Hannover, Berliner Charité...). Es passierte natürlich nichts. Wir verbrachten ein paar schöne Tage, aber irgendwie waren Micha und ich (und dadurch auch die Kinder) insgesamt sehr angespannt, wir brauchten dieses Mal sehr lange, um letztendlich richtig anzukommen – und das hatte nichts mit dem Urlaubsziel zu tun. Die schon so lange währende mentale Belastung nagt an uns und an unseren Nerven. Aber das herrliche Licht im Norden, die Weite, das Wasser und wirklich liebenswerte Menschen um uns ließen unsere vibrierenden Nerven langsam zur Ruhe kommen. Wir erlebten fröhlich-turbulente Grillabende, spritzige Hallenbadbesuche, wärmende Saunabesuche, ein funkensprühendes Osterfeuer samt süßem Stockbrot, einen gemächlichen Ausritt, fetzige Go-Kart-Rennen und eine unterhaltsame Ostereiersuche. Vianne geriet von der Motorik oftmals an ihre Grenzen: Sie kommt nicht mehr beim Rennen, Klettern und Rollerfahren hinterher. Manche Spielgeräte meidet sie mittlerweile. Sie hasst es, „immer die Letzte" zu sein oder irgendwo nicht hoch zu kommen. Das frustriert sie immer häufiger. Ich hingegen bin froh, dass sie überhaupt laufen, sich überhaupt bewegen kann. Also nahm ich sie mir beiseite und erklärte ihr, dass es nicht darauf ankommt, so schnell wie die anderen Rollerfahren zu können, solange ihr das Rollerfahren an sich Spaß macht. Sie soll ihr eigenes Tempo finden. Insgesamt taten uns allen die vier Tage im Norden gut. Auch wenn ich mittlerweile nervös bin, wenn wir uns zu weit mit Vianne von unserer Kinderklinik entfernen, möchte ich unsere Reisen und Ausflüge und Kurzurlaube nicht missen.

Echtzeit! Termine – Mittwoch, 15. April 2015

Nur noch drei! Vianne hält stolz drei Finger in die Höhe. Nur noch drei Bestrahlungen liegen vor uns. Sie hat bisher keine akuten Nebenwirkungen bekommen: keine Hautrötung, keine Schluckbeschwerden. Das ist super und wir freuen uns, dass es ihr aktuell scheinbar gut geht. Heute Nachmittag ist sie wie ein Wirbelwind im Sonnenschein über die Wiese gerannt. Ich konnte es kaum glauben. Danach ging es noch auf's Trampolin, das wir am letzten Wochenende aus dem Lager geholt und gemeinsam aufgebaut haben. Dabei wurde ich gedanklich in den April letzten Jahres katapultiert. Die Kinder haben das Trampolin zu ihrem 5. Geburtstag geschenkt bekommen und es unter lautem Jubel in Beschlag genommen. Im April 2014 haben wir noch gedacht, Vianne hätte ihre Erkrankung gemeistert, hätte die Oberhand darüber. Was für eine grobe Fehleinschätzung. Es ist ein seltsames Gefühl, das Trampolin diesen April wieder aufzubauen. Wie viel sich in diesem einen Lebensjahr verändert hat... Wir haben neue MRT-Termine bekommen: Am 27.4. wird der Kopf angeschaut, am 28.4. die Wirbelsäule. Wir zittern schon jetzt. Am 29.4. soll die Therapie mit Erivedge (Vismodegib) starten. Die Krankenkasse hat sich zwar noch nicht zur Kostenübernahme geäußert, der Verein „Ein Herz für Kinder" hat aber schon eine positive Antwort gegeben, so dass die ersten drei Monate überbrückt sind. Wir hoffen nur, dass das MRT keine neuen schrecklichen Überraschungen bereithält, die den Einsatz des neuen Wirkstoffs gefährden oder sogar hintenan stellen.

Zur heutigen Bestrahlung wurden wir wieder unglaublich herzlich empfangen. Alle geben sich so viel Mühe, Vianne bei Laune zu halten, ihr ein Lächeln zu entlocken. Die Strahlentherapeuten sprechen nicht nur ganz lieb mit Vianne, sondern auch mit Viannes „Hoppel" (ihrem Hasen). Sie kitzeln unsere kleine „Maus" und loben sie jedes Mal, wie tapfer sie mitmacht. Ada war heute mit dabei, weil der Kindergarten geschlossen hatte. Sie ist eine große Hilfe und immer sehr, sehr lieb, wenn Vianne behandelt wird. Im Anschluss an die Bestrahlung holten sich beide Kinder eine Belohnung ab: Meistens steht eine große Süßigkeiten-Schale im Monitorraum bereit. Heute gab's dazu noch frische Erdbeeren. Während sich Ada eine Gummischlange angelte, griff Vianne beherzt in die Erdbeerschüssel und schnappte sich die saftigste Beere. Eine Assistentin fragte mich noch, ob das okay sei. Nicht dass Vianne noch Erdbeerflecken auf ihrem hübschen Sommerkleid bekäme. Ich meinte locker, das sei kein Thema, ich würde das nicht so eng sehen und wir hätten doch eine Waschmaschine. Kaum ausgesprochen, bemerkte ich drei dicke, leuchtende Erbeerflecken auf meinem weißen Rock, nachdem Vianne herzhaft in die Riesenbeere gebissen hatte. Viannes Kleid blieb natürlich sauber. Anschließend fuhren wir – ich mit den Monsterflecken auf den Rock – nach Hamm zu unserem Heilpraktiker. Vorab hatte ich noch versucht, die Flecken auszuwaschen, bis Ada staunend bemerkte, dass ja nun mein Rock durchsichtig sei. Na „super"! Beim Heilpraktiker mussten wir einen Moment warten, bis wir drankamen. Ada und Vianne kuschelten miteinander, drückten und herzten sich. Ich genieße solche innigen Momente. Die Behandlungen, die Vianne aktuell bekommt, fühlen sich gut und richtig an. Dann ging es im Eiltempo nach

Hause und ab in die Sonne. Eigentlich ein herrlicher Tag, zwar rasant, aber dafür auch ganz intensiv.

Wir zehren noch immer von unserem wunderbaren Wochenendbesuch. Uli war mit den Kindern da. Allein sie alle um uns zu haben ist Seelenbalsam, Lachen, Leichtigkeit. Vianne drückte ihre Freude in unzähligen kuscheligen Umarmungen aus. Am Samstag machten wir gemeinsam einen Ausflug in ein nahe gelegenes Erholungsgebiet. Während die Großen im Kletterwald unterwegs waren, probierten Ada und Vianne nacheinander Bumping-Boot, Kinderkarussell, E-Motorrad und Minigolf aus uns stärkten sich anschließend bei Kakao und Kuchen (mit Zucker). Ein toller Tag!

Echtzeit! Lumbalpunktion – Donnerstag, 16. April 2015

Mist!!! Habe heute erfahren, dass Vianne mit Beginn der Target-Therapie neben dem MRT auch noch eine Lumbalpunktion braucht. Das heißt, sie muss dafür extra sediert werden. Ich glaube nicht, dass sie die Punktion nur mit örtlicher Betäubung über sich ergehen lassen würde. Muss aber auch ehrlich gesagt nicht sein. Es ist Wahnsinn, dass Vianne nach all den Therapien und Eingriffen mittlerweile nicht absolut panisch reagiert. Sie scheint überhaupt keine Angst vor der Bestrahlung oder vor der „Röhre" zu haben. Blut ist ihr so vertraut wie Tomatenketchup. Klar, sie ist zu Beginn neuer Maßnahmen skeptisch, zurückhaltend, vorsichtig, zögerlich. Aber nicht panisch. Ich kann mir nicht vorstellen, dass ich so tapfer wäre – und sie war gerade drei Jahre alt, als alles begann. Was für eine mutige kleine große Kämpferin. Wenn sie sich ganz eng an uns kuschelt, unsere Nähe sucht, dann merke ich allerdings schon, wie viel Halt sie braucht, wie anstrengend das ständige Durchhalten und sich Einlassen ist. Und wir halten sie – ganz fest – wann immer sie unseren Halt braucht. Als ich mich heute mit ihr über die anstehenden Untersuchungen unterhalten habe, war ihr nur wichtig, dass sie wach ins MRT gehen kann. Dass sie während der Lumbalpunktion „schlafen" soll, hat sie mit einem Stirnrunzeln quittiert, aber letztendlich akzeptiert. Die Punktion soll am Dienstag vor dem MRT laufen. Um 9.30 Uhr sollen wir nüchtern auf der Station sein. Nachmittags findet dann irgendwann das MRT vom Rücken statt. Das wird ein langer Tag in der Klinik. Aber egal! Die Alternative wäre gewesen, noch einmal am Mittwoch extra für die Lumbalpunktion in die Klinik zu gehen. Dann lieber zwei blöde Dinge an einem Tag. Morgen ist die vorletzte Bestrahlung und ein weiterer Termin bei dem energetischen Heiler.

Echtzeit! Bestrahlung geschafft! – Montag, 20. April 2015

Mit dem heutigen Tag hat Vianne 24 (!) Bestrahlungen (plus die vier in der Schweiz) mit einer Gesamtdosis von etwas über 50 Gy hinter sich. Sie hat es geschafft.

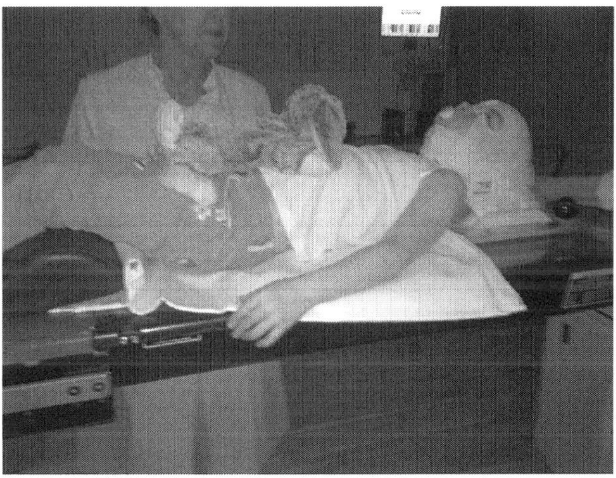

Die Strahlentherapeuten meinten zu uns, dass sie der unkomplizierteste Patient gewesen sei, den sie bisher gehabt hätten. Ich hoffe nur, dass die Behandlung auch einen kleinen Erfolg gezeigt hat. Nächsten

Dienstag wissen wir mehr. Bisher hat Vianne alle Maßnahmen mit Bravour gemeistert, aber leider ohne das gewünschte Endergebnis: Heilung! – Oder, wie es in der Fachsprache heißt, „progressionsfreies Überleben". Bei der Verabschiedung überreichte Vianne zum Dankeschön eine selbstgestaltete Karte. Auf der Vorderseite klebte ein kleines Portraitfoto von ihr, innen hatte sie ein Einhorn und eine Blume gemalt. Dazu verschenkte Vianne noch eine kleine „Leckerei", denn schließlich ist sie selbst von den Mitarbeitern nach nahezu jeder Behandlung gut verköstigt worden – angefangen von Erdbeeren und Keksen bis hin zu Schokohasen und Fruchtgummi. Unter der Bestrahlung wollten wir ihr diese „Zückerchen" nicht vorenthalten. Doch nun sollte diese interne „Schleckerschüssel" wieder aufgefüllt werden. Während des Abschlussgespräches war Vianne unglaublich zutraulich zu Dr. K. und gab ihm freiwillig zur Verabschiedung die Hand (nachdem sie in seinem Arztzimmer zuvor neugierig alle Schränke untersucht hatte – wer weiß, vielleicht war sie nach so viel Lob auf der Suche nach einem weiteren „Zückerchen"...?) Mit der Bestrahlungsmaske in der einen und „Hoppel" in der anderen Hand hüpfte sie vergnügt aus dem Gebäude. Ich selbst war noch immer viel zu berührt und ergriffen von den vielen innigen guten Wünschen, die uns alle mit auf den Weg gegeben haben, so dass ich noch nicht beschwingt „hüpfen" konnte – das kam später. Wieder ein kleiner Abschied... Wie viele Wegabschnitte wir nun schon gegangen sind. Wie viele Weggefährten uns nun schon begleitet haben. Wie vielen mitfühlenden, engagierten, daumendrückenden fremden Menschen wir nun schon begegnet sind. Das Klare, Unverfälschte, das, was uns letztendlich ausmacht, kommt in Extremsituationen wieder mehr an die Oberfläche. Als wir vom Parkplatz kamen, winkte uns ein Mann, den wir schon mehrmals vor der Strahlentherapieklinik getroffen hatten, stumm und lächelnd zum Abschied zu.

Direkt im Anschluss ging's in den Spielzeugladen – jeweils zu Bestrahlungsbeginn und -ende hatte ich Vianne (und Ada) ein Geschenk versprochen. Vianne suchte für sich und Ada ein Elfenboot aus Lego aus, das wir gemeinsam am Nachmittag zusammenbauten.

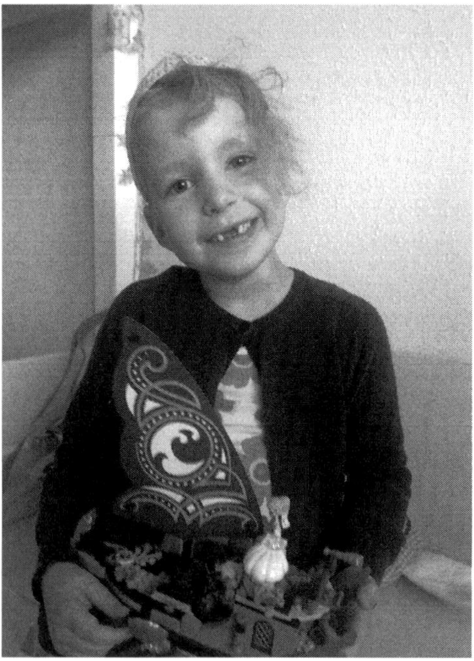

In fünf Tagen haben die Mädels Geburtstag. Als Überraschung haben wir einen Wochenendtrip ins Legoland nach Günzburg geplant – und alle kommen mit: Micha, Jesse und Luke, Oma und Opa, Andi und Ralf. Ich hoffe so sehr, dass nichts Unerwartetes dazwischen kommt... Alle Kinder haben sich diesen Ausflug mehr als verdient! Wir kommen momentan aus dem Feiern nicht mehr raus: erst vor wenigen Tagen hatte Luke Geburtstag. Nach einem ausführlichen Geburtstagsbrunch mit der Familie kamen am späten Nachmittag Lukes Freunde zur Übernachtungsparty. Wir starteten mit einer Longboard- und Rollertour an der Ruhr, gingen über zu Pizza und Heimkino, später zu Gruselgeschichten beim Lagerfeuer. Irgendwann gegen zwei Uhr in der Nacht kehrte Ruhe im Bettenlager ein – ein gelungener Tag und eine gelungene Partynacht. Ada und Vianne hatten zum Glück ihre eigene „Übernachtungsparty" bei Andi und Ralf.

Echtzeit! Leichtigkeit – Mittwoch, 22. April 2015

Es geht uns gut. Wie lange ich diesen Satz nicht mehr geschrieben, wie lange ich diesen Gedanken nicht mehr gedacht habe. Es gibt keinen Grund dafür – es ist lediglich ein Gefühl der Leichtigkeit. Wir haben bisher eine entspannte Woche mit schönen, alltäglichen Terminen verlebt. Heute haben Ada und Vianne im Rahmen des Kindergarten-Vorschulprogramms mit dem Verkehrspolizist geübt – und sind jetzt stolze Besitzerinnen des „Fußgängerpasses". Das Training war einfach nur niedlich. Die Fünfjährigen haben das Überqueren der Fahrbahn versucht. Mal ging es über eine Verkehrsinsel, mal versperrte ein parkendes Auto oder eine Mülltonne die Sicht. Dann wurde geübt, worauf man bei Autos auf dem Parkplatz achten muss (auf das weiße Rücklicht – wenn das angeht, will der Fahrer rückwärts aus der Parklücke fahren). Unsere Mäuse sind noch so klein, dass sie vom Fahrer eines ausparkenden Autos schlichtweg übersehen werden. Ada und Vianne meisterten die Situationen äußerst souverän.

Beide wirkten so selbstbewusst. Während manch anderes Kind zögernd am Straßenrand stand – die Kinder sollten selbst entscheiden, wann sie die Fahrbahn überqueren – schritten die Zwillinge nach einem ersten „Abchecken" zielsicher voran.

Ich glaube, unsere Situation stärkt sie. Luke brachte heute eine zwei in der Deutscharbeit nach Hause – ohne groß geübt zu haben. Das war in den turbulenten letzten Wochen mal wieder untergegangen. Großartig! (Ganz klar meine Gene.) Die Geschenke für Adas und Viannes Geburtstagsparty sind gepackt, die Legoland-Tickets gebucht. Ich liebe diese Leichtigkeit. Ich verbiete mir alle Gedanken an die anstehenden MRT und die Lumbalpunktion. Schließlich feiern wir bald Zwillings-Geburtstag!

Als ich letztens später am Abend nach Hause kam – Ada und Vianne lagen schon in ihren Betten – schlich ich mich für einen Gutenachtkuss zu den Mäusen hoch. Vianne schaute mich aus ihren großen blauen Augen an und sagte: „Mama, wenn du nach

Hause kommst, fängt mein Herz an zu hüpfen". Welch wunderbares Gefühl der Leichtigkeit...

Echtzeit! Tiefer Fall – Sonntag, 26. April 2015

Auf das Hoch vom vergangenen Mittwoch („Leichtigkeit") folgte ein tiefer Fall – nur wenige Stunden nach dem letzten Eintrag. Es fällt schwer, all die Geschehnisse der letzten Tage in Worte zu fassen. Es ist so viel so schnell passiert. Unser und Viannes Leben gleicht immer mehr einer Achterbahnfahrt – und nach zu vielen Runden wird es einem verdammt übel...es tut mir so leid, dieses Mal keine gute Nachricht geben zu können. „Es" beginnt, obwohl sie so sehr gekämpft hat, obwohl wir so sehr gekämpft haben, obwohl uns so viele positive Gedanken begleitet haben...

Donnerstag, 23. April – morgens: Vianne wird wach. Sie ist blass, sie ist müde, sie hat Kopfweh – wie so oft in den vergangenen Tagen. Nur das ihr

Kopf an diesem Morgen stärker schmerzt als sonst. „Mama, ich möchte mich wieder hinkuscheln, mit dir", bittet sie mich. Meine Warnlichter gehen an. Micha und die Jungs sind schon weg, Ada ist noch nicht im Kindergarten. „Mir ist irgendwie übel", sagt sie leise. Kurze Zeit später würgt sie – auf nüchternen Magen. Ich versuche meine Angst in den Griff zu kriegen, Bilder aus den Bestrahlungstagen in der Schweiz tauchen auf. Sie hatte sich vor den schlimmen Ausfällen ebenfalls in Kombination mit Kopfweh früh morgens übergeben müssen. Ich rufe in der Klinik an und schildere alles. Wir sollen vorbeikommen. Ich gebe Ada knappe Anweisung, sich zügig anzuziehen, damit ich sie schnell in den Kindergarten bringen kann. Sie murrt natürlich. Ich gebe Micha Bescheid. Er ist besorgt, er hatte schon morgens ein komisches Gefühl, nachdem Vianne aufgestanden war. Dann suche ich noch schnell Anziehsachen für Vianne raus, und kurze Zeit später setzen wir Ada schnell im Kindergarten ab. Ich erkläre den Erzieherinnen eilig die Situation. Auf dem Weg zur

Klinik scheint es Vianne wieder besser zu gehen. Doch auf halber Strecke schläft sie im Auto ein – völlig untypisch. Ich bin froh, als wir endlich in der Klinik ankommen. Die Schwestern begrüßen uns so freundlich. Wenig später untersucht eine Ärztin Vianne, nimmt Blut ab. Vianne wirkt überreizt und weint schon beim Fingerpiks mehr als sonst. Aufgrund der Symptome wird eine Notfall-MRT veranlasst, da Verdacht auf Hirndruck besteht. Während der Wartezeit lese ich Vianne vor, unterhalte mich kurz mit der Erzieherin (aus der Kinderklinik) und der Stations-Psychologin. Vianne hat Appetit auf ein Croissant. Mist – damit fällt die Hoffnung auf eine schnöde „Magen-Darm-Grippe" wie ein Kartenhaus in sich zusammen. Eine Stationsmutter vom Elterntreff übernimmt das Vorlesen und kümmert sich um Vianne, während ich zum Bäcker eile und das Essen hole. Micha kommt kurz vorbei, weil ich mein Portemonnaie in seinem Auto vergessen habe. Wieder auf Station angekommen kriegen wir die Info, dass wir schon zum MRT-Raum ins Hauptgebäude rüber gehen können. Vianne protestiert. Sie muss auch noch einen Zugang für das Kontrastmittel gelegt bekommen. Ich kann sie dabei kaum auf dem Schoß halten, sie wehrt sich mit Händen und Füßen und weint bitterlich. Zum Glück gelingt der Zugang auf Anhieb. Im MRT-Wartebereich ist alles voller Handwerker. Überall wird gesägt, gehämmert, geklopft. Der neue Kinder-Magnet-Resonanz-Tomograph wird derzeit aufgebaut. Ursprünglich sollten an diesem Tag alle Aufnahmen ins Klinikum Nord verlagert werden, aber man hatte sich aufgrund einiger Notfälle umentschieden. Zu unserem Glück. „Vianne, schaffen wir das wieder gemeinsam", frage ich sie. „Wenn ich dabei wach bleiben darf... dann ja", antwortet sie. Sie liegt schmal und blass und müde in der „Röhre", ich stehe die ganze Zeit daneben, streichele ihren Fuß. Ich habe Angst davor, was wir später zu sehen kriegen werden. Bereits während den ersten Sequenzen läuft mir eine Träne über die Wange. Ich wische sie weg. Vianne ist in der „Röhre" wieder eingeschlafen.

Donnerstag, 23. April – nachmittags: Wir gehen anschließend zurück auf die Kinderstation. Irgendwann kommt Dr. B.: „Wir können kein Anzeichen für Hirndruck sehen." „Das ist gut", murmele ich dazwischen, bevor er weitersprechen kann. „Aber ich habe keine schöne Nachricht", setzt er wieder an. Nicht nur der Resttumor im Parietallappen ist gewachsen. Es zeigen sich drei weitere Tumore im Kopf: im Stirnbereich, im Seitenventrikel, am Hirnstamm. „Es" hat begonnen...

(Alles Weitere folgt später – für heute bin ich zu müde. Es geht Vianne soweit gut. Wir sind zu Hause, sie schläft gerade und ist schmerzfrei. Hoffen wir auf eine ruhige Nacht.)

Echtzeit! Fortsetzung Tiefer Fall – Donnerstag, 23. April 2015 – nachmittags

Im schlimmsten Fall habe ich mir ausgemalt, dass der Resttumor im Kopf in der Zwischenzeit gewachsen ist, schließlich haben wir dort nicht therapeutisch behandelt, während der kleine Bereich am Rücken bestrahlt wurde. Aber ich erhoffte mir zumindest eine kleine Wirkung durch den energetischen Heiler. Dass aber nicht nur der Resttumor merklich größer geworden ist, sondern sich zudem in diesem kurzen Zeitraum drei weitere Tumore gebildet haben, hat mich förmlich umgehauen. Wie geht man mit so einer Nachricht um: gar nicht. Ich war dermaßen schockiert, dass ich kaum handlungsfähig war. Die Psychologin betreute Vianne, während ich mir die verheerenden MRT-Bilder am Monitor anschaute. Wie groß die grauen Flecken bereits aussahen, wie deutlich sie zu erkennen waren. Sie müssen seit Februar gewachsen sein. „Wir haben gerade einmal April", fuhr es mir durch den Kopf. So schnell! So viele! Wir wollten ins Legoland, wir wollten Geburtstag feiern und uns erst am Montag (also heute) der MRT-Wahrheit stellen. Und nun? „Wenn sie wollen, können sie ruhig fahren", sagte Dr. B. Aktuell sei Vianne nicht gefährdet. Ich konnte es kaum glauben und fragte deshalb noch mal nach. Ich hatte mich nicht verhört. Ja, wir wollten dorthin und ich war ehrlich gesagt erleichtert, dass von medizinischer Seite keine Einwände bestanden.

Dr. B. nahm sich unglaublich viel Zeit, Zeit, die ich dringend brauchte, um auch nur ansatzweise das Gehörte zu verdauen. Vianne spielte scheinbar unbekümmert mit der Psychologin im Spielzimmer. Ich saß da mit Tränen in den Augen, mit Tränen auf den Wangen, mit verrotzter Nase – in einem Zustand, in dem man nicht unbedingt gesehen werden will, in dem man sich am besten ganz tief unter der Bettdecke verkriechen möchte. Aber eigentlich war es so egal.... Irgendwie kann ich mich nur noch schleierhaft an diese paar Stunden am Nachmittag erinnern. Ich weiß noch, dass ich nach Zeit fragte. Wie viel Zeit wir hätten, wann es mit den richtig üblen Auswirkungen losgehen würde, was wir zu erwarten hätten? Irgendwas von sechs bis acht Wochen geistert mir durch den Kopf, Dinge wie „es kann sein, dass sie irgendwann ihre Spucke nicht mehr schlucken kann. „Ich weiß nicht, ob ich das aushalten kann", stöhnte ich auf – mehrmals. Die Tür ging auf, Vianne hüpfte in den Raum. „Mama, guck mal, ich habe mir einen bunten Saft gemixt", rief sie erfreut. „Möchtest du auch einen?" Sie schaute mich erwartungsfroh an. Das „Fruchtalarm-Team" war gerade auf Station. „Welche Sorten magst du?", wollte sie wissen. Ich dachte nach, welche Fruchtsorte ich eigentlich mochte. Mir fiel keine ein. Ich nannte ihr irgendeine. Mir war schlecht. Die Tür schloss sich wieder. Wir sollten noch am selben Tag mit dem neuen Medikament beginnen: Erivedge. Die Krankenkasse hatte sich noch nicht abschließend zur Kostenübernahme geäußert, der Verein „Ein Herz für Kinder" wollte im Falle einer Absage erst einmal übernehmen. Aber wir hatten ja noch keine Absage. Dr. B. leitete alles in die Wege, klärte, telefonierte –

ich hätte nicht mehr die Kraft dazu gehabt. Am Abend konnten wir das Medikament aus unserer Apotheke abholen. Zudem spannte das Klinikum ein Hilfsnetzwerk um uns. Über den sozialen Dienst wird eine Kinderkrankenschwester organisiert, die zu einem nach Hause kommt und anleitet und unterstützt, später dann ein Palliativdienst. Das Sterben mit all seinen Begleitern rückt plötzlich so nahe. Zu nah. Mein erster Gedanke war, dieses Netzwerk abzuweisen. Nicht, weil wir es nicht brauchen, nicht, weil wir es nicht gut finden, sondern weil wir es einfach nicht ertragen, weil wir den Gedanken an das wohl Kommende nicht ertragen.

Irgendwann machte ich mich auf den Heimweg. Vianne wirkte so normal. Ich fand es an der Zeit, mit ihr zu sprechen. Sie wurde in wenigen Tagen sechs Jahre alt. Wenn jemand ein Anrecht auf die Wahrheit hat, dann sie. Sie hatte mich verzweifelt gesehen – was sollte ich ihr auch vormachen? Ich sagte, dass ich unglaublich traurig sei, weil nicht nur der Resttumor in ihrem Kopf gewachsen sei, sondern noch ein paar weitere. „Hat der freche Wicht Kinder gekriegt?", wollte sie wissen. „Ja, viele", antwortete ich. Ich fragte sie, ob sie noch einmal ein Medikament ausprobieren wolle, mit dem wir den frechen Wicht vielleicht noch etwas aufhalten und im besten Fall sogar besiegen können. Mir war es wichtig, sie in die Entscheidung einzubeziehen. Sie hatte schon beim Temodal geschrien, dass wir sie nicht dazu zwingen können, die Tablette zu schlucken. „Nein, ich will nicht", sagte sie bestimmt. Ich erklärte, dass es aber sehr wichtig sei, das Medikament auszuprobieren. „Warum?", fragte sie. „Weil du sonst sehr wahrscheinlich sterben wirst", sagte ich äußerlich betont ruhig, aber innerlich nach Fassung ringend. Sie hingegen wirkte vollkommen gefasst. „Gut, dann überlege ich es mir noch einmal." Während der restlichen Fahrt war sie sehr ruhig, nicht wirklich beunruhigt, sie schien nur sehr nachdenklich. „Und?", hakte ich später nach mit dem Hinweis, dass wir wenn noch heute starten müssten. „Na gut", meinte sie leicht genervt. „Komm, wir schaffen das, wir geben nicht auf", keimte kurz der gewohnte Kampfgeist in mir auf, „ich will nicht, dass der „freche Wicht“ gewinnt. „Mama, das wollte ich nur von dir hören", grinste mich die Maus an.

Micha hatte zu Hause die Stellung gehalten, als ich in der Klinik war. Er ahnte schon, was kommen würde. Ich erzählte ihm schweren Herzens von den neuen Ergebnissen. Wir sagten allen Kindern die ganze Wahrheit – dass Vianne wahrscheinlich sterben wird. Um sie zu schützen – vor dem, was noch auf sie, auf uns alle zukommen wird. Je eher sie sich an den Gedanken gewöhnen, desto besser. Wir wollen uns nicht mehr an die Hoffnung klammern. Wir haben nicht aufgegeben, wir sind es nur leid, immer wieder tief zu fallen. „Aber ich kann nicht ohne Vianne spielen", meinte Ada leise...

Micha und ich beschlossen, am nächsten Tag mit den Kindern Richtung Legoland zu fahren. Die Ferienwohnungen waren gebucht, die Tickets bestellt. Wir sagten der restlichen Familie erst einmal nichts von den MRT-Aufnahmen – das hatte Zeit bis nach der Geburtstagsfeier. Noch am Donnerstagabend packten wir ein paar Sachen zusammen, klärten die Katzenbetreuung und verschlossen unsere Ängste. Freitagmorgen ging es los...

Echtzeit! Legoland und Kopfschmerzen – Dienstag, 28. April 2015

Von Freitag bis heute ist schon wieder so viel geschehen, dass ich kaum mit Schreiben nachkomme. Freitagmorgen machten wir uns ohne Hektik auf Richtung Ulm. Oma, Opa, Andi und Ralf wollten erst mittags losfahren. Nach der Hälfte der Strecke legten wir eine lange, lustige, sonnige und ausdauernde Pause bei lieben Freunden in Oftersheim ein. Ada und Vianne spielten ausgiebig und durften gemeinsam mit ihren Brüdern kleine Überraschungen auspacken, die M. und P. bereithielten. Wir hätten noch Ewigkeiten in der Sonne auf der Terrasse sitzen bleiben können, es war so schön, es war so normal. Aber wir wollten schließlich nicht zu spät in unserer Ferienunterkunft ankommen. 170 km vor Ulm holte uns unsere Realität mit aller Brutalität ein. Vianne saß blass in ihrem Autokindersitz. Plötzlich fing sie an zu weinen. „Mein Kopf tut weh." Besorgt drehte ich mich immer wieder zu ihr um. Wir hatten vorher vereinbart, sie solle uns anhand der Finger zeigen, wie doll der Kopf schmerzt. Fünf heißt viel, eins wenig. Sie hielt fünf Finger hoch. Micha und ich wurden hektisch. Auf zum nächsten Parkplatz, raus aus dem warmen Auto. Plötzlich fing Vianne an zu schreien: „Mein Kopf tut weeeeeeeh!" Sie streckte uns beide Hände entgegen. Panik keimte auf. Was tun? Unzählige Gedanken schossen in sekundenschnelle durch meinen Kopf, während mich die Angst im Würgegriff hatte: Parkplatz? (Da, ein Schild, in vier Kilometern – endlich!) Schmerzmittel? (Parat!) Kühlen? (Ja). Notarzt? (Noch nicht). Vianne schrie weiter. Ada hielt sich die Ohren zu. Luke versteckte sich unter seinem Pulli. Endlich, der Parkplatz. Ich kramte das Schmerzmittel hervor. Micha nahm Vianne auf den Arm und stellte sich in den Schatten. Ich wies Jesse an, ein T-Shirt zu befeuchten. Er kippte die Wasserflasche darüber. Den kühlen Wickel legte ich Vianne auf die Stirn, in den Nacken. Wir gaben ihr den Schmerzsaft, den sie trotz der Schmerzen erst nicht nehmen wollte. Nach unzähligen Minuten hörte Vianne auf zu schreien. Ich nahm sie Micha ab, er holte das Auto näher heran und ich setzte mich mit ihr bei geöffneter Tür auf den Sitz. Sie wurde ruhiger und signalisierte, dass die Kopfschmerzen nachlassen. Wir entschieden, weiter zu fahren. Hier konnten wir nicht mehr viel ausrichten. In Ulm gab es eine gute Klinik. (hatte Dr. B. vorher erzählt). Ich nahm Vianne auf den Schoß. Nach wenigen Minuten schlief sie ruhig in meinen Armen ein. Verkrampft harrte ich mit ihr die restliche Fahrt aus. Luke schaute mich verstört an. Bitte keinen Stau, bitte keinen Stau hämmerte es durch meinen Kopf. Wir hatten Glück. Je näher wir unserem Ziel kamen, desto ruhiger wurde ich. Erst als die Angst langsam verebbte, merkte ich, wie müde ich war. Wie sollten wir Geburtstag feiern, wenn das Sterben so nah rückt?

Wir hatten zwei nebeneinander liegende Ferienwohnungen direkt am See in der Nähe des Legolandes gebucht. Die Unterkünfte gehörten zu einem kinderfreundlichen Bauernhof mit riesiger Spielscheune, Streichelzoo, „Caruso" (Hahn) und seinen Damen, Pferden und Ponys, auf denen die Kinder reiten durften. Als wir ankamen, wurde Vianne wach. Die Kopfschmerzen waren wie weggewischt. Fast zeitgleich kam der Rest der Familie an. Wir erzählten nichts. Dafür eroberten wir gemeinsam die Spielscheune, fielen von der Slagline, hüpften Trampolin, tranken ein gemeinsames Willkommensgetränk, holten Grillfleisch, teilten die Zimmer auf. Opa und ich lieferten uns ein heißes Kickerturnier gegen Ralf und Jesse – und verloren. Die Angst war fürs Erste vertrieben: Adas und Viannes Geburtstag konnte kommen.

Schon um Viertel nach sechs holte uns Vianne aus dem Bett und grinste uns an. Der Tag erwachte gerade. Wir bauten eine große Frühstückstafel auf, mampften Geburtstagskuchen, während die Damen etliche Geschenke auspackten. Sie wussten noch nichts vom Legoland-Besuch.

Gegen halb 11 waren schließlich alle startbereit. Die Geburtstagsmäuse hatten noch immer keine Ahnung, wohin es ging. Erst als sie die riesigen Lego-Bausteine auf dem Hügel ausmachten, kam die Erkenntnis. Wir verbrachten einen tollen Tag zwischen Wasserbahn, riesigen Lego-Elefanten, im Land der Pharaonen und der Piraten. Zudem lief auf der Freilichtbühne noch ein Bibi-Blocksberg-Musical, zu dem die Mädels begeistert im Takt klatschten.

Unsere nun Sechsjährigen trugen stolz einen großen Legoland-Geburtstags-Button auf ihren Jacken. An jeder Attraktion gratulierte ihnen freundlich ein Mitarbeiter. Sie waren so stolz. Ada und Vianne wollten mit uns in die Wasserbahn. Vom Picknickplatz hatten wir im Vorfeld beobachtet, wie die Boote unter lautem Gekreische der Mitfahrenden den Wasserfall hinunterplatschten und eine riesige Fontäne verursachten. Kurz vorm Einstieg wurden sie dann doch ein wenig nervös: „Ich habe ein kleines bisschen Angst", flüsterte mir Vianne zu. „Ich bin auch etwas aufgeregt, Süße. Sollen wir wieder umkehren?", fragte ich sie. „Nee, nee“, meinte sie nur und schüttelte ihr Köpfchen. Die Fahrt war toll. Als wir am Ausstieg ankamen, rief Vianne voller Inbrunst: „Noch einmal!!!“ Der Parkmitarbeiter lachte, sah ihren Geburtstags-Button und meinte: „Ein Geburtstagskind! Ja dann bleib sitzen, dann darfst du gleich noch eine Runde." Vianne strahlte – und wir mit ihr. Müde, aber glücklich fielen unsere Geburtstagsmäuse am Abend in einen tiefen Schlaf.

Am nächsten Morgen wachte Vianne mit Kopfschmerzen auf, die wir aber in den Griff bekamen. Uns graute vor der Fahrt – aber alles ging dieses Mal gut. Wieder verbrachten wir eine entspannte Pause bei Martin und Petra – dieses Mal mit der gesamten Familie: DANKE, ihr Lieben!

Am Montagmorgen wollte Vianne unbedingt mit in den Kindergarten und dort Geburtstag feiern. Ich gönnte ihr schweren Herzens diese drei Stunden. In der Nacht erbrach sie sich in ihr Bett, hatte Kopfschmerzen. Wir holten sie zu uns. Am Morgen wurde sie mit Kopfschmerzen wach. Sie spuckte erneut. Um halb 10 Uhr sollten wir zur Lumbalpunktion in der Klinik sein. „Vianne geht es nicht gut", informierte ich gleich die Schwestern bei der Ankunft. Ein Arzt untersuchte sie. Sie war unglaublich schläfrig. Wir beschlossen, die Lumbalpunktion (von der Studie gefordert) sein zu lassen. Was sollte sie bringen? Sobald sichtbare Tumormanifestationen als Metastasen vorhanden sind, muss man nicht mehr nach Mikropartikeln im Hirnwasser schauen. Somit kamen wir um eine Sedierung herum. Bis zum MRT am späten Nachmittag hatten sie schon ein Zimmer für uns bereitgehalten. Ich legte Vianne ins Bett. Sie schlief stundenlang. Irgendwann kamen unsere Ärzte ins Zimmer. Wir besprachen das weitere Vorgehen und sie empfahlen erst einmal eine kontinuierliche Schmerzmittelgabe – um Vianne diese schlimmen Kopfschmerzattacken zu ersparen, sie gar nicht erst aufkommen zu lassen. Der Brechreiz wird wahrscheinlich von dem Tumor im Hirnstamm ausgelöst. Vianne wird müder werden. K., die Kunsttherapeutin, saß lange Zeit bei mir, während wir die schlafende Vianne betrachteten. Die Tränen kamen.

Mittags kam Micha zu uns. Vianne wachte auf – es ging ihr gut. Wir gingen hinaus ins Freie, kauften etwas beim Bäcker. Gemeinsam mit anderen Kindern spielte Vianne das Hämmerspiel auf Station, später kam die Musiktherapeutin mit ihrer Gitarre und sorgte für lustige Momente. Um 16.30 Uhr startete die MRT-Untersuchung. Vianne war sehr zappelig, so dass einige Sequenzen erneut gefahren werden mussten. Wir brachen vorzeitig ab, weil Vianne „überhaupt keine Lust mehr" hatte. Dann fuhren wir nach Hause. Vianne kicherte viel, machte Quatsch und zog sich andauernd die Mütze über ihr Gesicht. „Du siehst ja aus wie ein rosa Punktemonster", scherzte ich. „Mama, ich bin eine rosa Punkteelfe", sagte sie kichernd. MRT-Ergebnisse gibt es erst morgen.

Echtzeit! Geschrumpft – 30. April 2015

Gestern haben wir das MRT-Ergebnis für die Wirbelsäule bekommen. Die Tumormasse im bestrahlten Gebiet ist um ca. ein Drittel kleiner geworden. Da die Bestrahlung nachwirkt, kann sich der Tumor in den nächsten Wochen noch weiter verringern. Das ist gut. Somit ist der Druck auf das Rückenmark etwas genommen. Weiter unten an der Wirbelsäule ist ein weiterer befallener Bereich. Das hatten uns die Essener bereits im Februar mitgeteilt. Dort ist es aber nicht zu solch einem schnellen Wachstum wie im Köpfchen gekommen. Die nächsten MRT-Aufnahmen sollen in sechs Wochen stattfinden. Am nächsten Dienstag müssen wir kurz zur Blutuntersuchung.

Ada und Vianne wollen ihren Kindergeburtstag mit ihren kleinen Freundinnen und Freunden feiern. Wir werden es versuchen. Wann? In den nächsten Tagen, wenn es der Maus gut geht. Noch stärker als bisher müssen wir spontan entscheiden. Letztens fragte

Vianne Micha, warum sie diesen „frechen Wicht" habe, wie er funktionieren würde. Sie müsse das wissen, damit sie etwas dagegen unternehmen kann. Tapfere kleine Zaubermaus...

Seit gestern geht sie wieder in den Kindergarten, ganz dosiert, maximal zwei Stunden. Heute fand der Trommelkurs für die Vorschulkinder statt. Mal hören, was sie gleich zu erzählen hat....

Echtzeit! Verschnaufpause – Sonntag, 3. Mai 2015

Wochenende und Feiertag verliefen angenehm „normal": keine Kopfschmerzen, kein Erbrechen, keine anderen Auffälligkeiten. Am 1. Mai besuchten wir mit Andi und Ralf das Spargelfest auf einem Bauernhof in der Nähe. Während sich Ada voller Begeisterung auf die Hüpfburg warf, tuckerte Vianne mit dem Minitrecker über den Sandplatz. Ich probierte ein Segway aus. Leider ließen sich weder Ralf noch Micha zum Bullenreiten überreden. Zum Abschluss entschieden sich die Mädels noch für die Pferde, die geduldig im Kreis schritten. „Geht's nicht schneller?", lautete Viannes einziger Kommentar. Zuhause angekommen zelebrierten wir unser eigenes Spargelfest und schlemmten etliche weiße und grüne Stangen in den verschiedensten Variationen.

Am Samstag genossen wir das schöne Wetter in vollen Zügen, frühstückten auf der Terrasse und ließen den Tag ruhig angehen. Luke hatte einen Übernachtungsgast da, Ada und Vianne machten sich auf den Weg zum kleinen Spielplatz rund 100 Meter von unserem Haus entfernt. Was früher so selbstverständlich war, hat sich grundlegend verändert. Ich kann, ich will Vianne nicht mehr unbeaufsichtigt wissen. Was ist, wenn sie einen Krampfanfall bekommt? Trotzdem habe ich sie erst einmal allein ziehen lassen. Allerdings habe ich Ada wiederholt gesagt, sie solle ganz schnell zu uns gerannt kommen, wenn Vianne Hilfe bräuchte. Nach fünf Minuten schickte ich Jesse hinterher, um einen kurzen

Blick auf die beiden zu werfen. Während die Sonne vom Himmel strahlte, kam die Wut. Diese unbändige, schwer zu beherrschende Wut. Micha geht es ähnlich. Später ging ich zu ihnen. Die Mädels standen bei Freunden von uns, die in der Nachbarschaft wohnen und mit ihrem Hund draußen waren. Sie durften beide den Hund eine Wegstrecke an der Leine führen – was für ein Highlight.

Morgen wollen Ada und Vianne ihren Kindergeburtstag feiern – eine „Mia-and-me-Party" soll es werden. Heute musste ich extra die Titelmusik runterladen, damit sie morgen danach ihren Stopp-Tanz machen können. Vianne flog durchs Wohnzimmer und sang völlig verzückt und lauthals mit: „Eine ferne Welt, doch sie scheint so nah und jetzt flieg ich durch den Wind von Centopia, so schön wie ein Bild, das kein Mensch versteht, wie ein Wunsch der in Erfüllung geht. Ist dies nur ein Traum einer Phantasie? Doch ich fühle mich so stark und so frei wie nie, wie ein helles Licht in der Dunkelheit, auf dieser Reise werden Helden gemacht..."

Ich konnte sie überreden, nur die engsten Spielpartner einzuladen (damit es für Vianne nicht zu anstrengend wird). Letztes Jahr war eine ganze Kinderhorde da und galoppierte mit uns über die Weide – aber da gab es auch noch kein Rezidiv. Wut!!! Als wir heute die letzten beiden Einladungskarten verteilt haben, meinte Vianne plötzlich. „Das Haus da, da möchte ich nicht wohnen, das sieht ganz verwelkt aus!" Was für eine schöne Umschreibung – eine typische Vianne-Beschreibung. Ada war gänzlich anderer Meinung und fuhr Vianne empört an. Vianne schaute ernst und erhaben und meinte: „Ada, das verletzt jetzt aber meine Gefühle!" Zwiegespräch zwischen Zwillingen...

Nächste Woche kommt das erste Mal der Palliativdienst zu uns, um sich vorzustellen. Es fühlt sich so seltsam an. Es fühlt sich eigentlich gar nicht an. Es ist einfach nur surreal. WUT!

Echtzeit! Kindergeburtstag – Dienstag, 5. Mai 2015

Ja! Wir konnten Kindergeburtstag feiern. Fünf kleine Gäste waren da, hüpften auf dem Trampolin, ließen sich die Hände mit dem magischen Mia-Amulett (und Schlangen, Muscheln, und Schmetterlingen) verzieren, machten voller Eifer beim Topfschlagen mit, verschlangen in Windeseile etliche Mini-Schokoküsse und waren hoch konzentriert beim Stopptanz. Zwei Stunden geballter Kinderspaß – die Geburtstagsmäuse waren glücklich. Wir alle fielen abends ziemlich geschafft ins Bett, aber allein die Bestätigung der Mädels, dass es ein „gaaanz schöner Kindergeburtstag" war, ließ uns strahlen. Im Vorfeld war ich ziemlich angespannt vor Sorge, ob es nicht zu viel für Vianne wird. Wir hatten am Wochenende gewagt, den Schmerzsaft (gegen das Kopfweh) zu reduzieren. Zwei Tage ging es gut, dann bekam sie in der Nacht von Sonntag auf Montag schlimme Kopfschmerzen. Noch in der Nacht gaben wir ihr die Tropfen. Zum Glück wurde sie am Montagmorgen unbekümmert wach. Es hätte mir so leid getan für die Mädels, wenn wir den Geburtstag kurzfristig hätten absagen müssen. Trotzdem war die Sorge groß, ob Vianne den Tag durchhält, denn natürlich waren die zwei „Gastgeberinnen" schon früh morgens voller nervöser Vorfreude. Aber die Sorge war unbegründet. Vianne konnte ihre Kräfte gut einschätzen und verteilen. Wenn sie nicht mehr konnte, machte sie von sich aus eine Spielpause oder widmete sich einer ruhigeren Beschäftigung. Die Geschenke – zwei verschiedene Mia-and-me-Puppen samt Einhörnern – kamen super an und wurden eifrig bespielt. Heute durften sie sie sogar in die Klinik begleiten zur Blutabnahme. Abgesehen vom Fingerpiks fand Vianne es wieder einmal richtig gut auf Station. Sie kicherte mit den Klinik-Clowns und spielte mit mir und den neuen Geschenken. Eine knapp Achtjährige überließ Vianne im Spielzimmer bereitwillig ihre mitgebrachten Filzstifte und Ausmalbilder und beide Mädchen malten konzentriert und begeistert. Vianne hatte sich ein Eichhörnchen-

Bild ausgesucht. Irgendwann entdeckte Vianne DAS ORIGINAL „Mia-and-me-Amulett" in der Stiftebox. Sie fragte zaghaft, ob sie es mal anprobieren dürfe. „Klar", meinte das Mädchen leichthin, „ich interessiere mich sowieso nicht mehr dafür – ich kann es verschenken." Völlig verzückt hüpfte Vianne über den Krankenhausflur – mit ihrem neu gewonnenen Schatz am Handgelenk. Ada machte Zuhause ein tierisches Gebrüll, als sie Vianne mit dem Amulett sah...

Echtzeit! Palliativdienst – Mittwoch, 6. Mai 2015

Heute Mittag war die Frau vom Essener Palliativdienst da, um sich und die Tätigkeiten des Vereins und die Möglichkeiten der Begleitung von betroffenen Familien vorzustellen. Blöderweise hatte ich den Termin genau in die Kindergarten-Abholzeit gelegt. Unterbewusstsein? Vielleicht wollte ich gar nicht Zuhause sein? Keine Ahnung. Jedenfalls hat eine liebe Freundin die Zwillinge abgeholt und hierher gebracht. Den Vormittag über ging es mir echt dreckig. Verdrängung klappt nicht mehr, wenn solch ein Besuch ansteht – wenn ein weißes Auto mit den fetten Lettern „Kinder-Palliativdienst" vorm eigenen Haus parkt. Aber die Frau war gut und konnte der Situation etwas von dem Schrecken nehmen. Ada und Vianne sprudelten vor Leben, flitzten vor dem Haus auf Laufrädern und Rollern auf und ab, wirbelten durchs Haus und quatschten unsere Besucherin hemmungslos zu, so als ob sie dem Schicksal einen fetten Tritt in den (Entschuldigung) Arsch geben wollten. Sie sprudelten vor Leben, während wir Erwachsenen Gespräche über Sterbebegleitung führten. Vianne soll weiter sprudeln... Mein Verstand weiß, dass der Ansatz der richtige ist. Es ist wichtig, gewisse Dinge vorher in die Wege zu leiten, abzuklären, sich kennenzulernen, bevor die schlimmen Situationen über uns hereinbrechen. Mein Herz kommt aber dem Verstand nicht hinterher und bröckelt. Wir sollen in den nächsten Tagen Rückmeldung geben, ab wann wir die Palliativbetreuung benötigen.

Später am Tag machten die Schlawiner „Klingelmännchen" – ich sah nur noch einen roten und einen grünen Helm hinter der Hecke verschwinden, begleitet von lautem Gekicher. Nach einem ausgiebigen Mittagessen plus Nachtisch und Vorspeise und Vor-Vorspeise (nach dem Frühstück) vertilgte Vianne am Nachmittag anderthalb Stücke selbstgemachten Erdbeerkuchen von Oma, der auf ihrem Teller fast vollständig unter einem Sahne-Bergmassiv verschwand. Zwischendurch stibitzte sie noch etliche Erdbeeren aus der Schüssel, bevorsie am Abend ein Brot und drei Scheiben Wurst vertilgte. Was für ein gesunder Appetit!

Vianne ist momentan sehr verschmust. Wir kuscheln viel. Auch wenn ihr kindlicher Geist die Situation noch nicht in aller Klarheit erfassen kann, weiß sie – glaube ich – mehr, als sie preisgibt. Sie zeigt es uns nur nicht, als ob sie uns schützen will. Nur in manchen Augenblicken schimmert es durch. Wenn ihre Augen ganz abwesend schauen. Oder wenn sie ihre dünnen Ärmchen ganz fest um mich schlingt, so wie heute Abend. „Ich habe dich unglaublich lieb", flüsterte ich ihr ins Ohr. „Ich dich auch, Mama", flüsterte sie zurück, „nur...nur den frechen Wicht HABE-ICH-ÜBERHAUPT-NICHT-LIEB", sagte sie laut und trotzig und verletzlich zugleich. Ich sehe es in ihren Augen: Sie weiß mehr, als sie uns sagt.

Vianne verzaubert uns alle – immer wieder. Ich weiß nicht, wie wir auf diesen Zauber jemals verzichten sollen. Vielleicht ist sie zu zauberhaft für diese Welt?

Echtzeit! Matrix – Samstag, 9. Mai 2015

Wir bewegen uns auf dünnem Eis – wir treffen uns mit lieben Freunden, gehen abends raus, besuchen Sportveranstaltungen, schichten Finanzverträge um, begutachten Klassenarbeiten und korrigieren Hausaufgaben, gehen laufen, tragen Tennistermine ein – wir versuchen so viel Alltag und Normalität wie möglich in unser Leben zu lassen – und dann wird plötzlich der Fehler in der Matrix deutlich. Wir leben in einer Scheinwelt, in der sich alles so unecht anfühlt, obwohl es echt sein soll. Vianne ist müder geworden in den letzten Tagen. Anstatt auf dem Trampolin zu hüpfen, kuschelt sie sich lieber mit einer Decke darauf. Wir haben ihr Beinchen heute mit Solum-Öl eingerieben, weil es so schmerzte. Am Abend mussten wir ihr die Schmerztropfen geben, weil es immer noch weh tat. Vianne wirkte den Tag über stellenweise abwesend – ihr Blick gleitet immer häufiger ins Leere. Insbesondere auf den Fotos fällt es mir verstärkt auf. Wir kuscheln momentag ganz viel „... if there is a kiss I stole from your mouth..." (U2 - Song for someone).

Ihre Kraft lässt jeden Tag ein kleines bisschen mehr nach. Treppensteigen fällt ihr schwer. Und dann gibt es die Momente, in denen wir spielen „Wer zuerst lacht, hat verloren". Wir schauen uns gegenseitig ernst in die Augen, und irgendwann (meistens ziemlich schnell) fängt der Erste an lauthals loszuprusten, bis der andere schließlich auch nicht mehr kann. Kurze, wunderbare Glücksmomente. Bis wir wieder den Fehler in der Matrix entdecken... Heute haben wir ein Geheimnis gelüftet: In den Walnüssen befinden sich Schätze. Aber von vorne. Während der Kunsttherapie haben Ada und Vianne Zwergenhäuschen aus Ton modelliert. Natürlich mussten zwei Zwerge einziehen: einer in Adas Haus, einer in Viannes – Billy und Benny. Kurz vor Weihnachten erreichte die Mädels ein zauberhafter Brief von ihrer Kunsttherapeutin. Ein gefilzter Billy und ein gefilzter Benny sind mitsamt ihren Schätzen bei uns eingezogen, um hier zu überwintern (und vielleicht auch noch ein wenig länger zu bleiben). An Adas und Viannes Geburtstag trudelte ein Päckchen aus der Kinderklinik mitsamt einer süßen Zwergenkarte ein, auf der nahezu alle Schwestern und Mitarbeiter, Dr. B. und Prof. S von der K41 unterschrieben und Geburtstagswünsche übermittelt hatten.

Aus dem Päckchen sprangen ein Eichhörnchen und ein Reh („Hörnchen" und „Falina"), Freunde von Billy und Benny aus dem Zwergenwald. Was für eine Wiedersehensfreude. Sie hatten etwas Wegzehrung dabei – ein paar Walnüsse. Aber nicht irgendwelche Walnüsse – Zauberwalnüsse. Heute haben wir sie geknackt. Zum Vorschein kamen zwei „Edelsteine". Sicherlich für Billy und Benny, denn die hatten damals schon ein paar Schätze mitgebracht, als sie bei Ada und Vianne eingezogen sind. Danke Katja - Danke K41!

Echtzeit! Nachts – Montag, 11. Mai 2015

Ich mag die Nacht (was vielleicht auch daran liegen mag, dass ich unglaublich lange auf bin und die mich umgebende Ruhe und Dunkelheit genieße). Die Nacht offenbart so viele neue Perspektiven. Äußerst faszinierend ist der Moment, wenn sich die Nacht langsam zurückzieht und dem ersten Schimmer eines neuen Tages Platz macht. Angst hat mir die Nacht noch nie gemacht – bis Vianne krank wurde. Letzte Nacht war schmerzlich. Bereits bei der Erivedge-Gabe fing Vianne an zu würgen und erbrach sich schließlich. Tränen kullerten ihr die Wangen hinab. Es ist schmerzhaft, es anzusehen. Jede Träne höhlt uns aus, wäscht immer mehr Substanz weg und schwemmt einen Teil von uns davon. Micha duschte Vianne ab. Wir überlegten, ob wir noch einen Versuch starten sollen, aber sie sah so elendig aus und bat mit tränenerstickter Stimme: „Nicht noch einmal, eine Ausnahme, bitte, nur heute." Wir starteten keinen weiteren Versuch. Bevor wir sie hinlegten, gaben wir ihr das Mittel gegen Übelkeit. Ich kann nicht sagen warum, aber ich lauschte die halbe Nacht nach ihr. Um zwei Uhr hörten wir sie. Sie rief. „Es" würde sich so komisch anfühlen. Nicht gut – gar nicht gut. Ich trug sie runter in unser Schlafzimmer. Ihre Beinchen taten weh. Ich massierte sie mit Solum-Öl. Erschöpft und blass lag sie in den Kissen – bis sie erneut würgte. Ich wachte die Nacht über sie. 1000 Fragen geisterten durch meinen Kopf. Warum erbrach sie? War der Tumor am Hirnstamm gewachsen und reizte die Region? War es lediglich eine Nebenwirkung des Medikaments? Erst am frühen Morgen fiel ich in einen unruhigen Schlaf. Micha kümmerte sich um die übrigen Kinder und brachte Ada in den Kindergarten, während Vianne und ich langsam erwachten. Sie sah noch immer blass und mitgenommen aus. Ich trug sie ins Wohnzimmer und kuschelte sie gemeinsam mit „Hoppel" in ihre Lieblingsdecke. Sie hatte weder Hunger noch Durst. Kurz darauf erbrach sie ein drittes Mal. Ich schrieb Dr. B. an und skizzierte die Situation, auch um abzuklären, wie oft ich Vianne etwas gegen Übelkeit geben darf. Die Rückmeldung kam prompt (auch wenn ich es gar nicht erwarten würde, weil ich weiß, wie sehr er beansprucht wird – aber es ist ein gutes, ein beruhigendes Gefühl). Vianne erholte sich im Laufe des Vormittags langsam, aber stetig. „Vita" kuschelte sich ganz eng an sie, als ob sie sie trösten wollte.

Gegen Mittag war Vianne so fit, dass wir Ada gemeinsam aus dem Kindergarten abholen konnten. Am Nachmittag merkte man ihr kaum noch etwas von den Strapazen der Nacht an, abgesehen von den blauen Schatten unter ihren Augen. Sie scherzte schon wieder herum und stolzierte mit meiner Sonnenbrille auf der Nase auf und ab. Dann meckerte sie, weil ich ihre spontane Spielregeländerung beim „Schneckenrennen" nicht akzeptieren wollte. Später kochte sie im Garten ihre berühmte „Matschblumensuppe" und mampfte Äpfel dazu. Zur richtigen Stärkung gab es am Abend noch eine (echte) kräftige Rinderbrühe, die sie voller Genuss schlürfte. Kurz darauf hüpfte sie wie wild auf dem Trampolin. Diese Suppe müssen wir öfter kochen....

Zum Glück hat sie die heutige Erivedge-Gabe vorerst bei sich behalten. Warten wir die Nacht ab.

Echtzeit! Wie? – Dienstag, 12. Mai 2015

Die Nacht von Montag auf Dienstag verlief ruhig. Morgens kam Vianne wieder in unser Bett gekrabbelt. Es ging ihr gut. Mir auch. Bis sie aus heiterem Himmel diesen einen Satz sprach – ganz schlicht: „Ich will nicht sterben." Wie geht man mit so einem Satz um? Wie? Ich glaube, ich habe es nicht gut gemacht. Ich war so überfordert, dass ich mich ein paar Stunden später kaum noch daran erinnern kann, was ich ihr zwischen (meinen) Tränen eigentlich genau gesagt habe. Ich muss mich besser vorbereiten. Morgen werde ich mir Rat holen. Sie wechselte dann auch ziemlich schnell das Thema. Bis sie später mit Ada im Bad stand und scheinbar ganz emotionslos zu ihr sagte: „Ada, du, ich werde wahrscheinlich sterben...." Sie sagte es im gleichen Tonfall, als wolle sie mitteilen, dass sie gleich in den Kindergarten oder zum Blumenpflücken oder zum Einkaufen geht. Ich stand wie erstarrt. Ada wirkte erst etwas irritiert, schaute mich fragend an, sagte dann im Hinausgehen aber mit normaler Stimme: „Dann werde ich dich sehr, sehr vermissen." Es ist so unwirklich!

Heute Abend erwähnte Vianne zum ersten Mal, dass sie so komisch sehen würde, dass die Dinge nicht übereinander sind, dass das eine Bild hier, und das gleiche Bild dort sei. Ich glaube sie meint Doppelbilder. Das ist nicht gut. Gar nicht gut. Irgendetwas mit „Augen" habe ich in der Nebenwirkungsliste von Zofran gelesen. Ich muss gleich noch mal genauer nachgucken. Wahrscheinlicher ist aber, dass einer der Tumore auf irgendetwas drückt. Wir werden abwarten und beobachten. Was sollen wir auch tun? Sollte es schlimmer werden oder weitere Symptome hinzukommen, werden wir die Ärzte kontaktieren. Hoffen wir auf eine ruhige Nacht.

Echtzeit! Wunderbare Walderlebnis-Wohlfühl-Tage – Samstag, 16. Mai 2015

Vianne ging es die letzten Tage gut – so dass es uns ebenfalls ganz gut ging. Am Mittwoch wollte sie morgens mit Ada für zwei Stündchen in den Kindergarten, nachmittags besuchten wir „unsere" Lilli und verbrachten einen vergnüglichen Sonnentag zwischen Wasserschlacht und Kuchen. Nur zum Ende musste ich mich arg zusammenreißen. Als Vianne etwas Pause brauchte und sich auf der Wiese ausstreckte, legte ich mich kurz zu ihr auf das Handtuch: „Mama, wenn ich sterbe, kannst du gar nicht mehr mit mir kuscheln", überlegte sie.

Auch den Donnerstagmorgen zeigte Vianne keine neuen Auffälligkeiten, so dass wir uns kurzfristig entschlossen, an dem dreitägigen Walderlebnis in der Eifel teilzunehmen, zu dem eine liebe Freundin im Rahmen ihres Geburtstages eingeladen hatte. Eine gute Entscheidung! Es waren wunderbare Wald-Wohlfühl-Tage inmitten der Natur und lieben Leuten und einer Riesenschar von Kindern. Vianne war mittendrin.

Wir nächtigten in rustikalen Vierbettzimmern, saßen abends auf dem Flur und lachten herzlich und fühlten uns fast wieder wie damals auf dem Schulausflug. Wir grillten, wir schnitzten, wir aßen wildwachsenden Bärlauch und Brennesseln, backten Stockbrot, versuchten mehr schlecht als recht, ein Feuer zu entfachen, hackten Holz, sahen den Wald aus der Perspektive eines Fuchses, ließen uns die Sonne aufs Gesicht scheinen, warfen Bananen ins Lagerfeuer, die wir hinterher genüsslich verspeisten (Vianne aß vier!), probierten Kunststücke auf der Slagline, spielten Fußball und Volleyball, tranken irgendein Tannennadeln-Kräuter-Gebräu (sehr lecker) und ließen ohne Raum und Zeit Wald und Wiese und verzauberte Pfade auf uns wirken. Natürlich war da immer wieder die Angst, dass sich Vianne überanstrengt, weil sie mit den anderen Kindern mithalten will, oder dass es ihr abseits der vertrauten Umgebung plötzlich rapide schlechter geht. Aber das passierte nicht.

Und wir wehren uns nach wie vor, uns eigenhändig einzumauern und unsere Aktivitäten und Ausflüge aus einer (wenn auch realen) Angst heraus zu unterbinden. Wir entscheiden kurzfristig – aber wir entscheiden – noch! Geht's ihr gut, fahren wir, wenn nicht, dann nicht.

Vianne hat mittlerweile 24 Erivedge-Gaben bekommen, noch 18 weitere, dann stehen die nächsten Kontroll-MRTs an, wenn sich ihr Zustand bis dahin nicht rapide verschlechtert. Die Sehstörung ist seit Dienstag nicht wieder aufgetreten. Heute Abend hat sie allerdings wieder etwas bei der Medizineinnahme gewürgt, den Großteil aber bei sich behalten. Insgesamt hatten wir ein paar ruhige, entspannte Tage, aber wir wissen auch, dass die See trügerisch ist und die nächste große Welle sicherlich bald wieder über uns hereinbrechen wird. Unser neues Ziel: Pfingsten bei lieben Freunden auf ihrem Hof an der Ostsee verbringen – dort wo alles begann, wo es seinen Anfang nahm, wo wir das erste Mal den Tumor zu Gesicht bekamen und diese schrecklichen Ängste zum ersten Mal in uns hoch krochen und von uns Besitz ergriffen. Es ist wichtig, dorthin zu fahren, diesen Ort aufzusuchen, das spüre ich. Alles zieht mich dorthin. Als ob wir etwas zu Ende bringen müssten – wie immer dieses zu Ende bringen auch aussehen mag. Aber wir sind nicht allein dort – das wissen wir.

Echtzeit! Unruhig – Sonntag, 17. Mai 2015

Wir sind unruhig. Um vier Uhr heute Morgen hatte Vianne eine Art Kruppanfall. Bevor der bellende Husten und das schwere Atmen begann, saß sie schon weinend in ihrem Bett. Ich trug sie ins Badezimmer, und wir hockten uns eine gute halbe Stunde in Decken eingemuckelt vor das weit geöffnete Fenster, während warmes Wasser aus der Dusche lief. Die kalte feuchte Luft sollte ihr das Atmen erleichtern. Mist! Sie atmete zu verkrampft, trotz Nasentropfen. Irgendwann schliefen wir alle wieder ein, Vianne zwischen uns gekuschelt.

Auch nach dem Aufstehen wirkte sie nicht richtig fit, dabei hatten die Mädels doch heute eine Einladung zum Reiten mit Conni. Beide wollten unbedingt hin, also beließen wir es bei dem Termin. Noch während wir am Telefon miteinander sprachen, fing Vianne abermals an zu husten und erbrach sich plötzlich schwallartig. Schon wieder! Erst gestern hatte ich Dr. B. Rückmeldung gegeben, dass alles soweit gut sei.

Tja.... Allerdings erholte sich Vianne im Laufe des Vormittags, bekam Appetit, mampfte ihr Frühstücksbrötchen und konnte es dann auch kaum abwarten, bis es zum Ausritt ging. Aber irgendwie gefiel sie mir noch immer nicht. Sie war zu blass, wollte nur im Schritt reiten und wirkte unglaublich müde. Auf der Rückfahrt war sie sehr ruhig – zu ruhig. Zuhause angekommen wollte sie nur auf meinen Schoß, wollte nicht essen, wollte nicht spielen. Sie klagte über leichte Übelkeit. Wir ließen Erivedge heute Abend weg, da wir vermuteten, dass sie es uns sowieso in hohem Bogen entgegenspucken würde. Seit dem frühen Abend liegt sie wieder völlig fertig bei uns im Bett. Sie konnte sich kaum noch auf ihren kleinen, dünnen Beinchen halten. Ich bin unruhig und schaue der Nacht ängstlich und angespannt entgegen.

Echtzeit! Parallelwelt – Dienstag, 19. Mai 2015

Ja, die Nacht von Sonntag auf Montag war ruhig. Vianne schlief bei uns im Bett. Ada wollte natürlich auch zu uns, aber dann hätten wir alle keinen Schlaf bekommen. Sie weinte. Also verabredeten wir, dass Vianne bei Papa und ich bei ihr schlafen würde. Das war für Ada annehmbar. Diese Nacht war eine letzte Ruhepause vor dem Sturm. Seit Montagmorgen geht es Vianne jeden Tag ein kleines bisschen schlechter. Montagmorgen hat sie sich mehrmals übergeben müssen. „Es ist so widerlich", bringt sie zwischen Tränen hervor. Ich gebe ihr das Mittel gegen Übelkeit und spreche mich kurz mit Dr. B. ab. „Hey Süße, Dr. B. hat gerade angerufen, ich soll dir liebe Grüße von ihm ausrichten", sage ich zu Vianne. Vianne schaut mich ruhig an und sagt völlig nüchtern: „Mama, mein Pipi hat gerade angerufen, ich soll dir von ihm ausrichten, dass es zur Toilette muss."

Ich breche in schallendes Gelächter aus, blende für einen kurzen Moment alle Sorgen aus. Sie kichert mit mir. Sie ist unglaublich. Wie sehr ich ihren trockenen Humor liebe. Kurz darauf schläft sie völlig fertig für einige Stunden auf dem Sofa ein. Ich traue mich kaum von ihrer Seite. Am Nachmittag geht es ihr endlich etwas besser. Sie isst eine Kleinigkeit. Ich wage zu hoffen, dass das Erbrechen vorerst vorüber ist. In der Nacht zu Dienstag bekommt Vianne schlimme Kopfschmerzen. Wir holen sie wieder zu uns ins Schlafzimmer. Trotz der Schmerzen weigert sie sich, die Tropfen zu nehmen. Sie schreit, sie weint, sie verschluckt sich. Ich verliere die Nerven, nach mehrmaligen Bitten wird mein Ton schärfer. Sie muss doch die Tropfen nehmen, damit wir den Schmerz unter Kontrolle kriegen! Ich werde immer lauter, bin irgendwann völlig außer mir. Vianne ebenso. Nach so viel Druck gibt sie schließlich nach, nimmt die Tropfen – und fällt kurz darauf in einen tiefen Schlaf. Ich habe die Kontrolle verloren. Meineheißen Tränen fallen auf ihr blasses Gesicht. Ich fühle mich so hilflos, so schlecht. Ihre kleine Hand schmiegt sich ganz fest in meine. Ich kann nicht aufhören, diese kleine Hand mit meinen Küssen zu bedecken. Ich kann die Tränen nicht stoppen.

Nachdem ich Ada in den Kindergarten gebracht habe, fahre ich heute Morgen ganz früh zu einem wichtigen Termin. Micha bleibt solange bei Vianne, bis ich wiederkomme. Erst dann macht er sich auf den Weg ins Büro. Auf den ersten Blick scheint es Vianne ganz gut zu gehen. Sie „spielt" auf der Gitarre und singt dabei total schräg. Sie will sogar „Dragi Drache" mit mir spielen. Aber ihre Augen schauen zu oft zu leer und sie hat noch inmmer keinen Appetit. Kurz darauf übergibt sie sich (Hilfe!) und klagt über Kopfschmerzen. Ich gebe ihr wieder die Schmerztropfen. Eine halbe Stunde später spuckt sie sie wieder aus. Sie schläft ein, liegt neben mir auf dem Sofa. Zum Glück kommen meine Eltern vorbei, versorgen die übrigen Kinder mit warmen Essen. Vianne will kein Mittagessen, eigentlich will sie gar nichts, sie schlürft lediglich einen kleinen Smoothie. Der Alltag der Jungs läuft währenddessen weiter: Jesse hat heute eine Deutsch-Klausur geschrieben,

Luke musste heute nach dem Tennistraining sein Tennis-Stadtmeisterschaften-Spiel austragen. Ich hole ihn nachmittags vom Training ab und bringe ihn nach Schwerte auf den nächsten Tennisplatz, während meine Eltern auf Vianne Acht geben. Ada ist derzeit bei ihrer kleinen Freundin zu Besuch. Ich unterhalte mich mit Lukes Trainerin und mit anderen Eltern, treffe unterwegs noch kurz auf eine Freundin. Alles läuft so normal weiter, ich laufe unbemerkt in meiner Parallelwelt nebenher. Auf dem Rückweg erreicht mich der Anruf meines Vaters: Vianne habe schrecklich erbrochen – zum Glück nur wenige Meter von unserem Haus entfernt. Meine Eltern hatten sie im Buggy eine kleine Runde spazieren gefahren. Dabei war sie eingeschlafen – schon auffällig. Als ich nach Hause komme, liegt Vianne schlaff und kraftlos bei Jesse im Arm. Immer wieder dämmert sie weg, erwähnt zwischendurch Kopfschmerzen. Ich bekomme Angst und rufe erst Dr. B. und anschließend die Kinderkrankenschwester vom Pflegedienst an, die später vorbeikommt. Erneut gebe ich Vianne das Mittel gegen Übelkeit, später die Schmerztropfen. Sie erholt sich ein wenig. Jetzt schläft sie. Wir schaffen es nicht an die Ostsee. Ich glaube, der Ausflug in die Eifel war unser letzter. Erivedge scheint nicht zu wirken. Es fällt mir schwer, die Ruhe zu bewahren, wenn Vianne ständig würgen muss, wenn sie völlig entkräftet einschläft und die Augen unter den halb geschlossenen Lidern nach hinten weggleiten. Und das ist erst der Anfang... Vianne ist verängstigt. Ich auch. Auch Ada ist verändert. Sie ist zu lieb zu Vianne, überlässt ihr bereitwillig ihre Süßigkeitenration, macht ihr freiwillig Zahnpasta auf die Zahnbürste, lässt sie die Farbe der Spielfigur aussuchen. Ich habe Kinderbücher zum Thema „Sterben" bestellt, die heute eingetroffen sind. Es ist so pervers. Das erste Buch „Yolante sucht Crisula" habe ich Ada und Vianne heute vorgelesen: Sie fanden es beide „doof". „Warum?", wollte ich wissen. „Es ist nicht spannend", so Adas Kommentar. Vianne sagte nichts.

Echtzeit! Ein neuer Tag – Mittwoch, 20. Mai 2015

Wir sind unendlich erleichtert: Es geht ihr besser. Viel besser! Ich wage kaum noch, über einen Tag zu berichten, weil sich kurz nach dem Schreiben schon wieder eine völlig neue Situation ergeben haben kann. Die Wechsel sind zu schnell, wir kommen emotional nicht mehr nach, sind einen Tag starr vor Schreck, weil Vianne leidet und fühlen uns zwölf Stunden später wie befreit, weil sie diesem Tumor noch einmal den „Stinkefinger" gezeigt und sich wider Erwarten ganz schnell von den Strapazen der vergangenen Tage erholt hat. Gestern war ein schrecklicher Tag, ein beängstigender Tag. Heute haben wir jeden Moment genossen – auch wenn ich mich immer wieder dabei ertappe, wie ich Vianne genau „unter die Lupe" nehme, jede Regung deute, bei jedem Husten alarmbereit mit der Brechschüssel neben ihr stehe. Bereits um halb sechs heute Morgen wurde Vianne wach und hatte Kopfschmerzen. Sofort gab's die Schmerztropfen. Sie schlief daraufhin wieder ein. Ich wappnete mich innerlich für einen weiteren schmerzbeladenen Tag. Doch beim nächsten Aufwachen waren die Kopfschmerzen verschwunden. Sie wollte ausgiebig kuscheln. Mehr aus Gewohnheit bot ich ihr einen Milchschaum mit Honig an. „Ja, lecker", antwortete sie. Ich dachte mich verhört zu haben. Sie hatte wieder Appetit und schlürfte den Schaum genüsslich weg, verspeiste dazu einen Keks. Von Übelkeit keine Spur. Wir bauten ihre Murmelbahn auf. Sie wirkte präsent, lief durch das Haus, stieg Treppen, zwar noch etwas zittrig auf den Beinchen, aber sie stieg. Ihr Appetit hielt an, die Kopfschmerzen blieben fern, die Übelkeit ebenso – ganz ohne Schmelztablette. Zum Mittagessen verspeiste sie zwei von Andis selbstgemachten „Super-Frikadellen", mehrere Stücke Wassermelone und schob noch einen Schokokuss nach. Mit schokoverschmierten Mund verkündete sie, dass sie ins Schwimmbad wolle. Ich glaube, ich habe ziemlich dämlich dreingeschaut. Wohin wollte sie? Ich schlug ihr vor, den Schwimmbadbesuch noch ein wenig zu vertagen und vorher erst noch etwas Energie zu tanken.

Sie überlegte kurz: „Ok, dann reiten wir." Ja, dann gehen wir reiten, alles was du willst, mein Schatz, jubelte ich innerlich. Um 15.30 Uhr saß sie schon auf „Wilma“ und ließ sich von ihr gemächlich im Schritt durch die Wälder tragen, Ada ritt auf „Flocke" an ihrer Seite oder trabte und galoppierte schon mal – von Andi sicher am Strick gehalten – voraus. Vianne hat neuerdings Angst vorm Traben, das ist auch in Ordnung. Später holten wir uns alle noch ein Eis und kuschelten uns dann gemütlich hin. Wir sind vorerst erleichtert, aber wir wissen auch, wie schnell und plötzlich sich ihr Zustand verändern kann. Das verunsichert. Aber wir haben einen großen Gegenpol: Sicherheit bieten die uns umgebenden Hilfssysteme, die verschiedenen Dienste, Krankenschwestern und Ärzte, die parat stehen. Und natürlich unsere Familie und all die lieben Freunde, die uns voller Sorge nach dem gestrigen Eintrag mit Hilfsangeboten, Leckereien, kleinen Geschenken und mutmachenden Worten aufrecht gehalten haben.

Echtzeit! Meeresbalsam – Dienstag, 26. Mai 2015

Heute vor einer Woche ging es Vianne verdammt dreckig – da kommen gleich wieder Ängste hoch, denn auch heute Abend bekam Vianne urplötzlich starke Kopfschmerzen. Wir konnten ihr eben noch das Novalgin verabreichen, bevor sie, noch bei mir auf dem Arm, einschlief. Aber es gibt auch schöne Nachrichten: Wir waren über Pfingsten bei unseren lieben Freunden (die sich so dermaßen nach Familie anfühlen), wir waren gemeinsam am Meer, wir waren auf dem Hof. Für mich hat sich der Kreis geschlossen. Es fühlte sich gut und richtig an. Ganz spontan sind wir am Samstagmorgen kurz nach fünf Uhr aufgebrochen, nachdem die Nacht und der Freitag unauffällig verlaufen waren – ohne Erbrechen oder größere Schmerzattacken. Mut gemacht hatte mir im Vorfeld das Kinder-Palliativ-Team, das am Donnerstag zu Besuch war. Wir haben sie während der schlimmen Tagen aktiviert, weil wir uns so hilflos, so heillos überfordert gefühlt hatten. Eigentlich hatte der aufsuchende Arzt nur in einem kleinen Nebensatz erwähnt, dass Tavor (ein Medikament gegen Krampfanfälle) unterwegs leichter zu verabreichen wäre als Diazepam, wenn wir z.B. über die Feiertage nach Holland oder sonst wohin fahren wollten. Okay!

Alle Kinder verschliefen fast die gesamte Fahrt Richtung Norden, nach drei Stunden waren wir schon am Ziel. Was für ein warmherziges Wiedersehen. Nach einem ausführlichen und gemütlichen Frühstück schlenderten Uli und ich über den wirklich netten Wochenmarkt, um noch ein paar Leckereien für das Abendessen einzukaufen, bevor es später mit allen gemeinsam zum wunderschönen Ahrensburger Schloss ging. Vianne schlummerte noch vor dem Abendessen auf der Terrassenliege, in dicke Decken gekuschelt, ein. Später trugen wir sie leise ins Schlafzimmer, wo sie zwischen uns gebettet weiter schlief. Die Nacht war ruhig und wohltuend. Früh am nächsten Morgen ging es nach Dahme, wo wir in einem netten Strandrestaurant mit wunderbarem

Ausblick auf Strand und Meer ausgiebig frühstückten. Ein fast menschenleerer Strand und ein strahlendblauer Himmel lachten uns an. Das Meer, das Licht, die Luft – Balsam für meine verletzte Seele. Wahrer „Meeresbalsam", der einige Narben verblassen ließ. Das erste Mal seit Wochen fühlte ich mich wieder richtig lebendig. Sollen wir doch ans Meer ziehen? Vianne und die anderen Kinder wollten später unbedingt Tretboot fahren. Wir willigten ein, obwohl wir noch eine halbe Stunde Wartezeit einplanen mussten. Früher hätten wir uns dagegen entschieden. Nun machen wir die Dinge einfach, die Vianne gerne machen will, und zwar gleich (sofern es sich realisieren lässt). Die Wartezeit überbrückten wir mit einer wilden Strandbuddelei. Draußen auf dem Wasser war Vianne ganz still und andächtig, während Loulou, Ada und ich wie wild trampelten, um gegen Wind und Wellen anzukommen. Schließlich mussten wir dem Jungs-Boot (mit Micha, Lu und Dalo) entkommen, das uns immer rammen und „versenken" wollte. Nach der erfrischenden Fahrt ließen wir uns einfach in den Sand fallen und genossen bei einer Flasche leckerem Rosé, während die Kinder am Strand fangen spielten. Irgendwann kam Ada pitschenass vom Meer her zu uns gelaufen, ihre dicke Strickjacke hing wie ein nasser Sack an ihr. Aber da ich meine kleine, wilde, süße Tochter gut kenne, hatte ich vorsorglich einen ganzen Kleidersack mit Wechselsachen mitgenommen. Vianne wirkte insgesamt glücklich und zufrieden. Sie kann zwar beim Klettern, Fangen und Rennen nicht mehr mitmachen (was sie hin und wieder traurig werden lässt), aber sie kann noch teilhaben. Die übrigen Kinder finden meistens eine Lösung, dass sie auf ihre Art mitspielen kann. Und das ist auch ganz viel wert! Ihre Motorik hat sich verschlechtert, ihr rechtes Bein wirkt zunehmend kraftloser, sie läuft sehr wackelig und vermeidet fremde Treppen, zumindest beim Runtersteigen. Im Haus unserer Freunde hat sie uns immer gerufen, wenn sie nach unten wollte. Allein traute sie sich nicht mehr. Dann trugen wir sie einfach hinunter. Hier zu Hause geht es noch allein.

Nach dem Strandbesuch machten wir uns am späten Nachmittag auf den Weg zum Hof. Die letzten paar Meter ging ich von einem nahe gelegenen Ausflugsgut, wo wir noch Kuchen besorgt hatten, allein zu Fuß. Diesen Moment brauchte ich für mich, um mit meinen Gefühlen ins Reine zu kommen. Um noch einmal die schmerzhafte Vergangenheit Revue passieren zu lassen. Wohltuende, reinigende Tränen liefen mir die Wange runter. Vor knapp vier Jahren war ich während eines Besuchs diesen Weg mit zwei vermeintlich gesunden Zwillingsmädchen entlanggeschlendert. Es gibt noch Fotos davon. Wie glücklich wir waren. Wie heißt es in einem Zitat von Boethius: „Welche Wendung zum Schlechten das Schicksal auch nehmen mag, so ist der Unglücklichste unter den Unglücklichen jener, der einst glücklich war." (Über den Trost der Philosophie). Das letzte Mal waren wir diesen Weg mit dem Fahrrad geradelt – im Sommer 2012 – Ada und Vianne saßen im Anhänger. Nach einer ausgiebigen Fahrradtour hatten wir uns bei einer warmen Suppe auf dem nahe gelegenen

Gut gestärkt. Vianne lief über den Schotterplatz. Sie lief so schlecht und seltsam, taumelte und stürzte, dass es uns eiskalt den Rücken runter lief. In diesem Moment überfiel uns die Gewissheit (nur wenige Tage vor dem MRT-Termin in Kiel), dass etwas Schlimmes im Gange war. Auch wenn wir es noch nicht richtig greifen konnten. Natürlich erinnere ich mich daran, wie sorgenbehaftet wir während unseres Aufenthaltes auf dem Hof unserer Freunde nach Viannes Symptomen gegoogelt hatten, wie auffällig zittrig und unkoordiniert sie in eben dieser Küche versucht hatte, den Löffel mit der rechten Hand zum Mund zu führen. All diese Gedanken durchfluteten meinen Kopf, während ich den Weg entlanglief. Doch je näher ich dem Gehöft kam, desto mehr legte sich eine innere Ruhe auf mich. Bilder und Szenen, wie wir lustige Wasserschlachten während dieses Urlaubs 2012 rund ums Haus veranstaltet hatten, wie Ada nicht nur sich, sondern das halbe Badezimmer mit Sonnencreme eingeschmiert hatte, Vianne sich im Pool räkelte, wie wir die Schafe anblökten und uns prächtig mit ihnen unterhielten, wie wir noch am MRT-Tag mit den Jungs Federball gespielt hatten, während die Mädels auf Trampeltreckern um uns herum düsten... Ich liebe diesen Hof – das wurde mir in diesem Moment so dermaßen klar. Dieser Hof symbolisiert für mich all das, was vor Viannes Erkrankung liegt, vor dem schrecklichen MRT-Ergebnis. Denn danach war ich bisher nie wieder dort. Dieser Hof beschert mir die letzten unbeschwerten Stunden VOR DIESEM SCHEIß TUMOR. Der Hof beschert mir innere Ruhe – ganz eng verbunden mit meiner Liebe zu Vianne und der engen Verbundenheit zu unseren Freunden. Mit einem Lächeln im Gesicht kam ich schließlich an. Ich bin so glücklich, diese Reise mit Vianne und allen anderen gemacht zu haben. Wie sagt es meine liebe Uli so treffend: „Vianne hinterlässt Wellen...Vianne verändert..."

Heute Abend hier zu Hause ist Ada endlich mit der Sprache rausgerückt. Sie ist ziemlich mürrisch und schlecht gelaunt in letzter Zeit – so Ada untypisch.

Etwas schnodderig kommt sie gerne manchmal rüber, aber das hier ist etwas anderes. Nachdem wir uns beim Zubettgeh-Programm im Badezimmer gestritten hatten, brach sie in Tränen aus: „Ich vermisse Vianne". Sie leidet. Ich hatte es mir schon gedacht, dass etwas mit ihr nicht stimmt. Sie fragte mich, warum „das mit dem Sterben sein muss", sie sagte mir, dass sie „ihre Vianne" wiederhaben will, dass alles so wie früher werden soll. Ada, Micha und ich vergossen gemeinsam ein paar Tränen, während Vianne erschöpft in ihrem Bett schläft...

Echtzeit! Kindergarten und Schule – Freitag, 29. Mai 2015

Letzte Woche gab es einen Elternabend an unserer Grundschule, auf dem die Klasseneinteilung bekanntgegeben und die zukünftige Klassenlehrerin vorgestellt wurde. Die Schule hat ein wirklich gutes „Hilfsnetzwerk" um uns gesponnen: alle Kinder, die Ada und Vianne Rückhalt geben, sind in ihrer Klasse, alle Eltern, die uns immer tatkräftig unterstützt haben, sind dabei. Wir freuen uns sehr darüber – es macht es leichter. Und wir haben eine tolle Klassenlehrerin bekommen, der ich es absolut zutraue, die schwere Situation mitzutragen und allen Kindern emotionalen Rückhalt zu geben. Ansonsten fiel es mir sehr schwer, zwischen all den anderen Eltern zu sitzen, die so erwartungsfroh der Einschulung entgegensehen. Als die Rektorin auf die kommenden, spannenden nächsten vier Jahre zu sprechen kam, konnte ich kaum meine Tränen zurückhalten. Vianne hat wahrscheinlich keine so weitreichende Zukunft. Sie wird um die nächsten Jahre betrogten - einfach so. Daneben steht Ada, die schon jetzt so sehr leidet, wenn Vianne nicht an ihrer Seite ist. Somit wird auch sie ein Stück weit betrogen – um eine unbeschwerte Kindheit. Ich hoffe nur, dass beide Mädels gemeinsam die Einschulung erleben, dass Vianne zumindest etwas am Schulalltag teilhaben kann. Gestern hatten sie ihren Schnuppertag in ihrer neuen Klasse. Für eine Stunde verschwanden sie mit ihren neuen Etuis, ihren Schulkameraden und ihrer Lehrerin in ihrem zukünftigen Klassenzimmer – beide Mäuse waren so herrlich aufgeregt und hatten sich extra schick gemacht für diesen „Anlass". Ada plagten etwas Bauchschmerzen, die sich später aber wieder verflüchtigten. Jedes Kind wurde einzeln aufgerufen, und dann trottete die kleine, bunte, quirlige Schar schüchtern hinter der Lehrerin her. Glücklich und zufrieden kamen mir Ada und Vianne später wieder entgegen – was für ein gelungener „1. Schultag".

Morgen übernachten sie im Kindergarten – sozusagen als Verabschiedung. Wir drücken auch hier die Daumen, dass Vianne mitmachen kann. Nächsten Freitag ist der nächste MRT-Termin. Sie wollen sich den Kopf anschauen. Sechs Wochen nach erster Erivedge-Gabe sind dann um. Die Studie gibt diesen Zeitabstand vor. Was werden wir sehen? Wir haben furchtbare Angst vor dem Ergebnis. Erivedge ist unser „letzter Strohhalm"...

Echtzeit! „Viel Farbe im Grau" – Sonntag, 31. Mai 2015

Dank eines anderen Blogs bin ich auf diesen ach so wichtigen Verein gestoßen: „Viel Farbe im Grau"! Sie versuchen, schwerkranken Kindern einen Herzenswunsch zu erfüllen. Dabei stehen nicht nur Wünsche monetärer Art im Vordergrund, aber vieles kostet halt – und so ist der Verein natürlich auf Spendengelder angewiesen, auch wenn er auf eigene Faust immer wieder Aktionen veranstaltet, um Gelder herein zu bekommen. Es gibt auch einen Nähkreis, wo wirklich süße Dinge, vom selbstgenähten Sorgenfresser bis hin zu Mützen und Täschchen entstehen. Eine großartige Sache! Erst vor wenigen Wochen hatte ich den Verein angeschrieben und ihnen von unserer „kleinen Kämpferin" erzählt. Bis Mitte Mai haben sie „Wunschzettel" gesammelt und uns direkt im Anschluss kontaktiert. Sie wollten auch Vianne einen Wunsch erfüllen. Letzte Woche stand daraufhin ein Überraschungspäckchen vor unserer Haustür, gefüllt mit einem schönen Schleich-Pferd samt Elfe, einer an Vianne adressierten Karte, etlichen wunderschönen selbstgenähten nützlichen Dingen und vielen weiteren kleinen Überraschungen, die ein Kinderherz höherschlagen lassen.

Und dann waren da noch zwei Eintrittskarten... Ich hatte in unserem Brief erwähnt, dass Vianne Pferde und Elfen zauberhaft findet. Daraufhin erhielten wir die Anfrage, ob ihr eventuell „Apassionata" gefallen könnte, eine phantastische Show mit Pferden, feuriger Akrobatik, anmutigen Balletttänzerinnen und fabelhaft anmutenden weißen Fächern und Farbenspielen. Gemeinsam begaben wir uns heute zur Show nach Düsseldorf. Wir nahmen noch Ada und Andi mit und erlebten ein paar unbeschwerte Stunden, in denen der „freche Wicht" in die hinterste Ecke unseres Denkens verbannt wurde – eingesperrt und ausgeschlossen. Mit Feuereifer verfolgten wir „die goldene Spur" (so der Titel) und ließen den schwarzen Schatten für einen Moment hinter uns. Als ein Minipferdchen in die Arena galoppierte, konnte Vianne nicht mehr an sich halten und rief voller Inbrunst: „Ist das schnuckelig!" Besonders gut gefielen ihr auch die wilden Reiter, die kopfüber am Pferd hingen, im Galopp absprangen, um gleich darauf wieder rücklings auf dem Pferderücken zu sitzen. Aber auch die ruhige, anmutige Dressur nahm sie in ihren Bann.

Ansonsten konnten wir die letzten Tage viele Aktivitäten verwirklichen, die sich Vianne gewünscht hatte: Kindergartenbesuch, Teilnahme am Schwimmkurs, Übernachtung im Kindergarten – zumindest eine halbe, denn um halb elf am Abend wollte Vianne doch lieber abgeholt werden, was auch völlig okay war. Sie hatte ein paar aufregende Stunden dabei sein können, und nur das zählt. Dafür durfte sie gemeinsam mit Luke bei mir nächtigen – und Micha wurde zu Lukes „Monsterkrabbe" ausgelagert.

Echtzeit! So riecht die Welt – Mittwoch, 3. Juni 2015

Nachdem die letzten Tage herrlich unspektakulär waren, hat Vianne heute Morgen nach dem Aufstehen wieder gebrochen. Scheiße – zwei Wochen hatte sie Ruhe, zwei Wochen kein Würgen. Keine Ahnung, warum es jetzt wieder kommt. Ich gab ihr daraufhin die Tablette gegen Übelkeit. Den Rest des Tages blieb sie zum Glück verschont, es ging ihr sogar richtig gut, so dass wir uns nachmittags gemeinsam Lukes Tennisspiel anschauen konnten. Und ihr Appetit kam auch wieder zurück. Sie hat den Tennis-Jungs einfach ihren Kuchen stibitzt. Zum Mittagessen hatte sie sich schon zu ein paar Garnelen überreden lassen.

Ansonsten hätte ich heute vor lauter Wut einfach nur schreien können – hab ich auch getan, leider waren die Adressaten die falschen. Irgendwie hat jedes Kind heute „sein Fett weg gekriegt" – wegen verdammter Nichtigkeiten: Die eine schmiss lediglich ihr Glas um (und wurde angeschnauzt), die andere rupfte den wunderschönen Farn im Garten raus (und wurde zur Schnecke gemacht), der Dritte hatte vergessen, dass heute eine Englischarbeit auf dem Plan stand (und musste sich eine ewig lange Standpauke über Organisation und Aufmerksamkeit anhören), der Vierte (schon Erfahrene) machte sich ganz schnell aus dem Staub, gerade als ich die Müllansammlung in seinem Zimmer zum Thema machen wollte. Ich würde so gerne jemandem die Schuld für Viannes Erkrankung geben. Nur wem? Es ist schwer, keinen Verantwortlichen zu haben. Je näher der MRT-Termin rückt, desto wütender werde ich. So viele Türen wie heute habe ich lange nicht mehr zugeknallt, so viele zusammengeknüllte Trockentücher seit Ewigkeiten nicht mehr an die Wand geschmissen. Am liebsten hätte ich in den Stuhl gebissen. Was ich mir für heute gewünscht hätte? Eine private Kickbox-Einheit, damit sich diese ganze angestaute Wut Bahn brechen kann – ohne Schaden anzurichten. Ich hatte heute noch nicht einmal Lust, laufen zu gehen, was ansonsten immer ganz gut hilft. Heute hätte ich ein härteres, gefährlicheres Trainingsprogramm gebraucht. Komischerweise brachten mich ein paar simple Läuse (die ich zur Krönung des Tages auf dem Kopf eines unserer Kinder entdeckte) wieder auf den Boden zurück. Anstatt komplett auszurasten, fiel plötzlich der ganze Ärger von mir ab, und ich stürzte mich ins Bettenabziehen und Kopfeinreiben und Haarauskämmen – eine abendfüllende Tätigkeit.

Zum Glück verlaufen nicht alle Tage so: Gestern wollte Vianne beim Kochen helfen. Ich hatte tolle Gewürze und Kräuter bereit stehen, mit denen sie voller Freude (und ziemlich großzügig) würzte. „Hier, riech mal", ermunterte ich sie. „So riecht die weite Welt", murmelte ich und hielt ihr frischen Ingwer unter ihr Näschen. „Hmmm, die Welt riecht aber frisch", meinte Vianne daraufhin genießerisch. Sie schnüffelte sich noch durch Kurkuma, Curry und Bockshornklee, Lauchzwiebeln, Knoblauch, frischen Thymian und Majoran. Manchmal riecht das Leben verdammt gut! Letzte Woche haben wir noch zwei erfrischende französische Filme geschaut, die ebenfalls ein wahrer Genuss waren: „Monsieur Claude und seine Töchter" und „Madame Mallory und der Duft von Curry". Wenn Vianne stabil bleibt fahren wir Freitag nach dem MRT für wenige Tage weg... noch mehr von der Welt „erschnuppern"...

Echtzeit! Gestern, heute, morgen? – Freitag, 5. Juni 2015

Gestern! Gestern war ein guter Tag mit viel Geplansche und Gefiepe (weil das Wasser soooo kalt war im Pool) im Kreise lieber Freunde. Die Sonne lachte gemeinsam mit den Kindern und uns. Wir probierten selbstgebrautes Bier von unserem neuen „Braumeister" und ließen es uns bei Leckereien vom Grill richtig gut gehen. Vianne war so fit und rannte und badete und schaukelte und buddelte. Wir lernten ein neues Spiel – „Kubb"– kennen, das wir einstimmig zu unserem neuen Lieblingsspiel erklärt haben.

Heute! Heute war MRT-Tag – und noch nicht einmal Zuckertag, da Vianne nichts essen wollte. Sie wollte nur schlafen. Das erste Mal direkt nach dem Aufwachen. Im Krankenhaus. Auf der Rückfahrt. Schlafend trugen wir sie in unser Bett. Ihr war heute Morgen bereits übel. Uns ist jetzt übel – wir haben am späten Nachmittag die neuen MRT-Bilder gemeinsam mit dem Onkologen am Bildschirm betrachtet. Erivedge wirkt nicht! Kein Strohhalm mehr...

Echtzeit! Wind, Wellen, Weite, Weigerung – Dienstag, 9. Juni 2015

Wir sind wieder zu Hause – und gleich heute Morgen ist es Vianne übel geworden. Wir sollten ab jetzt immer Urlaub machen. Kurzerhand hatten wir Ende letzter Woche entschieden, im Anschluss an den MRT-Termin das Weite zu suchen – insofern es Vianne einigermaßen gut geht. Am Freitagabend war nicht mehr an eine Fahrt zu denken, noch in der

Nacht zu Samstag hatte sie erbrochen – am Samstagmorgen ging es ihr dafür umso besser. Gemeinsam mit Andi, Ralf und Ada stiegen wir ins Wohnmobil (die Mädels wollten schon immer mal eine Wohnmobil-Tour machen und grinsten bereits beim Anblick) – und fuhren los. „Wozu hast du Lust?", fragten wir Vianne. „Wohin möchtest du fahren?" „Nach Afrika", antwortete Vianne spontan. Also auf nach Afrika – eher gesagt in den Münsteraner Zoo. Wir fütterten Elefanten mit Salatköpfen und Gurkenstücken, schauten den Robben bei ihren Kunststücken zu und beobachteten die Leoparden-Babys. Vianne wirkte fit, lachte, futterte und scherzte, während sie auf Ralfs Rücken ritt. Also ging es weiter gen Norden, an die Nordsee, nach Neuharlingersiel, wo gerade der Jever Fun Kitecontest stattfand – eine gute Sache! Eine einzigartige, entspannte Atmosphäre! Nächstes Wochenende ist die Meisterschaft auf Fehmarn... Wir bekamen einen Stellplatz direkt hinter dem Deich – auf der anderen Seite das Watt, das Meer und unendlich viele bunte flatternde Kites unter einem strahlend blauen Himmel. Ada, Vianne (und ich) juchzten laut auf, denn: „Man muss immer etwas haben, worauf man sich freut." (Eduard Friedrich Mörike) – und ich teile seine Meinung. Am Meer wurden wir fast davongepustet – was für ein Vergnügen. Eigentlich machten wir nicht viel, wir hatten überhaupt keinen Plan für den nächsten Tag, ließen uns einfach nur treiben und sogen die Atmosphäre in uns auf. Wir bauten mit den Mädels Sandburgen im Windschatten der Strandkörbe. Anschließend wollte Vianne unbedingt eine Erbsensuppe futtern, die es auf dem Gelände der Kite-Surfer gab, während uns der Sinn eher nach einem kühlen Getränk stand – vor dem Cappuccino und der Auszeit im Liegestuhl. Wir probierten richtig coole Sonnenbrillen auf – Ada und Vianne bekamen dank ihres Charmes auch gleich eine geschenkt... Total spannend waren die Finalrennen der Kiter. Vianne wollte es ihnen nachmachen, schnappte sich einen Liegestuhl, dessen Tuch sie kurzerhand zum Kiteschirm umfunktionierte und ließ sich vom Wind in die Lüfte heben... Wir ritten auf Robben und hinterließen Spuren im Sand – und wir chillten so mächtig, dass dieser Scheiß-Tumor einfach in den Wellen versank – zumindest für den Moment. Natürlich kamen wir auch nicht an dem „Hamsterrad" auf dem Wasser vorbei, ohne es einmal auszuprobieren....

Die Mädels sind unglaublich zäh. Obwohl es am nächsten Tag nur noch schlappe 14 Grad Celsius

„warm" war, schmissen sie sich in ihre Badeanzüge und in die graue Nordsee. Respekt! Ada lag mal wieder unfreiwillig komplett drin... Dann lieferten wir uns noch eine lustige Algenschlacht.

So viel Aktion macht Hunger – Vianne verspeiste später im Hafen unzählige Kibbelinge und noch mehr Nordseekrabben (wovon sich „Möwe" Ralf ein paar stibitzte, was zu lautem Protest führte). Hin und wieder versuchten Angst und Pessimismus die Oberhand zu gewinnen, aber solange Vianne sich so dermaßen fit zeigte, hatten beide mächtigen Gegner keine Chance. Am letzten Tag unseres Kurzurlaubs erkundeten wir den Spielplatz am Strand, spielten im Park eine Runde Schach und Mühle mit überdimensionalen Spielfiguren, besuchten anschließend die Robben-Aufzuchtstation, bevor wir uns am frühen Abend in aller Ruhe Richtung Heimat aufmachten. Dabei veranstalteten Ada und Vianne einen Schimpfwort-Wettbewerb. Während anfangs sämtliche Flatulenz- und (seichte) Fäkalienbegriffe fielen, wurden die Damen nach und nach einfallsreicher:

Irgendwann schleuderte Vianne Ada inbrünstig „du verlorenes Kind" entgegen, woraufhin Ada mit „du Grashalm" konterte.

Unsere Ärzte sind erstaunt, wie fit Vianne trotz all der Tumorlast ist. Es gibt weitere neue Metastasen im Köpfchen, die alten Herde sind zum Teil gewachsen. Es kann nicht sein! Trotz all dieser hoffnungslosen Nachrichten weigern wir uns nach wie vor, das Kommende zu akzeptieren. Es gibt diesen Teil namens Vernunft in uns, der uns „vorbereitende" Bücher mit ihr lesen lässt (wir haben mittlerweile ein wirklich gutes Kinderbuch gefunden „Die Königin und ich“, das wir den Mädels auf eigenen Wunsch am ersten Tag mehrmals vorlesen mussten), aber andererseits haben wir vergessen, vernünftig zu sein. Ich persönlich könnte bis zum Ende Zeit mit ihr am Meer verbringen... In drei Wochen haben wir drei Wochen Urlaub. „Halte durch, kleine starke Vianne... Für das Meer, für die Wellen, für die Unvernunft...“

Echtzeit! Scheinnormalität – Sonntag, 14. Juni 2015

Wir machen so normale Dinge wie Tennisspielen, Blumen pflanzen, Eis essen, Urlaubsanfragen stellen, Hausaufgaben, Seepferdchen-Abzeichen, Freunde zum Spielen besuchen, Mails bearbeiten, Drachen steigen lassen, in den Pool hüpfen, auf Geburtstage gehen – und trotzdem ist nichts normal bei uns. Diese trügerische Scheinnormalität zerrt an unser aller Nerven. Während Vianne wahnsinnige Stimmungsschwankungen hat, legt Jesse eine schon alarmierende Souveränität, eine für sein Alter so untypische Selbstberrschung an den Tag, Luke hingegen ist extrem nähesuchend, Ada arg aufmerksamkeitsheischend. Micha und ich probieren irgendwie, alle einigermaßen auf Kurs zu halten. Wir funktionieren. Mal besser, mal schlechter.

Am Freitag war das Palliativteam wieder da. Ein sehr netter Arzt setzte sich gleich zu Vianne auf den Terrassenboden, erkundigte sich bei ihr (danach bei mir) nach ihrem Befinden. Vianne sagte durchweg, es gehe ihr gut, ja, sie würde immer gut essen (ach ja?), ihr würde nichts wehtun (hm?), übel sei ihr nicht (den Tag zuvor hatte sie noch gewürgt). Sie hat eine Momentaufnahme von sich gegeben, sie lebt in ihrer wunderbaren Kinderwelt, frei nach dem Motto: Was interessiert, was gestern war, was interessiert, was morgen sein wird... Welch eine grandiose Fähigkeit – wir können so viel von ihr lernen. Schon nach kürzester Zeit gab sie dem Team ziemlich eindeutig zu verstehen, dass sie sich nun davonmachen sollen – „Madame" wollte in ihren Pool hüpfen... Ich konnte kaum an mich halten vor Lachen. Was für ein kleiner Charmebolzen – ganz die Mama. Als der Arzt freundlich bat, sie kurz noch untersuchen zu dürfen und hinzufügte, es würde auch gar nicht wehtun, schaute sie im Davongehen gespielt theatralisch über ihre Schulter und meinte entnervt: „Klar, weiß ich doch, dass es nicht weh tut – hach..." Es war eine wirklich entspannte Stimmung – beinahe richtig unbeschwert und heiter. Wenn Vianne nicht gerade generervt war, kicherte sie sogar mit dem Palliativteam und spielte eine Runde „Dragi Drache" mit einem Mitarbeiter, bevor sie wiederholte, dass es nun an der Zeit sei, dass sie wieder verschwinden.

Diese Woche war Vianne nur einen Vormittag im Kindergarten. Montag waren wir noch im Urlaub, Dienstag und Donnerstag musste sie sich schon morgens übergeben und am Freitag wollte sie partout nicht im Kindergarten bleiben. Auf meine Nachfrage hin meinte sie nur, sie wolle nicht darüber sprechen. Ich glaube den Grund zu kennen: Sie merkt immer deutlicher, dass sie mit ihren kleinen Freundinnen nicht mehr mithalten kann – und andererseits kann man von bewegungsfreudigen Fünf- und Sechsjährigen nicht andauernd Rücksicht erwarten, obwohl alle meistens sehr lieb zu Vianne sind. Aber als Spielpartner ist sie nicht mehr so attraktiv, sie kommt nicht mehr hinterher – und zieht sich zurück. Unvorstellbar, dass sie vor einem halben Jahr noch Ski- und Radfahren und Ausschneiden konnte. Sie spürt ihre Grenzen immer deutlicher, meidet

Reckstangen, Treppen und Trampoline. Während sie früher auf jedes Pferd springen wollte, müssen wir sie heute beinahe zum Reiten überreden. Es tut weh, sie allein im Raum stehen zu sehen, während alle ihre Freundinnen (inklusive Ada) freudig davonpreschen.

Am Freitag hat Ada ihr Seepferdchen-Abzeichen gemacht und erzählte es natürlich jedem – leider immer mit dem Zusatz, dass Vianne noch kein Abzeichen hat. Ada war so mächtig stolz – zu Recht – und trotzdem war auch hier die Freude wieder getrübt, weil bei Vianne Tränen flossen. Luke und ich haben heute in seiner Schublade an einer viel zu kleinen Badehose sein altes Abzeichen gefunden und gemeinsam beschlossen, dass Vianne es kriegen soll. Luke will das „Seepferdchen" mit ihr machen – unter besonderen Prüfbedingungen. Er ist wirklich ein Schatz!

Echtzeit! Anspannung – Dienstag, 16. Juni 2015

Egal welche Auszeiten wir uns nehmen, ganz gleich was für Sicherungsleinen wir auswerfen, egal welche Ablenkung wir uns gönnen, Druck und Anspannung steigen momentan stetig. Ohne die vielen aufmunternden Worte und auffangenden Arme von Familie und Freunden würden wir noch mehr straucheln (Danke Steffi – genau im richtigen Moment heute, danke Nicole – fürs Zuhören, danke Anke – für's kurzzeitig zum Lachen bringen!) Wir sind machtlos, was diese Krankheit anbelangt, und diese Machtlosigkeit, gepaart mit der Angst um Vianne, macht uns ruhelos, aggressiv und unglaublich unglücklich. Die Krankheit beginnt uns zu zermürben – eine mir bis dato fremde Bitterkeit macht sich breit.

Blass und müde wurde Vianne heute Morgen wach. Sie musste sich wieder übergeben. Sie weinte. Sie hatte Kopfweh. Anschließend schlief sie erschöpft auf unserem Sitzkissen ein. Sie schlief mehrere Stunden lang. So klein und zart und zerbrechlich lag sie vor mir. Es tut unbeschreiblich weh, sie so zu sehen – mit dem Wissen, dass es nie wieder besser wird, nur schlimmer. Ich vergrub mich in einem guten Buch. Vianne wirkt seit einiger Zeit streckenweise abwesend, reizbar, unglücklich. Sie verändert sich – schleichend. Und wir sitzen in der ersten Reihe – so nah dran und doch so unglaublich weit weg. Ihre Sprache verwischt, manchmal spricht sie undeutlich, schleppend und muss sich sehr auf ihre Worte konzentrieren. Manchmal wirkt es, als würde diese Last in ihrem kleinen Köpfchen sie erdrücken, sie verwirren, so dass sie fragend nach innen zu horchen scheint. Weil sie es nicht versteht – weil es niemand versteht.

Gegen Mittag wachte Vianne schließlich auf. Nach der ausgiebigen Ruhepause ging es ihr zum Glück um einiges besser. Sie futterte viel und spielte den Nachmittag laut und ausgiebig mit Ada, goss die Blumen, verkleidete sich, bastelte und malte. Vorm Einschlafen bedeckten wir uns gegenseitig mit unzähligen Küssen. Ich liebe sie so sehr...

Es fällt schwer, alte Fotos zu betrachten, denn dann weiß ich, dass uns ein Teil von Vianne schon längst genommen wurde... Ich kann nicht noch mehr von ihr gehen lassen... Nein, keine Sorge, ich werde mein Versprechen weiterhin halten: Lieber Micha, lieber Jesse und Luke, liebe Ada und Vianne – ich lasse mir – ich lasse uns nicht einfach den Boden unter den Füßen wegziehen!

Echtzeit! Farbkleckse – Samstag, 20. Juni 2015

Wir hatten ein paar wirklich gute Tage. Von der Übel- und Müdigkeit, die am Dienstag noch so präsent war, war am Mittwoch nichts mehr zu spüren: Vianne besuchte morgens den Kindergarten und sprang nachmittags ausgelassen auf dem Trampolin herum – das hatte sie seit Wochen nicht mehr getan. Wahnsinn! Unglaublich! Ich war schier sprachlos und verstehe diese schnellen Wechsel nicht – aber letztendlich ist es auch egal, Hauptsache, es geht ihr gut. Später am Tag holten sich die Mädels dicke

Holzbretter aus dem Gartenhaus, die sie emsig mit Wasserfarben bemalten. Einträchtig saßen sie auf ihren Decken auf der Terrasse und pinselten, bis die Farben leer waren. Auch am Donnerstag fühlte sich Vianne fit. Sie ist so lustig: Morgens hat sie sich als Laterne verkleidet und dabei lautstark Laternenlieder geträllert... Nachmittags konnten wir gemeinsam mit Ada zu ihrer Kindergartenabschlussfeier gehen – zum Glück! Ich hätte es schrecklich gefunden, wenn Vianne die Feier nicht hätte besuchen können. Ganz stolz haben die Vorschulkinder das Theaterstück „Laura kommt in die Schule" aufgeführt – wirklich niedlich. Nicht weniger stolz nahmen sie später ihre Abschlussmappen und ihre Mini-Schultüten (gefüllt mit kleinen Leckereien) von den Erzieherinnen in Empfang, die noch ein süßes Abschiedsgedicht vorbereitet hatten. Wir werden den Kindergarten vermissen... Das Fest klang mit einem gemütlichen Grillabend aus, während die Kleinen über das Kindergartengelände tobten. Vianne kam zwar wieder nicht hinterher – obwohl sie tapfer probierte dranzubleiben – aber es schien sie dieses Mal nicht so sehr zu stören. Von Kopfweh und Übelkeit blieb sie ebenfalls weitgehend verschont, lediglich ihr Beinchen schmerzte ein, zwei Nächte hintereinander.

Auch heute Nachmittag wurde wieder emsig der Pinsel geschwungen. Freunde von uns hatten die Kinder dazu eingeladen, die Rigipsplatten zu verschönern, mit denen sie ihre Garage/Scheune verkleidet hatten. Letztendlich haben wir uns alle (bis auf Jesse) dort verewigt – ein Phantasiebaum, Blumen, eine Unterwasserwelt, ein Auto, ein Gecko, Schmetterling, Drache, ein Haus... kunterbunt und farbenfroh – und auch hier wurde wieder spontan der Grill angeschmissen – Vianne verspeiste zahlreiche Mini-Würstchen. „Heute war ein sehr schöner Tag", zog sie anschließend Resumée. Auch Ada schlief zufrieden und glücklich ein, denn wir hatten nach zweitägiger Suche endlich ihr heißgeliebtes Schnuffeltuch wiedergefunden.

Wir haben für die Ferien spontan ein Wohnmobil gebucht – wir wollen nicht hier Zuhause sitzen und warten, bis irgendetwas Schlimmes passiert. Ich hoffe sehr, dass wir wie geplant aufbrechen können...

Echtzeit! Müdigkeit – Dienstag, 23. Juni 2015

Vianne ist müde – wir sind müde – das Wetter macht müde. Gerade musste ich wirklich überlegen, welchen Wochentag wir haben: Wir sortieren die Zeit momentan nur noch nach Abschnitten, in denen es Vianne gut geht und nach Abschnitten, in denen es übel ist. Es wird keinen überraschen, dass wir nach den relativ entspannten letzten Tagen einen ziemlichen Einbruch hatten. Es deutete sich schleichend an: Müdigkeit, morgendliches Erbrechen, Appetitlosigkeit: und dann war sie da – diese monströse Schmerzattacke. Vianne hatte sich gestern zum Mittagsschlaf in unser Bett gekuschelt. Nach mehreren Stunden wurde sie wach und kreischte vor Schmerzen. Ich gab ihr nacheinander den Schmerzsaft und etwas später erstmalig wieder Cortison, welches sie aber kurze Zeit später schwallartig erbrach. Mit einem schreienden Kind auf dem Arm telefonierte ich mit Arzt und Krankenschwester vom Palliativdienst. Zum Glück waren Oma und Opa da und hielten uns den Rücken frei. Es ist so unglaublich schwer, Ruhe zu bewahren, wenn dein Kind vor Schmerzen kreischt. Der Druck im Kopf muss gestern wahnsinnig hoch gewesen sein. Nach einer weiteren Gabe der zuvor erbrochenen Medikamente bekamen wir den Schmerz endlich in den Griff. Zwei Stunden später tanzte Vianne popowackelnd nach „I feel good" (sie hatte damals nach Beendigung der schweren Chemotherapie dieses „rockende und singende" Plüschschaf von Lilli geschenkt bekommen) durch die Küche. Beim dritten Durchgang setzten Ada, Micha und ich mit ein – irgendwo zwischen Erleichterung, dass es Vianne wieder besser geht und ganz nah am Wahnsinn. Ganz gleich, wie schlecht sich Vianne fühlt: Ihren Humor hat sie noch nicht verloren. Als sie kürzlich wieder bei uns im Bett geschlafen hat, meinte sie direkt nach dem Aufwachen: „Mama, wo ist denn Papa?" „Der ist oben, ich glaube, dem war es zu eng hier." Vianne kichernd: „Ja wenn du dich auch so breit machst..."

Wir sind nun auf ein tieferes Level gerutscht: die dauerhafte Schmerz-Medikation. Bisher hatten wir den Luxus, ihr die Mittel nach Bedarf geben zu können. Diese Zeit scheint vorbei. Es soll sich erst gar nicht noch einmal solch eine Schmerzspitze aufbauen. Das heißt aber auch für Vianne, mehrmals täglich widerlich schmeckende Tabletten – zerdrückt oder in Flüssigkeit aufgelöst – zu schlucken. Sie muss sich jedes Mal überwinden. Verdammt!. Heute sagte sie wieder zu mir, dass sie nicht sterben will. Ich hätte meinen Kopf in die Wand rammen können...

Insgesamt geht es Vianne wieder besser. Ihre Stimmungsschwankungen sind jedoch anstrengend – für alle Familienmitglieder. Gerade kam Micha nach Hause. Ada begrüßte ihn erfreut und meinte dann skeptisch: „Wo kommst du denn her? Du siehst so bürolich aus." Ich liebe diese kleinen leichten Momente... Nächstes Ziel: Urlaubstour! Damit die Müdigkeit verfliegt...

Rückblick! Der letzte Urlaub... – 27. Juni bis 9. Juli 2015

Ja, es war unser letzter gemeinsamer Urlaub zu sechst – umso wichtiger ist es mir, darüber zu berichten.

Samstag, 27. Juni: Wir machten wir uns bereits um sieben Uhr morgens mit unserem bis in den hintersten Winkel vollgeproppten Bulli auf den Weg Richtung Heidelberg. Wir hatten entschieden, Erivedge nicht weiter zu verabreichen. Mittlerweile hatten wir uns eingestanden, dass es keine Wirkung zeigt. Warum sollten wir unsere Maus also weiter mit der Gabe belasten – und dann auch noch im Urlaub. Wir zogen einen Schlussstrich, schweren Herzens. Wir kamen gut durch und trudelten schon gegen zehn

Uhr morgens bei Martin und Petra ein – ein fröhliches Wiedersehen. Vianne ging es ganz gut, obwohl sie sich noch am Vortag erbrochen hatte. Wir frühstückten ausgiebig und Vianne futterte sogar ein Brötchen – ein gutes Zeichen. Später holte Micha das Wohnmobil ab und wir luden alles um. Wegen eines Konzerts am Hockenheimring waren alle Campingplätze in der Nähe restlos ausgebucht, also folgten wir kurzerhand dem Vorschlag unserer Freunde, direkt vor ihrem Haus zu campieren, zudem uns das Wetter einen gewaltigen Strich durch die Rechnung machte, so dass ans Wakeboarden nicht zu denken war. Erst gab's ein kräftiges Gewitter, dann einen wahren Wolkenbruch. Egal, denn nach und nach kamen Andi und Ralf, die sich auf dem Rückweg von ihrem Wohnmobil-Urlaub befanden und Frank, ein weiterer enger Freund mit seinem Sohn, bei Martin und Petra an. Es war so schön, sie alle um uns zu haben, es war so leicht und unbeschwert, all den Ängsten und Sorgen und Nöten zum Trotz. Nachdem sich der Regen verzogen hatte, machten wir Mädels uns mit den Kindern auf den Weg zu einem nahe gelegenen Abenteuerspielplatz. Ada und Luke kletterten hoch hinaus, Vianne entdeckte eine riesige Matschpfütze, in der bereits zwei weitere Kinder planschten, zog sich bis aufs Unterhöschen aus und stapfte fröhlich mittendurch. Später stärkte sie sich mit einer fetten Portion Pommes mit Majo und Ketchup (die sie ab da fast täglich einforderte – und bekam). Gut gelaunt kehrten wir irgendwann zurück. Ada und Vianne entspannten bei einem Fußbad, und wir Großen schmissen den Grill an. Vianne legte anschließend eine kleine Verschnaufpause ein. Der ausgefüllte Tag forderte seinen Tribut. Viel später am Abend kuschelten sich die Kinder ins Wohnmobil, während wir Erwachsenen noch lange gemütlich auf Terrasse zusammen saßen – zumindest bis Martin sich mit dem Beil in den Finger hackte (keine Sorge, alles gut).

Am nächsten Morgen strahlte die Sonne vom Himmel und wir fuhren alle gemeinsam an den St. Leoner See zum Wakeboarden und Baden. Wir konnten uns später am Tag nur schwer von unseren Freunden und von Andi und Ralf trennen, auch wenn es uns andererseits weiterzog. Aber ab jetzt wären wir auf uns allein gestellt – und eine stille Angst schlich sich in unsere Herzen.

Sonntag, 28. Juni/ Montag, 29. Juni: Knapp vier Stunden später – am frühen Abend – trafen wir in Lindau am Bodensee ein. Wir bekamen einen schönen Stellplatz mit Blick auf den See. Ada und Vianne spielten „Pferdchen" und galoppierten ausgelassen durch den Sand des nahe gelegenen Beach-Volleyballfeldes. Luke, Jesse, Micha und ich spielten Federball. Auf einem Stück Treibholz reihten Vianne, Ada und Luke etliche Muscheln auf, die sie am Ufer gefunden hatten. Luke erschuf ein kleines Kunstwerk. Früh am nächsten Morgen überfiel Vianne wieder die Übelkeit. Noch während die anderen Kinder schliefen, erbrach sie sich und hatte Kopfschmerzen. Sie wirkte den Vormittag über schlapp, wollte nicht baden, nicht spielen, aber sie erholte sich langsam wieder, obwohl ihr die Hitze zu schaffen machte. Es waren über 30 Grad Celsius, so dass ihre Geschwister im Bodensee Abkühlung suchten. Vianne hatte es sich auf einer Decke im Schatten der Bäume gemütlich gemacht und löste mit mir kleine Rätselaufgaben aus der neuen Tinkerbell-Feendose, die sie von Oma und Opa geschenkt bekommen hatte.

Am Nachmittag machten wir uns zu Fuß (Vianne saß im Buggy) auf nach Lindau, immer am See entlang. Irgendwie hatten wir die Entfernung zwischen Campingplatz und Lindau-Insel unterschätzt. Es waren doch etwas über vier Kilometer Fußmarsch – und das bei diesen schwülen Temperaturen. Vianne schlummerte in ihrem Buggy, wir anderen hielten tapfer durch, schwitzten und hatten letztendlich kaum noch Lust, das Örtchen anzuschauen. So landeten wir in einem Biergarten. Kurz darauf wurde Vianne wach und futterte Pommes – und ließ die Spatzen eifrig mitfuttern. Zurück fuhren wir allerdings mit dem Bus. Am Abend betrachteten wir einen wirklich schönen Sonnenuntergang am See.

Nach einem ausgiebigen Frühstück machten wir uns am nächsten Tag gegen Mittag auf den Weg zum Hopfensee im Allgäu.

Rückblick! Der letzte Urlaub...Teil II – 30. Juni bis 5. Juli 2015

Der Hopfensee liegt sanft eingebettet zwischen Feldern, Wiesen, Wald und Schilfgras, im Hintergrund die beeindruckende Alpenkulisse. Bisher kannten wir das Allgäu nur von der Durchreise in den Skiurlaub – ein schönes Fleckchen Erde. Wir alle fühlten uns auf Anhieb wohl auf dem Campingplatz direkt am See. Wir bekamen einen guten Stellplatz nah am Wasser. Während Micha und ich uns einrichteten, machten sich die Kinder auf zum Badeplatz und kamen etwas später zufrieden grinsend zurück. Es gefiel ihnen. Ursprünglich hatten wir den Platz nur bis Donnerstag gebucht, wir verlängerten aber bereits bei der Ankunft bis Sonntag, weil wir uns hier einfach „sauwohl" fühlten. Die nächsten Tage warfen wir uns abwechselnd vom Steg ins Wasser, strolchten durchs Schilf auf der Suche nach Schätzen (Seerosenblatt, Fische...), paddelten auf unserem aufblasbaren Hai (Jesse hatte ihn extra für die Mädels aus Füssen besorgt) oder dösten auf unseren Badetüchern bei über 30 Grad Celsius. Wir lachten uns schlapp, weil jemand am See Michas Uralt-Badelatschen (die vorne schon von der Katze angeknabbert waren), mitgenommen hatte. Wir frühstückten spät und ausgiebig und bereiteten uns abends leckere Kleinigkeiten im Wohnmobil oder draußen auf dem Grill zu.

Der Campingplatz hatte viel zu bieten: eine große Indoorspielhalle, einen Tennisplatz – über den mich Jesse gnadenlos in der Abendsonne jagte und natürlich haushoch gewann – ein schönes Hallenbad mit Blick auf das Alpenpanorama, ein Zwergerl-Bad für die kleinen Schwimmmäuse, Kino, Wellness, Bastelangebote... Vianne ging es relativ gut, aber sie war schnell müde. Während Luke und Ada durch die Spielhalle tobten, erkundete sie sehr verhalten die Geräte, mied Trampolin und Rutsche und orientierte sich eher an dem Spielbereich für jüngere Kinder. Wieviel Kraft ihr das alles abverlangt haben muss... und trotzdem war sie mit dabei. Auch im See badete sie selten, sie ging lieber nur mit den Füßchen ins

Wasser, obwohl es so unglaublich heiß war. Sie war mittlerweile so dünn geworden. Sie futterte zwar nach wie vor ihre Pommes, trotzdem schien sie immer weniger zu werden, wahrscheinlich von dem immer wiederkehrenden Erbrechen der letzten Tage/Wochen (obwohl ihr am Hopfensee etwas Ruhe gegönnt war) oder von der Krankheit an sich. Vielleicht war ihr der See einfach zu kalt weil sie so dünn war. Oder der unebene Untergrund machte ihr zu schaffen und sie fühlte sich unsicher. Also blieb einer von uns mit ihr am Seeufer, während die übrigen badeten. Aber auch das war lustig. Wir holten uns einfach zwei Wassereimer zu unserem Liegeplatz und ließen Adas kleine Hunde und ihre kleinen Katzenfiguren darin schwimmen. Sie kicherte so herzlich, wenn die Tiere „Blödsinn" machten. Ich dachte mir immer neue Abenteuer mit der Hunde- und Katzenfamilie aus, weil ich ihr helles Lachen weiter hören wollte. Es war ein schöner Moment am See... Später wollte Vianne unbedingt ins Hallenbad. Wir machten uns zu zweit auf, nur sie und ich. Im Hallenbad hatte sie keine Scheu, ins Wasser zu gehen. Seelig ließ sie sich mit ihren Schwimmärmchen treiben und spielte im Zwergerlbad mit dem Wasserrad oder kletterte auf die kleine Burg im Becken. Sie wirkte zufrieden und entspannt und ich genoss jede Sekunde mit ihr, zog sie durchs Wasser, spürte ihre kleinen Ärmchen um meinen Hals. Zufrieden kehrten wir zum Wohnmobil zurück. Die übrigen Kinder protestierten natürlich lautstark, dass wir sie nicht mitgenommen hatten. Aber ich brauchte diesen Moment allein mit Vianne. Wir holten den Schwimmbadbesuch mit allen am nächsten Tag nach. Der Urlaub war schön und seltsam zugleich. Es herrschte Urlaubsstimmung, und gleichzeitig war da die ständige Angst und Sorge um Vianne und das nüchterne Wissen, dass sie bald sterben wird – auch wenn wir daran keinen Gedanken verschwenden wollten. Aber unsere Notfall-Medizintasche war unser ständiger Begleiter.

Für zwei Tage liehen wir uns Fahrräder am Hopfensee aus: Vianne saß im Anhänger, Ada hatte ein

Fahrrad, das wir an meinem anhängen konnten. So machten wir uns auf Richtung Neuschwanstein. Wir fuhren durch schattige Wälder, vorbei an Kuhweiden und Wiesen. In Füssen radelten wir mit unseren Rädern zur Abkühlung unter den Springbrunnen (sich drehende Stelen, aus denen Wasserfontänen spritzten) durch – Vianne quietschte, Ada beschwerte sich lautstark. Schließlich kam Schloss Neuschwanstein in Sicht. Der Parkplatz unterhalb des Schlosses war uns zu touristisch, auch wollten wir das Schloss nicht von innen betrachten. Deshalb fuhren wir weiter zur nahe gelegenen Bergbahn, raus aus dem Gewühl. Unterwegs kamen wir an einem klaren, kalten Gebirgsbach vorbei – wir lieben diese Bäche und ließen uns dort erst einmal nieder. Die Jungs bauten Staudämme, Ada ging auf Entdeckungstour, ich saß mit Vianne auf einem Felsen im Schatten und wir ließen unsere Füße in den Gebirgsbach baumeln. Dermaßen erfrischt ging es schließlich weiter. Noch vor der Talstation entdeckten wir eine idyllische Berghütte, von deren Terrasse aus man einen noch schöneren Blick auf das Schloss hatte. Wir futterten Schmalzbrote und Gulaschsuppe. Die nette Wirtin teilte uns mit, dass die Bergbahn schon bald schließen würde, so dass wir besser an einem anderen Tag hochfahren sollten. Also machten wir uns irgendwann wieder auf den Rückweg zum Campingplatz, wo die Kinder noch am Abend in den See hüpften. Vianne fühlte sich zwar wohl im Fahrradanhänger, brauchte aber nach dem Ausflug erst einmal ein wenig Ruhe.

Am nächsten Tag schwangen wir uns wieder auf die Räder und fuhren direkt zur Tegelbergbahn, um mit der Gondel auf den Gipfel zu fahren. Ich hatte im Vorfeld im Krankenhaus nachgefragt, ob der Höhenunterschied bei Vianne Probleme verursachen könnte, aber die Ärzte gaben uns grünes Licht. Also nichts wie rauf auf den Berg. Der Ausblick war grandios: unzählige Seen, zahlreiche Paraglider, die Zugspitze... Wir schoben Vianne in dem umgebauten Fahrradanhänger immer weiter den Bergpfad hinauf. Oben machten wir ein kleines Picknick. Vianne wirkte so vergnügt. Sie guckte uns verschmitzt an und rief auf einmal lauthals: „Es schneit, es schneit, der Winter ist da." Dann gluckste sie vor Lachen.

Sie hatte davon einmal auf einer Kinderhörspiel-CD gehört. Ein kleiner Junge fragt seinen Vater, ob er sich traut, mitten im Sommer lauthals „es schneit, es schneit..." zu schreien. Wir lachten und konnten gar nicht mehr aufhören zu lachen. Während Micha sich mit Luke, Ada und Vianne wieder an den Abstieg machte, kletterten Jesse und ich über einen Klettersteig bis zum Gipfelkreuz hoch. Nach einer kleinen Stärkung auf der Bergstation-Hütte fuhren wir wieder ins Tal und über den Forggensee zurück. Vianne wirkte auf einmal schlapp und müde, so dass wir uns beeilten.

Rückblick! Der letzte Urlaub...Teil III – 5. Juli bis 9. Juli 2015

Sonntag in der Früh erbrach sich Vianne am Hopfensee mehrmals nacheinander, sie weinte, sie hatte Kopfschmerzen. Wir machten uns schreckliche Sorgen, gaben ihr Zofran gegen Übelkeit, Novalgin gegen Kopfschmerzen, legten ihr einen kühlen Waschlappen aufs Köpfchen, denn es war bereits wieder unglaublich warm – über 30 Grad Celcius.

Wir mussten den Campingplatz bis 11 Uhr räumen, also packten wir unsere Sachen zusammen, während sich Vianne ausruhte. Wir hatten keinen Plan, wohin die weitere Reise gehen sollte. Zudem hatten wir Luke versprochen, auf dem Hopfensee Kanu zu fahren. Nun waren wir in einer Zwickmühle: Vianne ging es nicht gut, Luke beharrte auf seinem Recht, zumal wir ihn am Vortag schon vertröstet hatten. Also willigten wir die Paddeltour schweren Herzens ein. Der Kanuverleih lgag nicht weit entfernt vom Campingplatz. Wir parkten das Wohnmobil auf dem öffentlichen Parkplatz am See, setzten Vianne in den Buggy, kühlten weiterhin ihr Köpfchen und nahmen zur Sicherheit auch noch die Brechschüssel und ihr Medizin-Pack mit. Nahe des Kanuverleihs suchten wir uns ein schattiges Plätzchen, wo Vianne sich auf ein Badetuch kuscheln konnte. Unterdessen liehen sich Micha und die übrigen Kinder zwei Kanus: Micha fuhr mit Ada, Jesse mit Luke. Vianne schien sich etwas zu erholen, Übelkeit und Kopfschmerz machten eine kleine Pause. Eigentlich war es eine gute Idee, noch etwas Zeit am See zu verbringen. Zum einen wussten wir eh nicht so recht, wo es hingehen sollte, zum anderen wollten wir ungern in diesem Zustand mit ihr fahren. Nach der Hälfte der Zeit löste ich Micha im Kanu ab. Nach beendeter Tour fragten wir den sympathischen Kanubesitzer, welcher See in der weiteren Umgebung zu empfehlen wäre. Aufgrund des guten Wetters und der Nähe zu München riet er uns vom Walchen- und Chiemsee ab. „Momentan zu überlaufen", so sein Kommentar. Da würden wir sicherlich keinen Stellplatz direkt am See kriegen. Und tatsächlich: die telefonische Bandansage diverser Campingplätze teilte uns freundlich mit, dass alles belegt sei. Da kam uns der Achensee in den Sinn, kurz hinter der Grenze, in Österreich. Wir erreichten leider nur den Anrufbeantworter, auf dem wir eine Nachricht hinterließen. Auf gut Glück fuhren wir erst einmal gen Westen Richtung Walchensee. Zur Not würden wir einfach an einem kleineren, unbekannten See campieren. Doch schon nach halbstündiger Fahrt rief uns die

Dame vom Achensee-Camping zurück. Sie hätte noch etwas frei. Also auf zum Achensee – obwohl mir nicht so richtig wohl dabei war, mit Vianne gerade jetzt Deutschland zu verlassen. Doch wir hatten so schöne Erinnerungen an den See, und die Grenze lag wirklich zum Greifen nah. Die Fahrtstrecke war relativ kurz und schön: vorbei am Tegernsee, durch Bad Tölz und immer an der grünen Isar entlang, dann über den Achensee-Pass rüber nach Österreich. Vianne ging es die Fahrt über ganz gut, zumal das Wohnmobil eine prima Klimaanlage hatte. Der kleine Campingplatz direkt in Achenkirch, den wir noch von unserer Gardasee-Tour vor sieben Jahren in Erinnerung hatten, hatte sich mittlerweile zu einem 5-Sterne-Ressort entwickelt, sich aber trotzdem noch seinen Charme behalten. Zusätzlich gab es nun einen toll angelegten Wasserspielplatz und direkt daneben einen Abenteuerspielplatz, beides in unmittelbarer Seenähe, einen kleinen Indoorspielbereich und ein nettes Restaurant mit Dachterrasse. Bei der Ankunft am Nachmittag wirkte Vianne allerdings müde und geschafft – sie wollte noch nicht einmal zum (Wasser-)Spielplatz, während für Ada und Luke kein Halten mehr war. Irgendwann rappelte sie sich dann doch auf. Während Ada über die Wiese preschte, schlich Vianne zart und zerbrechlich und wacklig hinterher. Ich konnte all meine Tränen – Tränen des Mitleids, der Sorge, der Wut, der Verzweiflung, der Ungerechtigkeit, der Hilflosigkeit – nicht mehr zurückhalten. Vianne tat mir in diesem Moment so unendlich leid – hier inmitten all dieser lebendigen, glücklichen, energiegeladenen, lachenden Kinder. Diese Krankheit war fies, gemein, kaltherzig, erbarmungslos, grausam. Sie hielt Vianne davon ab, unbeschwert spielen zu dürfen, ohne Einschränkung, ohne Schmerz.

Am Abend ging es ihr endlich etwas besser, und auch ich blühte dadurch förmlich auf. Lautstark forderte sie eine Pommes (mit Majo und Ketchup), die sie kurz darauf genüßlich verspeiste. Von einer Minute auf die andere wurde alles wieder leichter. Vor Erleichterung und um ihr ein Lächeln auf das

Gesicht zu zaubern, kauften Ada und ich zwei „Little Ponys" im Camping-Shop: ein gelbes für Ada, ein rosafarbenes für Vianne. Vianne bestand darauf, persönlich noch einmal den Laden aufzusuchen, um zu schauen, ob wir die richtige Wahl getroffen hatten. Prüfend besah sie sich die anderen Ponys – und zeigte sich zufrieden.

Später am Abend spielte ich noch mit den Jungs Federball, nachdem Micha und ich die kleinen „Mäuse" ins Bett gebracht hatten. Anschließend veranstalteten wir noch lustige Mutproben am See. Luke stand am Stegende: Er hatte drei Steine in der Hand. Wenn er eine von Jesse und mir gestellte Frage nicht beantworten kann (natürlich seinem Wissensstand entsprechend oder Scherzfragen), muss er einen Stein ins Wasser werfen. Wenn er keinen Stein mehr übrig hat und die richtige Antwort nicht weiß, dürfen Jesse und ich ihn in den Achensee schmeißen – und der ist verdammt kalt! So die Spielregel. Unter lautem Protest landete Luke letztendlich mit einem großen Platscher im See. Am nächsten Abend war

Jesse dran... er hat nicht damit gerechnet, dass Luke sich so gut in der Tierwelt auskennt.

Vianne baute im Laufe dieses Urlaubs stetig ab. Das wurde uns am Achensee so richtig vor Augen geführt. Auch am nächsten Tag, am Montag, 9. Juli, wirkte sie weiterhin erschöpft und kraftlos, wollte weder baden noch schwimmen noch spielen. Später am Tag wanderten wir zu einem nahe gelegenen Gebirgsbach, der aber leider ausgetrocknet war. Die Kinder murrten. Vianne schoben wir im umgebauten Fahrradanhänger. Sie sprach kaum ein Wort. Unterwegs trafen wir auf Almkühe und freilaufende Pferde – mitten im Wald. Ada war begeistert, ging sofort auf die Pferde zu, streichelte sie und wusste kaum wohin mit ihrer Freude. Vianne saß müde in ihrem Anhänger und blickte teilnahmslos zu den Tieren.

In diesem Moment wusste ich, dass wir ganz schnell zurück nach Deutschland mussten. Ich bekam Gänsehaut, mitten in der Sonne. Vorzeitig kehrte ich auf ihren Wunsch mit ihr zum Wohnmobil zurück. Micha kam mit den anderen Kindern etwas später nach, sie wollten noch einmal an anderer Stelle nach dem Bach schauen.

Die Nacht verlief zum Glück relativ ruhig. Ich horchte die ganze Zeit nach ihr. Am Dienstagmorgen spuckte sie wieder, weinte vor Kopfweh. Kurzerhand brachen wir unsere Zelte ab. Ursprünglich wollten wir uns noch mit Bekannten in München treffen, aber Viannes Zustand machte uns solche Sorgen, dass wir kurzerhand absagten. Wir wollten unbedingt wieder näher an Heidelberg kommen, Vianne aber andererseits eine nicht allzu lange Fahrt zumuten. Wir entschieden, einen Zwischenstopp auf einem Bauernhof in der Nähe von Ulm und dem Legoland einzulegen, wo wir Ende April Adas und Viannes Geburtstag gefeiert hatten. Auf der Fahrt dorthin schrie Vianne einige Male vor Schmerzen auf. Immer und immer wieder gaben wir ihr die Schmerztropfen, unsere Nerven lagen blank. Ich wechselte mit Jesse den Platz, um neben ihr zu sitzen. Irgendwann verabreichten wir ihr das erste Mal das Morphin – 13 Tropfen. In Ulm angekommen, legten wir sie auf eine Decke im Schatten des Wohnmobils, wo ein leichter Wind wehte. Luke kuschelte sich eng an sie und schaute mit ihr „Wolkenbilder". Sie schlief lange. Gegen Abend wurde sie aktiver und besuchte noch mal mit mir die Spielscheune. Hier saß sie vor noch nicht einmal zweieinhalb Monaten lachend auf dem Holzpferd, hatte sich mit uns in die rasante Wasserbahn im Legoland getraut, stand allein auf Inlinern – in ihrer jetzigen Verfassung unvorstellbar. Wir beschlossen, am nächsten Tag, Mittwoch, 8. Juli, nach Heidelberg zurückzufahren, noch eine Nacht an der Wakeboardanlage zu verbringen, in Ruhe das Wohnmobil zu säubern und es am Donnerstagmorgen vorzeitig abzugeben. Mittwochmorgen ging es Vianne scheinbar wieder besser. Sie biss sogar in ihr Frühstücksbrötchen. Wir schauten uns noch kurz Ulm an und entdeckten einen coolen Skate-, Surf- und Snowboardladen. Ada verliebte sich sofort in ein knallrosa Shortboard – für schlappe 230 Euro – und machte einen „Affentanz“, weil wir es ihr nicht kaufen wollten. Vianne schaute sich interessiert um, bewunderte Schmuck und Portemonnaies und Schuhe und alles was glitzerte. Noch auf dem Weg zurück zum Auto wurde sie wieder müde. Auf der Autobahn kamen wir immer wieder in einen Stau – und Vianne baute ab, weinte wieder vor Schmerz, schrie wiederholt auf. Kurz vor dem Campingplatz am Leoner See musste sie sich erneut schrecklich übergeben. Vor lauter Angst und Anspannung hatten Micha und ich uns kurz zuvor auch noch lautstark gestritten. Wir waren so hilflos. Wir riefen Martin und Petra an (die ursprünglich zum See kommen wollten) und baten sie darum, uns bei ihnen zu Hause zu treffen. Dort verbrachten wir die letzte Nacht unseres Urlaubs.

Echtzeit! Verzweiflung – Donnerstag, 9. Juli 2015

Ich weiß das erste Mal nicht so richtig, wo ich anfangen soll, um von den aufwühlenden letzten zweieinhalb Wochen zu erzählen. Die Krankheit überrennt uns, unsere Gefühle überrennen uns. Dabei hilft das Schreiben ansonsten immer, meine Gedanken zu sortieren. Momentan fällt das Sortieren schwer – weil Vianne Schmerzen hat – wahnsinnige, unvorstellbare Schmerzen, die sie laut aufschreien lassen, die sie ihre kleinen Fingerchen in unsere Haut bohren lassen – trotz starker Schmerzmittel. Wir sind bei Morphin angekommen. In den letzten Urlaubstagen haben wir es ihr erstmalig gegeben. Novalgin scheint nicht mehr zu helfen. Aber auch die Morphin-Anfangsdosis ist nicht ausreichend. Die Ärzte haben uns gesagt, Schmerzen lassen sich gut in den Griff kriegen heutzutage. Ach ja? So einfach ist es wohl doch nicht, denn wir kriegen die Schmerzen momentan definitiv nicht in den Griff. Wir müssen uns erst herantasten an die richtige Dosierung. Nach einer

Zwischengabe, die das Palliativteam heute bis zur Dosiserhöhung empfohlen hat (seit 20 Uhr 13 Tropfen alle fünf Stunden), blühte Vianne förmlich auf, lachte und tanzte, ging duschen und futterte all das auf einmal, was sie in den letzen Tagen nicht gegessen hatte. Und plötzlich war der Schmerz wieder da, mit voller Wucht, obwohl noch eine Stunde Zeit bis zur nächsten (höheren) Gabe war. Wir können ihre Schmerzschreie kaum ertragen, und doch ertragen wir sie und versuchen irgendwie, ihren Schmerz zu lindern, so gut es eben geht. Wir können nicht viel tun, nur halten, streicheln, beruhigen, ablenken, sanfte, mutmachende Worte (und die verdammte richige Dosierung) finden. Vianne hat zwar auch schmerzfreie Phasen, aber diese werden wie gesagt momentan immer kürzer.

Seit drei Tagen ist es ganz übel, so dass wir unseren Urlaub vorzeitig beendet haben – ein ständiger Kreislauf zwischen Übelkeit, Hirndruck, Erbrechen, Kopfschmerz, Juckreiz. Seit heute Vormittag sind wir wieder daheim. Die übrigen Kinder haben Viannes Schmerz und Kraftlosigkeit im engen Wohnmobil oftmals hautnah mitbekommen. War es zu viel? Ja, einerseits sicherlich. Aber sie haben auch die andere Vianne hautnah erlebt: die verschmuste, schelmische, liebenswerte, zickige, die immer dann durchbrach, wenn es ihr gut ging. Nähe ist Glück und Schmerz in einem. Ja, es war richtig, diesen Urlaub zu machen, der uns so sehr an unsere Grenzen gebracht hat. Es war richtig, weil Vianne diesen Urlaub wollte. Noch nachdem sie heute Morgen heftig gewürgt hatte und von Kopfschmerzen gepeinigt war, wollte sie trotzdem noch etwas Zeit in Heidelberg bei unseren Freunden verbringen, kuschelnd zwischen den farbenfrohen Kissen im Bett ihres kleinen Freundes. „Sieh mal, Mama, der Luca kann aber toll basteln", sagte sie anerkennend, während sie mit ihren zarten Fingerchen auf die aufgereihten Kunstwerke an der Wand oberhalb des Bettes zeigte. Minuten später schrie sie wieder vor Schmerz auf. Ich habe solch einen Respekt vor meiner kleinen tapferen Tochter. Ada, Micha und ich hatten die letzte Nacht neben ihr auf Isomatten verbracht, Jesse und Luke wollten lieber im Wohnmobil nächtigen. Ohne die Unterstützung unserer Freunde am gestrigen Abend, in der Nacht und am heutigen Vormittag wären wir verzweifelt.

Ich bin mir sicher, dass es unser letzter gemeinsamer Urlaub mit Vianne war. Es fällt schwer, es auszusprechen, es wirklich schwarz auf weiß geschrieben zu sehen. Rückwirkend betrachtet verschlechtert sich Viannes Befinden stetig seit April – zwar unterbrochen von mehrtägigen Hochphasen, die aber auch immer kürzer und weniger werden. Ich will Vianne zurück!!!! Wir alle wollen Vianne zurück!!!! Auch Vianne will sich zurück: „Ich werde lange Leben", sagte sie erst vor wenigen Wochen bestimmt und trotzig zugleich zu mir. Vergleiche ich Videos oder Fotos von heute mit der Zeit zwischen Dezember 2014 bis April 2015 kann ich kaum glauben, wie sehr sie in den wenigen verstrichenen Monaten abgebaut hat – und es geht immer schneller. Diese Erkenntnis ist zermürbend, zerstörend und so unsagbar schmerzhaft. Für heute reicht es! Vianne hat gerade wieder aufgeschrieen. Gleich dürfen wir ihr die nächste Kortison-/Morphingabe geben.

Echtzeit! Schlimmer – Freitag, 10. Juli 2015

Wir hatten eine schlimme, schmerzvolle Nacht und einen noch übleren Vormittag. Als es einmal ganz doll wehtat, rief Vianne nach Ada. Etliche Male telefonierten wir mit dem Palliativdienst, um eine weitere Dosiserhöhung vorzunehmen. Sie waren sofort für uns da. Aber alles half nichts – Schmerzspitzen und Erbrechen kamen häufiger und heftiger. Am frühen Nachmittag suchten uns Arzt und Krankenschwester vom Palliativdienst schließlich auf und legten einen intravenösen Zugang, über den Vianne gleich eine hohe Einmalgabe bekam. Sie schien kurz darauf das erste Mal wirklich schmerzfrei – sie schnaufte mehrmals tief durch, wie befreit, schlürfte Multivitaminsaft, bedeckte uns mit etlichen Küsschen, stand vom Sofa auf, redete mit uns allen. Es war zwar befremdlich, sie wieder mit einem intravenösen Zugang zu sehen. Aber sie war schmerzfrei – und nur das zählte. Sie bekommt nun eine ständige Morphinzufuhr über das tragbare Gerät – aber auch die scheint noch nicht ausreichend – ca. jede Stunde müssen wir ihr zusätzlich 1mg extra geben. Das Team hat uns gezeigt, wie das geht. Sie waren etliche Stunden da und haben unzählige Medikamente organisiert, vorbeugende Maßnahmen getroffen und unzählige unserer Fragen beantwortet. Sie geben Sicherheit, wo keine ist. Um Mitternacht kommt die Pflege, um Vianne das Cortison über den Zugang zu spritzen. Ich glaube, wir haben nicht mehr allzu viel Zeit...

Echtzeit! Weitestgehend schmerzfrei – Samstag, 11. Juli 2015

Endlich! Nach einer weiteren Dosiserhöhung um Mitternacht ist Vianne jetzt weitgehend schmerzfrei. Sie ist zittrig, müde, durchscheinend – aber schmerzfrei. Und sie hat wieder etwas mehr Farbe im Gesicht. Die Nacht war ruhig, der Tag auch. Danke für die vielen tollen Geschenke, die uns erreicht haben!

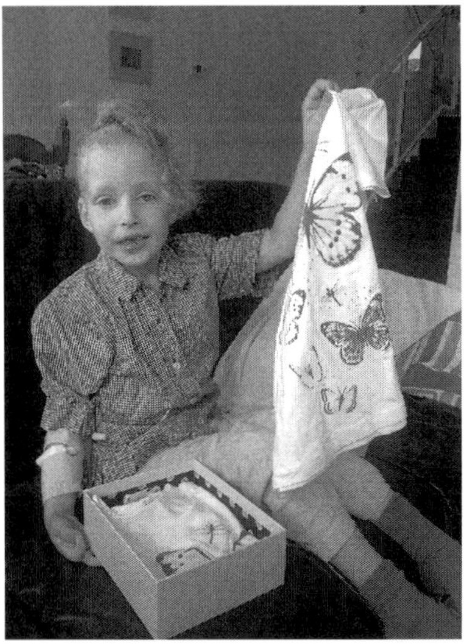

Echtzeit! Ausfälle – Montag, 13. Juli 2015

Wir haben die Schmerzen weiterhin unter Kontrolle. Allerdings mussten wir das Morphin wechseln, weil sie vom ersten Präparat einen quälenden Juckreiz bekommen hat. Sie kratzte sich zwischenzeitlich so sehr, dass rote Striemen auf Bauch, Gesicht und Rücken sichtbar waren. Manchmal findet Vianne nicht mehr die richtigen Worte – das macht sie unglaublich wütend. Manchmal taucht die alte Vianne ganz kurz wieder auf – wenn sie Ada ein genervtes, kräftiges „Nein" entgegenschleudert, weil diese etwas tut, was Vianne nicht mag. Oder wenn sich ganz plötzlich ein verschmitztes Lächeln auf ihre Lippen schleicht. Sie schläft viel. Wenn sie wach ist, ist sie erstaunlich klar, trotz der hohen Morphin-Dosen. Aber Krankheit und Medikament zehren an ihr – oftmals schläft sie noch im Sitzen wieder ein. Manchmal tätschelt sie meinen Arm, während meine Tränen auf sie fallen. Vianne scheint keine Angst zu haben, sie wirkt auch nicht unzufrieden, nur manchmal gepeinigt von Schmerz oder den Veränderungen, die die Tumore hervorrufen. Als sie gestern früh erwachte, erzählte sie mir mit einem Lächeln, dass sie einen wunderbaren Traum gehabt habe: von einer Wasserelfe. Ich meinte zu ihr, dass sie mit den Elfen mitgehen dürfe, wenn sie wolle...

Gestern hat sie sich vehement geweigert, Socken anzuziehen, sie schrie mich an und meinte, die Söckchen würden nicht richtig sitzen – kein Paar, was wir ausprobierten. Wohl irgendein Missempfinden. Das Schlucken fällt ihr zunehmend schwerer. Sie kann nur noch kleine Schlückchen zu sich nehmen und lässt Getränke länger im Mund.

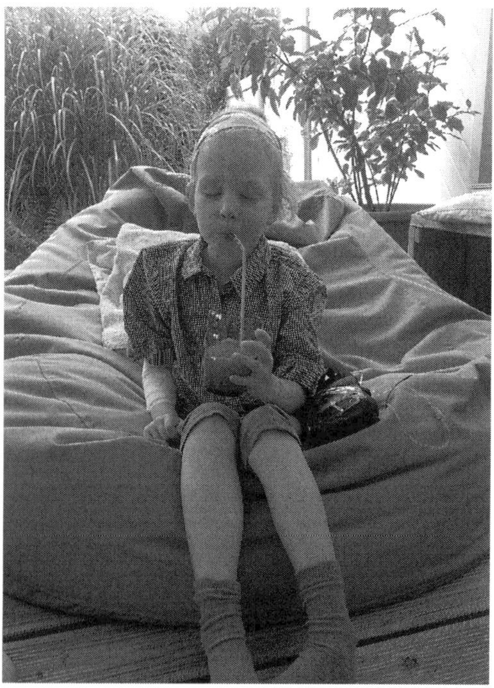

Beim Essen scheint es leichter zu sein. Seit gestern hat sie die ersten kleinen Portionen wieder zu sich genommen: Kartoffelpürree und Erdbeeren. Gestern Morgen hat sie erstmals etwas Seltsames zu mir gesagt: Auf meine Frage, was sie essen wolle, meinte sie: „Hafer". Ich wusste nicht, ob ich Lachen oder Weinen sollte. Heute hat sie das erste Mal geschielt – wahrscheinlich vom steigenden Hirndruck. „Mama, ich sehe doppelt", meinte sie ganz erstaunt.

Die übrigen Kinder werfen sich in den Alltag, übernachten bei Freunden, gehen ins Kino oder ins Freibad. Und dann kommen sie nach Hause und bedecken Vianne mit Küssen.

Andi und Ralf sind fest an unserer Seite (wie ganz viele weitere liebenswerte Menschen). Meine Eltern sind gerade nicht greifbar, meine Mama kuriert einen komplizierten Beinbruch im Krankenhaus aus. Für sie ist es schrecklich, nicht bei Vianne sein zu können. Aber die beiden telefonieren. Dabei muss sich Vianne mittlerweile sehr konzentrieren. Sie kann immer nur eine Sache machen, es darf nicht zu viel um sie rum sein, sonst ist sie überfordert und wird fuchsteufelswild.

Mancher mag sich fragen, warum ich diese z.T. schrecklichen Details niederschreibe. Ich will sie bewahren, weil sie zu Viannes Leben dazugehören, jeder kleine Moment, ob schön, traurig, ergreifend, humorig, widerborstig. Ich will mich später erinnern können – bis zur letzten Minute. Denn noch lebt sie.... Und eines kann uns keiner nehmen: unsere unendliche Liebe zu ihr!

Echtzeit! Tage – Freitag, 17. Juli 2015

Die Tage vergehen. Mal geht es Vianne etwas besser, mal etwas schlechter. Aber letztendlich wird sie von Tag zu Tag durchscheinender. Wir freuen uns, wenn wir Vianne „durchblitzen" sehen. In diesen Momenten stupst sie schelmisch meine Nase mit ihrem Finger an. Oder sie steckt sich zwei Schnullis gleichzeitig in den Mund. Am Mittwochmorgen konnten wir sogar eine Runde „Tempo, kleine Schnecke" spielen. „Vianne, du darfst auch die rosa Schnecke haben", sagte Ada liebevoll. „Ihr seid alle so lieb zu mir", antwortete Vianne daraufhin. Das Spiel forderte viel Kraft, kurz danach schlief sie sofort wieder ein.

Am Mittwoch kamen Oma und Opa zu Besuch – Vianne war an diesem Tag oftmals wach und hat sich sehr über den Besuch gefreut. Ihre erste Frage: „Oma, hast du was mitgebracht?" Ich musste lachen. Zum Glück hat es mit dem Besuch noch geklappt. Oma hatte sich extra für einen Tag aus dem Krankenhaus verabschiedet. Jetzt ist sie zum Glück sowieso wieder zu Hause. Am Donnerstag folgte mittags eine heftige Schmerzspitze, danach war Vianne völlig apathisch bis Mitternacht, dann fing sie sich wieder. Wir mussten das Morphin auf 1,5 ml/h hochsetzen. Ich traue mich kaum noch von ihrer Seite – und doch tut es gut, mal einen Moment loszulassen. Zudem ist da ja noch immer der Alltag: Einkäufe, Impftermine, die Geschwisterkinder, die gerne mal ein Eis essen gehen oder zu Freunden gebracht werden möchten. Wir nehmen uns diese kurzen Momente – und hasten dann ganz schnell wieder nach Hause, getrieben von der Angst, dass gerade irgendetwas Schlimmes passiert. Das Palliativteam schaut alle paar Tage, je nach Bedarf, vorbei. Heute musste ein neuer Zugang gelegt werden, weil der erste schon eine Woche alt war und nicht mehr so gut funktionierte. Das Infektionsrisiko ist dann auch zu hoch. Trotz Emla-Pflaster flossen Tränen bei Vianne. Die Ärzte sind erstaunt, dass Vianne sich immer wieder fängt. Die Pflege kommt mehrmals täglich, allein schon um die Cortison-Dosen zu verabreichen. Sie haben uns eine Fünfstern-Einreibung mit einer Lavendel-Creme empfohlen – die beruhigt. Vianne genießt sie sichtlich.

Es ist schlimm, sie so liegen zu sehen, die Augen entweder halb geschlossen oder den Blick abwesend in die Ferne gerichtet. Sie spricht nicht mehr viel, bewegt sich wenig und isst noch weniger. Aber sie ist meistens ganz klar und ansprechbar. Vor nicht einmal vier Wochen ist Vianne Trampolin gesprungen und hat mit Ada auf der Terrasse Holzstücke angemalt – kaum noch vorzustellen, wenn wir sie jetzt sehen.

Die Krankheit greift so rasant um sich. Irgendwie ist schon so viel von Vianne verschwunden – für uns ist es ok, wenn sie ganz gehen möchte (auch wenn das niemand will). Sie entscheidet... Ada hat sich letzte Nacht in Viannes Bett gekuschelt, während Vianne bei uns schlief.

Echtzeit! So weit weg – Dienstag, 21. Juli 2015

Wir erreichen Vianne kaum noch – ab und zu nickt sie fast unmerklich oder schüttelt ganz sacht das Köpfchen. Ihre Worte sind verloren – sie findet sie nicht mehr, setzt an, versucht sich mit ihrer letzten verbliebenen Kraft zu konzentrieren und sackt völlig fertig in sich zusammen. Nach ein, zwei dieser kraftraubenden und zermürbenden Versuche hat sie jetzt das Sprechen eingestellt. Ich vermisse ihre Stimme so sehr, ihr Kichern. Wie gerne würde ich sie wieder munter drauflos plappern hören. Gestern ist sie noch einmal kurz aufgetaucht und hat mit Ada plötzlich gemeinsam „Hänsel und Gretel" und „Der Kuckuck und der Esel" gesungen. Wir waren total erstaunt. Aber scheinbar wird das Singen über eine andere Hirnregion als das Sprechen gesteuert. Anschließend versank sie wieder.

Wir wissen noch nicht einmal mehr, ob es ihr soweit ganz gut geht, ob sie Schmerzen, Hunger, Durst hat. Wir wissen nicht mehr, wohin mit unserem Schmerz.

Hin und wieder gehe ich laufen – und laufe vor mir davon. Die körperliche Anstrengung tut gut. In der Nacht von Samstag auf Sonntag hatte Vianne eine weitere Schmerzattacke – wir haben drei Zusatzdosen Morphin innerhalb von einer Stunde geben müssen, bevor wir den Schmerz im Griff hatten. Seitdem geht es wieder.

Die Kinder brechen langsam ein, wir brechen langsam ein. Gestern spielte Ada sehr ausgiebig im Kinderzimmer – und sie hatte sich auch etliche Spielsachen von Vianne genommen, sie aber später in irgendeiner Ecke scheinbar achtlos liegengelassen. Ich wurde wütend, schnauzte sie an, ob sie überhaupt gefragt hätte, war außer mir vor Schmerz und Wut und Hilflosigkeit. Später entschuldigte ich mich und wir räumten gemeinsam auf. „Ich vermisse Vianne", sagte Ada. Sie hatte auf Viannes Bett die Bilder ausgebreitet, die Vianne und sie am letzten Kindergartentag vor den Ferien mitbekommen hatten. Es waren gemalte Bilder der letzten Wochen, die sie noch in ihrem Kindergartenfach liegen hatten. Als wir die

Tüten mit den Malbildern mit nach Hause bekommen haben, hatte ich sie erst mal oben in den Abstellraum gelegt. Ada muss sie sich von dort geholt haben – ich hatte es zwischenzeitlich schon wieder vergessen. Ich saß auf Viannes Bett und schaute mir die Bilder an. Es sind ihre letzten Bilder... sie wird uns nie wieder Bilder malen...

Abends wollte Luke dann mit uns sprechen. Er wollte wissen, wann. Er wollte wissen, warum. Er wollte wissen, was danach ist. Er wollte wissen, ob es nicht doch noch ein Medikament für Vianne gibt. Bis auf die letzte Frage hatte ich keine Antworten. Er weinte und meinte: „Jetzt kann ich nie wieder mit Vianne spielen." Nie wieder...

Andi und Ralf sind ganz oft bei uns. Sie sind der Fels. Sie sind für mich die Helden im Hintergrund, ähnlich wie Sam für Frodo in „Herr der Ringe". Ohne ihn hätte er nicht bis zum Ende durchgehalten. Auch Uli ist für uns so ein Hoffnungsträger. Sie kommt heute Abend und bleibt für eine Nacht und einen halben Tag mit Loulou. Vianne hat uns noch mitteilen können, dass sie sich darauf freut.

Echtzeit! Feenschleier – Freitag, 24. Juli 2015 - 0.45 Uhr

Die letzten Stunden gehören nur uns. Jetzt sind Feenschleier am Nachthimmel. Ihr Herz schlägt nicht mehr. Und ich spüre mein Herz nicht mehr...

Echtzeit! Beisetzung

Wir möchten all denjenigen, die immer mit dem Herzen bei Vianne und uns sind, die Möglichkeit geben, Abschied zu nehmen: „Eine seichte Berührung von dir, zart wie ein Flügelschlag, ein Blick, ein Wort, ein Lächeln – und du hast die Menschen berührt, ganz tief in ihrem Innersten."

Die Beisetzung findet am Freitag, 31. Juli 2015, um 14 Uhr auf dem ev. Friedhof in Iserlohn-Hennen statt. Bitte seht uns nach, dass wir keine Beileidsbekundungen am Grab möchten. Vianne mochte kein schwarz, deshalb dürft ihr getrost in lebensfrohen Farben kommen. Anstelle von Blumen bitten wir um eine Spende an den Elterntreff für leukämie- und tumorerkrankte Kinder e.V. Dortmund IBAN: DE81 4405 0199 0001 0493 72

Nicole und Michael mit Jesse, Luke, Ada und Vianne im Herzen

Nachwort „Ich heiße Vianne!" – Montag, 10. August 2015

Sie ist fort! Vianne, so wie wir sie kannten, ist gegangen. Auch wenn sie immer bei uns sein wird, ganz fest in unseren Herzen, so zerreißt mich der Gedanke, nie wieder ihren Duft atmen zu können, sie nie wieder streicheln und küssen zu können, ihr nie wieder durch ihr Haar fahren zu können, sie nie wieder in ihrer vollen Lebendigkeit Lachen, Kichern, Schimpfen, Verhandeln zu hören, sie nie wieder durchs Haus toben zu sehen. Sie soll nur noch ein einziges Mal laut und kräfig in die Welt schreien „Ich heiße Vianne!" Was würde ich dafür geben, sie noch einmal mit all meinen Sinnen einzuatmen...

Ich weiß nicht, wie es weitergeht. Es ist schwer. Ich denke, ich werde weiter schreiben. Ich weiß nicht wann, ich ahne wie, ich weiß nur, dass ich es jetzt noch nicht kann. Aber das Schreiben tut mir gut, ist heilsam, und hat so viel Gutes angestoßen, so viele Dinge ins Rollen gebracht – auch dank euch!

Ich möchte Danke sagen. Danke für euer „Mitfiebern". Danke für euer Mitgefühl. Danke für eure aufmunternden Worte. Danke für eure „Gedankenanschubser". Danke für eure Mitmenschlichkeit. Danke (an unsere Freunde) für eure Freundschaft. Und vor allem Danke an unsere Familie. Ihr alle habt mit uns gekämpft, gebangt, geweint, gelacht, gehofft, geflucht, geschrien, gezweifelt, aufgefangen und ganz viel gegeben. Auch so viele Institutionen (Klinik, Kindergarten, Schule, Behörde, Krankenkasse, Kirche...) haben es uns oftmals leicht gemacht, sich über das Maß engagiert und unbürokratisch gehandelt, so dass wir den Rücken frei hatten für die wirklich wichtigen Dinge.

Es läuft nicht immer alles rund – aber vieles läuft bereits gut, und wenn es einmal nicht so gut läuft, sollten wir uns alle dafür einsetzen und dazu beitragen, dass es besser wird. Aufgrund der in Deutschland wirklich guten medizinischen Versorgung und den greifenden Hilfssystemen wie den Palliativdiensten und der Pflege durften wir sechs Jahre und drei

Monate mit Vianne erleben...für uns eine unbeschreiblich wertvolle Zeit.

„Wir haben Zusammenhalt erfahren in den dunklen Momenten. Liebe und Hilfsbereitschaft haben uns getragen... Ich heiße Vianne!“

Druck:
Customized Business Services GmbH
im Auftrag der KNV-Gruppe
Ferdinand-Jühlke-Str. 7
99095 Erfurt